船舶衝突法 [제2판]

– 충돌예방과 손해배상 –

金 仁 顯 著

法 文 社

제2판 머리말

2013년 9월 초판을 발간한 후 3년 만에 개정판을 내게 되었다. 본서는 로스쿨에서 해상법을 전공하는 장차 해상변호사가 될 학생들을 위한 강의서로 작성되었다. 본서가 출간된 이후 실무에서도 수요가 많아서 독자들의 사랑을 받았다.

본서의 저술방향은 선박충돌사고가 발생한 경우 해상변호사들이 처리하여야 할 사항을 일목요연하게 정리하여 그 지침이 되도록 한 것이었다. 선박충돌로 인한 손해배상책임은 불법행위에 기한 것이므로 과실을 전제한다. 그 과실은 바로 해상교통법의 항법에서 도출된다. 그렇기 때문에 본서는 해상교통법의 내용을 먼저 기술하였고, 이어서 손해배상의 문제, 책임제한, 보험문제 그리고 채권자의 채권확보수단 등을 순서대로 기술하였던 것이다. 그렇지만, 강의를 하면서 몇 가지 부족한 면을 파악하게 되었고, 이를 보완하는 작업을 하게 되었다.

첫째, 개항질서법이 선박입항 및 출항에 관한 법으로 변경되어 이를 반영할 필요성이 있었다.

둘째, 항법중에서 누락된 부분을 조금 더 보강하여 사례를 추가하였다. 특히 무역항내에서의 항법에 대하여 추가하였다.

셋째, 책임제한절차에 대하여도 조금 더 구체적인 부분을 추가하여 실무에 도움이 되도록 했다.

넷째, 선박의 충돌의 범주에는 속하지 않지만 부두와의 접촉사고 등도 실무에서 많이 발생하는 것이라서 이에 대한 내용도 추가하였다.

다섯째, 해양안전심판원의 충돌사례를 가능한 많이 추가하려고 노력하였다.

개정판이 로스쿨의 학생들이나 실무자들에게 선박충돌 사고시 법적 처리를 위한 지침으로서 긍정적인 기능을 할 것으로 기대한다.

제2판의 출간을 허락하여 주신 법문사 사장님과 출간작업을 맡아주신 최문용 차장님께 감사의 말씀을 전한다.

2016년 8월

안암동 연구실에서

필자 선장/교수 김인현

서 문

로스쿨체제가 되면서 해상법을 전문적으로 그리고 보다 체계적으로 교수하여 우수한 해상변호사를 양성할 필요성이 제기되었다. 이에 고려대학교 로스쿨에서는 2013학년도부터 해상변호사 맞춤형 교육을 채택하면서 기존에 개설된 "해상법", "Law on the Carriage of Goods by Sea"이외에 "해상보험법"과 "선박충돌법"을 추가로 개설하였다.

해상사건에서 특유하면서도 많이 발생하는 것이 선박충돌이다. 선박충돌은 해상사건의 백화점이라고 불리운다. 많은 법적 쟁점이 동반되기 때문이다. 선박충돌은 불법행위이다. 선박충돌은 대게 쌍방과실이기 때문에 민법상의 공동불법행위를 구성하지만 상법은 국제조약을 받아들여 물적 책임에 대하여는 분할책임으로 하고 있다. 소멸시효도 2년으로 단축되어 있다. 선박충돌로 인한 채권을 가진 자는 선박우선특권을 이용하여 선박을 임의경매할 수 있다. 선박소유자는 손해배상책임에 대하여 책임제한을 신청하여 책임을 일정한 한도로 제한하게 된다. 따라서 상법상의 선박충돌인지 아니면 단순한 민법상의 충돌인지를 구별하는 것은 대단히 중요하다.

선박충돌은 대부분이 쌍방과실이기 때문에 과실비율을 정하는 것이 필연적으로 수반된다. 과실비율의 산정은 주의의무의 위반이 기준이 되기 때문에 선박충돌과 관련된 주의의무가 무엇인지 파악하는 것이 선결과제이다. 그 주의의무는 국제해상충돌예방규칙등 소위 항법을 정확히 이해하고 그 위반의 정도를 보아 정하기 때문에 항법에 대한 강의가 필요하다.

선박충돌사고에는 여러 당사자들이 개입된다. 선박소유자와 보험자가 가장 큰 이해관계를 가진다. 이들은 충돌의 원인과 책임의 정도를 알고 싶어한다. 예컨대, 충돌사고에 고의 혹은 인식있는 중과실이 있다면 보험자는 면책되고 선박소유자는 책임제한을 할 수 없다. 그렇기 때문에 이들은 정확하고 객관적인 사고의 내용과 원인을 알고 싶어한다. 따라서 해상변호사들은 충돌보고서(collision report)를 작성하게 된다. 선원과 인터뷰를 하여야 하고 증거자료를 수집하고 법적 쟁점을 담은 보고서를 영어로 작성하여야 한다. 몇 번의 반복된 연습이 필요하게 된다.

이에 필자는 그간의 선박충돌사고 관련 경험을 바탕으로 선박충돌법이라는 교재를 개발하기로 작정하였다. 필자는 실무에서 항해사 및 선장으로 근무하였고, 김&장 법률사무소, 법무법인 세경 등에서 선박충돌보고서를 작성하면서 과실비율을 산정하였다. 그리고 심판변론인 및 전문심리위원으로서 해양안전심판원과 법원에서 선박충돌전문가로서 항법의 적용 및 과실비율에 대한 의견을 여러차례 제시한 바가 있다.

2013년 여름방학을 맞이하여 선박충돌법이라는 교재를 개발하게 되었다. 이 교재는 대단히 실무적인 목적으로 작성되었다. 이 책은 해상변호사가 되려는 로스쿨 학생들을 대상으로 하였지만, 기존의 해상변호사는 물론 선박회사의 보험법무담당자, 검정인, 손해사정인, 심판변론인 등에게도 유용하게 활용될 것으로 믿는다. 또한 선박에 근무하는 선장이나 항해사에게도 선박충돌을 피하기 위한 도구로서 활용될 수 있을 것이고 사고가 발생한 경우에도 사고처리 지침서로서의 기능도 함께 할 것이다.

선박충돌법을 제대로 이해하기 위하여는 민법이나 상법등 기본 법률에 대한 지식이 필요하지만 가능하면 이 책안에서 모든 내용을 이해할 수 있도록 법률의 규정이나 판례, 재결 등을 많이 소개하려고 노력하였다. 더 상세한 내용은 필자의 자매서인 "해상교통법", "선박충돌과 항법연구", "해상법연구", "해상법연구 II"를 추가로 읽기를 권한다.

필자는 경북 영덕의 축산항이라는 어촌에서 어선 선주의 아들로 태어났다. 태생적으로 선박과 인연을 맺었고, 19세에 한국해양대학에 들어가서 지금까지 선박을 떠난 적이 없다. 태어나면서부터 선박을 항상 곁에 두고 산 셈이다. 30대 초반에 선장이 되었고 그리고 34세부터 해상법을 전공하게 되었고 이제 중견 해상법학자로 성장하게 되었다. 50대 중반에 들어선 요즘 나는 나에게 해상법은 숙명이었구나 하는 생각을 하게 된다.

선박충돌법을 포함한 해상법에 필자가 열정적으로 전념하는 이유는 첫째는 이러이러한 주의의무와 책임이 관련자에게 있으니 사고의 예방에 힘쓰드록 하는 데에 해상법이 기여하도록 하는 것이다. 둘째, 기 발생한 사고에 대하여 가장 비용을 적게 들이고 효율적으로 사고를 처리하도록 하며, 외국과의 관계에서도 우리 나라의 해상법이 주도할 수 있도록 함에 있다. 본 선박충돌법도 이러한 기능에 이바지하기를 빌어본다.

필자가 선박충돌법 실무 경험을 쌓도록 기회를 제공하여준 김&장 법률사무소의 정병석 · 이진홍 변호사님과 법무법인 세경의 최종현 · 김창준 변호사님께 감사드린다.

이 책의 출간을 허락하여주신 법문사 배효선 사장님, 최문용 차장님께 감사드리며, 항법에 대하여 의견을 제시한 부산항 도선사 한기철 선장과 출간을 위하여 교정을 보아준 석사과정의 김원각군과 큰 아이 명화에게도 감사한다.

2013년 9월

화정동 서재에서

차례

제1장 총 설

제2장 항 법

제3장 손해배상책임과 책임제한

제6장 선박의 접촉사고

제 1 장

총 설

제1절 선박충돌 일반론

I. 선박충돌의 의의

선박끼리 접촉에 의하여 손해가 발생한 경우를 선박충돌이라고 한다. 상법상의 선박충돌이 아니면 민법상의 충돌의 법리가 적용된다. 상법의 적용대상이 되면 상법이 정한 특유한 단기의 소멸시효, 책임제한제도, 분할책임제도, 선박우선특권의 허용 등 제도가 충돌사고에 적용된다. 민법이 적용되면 이러한 제도의 적용이 없다.

그러므로 상법의 적용대상인 선박충돌인지는 중요한 의미를 가진다. 부두와의 충돌은 선박충돌이 아니다. 따라서 상법의 선박충돌규정이 적용되지 않고 민법의 불법행위법이 적용된다(그러나, 상법의 다른 규정 예컨대 책임제한규정은 적용된다).

우리 상법은 제5편 제3장 제2절에 선박충돌이라는 제목하에 6개조를 두고 있다.

상법 제876조(선박충돌에의 적용법규)

① 항해선 상호 간 또는 항해선과 내수항해선 간의 충돌이 있은 경우에 선박 또는 선박내에 있는 물건이나 사람에 관하여 생긴 손해의 배상에 대하여는 어떠한 수면에서 충돌한 때라도 이 절의 규정을 적용한다.

② 이 절에서 "선박의 충돌"이란 2척 이상의 선박이 그 운용상 작위 또는 부작위로 선박 상호 간에 다른 선박 또는 선박내에 있는 사람 또는 물건에 손해를 생기게 하는 것을 말하며, 직접적인 접촉의 유무를 묻지 아니한다.

II. 선박충돌의 적용요건

1. 선박요건

상법상의 선박충돌이기 위하여는 내수항행선과 항해선과의 충돌, 혹은 항해선 사이의 충돌이어야 한다. 내수항행선사이의 충돌은 상법의 충돌이 아니다. 항만, 호천에서만 운항하는 선박은 내수항행선이기 때문에 이들 사이의 충돌은 민법의 충돌이 된다. 선박이 부두와 접촉한 것은 선박과의 충돌이 아니므로 상법상 선박충돌이 아니다.

2. 물리적 접촉요건

두 선박사이의 물리적인 접촉이 있어야 한다. 두 선박의 접촉으로 선체에 손상 등이 발생하게 된다. 선박이 부두와 접촉한 것은 선박충돌이 아니다. 2007년 상법 개정으로 간접적인 충돌도 상법의 충돌이 된다(개정상법 제876조 제2항).[1] 선박이 빠르게 지나감으로써 발생한 물 흐름이 조그만 선박을 전복시킨 경우가 대표적 예이다.

3. 지리적 요건

원칙적으로 상법상의 선박충돌이 되기 위하여는 해상에서 충돌이 발생하여야 한다. 따라서 하천, 호수에서 발생한 선박충돌은 상법의 적용대상이 되지 않아야 한다. 그러나, 항해선이 내수를 항해하는 경우도 있기 때문에 상법은 어떠한 수면에서 충돌한 경우에도 상법상의 충돌이 되도록 하였다(제876조 제1항). 해상을 항해하던 선박이 항구에서 충돌한 경우에도 상법이 적용된다. 다만, 항구에서 내수항행선 사이의 충돌은 상법상의 선박충돌이 아니다.

4. 기 타

선박의 크기는 문제되지 않는다. 아무리 작은 내수항행선이라도 상선과 충돌하면 선박충돌의 대상이 된다. 예인선이나 피예인선인 부선도 적용대상이 된다. 어선과 상선의 충돌, 요트와 상선과의 충돌도 상법상의 충돌이 된다.

III. 법 원(法源)

1. 상법 해상편 및 민법

상법상 선박충돌이 되면 상법이 적용되게 되는데, 상법 해상편의 선박충돌 규정(174면 부록 1 참조) 및 다른 규정(선주책임제한제도 등)이 적용된다. 상법의 선박충돌규정은 특별규정이기 때문에 이에 규정되지 않은 것은 민법의 규정이 적용된다.

1) 일본은 이를 부인한다. 落合誠一 *海法大系*(商事法務, 2003), 432면. 1910년 국제조약의 예를 우리가 따른 것이다.

상법에 특별히 중요한 것은 분할책임, 단기소멸시효, 책임제한권 그리고 선박우선특권이다. 상법에는 불법행위상 사용자책임에 대한 규정이 없다. 선박충돌로 인한 손해배상책임은 선박소유자가 부담한다고만 정한다(상법 제879조). 선장등 항해사들의 과실로 인한 손해이기 때문에 이들이 불법행위책임을 부담하여야 한다. 위 규정이 선박소유자의 사용자책임을 규정한 것이라고 해석될지라도, 민법 제756조의 사용자책임의 면책규정 및 구상권의 행사규정도 여전히 적용된다. 선박충돌에서 손해배상방법을 정한 리스본규칙(CMI제정)은 법률은 아니지만 당사자의 약정으로 적용되는 것이다.

2. 국제조약

선박충돌에 대한 1910년 조약이 있다(176면 이하 부록 2 참조). 그 주요내용은 분할책임 및 간접충돌을 인정하고, 강제도선사의 과실로 인한 경우에도 선박소유자가 책임을 부담한다는 등의 내용이다. 우리나라는 이 조약을 비준하지 않았지만 몇가지 중요한 내용을 상법 해상편에 도입하여 적용하고 있다.

3. 해사안전법등의 항법

선박충돌로 인하여 선박소유자가 책임을 부담하기 위하여는 주의의무위반이 있어야 한다. 그 주의의무는 선박간 충돌을 피하기 위한 항행방법(항법)에 규정되어 있다. 국제조약으로서 1972년 국제해상충돌예방규칙(182면 이하 부록 3 참조)이 있고 국내법으로는 해사안전법, 선박의 입항 및 출항에 관한 법률, 유선 및 도선에 관한 법률, 수상레저안전법 등이 있다(202면 이하 부록 4, 5, 6 참조). 이들 법 중에서 항법규정을 모두 통틀어 해상교통법이라고 한다.

4. 기타 법률

선박 소유자가 책임을 제한하는 경우에는 선박소유자 등의 책임제한절차법에 따라야 한다. 또한 외국적 요소가 있는 경우 국제사법에 따라서 준거법이 정해진다.

IV. 상법 선박충돌규정의 적용의 효과

1. 분할책임

선박충돌은 쌍방과실이 대부분이고 공동불법행위를 구성하게 된다. 민법에 따르면 공동불법행위자는 연대하여 손해배상책임을 부담하게 된다(민법 제760조).

민법 제760조(공동불법행위자의 책임)

① 수인이 공동의 불법행위로 타인에게 손해를 가한 때에는 연대하여 그 손해를 배상할 책임이 있다.
② 공동아닌 수인의 행위중 어느 자의 행위가 그 손해를 가한 것인지를 알 수 없는 때에도 전항과 같다.
③ 교사자나 방조자는 공동행위자로 본다.

그러나, 상법의 선박충돌규정이 적용되면 물적 손해에 대하여 분할책임에 의하고 인적 손해는 연대책임을 부담하게 된다.

상법 제879조(쌍방의 과실로 인한 충돌)

① 선박의 충돌이 쌍방의 선원의 과실로 인하여 발생한 때에는 쌍방의 과실의 경중에 따라 각 선박소유자가 손해배상의 책임을 분담한다. 이 경우 그 과실의 경중을 판정할 수 없는 때에는 손해배상의 책임을 균분하여 부담한다.
② 제1항의 경우에 제3자의 사상에 대한 손해배상은 쌍방의 선박소유자가 연대하여 그 책임을 진다.

이 손해는 선박에 있던 적하의 소유자등에게 적용되는 것이지, 선박의 밖에 있던 제3의 피해자에게는 적용되지 않는다.[2] 유류오염손해의 피해자에 대하여는 연대책임을 부담한다.

2. 단기의 소멸시효

민법에 의하면 선박충돌로 인한 손해배상청구권자는 불법행위가 있은 날로부

2) 동지 최종현, 해상법상론(박영사, 2010), 536면.

터 10년간 그 손해 및 가해자를 안날로부터 3년간 행사하지 않으면 손해배상청구를 할 수 없다(민법 第766조).

그러나, 상법에 따르면 충돌이 있은 날로부터 2년간 재판으로 청구를 하지 않으면 그 권리가 소멸한다. 민법의 경우보다 단기이다. 단, 합의로 그 기간의 연장이 가능하다.

상법 第881조(선박충돌채권의 소멸)

선박의 충돌로 인하여 생긴 손해배상의 청구권은 그 충돌이 있은 날로부터 2년 이내에 재판상 청구가 없으면 소멸한다. 이 경우 제814조 제1항 단서를 준용한다.

3. 책임제한권의 행사

상대방 선박소유자에게 손해배상을 야기한 선박소유자는 자신의 손해배상책임을 일정한 액수로 제한할 수 있다(상법 第769조). 상법의 다른 상인들은 이러한 제도의 이익을 누리지 않는다. 이는 상법 해상편의 특유한 제도이다. 민법에는 책임제한권이 주어지지 않는다.

4. 선박우선특권의 허용

선박충돌사고로 인한 채권을 가지는 자는 선박을 임의경매하여 자신의 채권의 변제에 우선적으로 충당할 수 있는 권리를 갖는다(상법 第777조 第1항). 이 선박우선특권은 등기되지 않을 지라도 저당권보다 우선하는 효력을 갖는다(상법 第788조). 가해선박의 소유자가 변경되어도 채권자는 우선특권을 행사할 수 있다(추급권, 상법 第785조). 이 제도는 채권자를 크게 보호하게 한다.

상법 第777조(선박우선특권있는 채권)

① 다음의 채권을 가진 자는 선박 · 그 속구, 그 채권이 생긴 항해의 운임, 그 선박과 운임에 부수한 채권에 대하여 우선특권이 있다.

1-3호 생략

4. 선박의 충돌과 그 밖의 항해사고로 인한 손해, 항해시설 · 항만시설 및 항로에 대한 손해와 선원이나 여객의 생명 · 신체에 대한 손해의 배상채권

② 제1항의 우선특권을 가진 선박채권자는 이 법과 그 밖의 법률의 규정에 따라 제1항의 재산에 대하여 다른 채권자보다 자기채권의 우선변제를 받을 권리가 있다. 이 경우 그 성질에 반하지 아니하는 한 민법의 저당권에 관한 규정을 준용한다.

5. 직접청구권의 허용

선박충돌로 인한 손해를 입은 자에게는 가해선박의 선박소유자가 책임보험에 가입한 경우에는 책임보험자에게도 직접 청구할 수 있는 권리가 주어진다(상법 제724조 제2항). 피해자는 보험관계가 없기 때문에 보험자에게 보험금을 청구할 수 없는 것이 원칙이지만, 우리 상법은 피해자를 보호하기 위하여 이러한 직접청구권을 광범위하게 인정하였다. 피해자는 가해자인 선박소유자에게도 손해배상을 청구할 수 있고 또한 책임보험자에게도 청구할 수 있다. 영국법하에서는 직접청구권(directaction)은 아주 예외적으로만 인정되므로 주의를 요한다.[3)]

상법 제724조(보험자와 제3자와의 관계)

② 제3자는 피보험자가 책임을 질 사고로 입은 손해에 대하여 보험금액의 한도내에서 보험자에게 직접보상을 청구할 수 있다. 그러나 보험자는 피보험자가 그 사고에 관하여 가지는 항변으로써 제3자에게 대항할 수 있다.

V. 용선계약하의 선박충돌

용선계약은 계약자유(당사자자치)의 원칙이 지배한다. 따라서 당사자들이 합의한 내용은 원칙적으로 유효하게 당사자를 구속하게 된다. 당사자의 계약관계에 대하여 상법에 규정이 있는 경우 상법규정은 임의규정으로서의 기능을 한다. 불법행위등과 관련하여서는 상법의 규정이 적용되게 된다.

1. 나용선계약(선체용선계약)

나용선 계약하에서 선장이하 선원은 선박소유자가 아니라 나용선자가 선임 · 관

3) 상법에 특별히 규정되지 않은 민법의 불법행위에 대한 내용은 상법상의 충돌에도 그대로 적용된다. 예컨대, 상법 제763조 준용규정에 따른 과실상계가 있다.
상법 제763조(준용규정)
제393조, 제394조, 제396조, 제399조의 규정은 불법행위로 인한 손해배상에도 준용한다.

리 · 감독하는 점에서 정기용선과 구별된다(상법 제842조 및 제847조). 따라서 사용자책임을 부담하게 되는 자는 선박소유자가 아니라 나용선자이다(상법 제850조).[4)5)]

상법 제850조(선체용선과 제3자에 대한 법률관계)

① 선체용선자가 상행위나 그 밖의 영리를 목적으로 선박을 항해에 사용하는 경우에는 그 이용에 관한 사항에는 제3자에 대하여 선박소유자와 동일한 권리의무가 있다.

나용선 계약하에서 수선의무를 부담하는 자는 용선자이다(Barecon 제12조 a항).[6)] 상법에는 여기에 대하여 특별한 규정이 없다. 다만, 상법은 제848조에서 성질에 반하지 않는 한 민법상 임대차규정을 준용한다고 한다. 따라서, 약정이 없는 내용은 민법의 임대차규정이 준용될 것이다. 선박충돌이 항해장비의 결함에 의한 것일 경우에는 약정에 의하여 수선의무가 있는 나용선자가 책임의 주체가 된다. 그러한 약정이 없다면 민법의 임대차규정에 따라서 임대인에 해당하는 선박소유자가 책임을 부담하게 된다.

선박충돌로 인하여 선체에 손상이 생기게 되면 선박소유자가 입은 손해는 나용선 계약위반으로 용선자가 모두 배상하여야 한다. 선박충돌로 인한 수리비도 과실이 있는 선체용선자가 부담하게 된다. 제3자의 피해에 대하여도 사용자인 나용선자가 책임을 부담한다(상법 제850조 제1항). 대법원은 제850조 제1항의 책임의 주체에 대하여 선박소유자와 연대책임을 나용선자가 부담하는 것이 아니라 나용선자만이 주체가 된다고 하였다(대법원 1975.3.31.선고 74다847판결).

유조선의 유류오염 피해는 등록소유자가 책임의 주체가 된다(CLC). 유류오염손해배상 책임을 부담하게 되는 선박소유자는 과실있는 선체용선자에게 구상청구를 하게 된다. 그러나 우리 법하에서 양자는 연대책임을 부담한다.

---

4) 나용선계약에 사용되는 표준서식은 Barecon이다.

5) 2007년 상법개정으로 선박임대차라는 법률용어는 선체용선이라는 단어로 변경되었다.

6) 그러나, 이러한 약정이 없다면 민법상의 임대차규정이 준용되기 때문에(상법 제848조 제1항), 수선의무를 부담하는 자는 선박소유자가 될 것이다.

2. 정기용선계약

정기용선계약에서 선박충돌로 인한 상대선박의 수리비는 정기용선자가 아니라 선박소유자가 부담하게 된다. 정기용선계약하에서 선장등 선원은 선박소유자가 선임 관리 감독하므로 사용자 책임을 선박소유자가 부담하기 때문이다(상법 제842조).

우리 대법원은 운송계약책임에서와는 달리,[7] 선박충돌에 대하여는 해기사항에 대하여 선원의 사용자인 선박소유자가 책임의 주체가 된다고 판시한 바 있다.

〈판례소개〉 **정기용선하의 불법행위책임의 주체(대법원 2003.8.22.선고 2001다65977판결)**

① 사실관계

소외 정기용선자는 선주(피고)로부터 예인선을 부선과 함께 1년 기간 동안 정기용선하였다. 선주가 선장을 포함한 선원을 고용하여 예인선에 승선시킨 다음 선원의 급여 등을 부담하고 나아가 선원의 과실로 인한 사고 발생시에 피고가 전적으로 책임지겠다는 약정을 체결하였다. 야간 정박 중이던 어선과 이들 예인선단이 충돌하여 어선선원들이 사망하자 유족이 선주를 상대로 손해배상청구를 하였다.

② 판시내용

정기용선계약에 있어서 선박의 점유, 선장 및 선원에 대한 임면권, 그리고 선박에 대한 전반적인 지배관리권은 모두 선주에게 있고, 특히 화물의 선적, 보관 및 양하 등에 관련된 상사적인 사항과 달리 선박의 항행 및 관리에 관련된 해기적인 사항에 관한 한 선장 및 선원들에 대한 객관적인 지휘 감독권은 달리 특별한 사정이 없는 한 오로지 선주에게 있다고 할 것이다.

예인선에 대한 위 용신계약은 선박임대차계약과 구별되는 정기용선계약으로서의 기본 요건을 모두 갖추었다고 봄이 상당하고, 이처럼 정기용선된 선박의 선장이 항행상의 과실로 충돌사고를 일으켜 제3자에게 손해를 가한 경우 용선자가 아니라 선주가 선장의 사용자로서 상법 제845조 또는 제846조에 의한 손해배상책임을 부담하는 것이고, 따라서 상법 제766조 제1항(개정상법 제850조 제1항)이 유추적용될 여지는 없으며, 다만 정기용선자에게 민법상의 일반 불법행위책임 내지는 사용자책임을 부담시킬 만한 귀책사유가 인정되는 때에는 정기용선자도 그에 따른 배상책임을 별도로 부담할 수 있다 할 것이다.

---

7) 운송계약에 기한 책임에 대하여 대법원은 임대차유사설을 취하여 상법 제850조를 준용하여 정기용선자가 책임의 주체가 된다고 하였다 (대법원 1992.2.25.선고 91다14215판결). 자세한 내용은 김인현, 해상법(법문사, 2011), 165면을 참고바람.

선박충돌로 인한 오프하이어(off-hire) 기간에 대하여는 정기용선자는 용선료지급을 중단하게 된다(1993년 NYPE 제17조). 선박충돌로 인한 선박의 운항중지는 대표적인 오프하이어 사유가 될 것이다.[8)]

VI. 운송계약과 선박충돌

선박충돌 발생시 운송물이 적재된 경우라면, 선박소유자와 별개로 운송인은 계약상 혹은 상법상 책임을 부담하고 권리를 행사할 수 있다.

선박충돌로 인하여 운송물에 손해가 발생하게 된다. 예컨대, 선박충돌로 인한 파공의 발생은 침수로 연결되어 선창에 있던 화물은 수침되어 손해가 발생한다. 운송계약상 안전한 운송을 하지 못한 운송인은 채무불이행책임을 화주에게 부담하여야 한다.

상법상 운송인은 제795조 제1항에 따라 운송에 대한 주의의무를 다하였음을 입증하지 못하면 손해배상책임을 부담하게 된다. 운송인 자신은 물론 선장이나 도선사의 과실에 의한 경우에도 마찬가지이다.

상법 제795조(운송물에 대한 주의의무)

① 운송인은 자기 또는 선원이나 그 밖의 선박사용인이 운송물의 수령 · 선적 · 적부 · 운송 · 보관 · 양륙과 인도에 관하여 주의를 해태하지 아니하였음을 증명하지 아니하면 운송물의 멸실 · 훼손 또는 연착으로 인한 손해를 배상할 책임이 있다.

② 운송인은 선장 · 해원 · 도선사, 그 밖의 선박사용인의 항해 또는 선박의 관리에 관한 행위 또는 화재로 인하여 생긴 운송물에 관한 손해를 배상할 책임을 면한다. 다만, 운송인의 고의 또는 과실로 인한 화재의 경우에는 그러하지 아니하다.

선박충돌은 항해과실의 대표적인 예이다(서울지방법원 1998.4.9.선고 96가합80830 판결). 항해중 선장의 과실로 인한 선박충돌 때문에 운송물에 손해가 발생하였음을 운송인이 입증하면 면책이 된다(상법 제795조 제2항).

---

8) 만약 대법원의 임대차유사설이 선박충돌 손해배상책임에도 인정되면 책임의 주체로 선박소유자로 규정된 제879조의 선박소유자는 정기용선자로 대체될 수 있다(상법 제850조). 일본의 최고재판소는 이러한 입장을 취하고 있다(1992.4.28.판결).

그러나, 화주가 운송인이 발항시 감항능력주의의무에 위반하여 손해가 발생하였음을 입증하면 운송인은 책임을 부담하게 된다(상법 제794조).[9] 운송인이 출항당시 유능한 선원을 승선시키지 못하였거나, 선원이 부족하거나, 면허없는 해기사를 승선시켰고 이것이 사고와 인과관계가 있다면 운송인은 손해배상책임을 부담하게 된다. 이러한 의무에 위반하게 되면 운송인은 항해과실면책을 주장할 수 없다.

상법 제794조 (감항능력 주의의무)

운송인은 자기 또는 선원이나 그 밖의 선박사용인이 발항 당시 다음의 사항에 관하여 주의를 해태하지 아니하였음을 증명하지 아니하면 운송물의 멸실 · 훼손 또는 연착으로 인한 손해를 배상할 책임이 있다.

1. 선박이 안전하게 항해를 할 수 있게 할 것
2. 필요한 선원의 승선, 선박의장과 필요품의 보급
3. 선창 · 냉장실, 그 밖에 운송물을 적재할 선박의 부분을 운송물의 수령 · 운송과 보존을 위하여 적합한 상태에 둘 것

〈판례소개〉 항해과실(서울지방법원 1998.4.9.선고 96가합80830판결)

① 사실관계

갑호와 을호는 도선사가 승선하여 입출항을 하던 중 쌍방의 과실로 부산항내에서 선박조종 잘못으로 충돌사고가 발생하였다. 갑호의 화물창(선창)이 파손되어 적재된 화물이 손상되자 화주의 적하 보험자가 화주에게 손해배상을 한 다음 갑호의 운송인에게 손해배상 청구를 하였다.

② 법원의 판시내용

상법 제788조 제2항(개정상법 제795조 제2항)은 선장등의 항해상의 과실로 인하여 발생한 손해에 대하여 운송인은 그 책임을 면한다는 취지로 규정하면서, 789조의 3(개정상법 제798조) 제1항에서 운송인의 불법행위로 인한 손해배상청구에도 이를 적용한다고 규정하고, 불법행위를 원인으로 한 손해배상 청구에 있어서도 제788조 제2항의 항해과실 면책규정이 적용되도록 하고 있는 바, 위 각 화물 손상이 위 충돌로 인한 것이고, 갑호측과 을호측의 항해상의 과실에 의하여 발생한 것이므로 결국 피고 을호의 운송인은 위 상법 규정에 따라 손해배상책임을 면한다.

항해과실면책은 상대방 선박의 운송물 손해에 대해서는 적용되지 않는다.

9) 이러한 의미에서 감항능력주의의무는 우선적 의무(overriding duty)라고 불리운다.

제2절 섭외적 문제

I. 선박충돌에서의 외국적 요소

선박은 일정한 방향성을 가지고 운항된다. 한국의 부산항에서 미국의 LA를 향하여 항해하게 되면 일본의 쓰가류가이꾜를 지나 태평양을 건너게 된다. 일본의 영해를 지나고 공해인 태평양을 건너 미국의 영해에 들어가서 LA항에 입항하게 된다. 항해하는 중에 다른 국적 예컨대, 일본국적, 미국국적, 싱가폴 국적의 선박과 조우하게 된다. 불행하게도 이들 선박과 충돌사고가 발생하기도 한다.[10)]

또한 한국에서 발생하는 충돌사고도 한국 선박과 일본 선박이 충돌하는 경우도 있다. 일본의 영해에서 한국 선박끼리 충돌하는 경우도 있다.

이러한 경우는 한국 선박끼리의 한국 영해내에서의 선박충돌과 비교하여 외국적 요소가 개입되어 있다는 점에서 다르다. 충돌에 연루된 선박의 소유자들은 자신에게 유리한 법률을 적용하려고 할 것이고 또 재판도 자신에게 유리한 국가의 법원에서 진행되기를 바란다.

이러한 문제를 해결하기 위하여 국가는 국제사법을 두고 있다. 국제사법에는 준거법 및 국제재판관할에 대한 규정을 두게 된다. 우리나라는 섭외사법이 있었고 2000년에 이를 국제사법으로 제목을 바꾸고 국제재판관할에 대한 규정을 두게 되었다.

II. 실체법상의 준거법

선박충돌이 발생하면 손해배상을 정하는데에 적용되어야 할 법률이 필요하게 된다. 손해배상책임자는 누구인지 손해배상액수는 얼마인지를 정하는 법률을 말한다. 우리 나라에서는 상법의 선박충돌규정 및 민법이 그 법률에 해당할 것이다. 중국은 해상법이라는 단행법이 있다.[11)]

---

10) 외국적 요소가 개입되어 중요하게 다루어진 사건으로는 2007. 5. 12. 골든로즈호-진다호 충돌사고가 있다. 중국선박과 한국선박이 황해에서 충돌하여 많은 사상이 발생한 사건이다. 김인현, “골든로즈호 충돌사건에서 예상되는 법적 쟁점에 대한 소고,” 한국해사법학회 제19권 2호(2007. 9), 215면 이하.

11) 일본은 우리나라와 같이 상법의 일부로서 해상편이 있지만 중국은 단행법으로서 해상법이 존재한다. 한편, 일본은 국제해상화물운송법이라는 단행법이 존재한다. 우리나라와 중국은 이것을 별도로 가지지 않고 있다.

한편, 선박충돌을 피하기 위한 주의의무를 부과하는 해상교통법도 정하여야 한다. 한국의 영해내에서는 한국의 해상교통법이 중국의 영해내에서는 중국의 해상교통법이 적용될 것이다. 그러나, 각 국가는 1972년 해상충돌예방규칙을 비준하여 체약국이 되었기 때문에 적용상의 충돌은 없다.[12)]

우리나라 국제사법에 따르면 공해상에서의 충돌에는 각 선박이 선적국을 달리하면 가해선박의 선적국의 법률이 적용된다고 한다(국제사법 제61조). 쌍방과실의 경우에는 두 선박이 모두 상대선에 대하여 가해선박이기 때문에 결국은 양 선박의 국적의 법률이 모두 적용되는 결과를 낳을 것이지만, 손해가 더 많은 선박의 상대선박을 가해선박으로 본다는 판결이 있다(부산고등법원 2011.11.10.선고 2010나6789 판결).

단일 책임설을 취하면 채권과 채무를 공제한 후 남은 손해배상청구권에 대한 채무를 부담하는 선박소유자의 선박이 가해선이 된다는 견해도 있다.[13)] 선박충돌사고 후 당사자들이 준거법을 합의로 정하는 경우도 있다(국제사법 제33조).

국제사법 제61조(선박충돌)

① 개항 · 하천 또는 영해에서의 선박충돌에 관한 책임은 그 충돌지법에 의한다.

② 공해에서의 선박충돌에 관한 책임은 각 선박이 동일한 선적국에 속하는 때에는 그 선적국법에 의하고 각 선박이 선적국을 달리하는 때에는 가해선박의 선적국법에 의한다.

선박충돌로 인한 책임제한액수가 얼마인지는 선적국법에 따르게 된다(국제사법 제60조 제4호).

〈판례소개〉 선박충돌의 준거법(부산지법 1998.6.24.선고 96가합16677판결)

선박충돌은 부산앞바다인 남형제도근처(우리 나라 영해내)에서 발생하였다. 부산지방법원은 "우리나라 섭외사법 제45조에 의하면 영해에서의 선박충돌에 관한 책임은 충돌지의 법에 의하도록 규정하고 있으므로 원고 피고들의 불법행위를 원인으로 한 청구에 관한 준거법은 선박의 충돌지인 대한민국법이된다고 할 것이다"고 판시하였다.

12) 북한도 1972년 COLREG의 체약국이다.

13) 최종현, 전게서, 619면. 선박충돌에서 과실비율도 중요하므로 이를 반영한 다음의 손해액을 비교하는 것이 더 합리적인 방법으로 생각된다.

(부산고등법원 2011.11.10.선고 2010나6789판결에서 양선박의 충돌은 공해상에서 발생하였다. 법원은 "국제사법 제61조 제2항에 의하면 공해상의 선박충돌에 관한 책임은 각 선박이 선적국을 달리할 경우 가해 선박의 선적국법에 의한다고 규정하고 있고, 이 사건 선박충돌사고로 인하여 S측보다 R측이 더 큰 피해를 입었으므로 S호가 가해선박이라 할 것이어서, 위 충돌사고에 관한 책임의 준거법은 S호의 선적국법인 대한민국법이라 할 것이다"고 판시하였다.)

III. 절차법상의 준거법

절차법은 어느 나라나 모두 법정지법에 의한다. 선박충돌과 관련한 선박가압류의 허용, 책임제한절차 및 손해배상청구소송 등은 모두 법정지법에 의한다.

IV. 재판관할

재판관할은 준거법과는 다르다. 준거법은 어떤 법률관계에서 적용할 법을 정하는 문제이고 재판관할은 피고를 해당 법정에 세울 수 있는 정당성을 어느 법원이 가지는가의 문제이다. 외국적 요소가 개입되면 어느 국가의 법원이 국제 재판관할을 갖는지가 문제된다.

외국적 요소가 없는 경우에는 민사소송법의 재판관할에 관한 규정이 적용될 것이다. 원칙적으로 재판은 피고의 주소지가 있는 곳의 법원에 제기하여야 한다(국제사법 제2조 및 제3조).[14] 그러나, 우리 민사소송법에 따르면 불법행위에 관한 소를 제기하는 경우에는 행위지의 법원에 소를 제기할 수 있다(제18조 제1항). 예컨대, 인천항내에서 발생한 충돌사고의 경우에는 인천지방법원도 재판관할권을 가진다. 선박충돌로 말미암은 손해배상에 관한 소를 제기하는 경우는 사고선박이 맨 처음 도착한 곳의 법원에 소를 제기할 수 있다(제18조 제2항). 인천항에 가까운 영해내에서 충돌사고가 발생하였어도 평택항에 맨 처음 도착하게 되었다면 평택항을 관할하는

14) 관할은 사물관할과 토지관할로 나누어지고 토지관할에는 보통재판적과 특별재판적이 있다.
민사소송법 제2조(보통재판적) 소는 피고의 보통재판적이 있는 곳의 법원이 관할한다. 제3조(사람의 보통재판적) 사람의 보통재판적은 그의 주소에 따라 정한다. 다만, 대한민국에 주소가 없거나 주소를 알 수 없는 경우에는 거소에 따라 정하고, 거소가 일정하지 아니하거나 거소도 알 수 없으면 마지막 주소에 따라 정한다.

지방법원에 소를 제기할 수 있다.

민사소송법 제18조(불법행위지의 특별재판적)

① 불법행위에 관한 소를 제기하는 경우에는 행위지의 법원에 제기할 수 있다.

② 선박 또는 항공기의 충돌이나 그 밖의 사고로 말미암은 손해배상에 관한 소를 제기하는 경우에는 사고선박 또는 항공기가 맨 처음 도착한 곳의 법원에 제기할 수 있다.

외국적 요소가 개입된 충돌사고의 경우에는 국제사법의 재판관할에 관한 규정에 따라서 우리 나라 법원은 국제재판관할을 정한다.

국제사법 제2조(국제재판관할)

① 법원은 당사자 또는 분쟁이 된 사안이 대한민국과 실질적 관련이 있는 경우에 국제재판관할권을 가진다. 이 경우 법원은 실질적 관련의 유무를 판단함에 있어 국제재판관할 배분의 이념에 부합하는 합리적인 원칙에 따라야 한다.

② 법원은 국내법의 관할 규정을 참작하여 국제재판관할권의 유무를 판단하되, 제1항의 규정의 취지에 비추어 국제재판관할의 특수성을 충분히 고려하여야 한다.

한국과 일본의 회사가 운항하는 선박이 충돌하였고 한국의 선박이 침몰한 경우에 원고는 일본에 소를 제기하여야 집행이 가능할 것이다. 만약 일본 선박이 사고 후 한국에 맨 먼저 기항하게 되었다면 한국법원도 재판관할을 가진다.[15] 또한, 일본회사의 지점이 한국에 있다면 한국에 소를 제기하여 승소하면 그 지점에 대한 강제집행이 가능하기 때문에 원고는 한국에서 소를 제기하는 것이 편리하다. 우리 법원은 이러한 경우에도 한국법원에 소제기가 가능하도록 한다(제5조).

한국의 영해내에서 충돌이 발생한 경우에 불법행위지가 한국이므로 충돌사건은 한국과 실질적인 관련성을 가지게 되어 우리나라 법원은 국제재판관할권을 가진다(민사소송법 제18조 제1항, 국제사법 제2조).

선박충돌과 관련된 국제재판관할은 통일된 국제조약이 없기 때문에 한 사건에

15) 국제재판관할에서 민사소송법의 국내재판관할을 섭외사건에도 적용하는 역추지설을 반영한 것이고 국제사법 제2조 제2항도 "국내법의 관할규정을 참작하여"라는 표현을 하고 있다.

대하여 여러 국가가 재판관할을 가지는 경우가 있다. 이 경우 법원은 가장 실질적 관련성이 많은 국가의 법원에 소송을 이관하는 관행을 가지고 있다.16)

〈판례소개〉 **국제재판관할(부산지방법원 2009.6.17.선고 2008나3906판결)**

① 사실관계

한국선원이 파나마국적의 일본 선박소유자의 선박에 갑판수로서 승선하였다. 일본 선박소유자는 영국의 Britannia Steamship P&I Club과 선주책임상호보험계약을 체결한 상태였다. 약관(Rule Book)에는 선지급(先支給) 항변 및 선원이 승선근무중 상해를 입게 되면 그 보상금도 지급한다는 내용이 포함되어 있다. 승선근무중 상해를 입은 위 선원(원고)은 영국의 Britannia(피고)에게 보상을 구하는 청구소송을 우리나라 법원에 제기하였다. 피고는 영국법원이 재판관할을 가진다는 본안전 항변을 하였다.

② 법원의 판시내용

원고가 대한민국 국민이고 피고의 연락사무소인 The Britannia P&I Club Busan의 소재지와 그 소장의 주소지도 부산인 점을 고려하면, 이 사건에 관하여 대한민국이 재판관할권을 행사하는 것은 당사자의 공평이나 재판의 적정 신속등 조리에 반하는 특별한 사정이 없으므로 대한민국 법원은 이 사건에 관하여 국제재판관할권이 있다.

제3절 선박충돌의 공법적 법률관계

I. 행정법적 법률관계

선박충돌은 항해사, 선장 혹은 도선사에 의하여 발생하게 된다. 이들은 모두 해기면허를 소지하고 있는 자들이다. 선박의 항해는 상당한 기술이 요구되기 때문에 국가는 일정한 자격을 갖춘 자에게만 선박을 운항할 자격을 부여하고 있다. 이를 해기면허라고 한다.17)

선박직원법과 도선법에 따르면 해기사가 과실이 있는 경우에는 해양수산부장관이 그 면허의 행사를 정지하거나 취소할 수 있도록 하고 있다.

---

16) 영미법에서 인정되는 불편한 법정(Forum Non Convenience)의 법리이다.

17) 선박직원법에서 이를 규율한다. 국제적으로는 STCW라는 조약이 있다.

선박직원법 제9조(면허의 취소등)

① 해양수산부장관은 해기사가 다음 각 호의 어느 하나에 해당할 경우에는 면허를 취소하거나 1년 이내의 기간을 정하여 업무정지를 명하거나 견책(譴責)을 할 수 있다. 다만, 해당 사유와 관련된 해양사고에 대하여 해양안전심판원이 심판을 시작하였을 때에는 그러하지 아니하다. (중략) 4. 선박직원으로서 직무를 수행할 때 비행(非行)이 있거나 인명(人命) 또는 재산에 위험을 초래하거나 해양환경보전에 장해가 되는 행위를 한 경우

도선법 제9조(면허의 취소등)

해양수산부장관은 도선사가 다음 각호의 1에 해당할 때에는 면허를 취소하거나 6월 이내의 기간을 정하여 업무의 정지를 명할 수 있다. 다만, 제1호에 해당할 때에는 면허를 취소하여야 한다.

1. 제6조 제1호 내지 제6호에 해당한 때

5. 도선중 해양사고를 낸 때. 다만, 그 사고가 불가항력으로 인한 것인 때에는 그러하지 아니하다.

한편, 충돌사고등 해양사고의 원인을 조사하고 징계하는 기관으로서 해양안전심판원이 있고 이 기관에서도 과실있는 해기사 및 도선사에게 징계를 가하고 있다(해심법 제5조).

해양사고의조사및심판에관한 법률 제5조(재결)

① 심판원은 해양사고의 원인을 밝히고 재결로써 그 결과를 명백하게 하여야 한다.

② 심판원은 해양사고가 해기사나 도선사의 직무상 고의 또는 과실로 발생한 것으로 인정할 때에는 재결로써 해당자를 징계하여야 한다.

③ 심판원은 필요하면 제2항에 규정된 사람 외에 해양사고관련자에게 시정 또는 개선을 권고하기니 명하는 재결을 할 수 있다. 다만, 행정기관에 대하여는 시정 또는 개선을 명하는 재결을 할 수 없다.

지방해양안전심판원이 내리는 이러한 징계는 행정처분이 되고 이에 불복하여 중앙해양안전심판원에 시정을 요구하게 되면 그 처분은 행정심판이 된다(해심법 제58조).[18] 이에 불복하는 자는 대전고등법원에 취소소송을 구할 수 있다(해심법 제74

조). 선박충돌을 야기한 해기사는 해양사고관련자가 된다(해심법 제39조).

II. 형사법적 법률관계

선박충돌은 형사법적인 문제도 동시에 수반되게 된다. 선박이 침몰하게 되면 선박매몰죄에 해당하게 된다(형법 제187조, 제189조). 과실로 사람을 사망하게 하면 업무상과실치사죄에 해당한다(형법 제268조). 또한 유류오염이 발생하면 해양환경관리법상 처벌을 받게 된다(제22조, 제127조). 이들 범죄는 고의범과 과실범을 모두 처벌하고 있다. 형법에서는 고의범만 처벌하는 것이 원칙이지만 이와 같이 과실범을 처벌하는 경우도 있다.

이외에도 해사안전법등 단행법에서도 선박충돌과 관련하여 항법을 위반하면 처벌을 하도록 한 규정이 있다. 교통안전특정해역에서 어업의 제한 규정을 위반하면 1년 이하의 징역 또는 벌금 1,000만원이 부과되는 것과 같다(제106조).

인천항의 수문(dock)과 부딪히는 경우는 수문은 선박이 아니라 재물에 해당하고 재물손괴죄의 구성요건(형법 제366조) 중에서 고의성을 충족하지 않기 때문에 형사책임의 대상이 되지 않는다.

---

18) 김창준, "해양안전 심판과 형사재판". 해양안전(1999년 12월호), 49면.

제 2 장

항 법

제1절 의 의

바다를 항행하는 선박들의 충돌을 방지하기 위한 항해방법을 항법(航法)이라고 부른다.[1] 항법은 항행하는 선박의 당직사관들이 지켜야할 주의의무가 된다. 주의의무위반은 과실이 되고 불법행위책임 등 책임을 발생시키게 된다. 바다를 항행하는 선박은 외국의 선박을 만나게도 되고 외국항구에 들어가기도 하기 때문에 국제성을 가지게 된다. 국제사회는 해상을 항행하는 선박의 충돌을 방지하기 위하여 조약을 만들게 되었다. 우리나라에서는 해상교통법으로 불리기도 한다.

한편, 무역항등 선박의 왕래가 잦은 해역에서는 국가는 특별한 항법을 정할 필요가 있게 되고 국제조약은 이들 규정의 효력을 인정한다(국제규칙 제1조(C)). 이들은 국제규칙에 대하여 특별규정이기 때문에 우선권을 가진다. 우리 나라의 선박입출항법 및 일본의 항칙법(港則法)이 대표적이다.

제2절 법 원

I. 국제해상충돌예방규칙

바다를 항행하는 선박의 국제성을 감안하여 국제사회는 국제해상충돌예방규칙(International Regulations for Preventing Collisions at Sea, 1972)라는 국제조약을 작성하였다. 현재 발효되어 있는 조약은 1972년 국제조약이다(COLREG라고 불린다).

바다를 항행하는 모든 선주류에 적용된다. 국내선끼리 뿐만 아니라 국적이 서로 다른 선박사이에도 적용된다(182면 이하 부록 3 참조).

동 규칙은 시계상태에 따라서 지켜야하는 항법을 정하고 있다. 모든 시계내의 항법으로는 협수로 및 통항분리수역이 있다. 상호시계내의 항법으로는 정면상태,

1) 항법이라는 용어는 두 가지로 사용된다. 하나는 선박충돌을 피하기 위한 항해하는 규칙을 말한다. 다른 하나는 선박이 항해시 위치를 구하는 등 항해하는 방법으로서 지문항해와 천문항해를 통털어서 하는 말이다. 본서에서는 전자의 의미로 사용된다.

횡단상태 그리고 추월상태가 있다. 그리고 선박사이의 책무규정(조정성능의 우월에 따른 항법)이 있다. 제한시계의 항법은 안개가 낀 경우에 적용되는 것으로 조우상태나 조종성능에 따른 우열이 없다.

안개가 낀 무중의 경우에 울려야하는 기적, 야간의 항해를 돕기 위하여 등화 및 이에 상응하는 주간의 형상물등에 대한 규정이 망라되어 있다. 국제규칙은 항법위반에 대한 벌칙규정이 없다.

국제규칙은 국내적인 사정에 따른 특별규정의 제정을 인정하고 있다.

II. 해사안전법

해사안전법은 2012년에 해상교통안전법을 개칭한 법률이다. 국제규칙을 국내법화한 내용들이 해사안전법의 일부를 이루고 있다. 국제규칙의 항법규정에 58을 더하면 해사안전법의 규정 조문이 된다. 예컨대 횡단항법은 국제규칙 제15조에 규정되어 있다. 해사안전법상으로는 제73조가 된다(204면 이하 부록 4 참조).

해사안전법에는 국제규칙과 대동소이한 내용을 포함하면서도 특유한 제도로서 교통안전특정해역 및 지정항로 제도를 두고 있다.[2] 이들 항법은 특별항법으로 존재하기 때문에 국제규칙보다도 우선적으로 적용되고 이에 나와있지 않은 항법은 해사안전법의 규정이 적용된다.[3]

해사안전법과 국제규칙과의 관계는 모두 동등한 법률로서의 효력을 가진다. 상호 충돌하는 경우에는 신법우선원칙이 적용된다. 국제규칙이 특별법으로서 우선 적용되어야 한다는 주장도 있다.

일본의 경우에는 COLREG를 단행법인 國際海上衝突豫防規則으로 명명하고 조문의 번호도 동일하게 만들었다. 그리고 교통안전특정해역에 해당하는 법률은 海上交通安全法으로 두고 있다. 우리나라도 이와 같이 단행법으로 할 필요가 있다.

2) 이윤철, 해상교통법론(다솜출판사, 2006), 634면은 행위규범과 조성규범으로 나누면서 이러한 제도를 조성규범이라고 한다.
3) 김인현, 해상교통법(삼우사, 2013), 42면.

III. 선박입출항법

선박입출항법은 무역항의 항계내에서 적용되는 항법이다(법 제1조 목적).[4] 해사안전법은 우리나라 영해내이거나 우리 국적 선박에 적용되는 항법임에 반하여 개항질서법은 무역항의 내에서만 적용되기 때문에 선박입출항의 내용이 특별규정으로서 해사안전법보다 우선 적용되어야 한다.[5] 구 해상교통안전법은 이를 분명히 하고 있었다(구 해상교통법 제4조). 개정 해사안전법은 이를 삭제하였지만 동일하게 해석된다.[6] 예컨대, 두 선박이 횡단하는 모양을 이루면서 충돌의 위험을 안고 접근하고 있다고 하더라도, 무역항 안에서 항로가 설정된 경우에는 항로를 따르는 선박이 우선권을 가지고 항로를 횡단하는 선박이 해사안전법하에서 유지선이라고 할지라도 이 선박을 피하여야 한다(법 제12조 제1항 1호).(267면 부록 5-1 참조).

선박입출항법의 항법은 시계에 대한 제한을 두고 있지 않기 때문에 모든 시계에서 적용되어야 한다.[7] 항로를 따르는 선박을 횡단선이 피하여야 하는 규정은 시계가 제한된 경우에도 적용된다.

IV. 유선 및 도선사업법

유선 및 도선사업법은 유선과 도선에 적용되는 특별한 항법을 가지고 있다. 충주호, 영산호등 내수의 경우에서는 바다를 항행하는 것이 아니기 때문에 해사안전법이 적용되지 않는다. 따라서 이들에 대한 특별한 항법이 필요하였고 이를 유선 및 도선사업법 제31조에 규정하게 되었다(289면 부록 6 참조).[8]

V. 수상레저안전법

수상레저기구는 선박이라고 보기에 모자람이 있다. 해사안전법의 규정은 항행하는 선박을 적용대상으로 하고 있다. 고무보트 등 수상레저기구에 해사안전법의

4) 우리나라는 부산항, 인천항, 목포항 등 31개항을 개항으로 지정하고 있다(항만법 시행령 제2조 제1항 별표 1).
5) 김인현, 전게 해상교통법, 47면; 이윤철, 전게서, 754면.
6) 김인현, 전게 해상교통법, 42면.
7) 김인현, 전게 해상교통법, 173면, 263면. 협수로 항법이 적용될 수 있기 때문이다.
8) 유선및도선사업법 시행령 제25조(운항규칙). 자세한 내용은 김인현, 전게 해상교통법, 54면 이하를 참고바람.

규정을 적용하기에는 무리가 있다. 따라서 수상레저안전법에서는 특별한 항법을 제18조(운항규칙)에 정하고 있다.[9] 이는 수상레저기구 사이에 적용되는 항법이다(부록 참조). 수상레저기구와 일반선박 사이에는 각각 수상레저안전법과 해사안전법이 적용된다(289면 부록 6 참조).

제3절 항법의 내용

I. 대원칙

항법의 대원칙으로는 우현법칙과 조종성능우열의 법칙이 있다.

1. 우현법칙(starboard hand rule)

자신의 진행방향으로 보아서 우측에 선박을 가지는 선박이 피항선이 되고 우측으로 변침하여 다른 선박을 피하여야 하는 원칙을 말한다. 결국 피항을 할 때 양 선박은 서로의 좌측을 보면서 지나가게 된다. 즉, 우측(starboard hand)의 선박이 유지선이 된다.[10] 이 원칙은 항법에 많이 반영되어 있다.

진행방향으로 보아 자신의 우측에 상대선박을 가진 선박을 피항선(give-way vessel)이라고 하고 다른 선박을 유지선(stan-on vessel)이라고 한다.

[그림 1] 우현원칙

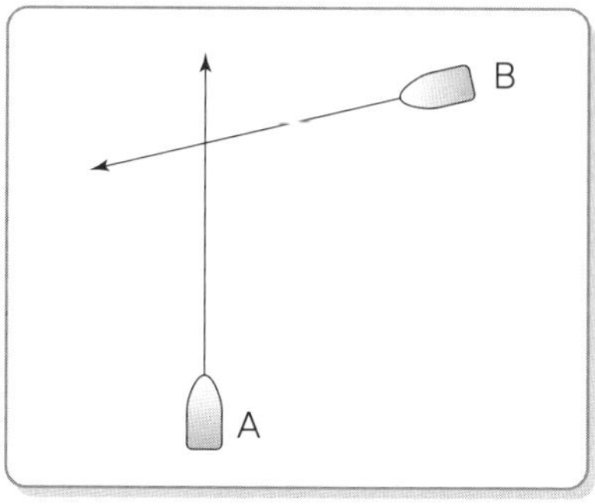

[그림 2] 좌현 대 좌현 통과 및 우현변침 원칙

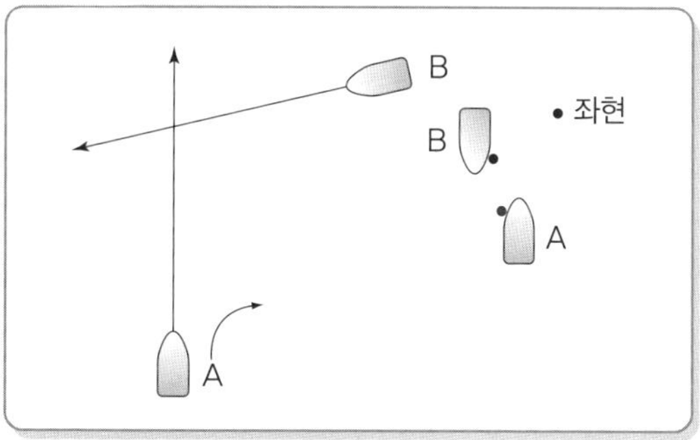

9) 수상레저안전법 시행령 제15조 운항규칙(별표 7). 자세한 내용은 김인현, 전게해상교통법, 57면 이하를 참고 바람.

우현법칙에 따라 협수로, 통항분리수역, 해사안전법상의 교통안선해역, 개항질서법상의 항로에서 선박은 우측통항을 하여야 한다.

2. 조종성능우열의 법칙

(1) 이유

항법은 충돌을 피하기 위한 목적으로 존재한다. 조종성능이 전혀 없는 선박에게 피항하기를 기대할 수 없다. 이러한 현실적인 이유에 착안하여 해상교통법에서는 조종성능이 우수한 선박이 열등한 선박을 차례로 피하도록 되어 있다.[11]

(2) 종류

조종성능우열의 법칙은 선박자체의 상황에 따른 경우와 지리적인 환경에 따른 것이 있다. 기관이 고장난 선박과 일반 동력선이 조우하는 경우에 일반 동력선이 기관고장선박을 피하여야 하는 것은 전자의 경우이고, 항구에 입항하는 선박이 출항하는 선박을 피하여야 하는 것은 후자의 경우이다. 기관이 고장난 선박은 추진력을 얻을 수 없기 때문에 효과적인 피항동작을 취할 수 없다. 또한 출항하는 선박의 경우 항구의 방파제 안쪽은 좁기 때문에 피항동작을 마음대로 취할 수 없기 때문에 항법상 우선권을 부여하였다.

그러나, 속력의 차이 혹은 선박의 크기에 의한 조종성능우열의 법칙은 존재하지 않는다. 이것은 강행규정인 항법을 명확하게 하여 항법을 쉽게 이해할 수 있도록 하기 위함이다. 어선의 장비가 열악하고 선장이하 선원의 항법에 대한 교육이 부족하다고 하여 어선이 항법상 우선권을 갖지는 않는다. 모두 일반 동력선으로 동일한 지위에 있다. 다만, 아주 쾌속선인 WIG선박에 대하여는 모든 선박을 피할 의무를 부과하였다.

이 원칙은 상호시계내에서만 적용된다.[12]

(3) 주의의무의 부과와 위반시의 효과

국제규칙 제18조에서 자세히 규정하고 있다. 조종성능이 우수한 선박이 열등한

---

10) 우리나라의 육상도로교통의 경우와 같이 좌측 : 좌측을 보면서 지나가게 된다. Healy & Sweeny, The Law of Marine collision, Cornell Maritime press, 1997, p.188.

11) 자세한 내용은 김인현, 전게 해상교통법, 109면 이하를 참고바람.

12) 상호시계내의 항법에 규정되어 있기 때문에 그러하다.

선박을 피할 의무를 부담한다. 일반 동력선은 어로작업중인 선박, 조종성능제한선박, 운전부자유선(조종불능선) 등을 피하여야 한다. 선원의 상무규정에 따르면 항행중인 선박이 묘박선을 피하여야 할 의무를 부담한다.

흘수제약선의 안전한 통항을 방해하면 아니된다. 개항질서법에 의하면 항구의 방파제를 입항하는 선박은 출항하는 선박을 피하여야 한다.

상대선박은 조종성능이 열악하여 피항조치를 취할 것을 기대할 수 없기 때문에 우수한 조종성능을 가진 선박에 대한 비난가능성이 높아져서 과실비율은 85%정도가 된다.

II. 총　　칙

해사안전법의 제1장 총칙규정은 항행하는 일반적인 방법에 대하여 기술하고 있다.

1. 적용범위

(1) 국제규칙과 해사안전법

국제규칙은 모든 외양항행 선주류에 모두 적용된다. 우리나라 영해내의 모든 선박에 적용되고 공해에 있는 한국 선적의 선박에 적용된다(법 제3조). 하천에서만 항행하는 선박에는 적용이 없다. 한강에서만 다니는 선박에는 국제규칙이 적용되지 않는다.

바지선이라고 할지라도 예인선에 끌려서 항해할 때에는 국제규칙이 적용된다. 요트도 외양항행 선주류이므로 국제규칙이 적용된다. 그러나 고무보트등 수상레저기구는 해당되지 않는다.

우리나라는 국제규칙을 비준하고도 해사안전법에 항법규정을 두고있기 때문에 적용범위는 중첩되므로 특별한 문제는 없다.

(2) 선박입출항법

법률이 적용되는 선박자체의 정의는 (1)과 같지만 적용되는 지리적인 범위가 무역항의 항계안으로 제한된 무역항 안에 있는 선박은 국적에 관계없이 선박입출항법의 적용을 받게 된다. 내수에 대하여 연안국은 배타적 관할권을 가지기 때문이다.

(3) 수상레저안전법

적용되는 선박의 종류가 국제규칙 등과 다르다. 고무보트등 수상레저기구 사이에 적용되는 항법이다.

(4) 유선 및 도선사업법

호수등에서 항행하는 선박에게 적용된다. 해사안전법에 비하여 지리적인 범위가 제한된다.

2. 정의규정

(1) 상호시계와 제한시계

항법은 시계상태를 구분하여 정하여져 있다. 상호시계는 눈으로 상대선박을 볼 수 있는 상태를 말한다. 제한시계는 다른 도움을 받지 않고 눈으로 상대선박을 볼 수 없는 상태이다. 그 한계치는 약 2마일이다.[13)]

상대선박을 전혀 보지 못한 상태는 상호시계가 아니라는 주장이 있지만 항법은 객관적으로 정하여져야 하기 때문에 이러한 경우에도 객관적으로 보아서(예컨대, 기상대의 관측에 따르면) 상대선박을 쉽게 멀리서도 볼 수 있는 상태였다면 상호시계가 되어야 한다.[14)]

(2) 항행중

국제규칙은 선박이 (i) 정박중이거나 (ii) 얹혀있는 상태가 아니라면 항해중(underway)라고 한다(해사안전법 제2조 22호). 항행중에는 대수속력이 있는 경우와 대수속력이 없는 경우가 있고 두 경우를 모두 항행중이라고 한다. 소위 정류선(vessel lying stopped)도 항해중에 속한다.

항법은 항행중인 선박사이에 충돌을 피하기 위하여 만들어져 있기 때문에 항행중이 아닌 선박사이 혹은 항행중인 선박과 묘박중인 선박사이에는 일반항법이 적용되지 못하고, 선원의 상무규정에 따라야 한다.

---

13) 제한시계는 주어진 상황에 따라서 달라지지만 판례에 따르면 2마일정도로 본다. 이것은 12노트로 운항하는 선박을 예상한 것이므로 5분이 지나면 충돌하는 거리로 볼 수 있다.

14) 국제규칙도 볼 수 있는 상태(can be observed visually)으로 표기하고 있다.

(3) 항　로

원칙적으로 해양에서는 항로가 없다. 어디든 자유로이 항해할 수 있다. 그러나, 선박이 항행할 수 있는 수역이 제한된 경우에는 특별히 선박이 항행할 수 있는 항로를 설정하게 된다. 선박입출항법의 항로, 해사안전법상 교통안전특정해역에서의 항로 및 지정항로가 있다. 최근 우리 법에도 추천항로가 도입되었다.

통항분리수역에서의 통항로는 항로와 유사하지만 다른 개념이다. 설정된 항로에서는 법률 등에서 정한 방식대로 항행하여야 한다. 항로에서는 원칙적으로 항로의 우측을 항행할 의무가 있다.

(4) 대수속력과 대지속력

대수속력이란 선박이 물에 대하여 만드는 속력이다(해사안전법 제2조 29호). 반면, 대지속력은 선박이 육지에 대하여 만드는 속력이다. 선박이 기관을 사용하지 않고 바다에 떠있는 경우 조류가 없는 상태라면 선박은 움직임이 없으므로 대수속력과 대지속력 모두 제로이다. 그러나, 조류가 2노트 있어서 선박이 조류에 의하여 밀리는 경우에는 대수속력은 제로이지만, 대지속력은 2마일이 될 것이다. 육지에서 보고 있으면 선박은 2노트로 움직이고 있기 때문이다. 만약 뒤에서 바람이 불어서 2노트로 움직인다면 대수속력도 2노트이고 대지속력도 2노트가 될 것이다.

대수속력이 있으면 현등을 켜도록 되어 있다(해사안전법 제81조). 대수속력이 없는 선박은 현등을 켜지 못한다.

(5) 어로작입중인 선박

해상교통법에서의 어로작업중인 선박은 단순하게 어로 작업에 종사하는 선박을 말하는 것은 아니다(해사안전법 제2조 11호). 어로작업을 하면서도 '조종능력이 제한되는' 경우에 한정된다. 트롤어선이 대표적이다. 트롤어선이 그물을 끌고 있을 때에는 조종성능에 제한이 있다고 보아야 할 것이다. 그 낚시를 하는 경우는 조종성능에 하등의 제한을 받지 않기 때문에 일반동력선으로 보아야 한다.

조종성능에 제한을 받는 어로작업중인 선박은 항법상 우선권을 부여받고 있다. 일반동력선은 상호시계상태일 경우 위 어로작업중인 선박을 피하여야 한다.

한편, 좁은 해역에서는 오히려 어로작업중인 선박이 통항불방해의무를 부담하는 경우도 있다.

(6) 운전부자유선(조종불능선)

운전부자유선은 조종불능선(vessel not under command)이라고도 불린다(해사안전법 제2조 12호). 기관이 고장난 선박, 조타기가 고장난 선박, 시운전을 위하여 기관을 해체한 선박은 모두 쉽사리 기관을 사용하여 추진력을 낼 수 없다. 이들 선박은 조종성능이 제로에 가깝기 때문에 일반동력선등이 피하여야 한다. 운전부자유선이 의미를 갖는 것은 상호시계내에서이다. 도선사 승선이나 어획물정리를 위하여 일시적으로 정선하고 있는 선박(소위 정류선)은 운전부자유선이 아니다.

(7) 조종성능제한선(조종제한선)

조종성능이 조종불능선과 같이 제로에 가까운 것은 아니지만 능력에 제한이 있는 경우이다(해사안전법 제2조 13호). 항로표지나 해저케이블을 선치하는 선박, 준설작업 중인 선박, 사람을 이동시키는 선박등은 그 작업을 중단하고 피항하기가 쉽지 않다. 또한 대형크레인을 실은 부선을 예인하는 경우에도 피항을 하게 되면 긴 예인줄 때문에 뒤에 달린 부선이 쉽게 따라오지 못한다. 즉, 침로로부터의 이탈능력이 심히 제한받게 된다. 이러한 선박은 모두 조종성능이 제한되는 선박이다(제2조 13호).

일반동력선은 조종성능제한선박을 피하여야 한다. 상호시계내내에서만 적용된다.

3. 경계의무

피항을 위한 첫 번째 걸음은 상대선박의 존재를 아는 것이다. 육안, 레이다, VHF등을 이용하여 상대선박의 존재를 알도록 주의하는 행위를 경계(lookout)이라고 한다. 경계의무는 국제규칙 제5조(해사안전법 제63조)에 규정되어 있다. 가용한 모든 수단을 동원하여야 하기 때문에, 쌍안경, 레이다, VHF는 물론 최근 선박에 장착된 AIS도 활용이 되어야 한다.

해사안전법 제63조(경계)(국제규칙 제5조)

선박의 주위의 상황 및 다른 선박과 충돌할 수 있는 위험성을 충분히 파악할 수 있도록 시각 · 청각 및 당시의 상황에 맞게 이용할 수 있는 모든 수단을 이용하여 항상 적절한 경계를 하여야 한다.

많은 경우에 선박충돌은 경계의무의 위반 때문에 발생한다. 상대방에 대한 경계를 전혀하지 못하여 상대선박의 존재를 발견하지 못하고 충돌이 발생하는 경우도 있다. 이러한 경우에도 객관적으로 존재하였던 조우상황에 따른 횡단항법 등이 적용되어 피항선 혹은 유지선으로서의 의무를 부담하게 된다.

경계의무는 모든 시계에서 적용된다(국제규칙 제4조 및 해사안전법 제62조). 묘박선의 경우에도 경계의무는 선원의 상무규정을 통하여 적용된다.

4. 안전속력

피항을 위한 가장 효율적인 방법은 속력을 낮추는 것이다. 선박은 통상 가장 최적의 경제속력으로 항해하게 된다. 주어진 상황에 맞추어서 속력을 낮추어 항해하면 충돌을 예방할 수 있다. 주어진 상황에 따라 충돌을 피할 수 있는 속력을 안전속력(safe speed)라고 한다. 속력을 낮추게 되면 (i) 상대선박과 만나는 시간이 늘어나기 때문에 충돌을 피할 여유가 많아진다 (ii) 충돌이 발생한 경우에도 손해가 줄어들게 된다.

해사안전법 제64조(안전한 속력)(국제규칙 제6조)

① 선박은 다른 선박과의 충돌을 피하기 위하여 적절하고 효과적인 동작을 취하거나 당시의 상황에 알맞은 거리에서 선박을 멈출 수 있도록 항상 안전한 속력으로 항행하여야 한다.

② 제1하에 따른 안전한 속력을 결정할 때에는 다음 각호(레이더를 사용하고 있지 아니한 선박의 경우에는 제1호부터 제6호까지)의 사항을 고려하여야 한다.

1. 시계의 상태
2. 해상교통량의 밀도
3. 선박의 정지거리 · 선회성능, 그 밖의 조종성능
4. 야간의 경우에는 항해에 지장을 주는 불빛의 유무
5. 바람 · 해면 및 조류의 상태와 항행장애물의 근접상태
6. 선박의 흘수와 수심과의 관계
7. 레이더의 특성 및 기능
8. 해면상태 · 기상, 그 밖의 장애요인이 레이더 탐지에 미치는 영향
9. 레이더에 의하여 탐지한 선박의 수 · 위치 및 동향

안전속력은 모든 시계에서 모두 적용되는 규정이다. 무중에서는 안전속력보다 더 속력을 낮추어서 항행하여야 한다(국제규칙 제19조 및 해사안전법 제77조).

5. 충돌의 위험과 피항방법

횡단항법, 정면상태의 항법등 피항방법은 충돌의 위험이 있는 경우에만 적용된다. 충돌의 위험이 없는 경우에는 피항선과 유지선의 개념이 적용되지 않는다. 국제규칙은 어떠한 경우에 충돌의 위험이 있다고 보아야하는지 정의하고 있다. 접근하는 상대선의 상대 방위가 변화가 없으면 충돌의 위험이 있다는 것이다(국제규칙 제7조 d항 및 해사안전법 제65조 제4항).

상대선과 접근함에 따라 상대선의 상대방위가 커지게 되면(예컨대 30도에서 40도) 본선이 상대선을 먼저 지나가게 된다. 상대방위가 작아지면(예컨대 30도에서 20도) 상대선이 본선을 먼저 지나가게 된다. 이러한 경우에 충돌은 발생하지 않는다. 반면, 방위각이 변화없이 고정되어(예컨대 30도) 접근하게 되면 충돌이 발생하게 된다(그림 3 참조). 큰 물체의 방위각을 보면서 충돌의 위험을 확인하게 되는 경우에는 물체의 표적지점에 따라서 상대방위의 변화가 달라지기 때문에 유의하여야 한다.

[그림 3] 컴퍼스 방위의 변화와 충돌의 위험

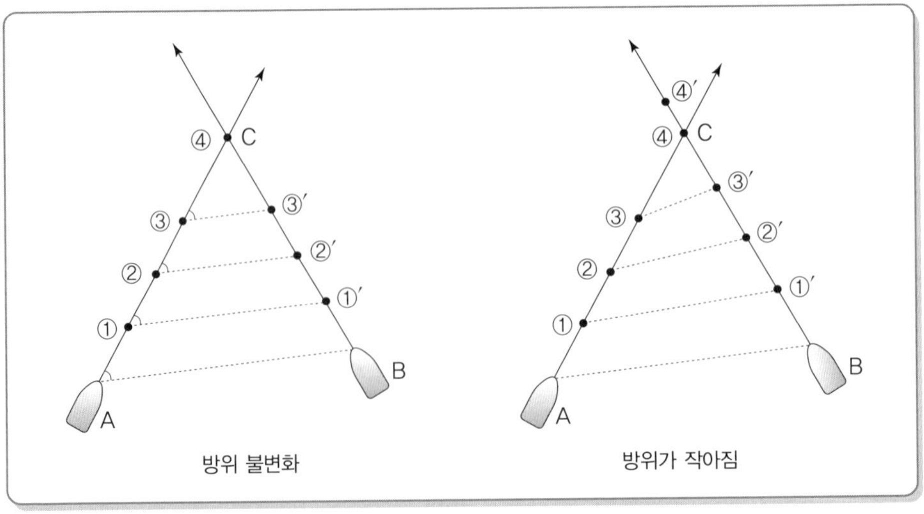

해사안전법 제65조(충돌의 위험)(국제규칙 제7조)

① 선박은 다른 선박과 충돌할 위험이 있는지를 판단하기 위하여 당시의 상황에 알맞은 모든 수단을 활용하여야 한다.

② 레이더를 설치한 선박은 다른 선박과 충돌할 위험성 유무를 미리 파악하기 위하여 레이더를 이용하여 장거리 주사, 탐지된 물체에 대한 작도, 그 밖의 체계적인 관측을 하여야 한다.

③ 선박은 불충분한 레이더 정보나 그 밖의 불충분한 정보에 의존하여 다른 선박과의 충돌 위험 여부를 판단하여서는 아니된다.

④ 선박은 접근하여 오는 다른 선박의 나침방위에 뚜렷한 변화가 일어나지 아니하면 충돌할 위험성이 있다고 보고 필요한 조치를 하여야 한다. 접근하여 오는 다른 선박의 나침방위에 뚜렷한 변화가 있더라도 거대선 또는 예인작업에 종사하고 있는 선박에 접근하거나, 가까이 있는 다른 선박에 접근하는 경우에는 충돌을 방지하기 위하여 필요한 조치를 하여야 한다.

상호시계내의 항법에서 정면상태와 횡단상태에서는 충돌의 위험이 적용요건임을 정하고 있지만 추월상태에 대하여는 이에 대한 기술이 없기 때문에 추월상태에서도 충돌의 위험이 필요한지 문제된다.

충돌의 위험이 있게 되면 피항선은 침로와 속력을 활용하여 적극적인 피항조치를 취하여야 한다. 침로를 변경할 때에는 대각도 변침(30도 이상)을 하여야 한다.[15] 조금씩 조금씩 여러차례 변침하는 것은 상대방에게 오해의 소지를 줄 수 있기 때문에 피하여야 한다(국제규칙 제8조 및 해사안전법 제66조). 충돌을 피하기 위한 동작을 취할 때에는 접근하는 선박과 안전한 거리를 두고 통과할 수 있도록 동작을 취하여야 한다.

해사안전법 제66조(충돌을 피하기 위한 동작)(국제규칙 제8조)

① 선박은 제1절부터 제3절까지 및 제6절에 따른 항법에 따라 다른 선박과 충돌을 피하기 위한 동작을 취하되, 이 법에서 정하는 바가 없는 경우에는 될 수 있으면 충분한 시간적 여유를 두고 적극적으로 조치하여 선박을 적절하게 운용하는 관행에 따라야 한다.

② 선박은 다른 선박과의 충돌을 피하기 위하여 침로나 속력을 변경할 때에는 될 수

15) Healy & Sweeny, op. cit., p.138.

있으면 다른 선박이 그 변경을 쉽게 알아 볼 수 있도록 충분히 크게 변경하여야 하며, 침로나 속력을 소폭으로 연속적으로 변경하여서는 아니된다.

③ 선박은 넓은 수역에서 충돌을 피하기 위하여 침로를 변경하는 경우에는 적절한 시기에 큰 각도로 침로를 변경하여야 하며, 그에 따라 다른 선박에 접근하지 아니하도록 하여야 한다.

④ 선박은 다른 선박과의 충돌을 피하기 위하여 동작을 취할 때에는 다른 선박과의 사이에 안전한 거리를 두고 통과할 수 있도록 그 동작을 취하여야 한다. 이 경우 그 동작의 효과를 다른 선박이 완전히 통과할 때까지 주의깊게 확인하여야 한다.

⑤ 선박은 다른 선박과의 충돌을 피하거나 상황을 판단하기 위한 시간적 여유를 얻기 위하여 필요하면 속력을 줄이거나 기관의 동작을 정지하거나 후진하여 선박의 진행을 멈추어야 한다.

6. 선원의 상무

선원의 상무(ordinary seamanship)란 선원이라면 반드시 지켜야 할 주의의무를 말한다.[16] 국제규칙에서는 모든 항법을 상황에 맞추어서 규정할 수 없기 때문에 규정된 항법이 없는 경우에 적용할 여유를 주게 되었다.

항법은 항행하는 선박사이에 적용되는 것이기 때문에 묘박선과 항행선 사이에는 적용될 항법규정이 없게 된다. 이 경우에는 선원의 상무규정을 이용하여 항해방법을 정하게 된다. 묘박선은 닻을 놓고 있기 때문에 조종성능이 제로에 가깝고 항행중인 선박은 조종성능이 아주 좋기 때문에 항행중인 선박은 묘박선을 피하는 것이 선원의 상무가 된다.[17]

세척의 선박이 한 지점에서 만나는 경우, 선박에 도선사가 승선하는 경우, 선박의 침로가 정하여지지 않고 선회하는 경우, 주묘하는 선박사이 등은 모두 선원의 상무가 적용될 수 있는 상황이다.

국제규칙은 제2조에서 이를 명문으로 정하고 있고, 우리나라 해상교통법도 해사안전법 제96조 제3항에 이를 규정하게 되었다.

16) 海上交通法令研究會, 海上衝突豫防法 解說, 海文堂, 1999, 145頁.
17) 김인현, 전게 해상교통법, 60면; 이윤철, 전게서, 91면. A.N. Cockcraft & Other, A GUIDE TO THE COLLISION AVOIDANCE RULES(Heinemann Newnes, 1990), p. 22; Healy & Sweeny, op. cit., p.76.

국제규칙 제2조 a항

이 규칙의 어떠한 규정도 본 규칙을 준수하지 않거나, 선원의 상무 혹은 특별한 상황에 따라 요구되는 주의태만에 대하여 선박, 선주 그리고 선원들로 하여금 그 결과를 면제하지 아니한다.

해사안전법 제96조 제3항

선박, 선장, 선박소유자 또는 해원은 이 법의 규정을 태만히 이행하거나 특수한 상황에 요구되는 주의를 게을리 함으로써 발생한 결과에 대하여는 면제되지 아니한다.

선원의 상무규정이 적용되면 기본적으로 과실비율이 50% : 50%으로 출발하기 때문에 이의 적용은 신중하여야 한다. 예를 들면 횡단항법이 적용되면 피항선은 65% 유지선은 35%의 과실비율로 출발한다. 그런데, 한 선박이 정침이 되지 않았다고 한다면 횡단항법을 적용할 수 없다. 그러면 선원의 상무 규정을 적용할 수 밖에 없다. 그 결과 두 선박이 모두 피항선이 되기 때문에 과실비율은 50% : 50%가 된다. 피항선의 지위에서는 선원의 상무규정을 적용받으면 유리하게 된다. 실무적으로는 이러한 이유로 선원의 상무규정 적용에 대한 주장들이 항상 있게 된다.

선원의 상무규정을 많이 사용하게 되면 항법이 획일적으로 정하여지지 않기 때문에 항법적용에 혼선을 가져온다. 가능하면 일반항법을 적용하고 그렇지 않은 경우에만 선원의 상무규정을 적용하여야 한다.

7. 피항선과 유지선의 의무

국제규칙법에서 피항선과 유지선은 상호시계내에서 규정되어 있다(제16조, 제17조(해사안전법 제74조, 제75조)). 피항선은 적극적으로 상대선박을 피할 의무를 부담하고, 유지선은 초기에는 속력과 침로를 유지하다가 마지막 단계에서는 협조동작을 취하여야 한다.

그런데, 상호시계가 아닌 모든 시계에서도 한 선박은 피항선이 되고 다른 선박은 유지선이 되어야 합리적이다. 따라서, 모든 시계에서의 피항선과 유지선의 지위는 어디에서 도출되는지 의문이다. 상호시계에서의 항법에서 정한 피항선과 유지선의 의무를 준용할 것인지 아니면 총칙규정의 내용과 선원의 상무에 따라서 정하여야 하는가?

제한시계에서는 피항선과 유지선의 개념이 없이 모든 선박이 피하여야 한다. 협수로와 통항분리수역에서는 피항선과 유지선의 개념이 아니라 통항불항해의무선박과 통항불방해권리선박으로 정의된다고 생각된다.

그러나, 상황에 따라서는 비록 피항선과 유지선의 개념이 상호시계내에만 있다고 하여도 기타의 경우에도 유추하여 피항선과 유지선의 개념을 적용할 수 있을 것이다. 선박입출항법에서 방파제를 중심으로 입항하는 선박은 피항선이 되고 출항하는 선박은 유지선이 된다.

III. 상호시계내의 항법

1. 상호시계의 정의

상호시계란 육안으로 상대선박의 존재를 파악할 수 있는 시계 상태에 있는 경우를 말한다(해사안전법 제69조). 레이다에 의한 상대방 파악이 기준이 되는 것이 아니라 육안(visually)으로 상대방을 파악할 수 있는지가 기준이 된다.

상호시계는 제한시계의 한계치가 된다. 통상 시계가 2마일 이상이면 상호시계가 되고 이하이면 제한시계가 된다. 2마일이 되면 상대선박을 피할 수 있는 시간적인 간격은 5분이 된다. 이 정도면 충분히 피항이 가능한 거리이다. 12노트로 항해하는 선박에게는 5분이 기준이 되기 때문에 24노트로 항해하는 선박사이에는 4노트정도는 되어야 한다는 결론에 이른다.

한진마드라스호 충돌사건에서 우리나라 해양안전심판원은 제한시계의 항법을 적용하였지만 영국해사법원은 상호시계의 항법을 적용하였다(충돌 14분전 3마일 거리에서 시각적으로 상대선을 볼 수 있었다고 한다).[18)]

2. 정면상태(마주치는 상태)

양 선박이 서로 마주보고 충돌의 위험을 안고 접근하는 경우이다. 더 접근하게 되면 충돌이 발생하게 된다. 정면상태가 되면 양 선박이 모두 피항선이 되어 대각도

18) 김인현, 전게 선박충돌과 항법연구, 308면.

우현변침하여 상대선을 피하여 좌현 : 좌현 통과가 되도록 하여야 한다(제7조 제1항).

정면상태의 항법이 적용되기 위하여는 (i) 선박이 상호시계 내에 있고 (ii) 정침하고 있고 (iii) 양 선박이 항행 중이고 (iv) 서로 마주보면서 위험을 안고 접근하여야 한다.

해사안전법 제72조(마주치는 상태)(국제규칙 제14조)

① 2척의 동력선이 마주치거나 거의 마주치게 되어 충돌의 위험이 있을 때에는 각 동력선은 서로 다른 선박의 좌현 쪽을 지나갈 수 있도록 침로를 우현쪽으로 변경하여야 한다.

② 선박은 다른 선박을 선수방향에서 볼 수 있는 경우로서 다음 각호의 어느 하나에 해당하면 마주치는 상태에 있다고 보아야 한다.

1. 밤에는 2개의 마스트등을 일직선으로 또는 거의 일직선으로 볼 수 있거나 양쪽의 현등을 볼 수 있는 경우

2. 낮에는 2척의 선박의 마스트가 선수에서 선미까지 일직선이 되거나 거의 일직선이 되는 경우

③ 선박은 마주치는 상태에 있는지가 분명하지 아니한 경우에는 마주치는 상태에 있다고 보고 필요한 조치를 취하여야 한다.

[그림 4] 정면상태

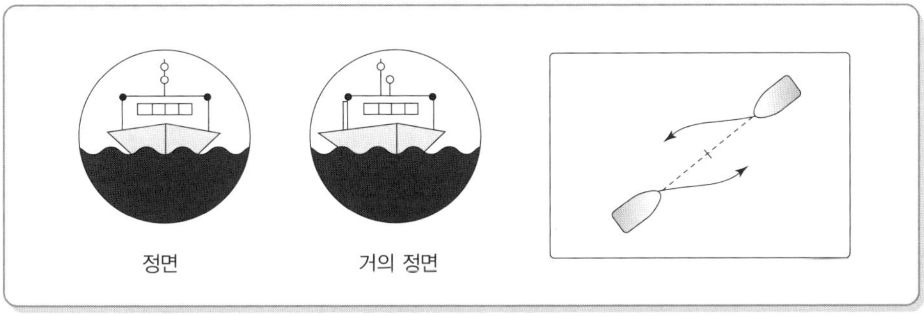

정면상태에서는 과실비율이 양 선박 모두 50 : 50에서 출발한다. 정면상태는 횡단상태와의 구별이 문제된다. 양측의 상대 방위의 각도가 좌우 1/2포인트(6도)가 되어도 정면상태에 속한다. 애매한 경우에는 정면상태로 간주하고 적극적으로 피항하여야 한다. 6도보다 상대방위가 큰 경우에는 횡단상태가 되게 된다. 중앙해심

은 헬렌호 충돌사건에서 좌우로 각 3도 총 6도의 범위이내를 정면 상태의 한계치로 보았다(중해심 제2007-013호).

정면상태에서 우현변침하여 피항하지 않고 좌현변침하게 되면 상대선의 선수방향을 향하여 변침한 것이 되어 상대선에게 불의타를 날리게 된다. 이 경우 좌현변침한 선박은 90%이상의 과실비율을 부담하게 된다.

정면상태에서 좌현 대 좌현 통과를 하는 것이 올바른 항법이다. 그런데 서로 우현 대 우현으로 위험은 있지만 통과가 가능한 경우 무리하게 좌현 대 좌현 통과를 위하여 우현변침하는 것은 좋지 않다. 1마일 거리로 통과할 수 있다면 이는 여전히 충돌의 위험이 있으므로 선박은 조기에 우현변침하여 좌현 대 좌현 통과가 되도록 해야 한다.

마주치는 상태인지가 애매한 경우는 마주치는 상태로 생각하고 이에 따른 조치를 취해야 한다(제72조 제3항).

〈판례소개〉 정면상태의 충돌(중해심 제2015-004호)

① 사실관계

시정이 3마일 정도로 양해한 상태에서 제일호는 충돌 2분전 선수 전방 1마일 거래에서 상대선 새시대호가 우현 항해등이 보였다가 좌현 항해등이 보이는 상태로 접근하는 것을 관측하고서 기관을 감속하였지만 충돌을 피하지못하였다.

② 재결의 내용

이 충돌사건은 거의 마주치게 되어 충돌할 위험이 있는 상태로 접근하는 새시대호와 제일호가 경계를 소홀히 하는 바람에 충돌할 위험이 있는지를 확인하지 아니하여 충돌을 피하기 위한 적절한 동작을 하지 아니하여 발생한 것이다. 양 선박의 사고발생 원인제공 비율은 새시대호측 50%, 제일호측 50% 정도인 것으로 배분한다.

〈판례소개〉

청명한 날씨에 야간에 맨체스터 십 운하에서 발생한 아르고 호프호와 배빙턴호 충돌사고에서 영국의 해사법원은 정면상태에 아르고 호프호의 좌현전타가 충돌의 직접적인 원인이 되었다고 하면서 동 선박에 85%의 과실을 인정하였다.[19]

---

19) The Argo Hope, [1982] 2 Lloyd's Report, 559.

〈판례소개〉 정면상태(중해심 제98-17)

① 사실관계

예인선 현대 108호는 진침로 031도, 약 노트의 속력으로 광양9호는 진침로 216도, 약 10노트로 항해중이었다.

② 재결내용

현대 108호는 광양9호측의 양현등을 약 3마일 거리에서 목격하였고 광양9호측도 상대선을 선수 좌현 3도, 10마일 거리에서 초인하였으므로 마주치는 항법이 적용되어, 각 선박은 다른 선박의 좌현측을 통과할 수 있도록 우현측으로 침로를 변경하여야 한다. 현대 108호는 여유있는 시기에 우측으로 피항조치를 취하지 아니한 채 상대선과 우현 대 우현으로 통과할 수 있다고 판단, 침로와 속력을 유지하고 있다가 가까운 거리에서 침로를 좌현으로 변경하는 등 충돌을 피하기 위한 조치가 적절하지 못하였다. 광양9호측은 소각도 우현 변침을 하는 등 피항 동작이 부적절하였을 뿐만 아니라 경계소홀로 충돌 직전의 상대성의 동정을 계속 살피지 못하였다.

따라서 이 충돌사건은 거의 마주치는 상태에서 현대 108호 측이 경계를 소홀히 하고 좌현 변침을 한 것으로 인하여 발생한 것이나, 광양9호측이 경계를 소홀히 하고 충돌을 피하기 위한 동작을 부적절하게 취한 것도 일인이 된다.

3. 횡단상태

횡단상태는 양선박이 충돌의 위험을 안고 접근하여 한 지점에서 만나는 경우이다. 이 경우는 자신의 진행방향으로 보아서 우측에 상대선박을 두고있는 선박이 피항선이 되고 상대선이 유지선이 된다.[20]

(i) 선박이 상호시계내에 있어야 하고, (ii) 충돌의 위험이 있어야 하고, (iii) 정침하고 있어야 할 뿐만 아니라, (iv) 양 선박이 모두 항행중이고, (v) 양선박이 서로 횡단하여 가는 모습이어야 한다.

해사안전법 제73조(횡단하는 상태)(국제규칙 제15조)

2척의 동력선이 상대의 진로를 횡단하는 경우로서 충돌의 위험이 있을 때에는 다른 선박을 우현쪽에 두고있는 선박이 그 다른 선박의 진로를 피하여야 한다. 이 경우 다른 선박의 진로를 피하여야 하는 선박은 부득이한 경우외에는 그 다른 선박의 선수방향을

20) 적용요건에 대한 자세한 논의는 김인현, 전게서, 180면-185면.

횡단하여서는 아니된다.

〈판례소개〉 **횡단항법의 적용요건(서울중앙지방법원 2008.10.24.선고 2007가합15313판결)**

① 사실관계

상호시계내에서 M호와 P호가 항구에 입항하면서 도선사 승선지점을 향하여 접근하고 있었다. P호는 북으로 향하고 있었고, P의 우측에 있던 M호는 서서히 좌회두를 하여 한 지점으로 접근하였다. P가 M을 자신의 우현에 두고있었기 때문에 피항선이 되는지가 문제되었다. 중앙해심은 M호가 정침이 되지 않았기 때문에 횡단항법을 적용할 수 없고 선원의 상무규정을 적용하여야 한다고 재결하였다. M호측은 민사소송을 제기하면서 횡단항법이 적용되어야 한다고 주장하였다.

② 판시내용

횡단항법이 적용되기 위하여는 (i) 양 선박이 상호시계내에 있어야 하고, (ii) 상대선박이 일정한 침로를 유지하고 있으며, (iii) 양 선박이 항해중에 있고, (iv) 충돌의 위험이 있어야 한다.

위 인정사실에 의하면, 사고당일 04 : 16시경 M호가 좌선회하기 시작하면서 04 : 18경 P가 M의 좌현 현등을 볼 수 있는 위치(정횡으로부터 후방 22.25도 이하의 위치)에 놓이게 되었으므로, 그 시경부터 양 선박은 횡단상태에 있었다고 볼 것이고, 나아가 M의 위와 같은 좌선회로 인하여 양선박은 충돌의 위험이 발생하였다고 할 것이다. 그런데 유지선의 위치에 놓이게 되는 M이 과연 일정한 침로(definate course)를 유지하였다고 할 수 있는지 여부에 관하여 살피건대, 항법 적용 요건 중 하나로 '상대선박이 일정한 침로를 유지할 것'을 요구하는 이유는, 피항선이 상대방의 침로 및 예상진로를 알 수 있어야 자신이 피항선의 지위에 있음을 알고 피항동작을 취할 수 있기 때문이며, 이러한 취지에 비추어 볼 때, 유지선이 '일정한 침로'를 유지하고 있느냐는, 기계적으로 침로가 일정하게 유지되고 있느냐에 따라 판단할 것이 아니라, 양 선박에 대하여 항법을 적용할 수 있을 정도로 침로가 일정하게 유지되고 있는지의 여부, 즉 상대선박의 침로를 객관적으로 평가하였을 때 피항선이 자신이 피항선임을 인식할 수 있는 상황인지 여부에 따라 규범적으로 판단하여야 할 것이다.

이 사건의 경우, 당시 M이 분당 약 6도의 속도로 좌선회하고 있어 기계적인 침로는 계속 변하였지만, 최소한 일정한 방향과 속도로 선회하고 있었으므로 P는 M의 진로를 어느 정도 예상할 수 있었을 뿐만 아니라, 당시 양 선박이 횡단상태에 놓이게 되며 그 결과 자신이 피항선의 지위에 서게됨을 인식함에 특별한 어려움이 없었던 것으로 보인다(이에 대하여 피고는 당시 P는 M이 우현변침하여 도선점으로 향할 것이라고 예상하였고 실제로도 M에게 전혀 횡단의도가 없었기 때문에 M의 침로 및 예상진로를 알 수 없는 상태였다고 주장하나, 항법은 법적 안정성 및 사고예방을 위하여 객관적으로 적용되어야 할 것이지 위와 같은 주관적 예상이나 판단 또는 횡단의도까지 고려할 것은 아니므로, 받아들이지 않는다). 따라서 이 사건에 있어 M은 일정한 침로를 유지하고 있었다고 평가할 수 있어 횡단항법이 적용되기 위한 모든 요건을 갖추었다고 할 것이므로, M을 우현쪽에 두고있는 선박인 P가 피항선이 되어 조기에 큰 동작을 취하여 유지선인 M의 진로를 피하여야 할 주의의무를 부담한다(P의 과실비율 65%인정).

횡단상태는 소극적으로 표현하면 정면상태도 아니고 추월상태도 아닌 상태를 말한다. 한쪽 현을 본다면 선수로부터 6도 보다 큰 각도, 정횡으로부터 22.5도보다 작은 각도 사이에서 충돌의 위험을 안고 접근하는 선박과 본선은 횡단관계에 놓이게 된다.

[그림 5] 조우자세에 따른 항법관계

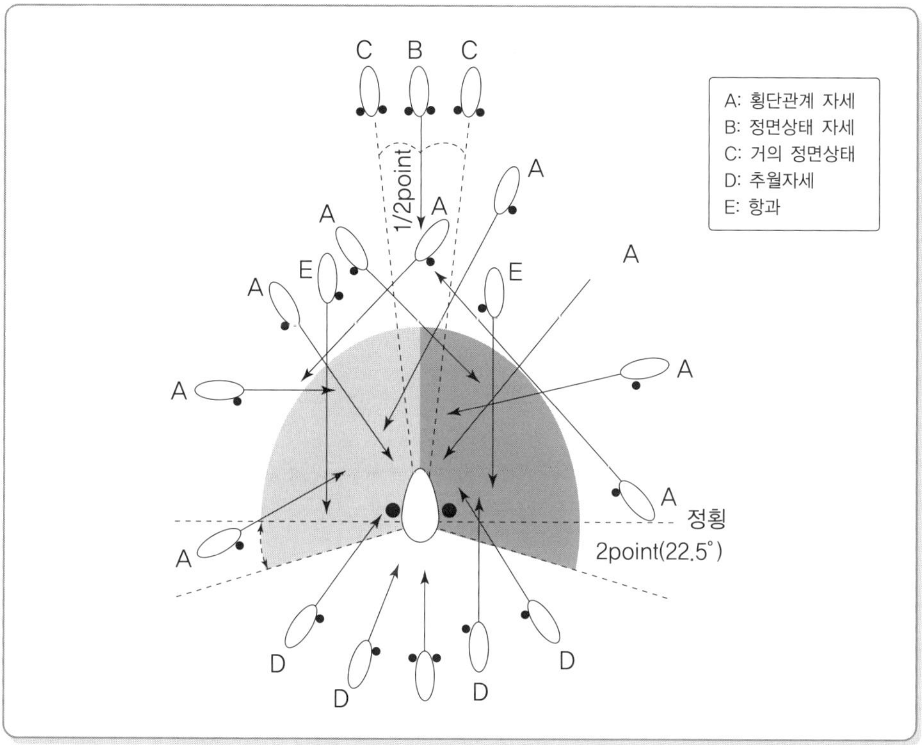

피항선은 적극적으로 대각도 우현변침하여 상대선을 피하여야 한다(제73조).[21] 후방교차의 경우에는 오히려 좌현변침하여 상대선과 멀어지는 것이 정당한 항법이 될 수 있다.

피항선은 65%, 유지선은 35%의 과실비율을 기본적으로 부담한다.[22]

[그림 6] 피항방법

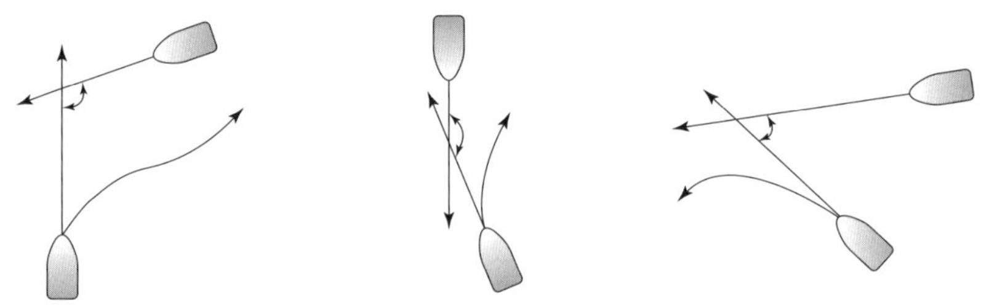

① 우전(右轉) 단음 1회 ② 우전(右轉) 단음 1회 ③ 좌전(左轉) 단음 2회

〈판례소개〉 **횡단항법(부산지방법원 1998.2.1.선고 97가합7786판결)**

① 사실관계

예인선인 서린 201호(총톤수 110톤)가 서린 202호(총톤수 813톤)을 예인줄(200미터)로 선미에서 끌고 항해중이었다. 자신의 우현에 아이다호(일반동력선)를 두고 있었다. 선박충돌이 발생하자 예인선단은 자신은 국제규칙에 의하여 우선권을 가진다고 주장하였다.

21) 횡단상태에서 피항선인 한진 마드라스호가 유지선(미네랄 담피에호)에게 침로와 속력을 유지하라고 제안하고 이를 합의하였다. 상호시계내에서 피항선은 충돌 5분전 우현 전타하였지만 충돌사고가 발생하였다. 영국법원은 피항선으로서 한진 마드라스호가 충돌 12분 전에 감속하지 않은 것과 적어도 충돌 9분전에 즉각적이고 대각도의 우전타를 하지 않은 것이 양 선박을 위험상황을 만들었고, 피항선의 3항사가 무선통화를 하여 유지선이 침로와 속력을 유지하도록 한 것은 잘못이라고 하면서 피항선에게 80%의 과실을 부여하였다(항소는 기각되어 1심 판결의 결과가 그대로 유지됨). The Hanjin Madras, [2001] 1 Lloyd's Reports, 286.

22) 글로브 월드호와 산코 다이아몬드호는 상호시계내에서 횡단하는 모습으로 접근하고 있었다. 미국법원은 피항선인 글로브 월드호는 상대선을 피하지 못한 점, 적절한 경계를 하지 못한 점 그리고 충돌을 피하기 위한 동작을 적절한 시간에 취하지 못한 점을 과실점으로 인정하여 85%의 과실을 인정하였다. 이에 반하여 유지선인 산코 다이아몬드에 대하여는 경계신호를 울리지 않은 점과 충돌의 위험이 명백하였음에도 조치를 취하지 않은 점을 이유로 15%의 과실이 인정되었다. 1989 AMC 220.

◈ [그림 7] 예인선단과 일반동력선

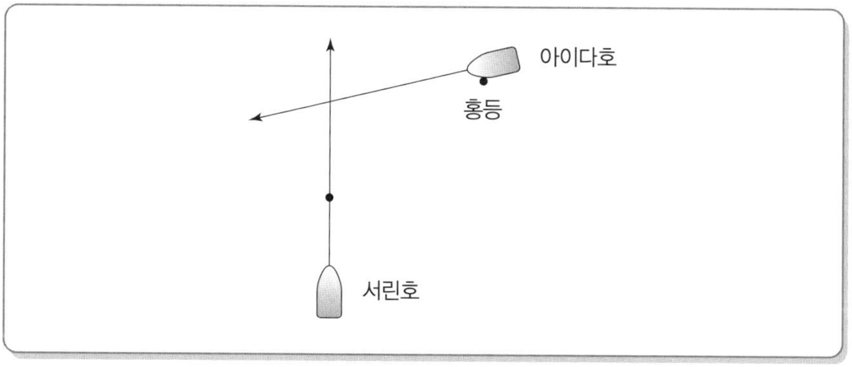

② 법원의 판시내용

해상교통안전법 제23조(해사안전법 제73조)에 따라 서린호측이 피항의무선의 지위에 있었다. 이 사고는 적극적인 피항의무를 취하지 아니한 서린호의 선원들의 과실과 주의를 운항하는 선박에 대한 경계를 소홀히하여 피예인부선인 서린 202호를 발견하지 못한 아이다호의 선원들의 과실이 경합하여 발생한 것으로 보이고 각 선원들의 과실비율은 6 : 4로 봄이 상당하다.[23)]

〈판례소개〉 **횡단항법(서울지방법원 2002.7.5.선고 2001가합36981판결)**

① 사실관계

제101 대양캐리어호(대양캐리어호, 피항선)는 어선 제72 영광호(영광호)가 우현 35도 2마일 거리로 횡단하여 접근하고 있는 것을 확인하였다. 그러나, 어선이 자선의 전방으로 지나쳐 갈 것이라고 가볍게 판단한 나머지 아무런 조치를 취하지 아니한 채 그대로 항해하다가 충돌직전에야 기적을 울리고 좌전타 기관정지하였으나 멈추지 못하고 충돌이 발생하였고 어선은 침몰하였다. 영광호는 대양호를 횡단하여 통과할 수 있을 것으로 생각하고 아무런 조치를 취하지 않고 그대로 진행하였다.

② 법원의 판시내용

영광호는 유지선으로서 급박한 상황에서의 피항협력동작을 취하지 아니한 과실이 있다고 할 수 있으나, 다만 대양캐리어호가 영광호를 피하여야 하는 피항선인 점 이에 반하여 영광호는 그 침로와 속력을 유지하여야만 하는 유지선인 점, 대양캐리어호가 미리

23) 엔젤릭 스피리트호와 와이마리너호 충돌사건에서 와이마리너호는 횡단상태에서 피항선이었음에도 조기에 대각도 변침을 하지않고 탐지되기 어려운 소각도 변침을 좌현으로 하였다. 영국해사법원은 이것을 이유로 와이마리너호가 70%의 과실비율을 부담한다고 판시하였다. The "Angelic Spirit," [1994] 2 Lloyd's Reports, 607.

충돌방지를 취할 수 있는 시간적 여유가 있었음에도 아무런 조치를 취하지 않은 점 등을 고려하여 영광호의 과실비율을 10%로 인정한다.[24)]

4. 추월상태

추월상태란 속력이 빠른 선박이 다른 선박을 앞질러 나아가는 상태를 말한다. 추월선은 피항선이 되고 피추월선은 유지선이 된다. 추월선이 피추월선의 진로를 피하여야 한다(제71조 제1항).

추월의 정의가 문제된다. 육상교통의 추월보다도 그 범위가 넓다고 할 수 있다. 자신의 정횡에서 보아서 22.5도 보다 후방에서 접근하는 선박이 있으면 추월상태가 된다(제71조 제2항). 추월상태에서는 충돌의 위험이라는 적용요건이 명기되어 있지 않다.

추월인지 불분명한 경우 추월선으로 보고 피추월선을 피하여야 한다(제71조 제3항).

해사안전법 제71조(추월)(국제규칙 제13조)

① 추월선은 제1절과 이 절의 다른 규정에도 불구하고 추월당하고 있는 선박을 완전히 추월하거나 그 선박에서 충분히 멀어질 때까지 그 선박의 진로를 피하여야 한다.

② 다른 선박의 양쪽 현의 정횡(正横)으로부터 22.5도를 넘는 뒤쪽[밤에는 다른 선박의 선미등(船尾燈)만을 볼 수 있고 어느 쪽의 현등(舷燈)도 볼 수 없는 위치를 말한다]에서 그 선박을 앞지르는 선박은 추월선으로 보고 필요한 조치를 취하여야 한다.

③ 선박은 스스로 다른 선박을 추월하고 있는지 분명하지 아니한 경우에는 추월선으로 보고 필요한 조치를 취하여야 한다.

④ 추월하는 경우 2척의 선박 사이의 방위가 어떻게 변경되더라도 추월하는 선박은 추월이 완전히 끝날 때까지 추월당하는 선박의 진로를 피하여야 한다.

한 번 추월이면 영원히 추월(once overtaking, always overtaking)이라는 격언이 있다. 이는 한 번 추월항법이 적용되면 추월이 끝날 때까지 추월선은 피추월선을

24) 경계의 잘못은 모두 동일하지만, 피항선은 적극적인 피항동작을 취하지 못하였고 금지된 좌현전타를 하였기 때문에 90%까지 과실이 인정된 것으로 보인다. 잘못된 조타동작에 대하여 30%이상의 추가과실이 인정된 것으로 판단된다.

피하는 것이다(제 71조 제4항).

협수로, 통항분리수역에서도 추월항법은 우선 적용된다. 일반 동력선을 조종제한선이 추월하게 되면 제76조에도 불구하고 조종제한선은 추월선으로서 일반동력선을 피해야 한다(해사안전법 제71조 제1항).

추월선은 속력이 빠르기 때문에 피추월선보다 조종성능이 우수하다고 본다. 과실비율을 산정하기 위한 비난가능성을 본다면 추월선은 85% 피추월선은 15%정도이다.

〈판례소개〉 **추월상태 피추월선의 의무(영국항소법원 코스키에르지나호 충돌사건 1996.1.26.)**

① 사실관계

원고 선박인 C호는 H호에 의하여 추월당하는 상태에 있었다. C호(피추월선)의 속력은 10.5노트이고, 추월선인 H호(추월선)의 속력은 21노트였다.

② 법원의 판시내용

영국법원은 피추월선도 유지선의 의무를 다하여야 한다고 보았다.

국제규칙 제17조 a항 (ii)가 소극적 문장으로 표현되어 있을 지라도, 선원의 상무에 비추어보면 국제규칙 제17조 b항이 적용되기 전인 동조 a항 (ii)의 단계에서 피추월선이 피항조치를 취할 것이 요구된다. 약 1마일 떨어진 거리에서 추월선이 침로변경을 하지 않았을 때, 피추월선은 20도에서 30도 정도로 좌현변침하였어야 하나 이를 게을리한 과실이 있고, 상기변침이 이루어지지 못하고 추월선이 0.3내지 0.4마일거리가 되기 이전까지는 언제나 피추월선이 변침을 하였어야 하나 이를 게을리한 과실이 있다. 충돌과실의 대부분은 추월선에 있지만 피추월선의 과실비율은 상대적으로 작다. 추월선이 85% 피추월선이 15%의 과실비율을 부담한다.

〈판례소개〉 **추월항법적용 요건(서울 남부지방법원 2013.6.5.선고 2012가합7046판결)**

① 사실관계

원고선박인 Q호는 상해에서 도선사를 승선하고 입항하고 있었다. 원고가 속력을 늦추게 됨으로써 피고의 J호가 더 빠른 속력으로 Q호를 추월하였다. 그런데, 어느 순간부터는 Q가 증속하여 Q호와 J호는 나란히 항해하게 되었다. 원고선박과 피고선박이 제3의 선박을 추월하면서 서로 부딪치게 되었다. 원고선박은 추월관계이기 때문에 피고가 절대적인 손해배상의 책임을 부담한다고 주장하였다.

② 법원의 판시내용

추월항법이 되기 위하여는 (i) 양 선박이 상호 시계내에 있고 (ii) 상대선박이 일정한 침로를 유지하고 있으며 (iii) 양 선박이 항행중에 있고 (iv) 추월상태에 있어야 히며 (v) 충돌의 위험 또한 있어야 한다. 피고선박은 15 : 56경 근처를 항해하던 다른 선박과 원고 선박 사이로 진행하여 다른 선박을 추월하였다. 16 : 00경에는 원고 선박과 동일선상에 나란히 진행한 사실, 16 : 03경부터 원고 선박의 속력이 11-12노트로 증가되었고 이 때문에 피고선박과 속도가 거의 비슷하거나 오히려 피고 선박보다 속도가 더 빨라져서 피고 선박이 원고 선박에 조금씩 뒤처지게 된 사실.(중략) 16 : 00이전의 상황은 피고선박이 원고 선박을 추월하는 추월항법이 적용될 수 있는 상황에 해당할 수 있으나, 16 : 00경 이후의 상황은 원고 선박과 피고선박이 거의 동일한 속도로 항해하거나 원고 선박이 오히려 피고 선박보다 빠르게 항해하고 있었으므로 추월상태에 있었다고 단정할 수 없고, 16 : 00경 이전의 추월상황이 16 : 00경 이후의 이 사건 선박충돌 상황과 단절되어 있다고 볼 수 있으므로, 이 사건 양선박의 항해에 관하여 추월항법은 적용될 수 없다. 그렇다면 이 사건 선박충돌에는 추월항법이 직접적으로 적용되지 않고, 그 밖에 일반적인 주의의무보다 우선하여 적용될 특별한 상황(예컨대 제한시계, 횡단항법등)이 라고 할 만한 증거가 없으므로, 결국 이 사건 선박충돌에서 원고 선박과 피고 선박의 과실비율은 국제해상충돌예방규칙 및 구 해상교통안전법에서 정하고 있는 각종 경계의무, 안전속력유지의무, 충돌의 위험판단 의무, 충돌을 피하기 위한 동작상의 주의의무, 선원의 상무등의 일반적 주의의무에 따라 판단하는 것이 상당하다.

원고 선박과 피고선박의 구체적인 과실비율에 관하여 보건대, (i) 피고선박이 제3선박을 추월하기 위하여 원고선박과 제3선박의 사이로 진입한 것이 기본적으로는 이 사건 선박충돌의 가장 큰 원인이 된 것으로 보이는 점 (ii) 원고선박과 피고선박에는 모두 안전한 수로로 해당선박을 안내하는 도선사가 승선하고 있었던 점 (iii) 이 사건 선박충돌이 일어난 지점은 도선점 근처로서 여러 선박이 한꺼번에 몰려들어 충돌의 위험이 상당히 큰 곳이었던 점 (iv) 원고 선박의 갑판실습생과 갑판수는 피고 선박의 존재를 알고 있었으면서도 원고 선박에 승선하고 있었던 도선사에게 이를 알리지 않았고, 그리하여 도선사의 교체시점에서 위와 같은 인수인계가 이루어지지 않은 점, (v) 원고 선박과 피고 선박이 근접하게 된 것은 16 : 00경인데 그 무렵에 원고 선박이 갑자기 속도를 내기 시작한 점등을 종합하면 원고 선박과 피고 선박의 과실비율은 40 : 60으로 봄이 상당하다.

중앙해심은 오하마나호 · 오렌지스카이호 충돌사건에서 "추월규정에는 충돌의 위험이 적용요건에 명시되어 있지 아니하나 일반적으로 야간에 길이 50미터 이상의 피추월선의 선미 등이 보이는 광달거리 3마일부터 그리고 충돌까지 15분 정도 걸려 충돌이 발생한 거리를 충돌의 위험이 존재하는 것으로 보고 이때부터 항법의 적용이 시작된다고 본다고 재결한 바 있다(중해심 제2008-002호).

5. 선박사이의 책무

조종성능의 우열에 따라 우수한 선박이 열등한 선박을 피하도록 정한 규정이다. 조정성능의 열등순서를 보면 (i) 접안선박 (ii) 묘박선박 (iii) 조종불능선(운전부자유선) (iv) 조종성능제한선 (v) 어로작업중인 선박이 된다. (i) (ii)는 국제규칙 제18조의(해사안전법 제76조) 일반항법에서 정하지 않았다. 이것은 이 선박들이 항행중이 아니고 국제규칙의 일반항법은 항행중인 선박사이의 법률관계를 정하기 때문이다. (ⅰ), (ⅱ)는 선원의 상무규정에 따른 것이다.

해사안전법 제76조(선박사이의 책무)(국제규칙 제18조)

① 항행중인 선박은 제67조, 제68조 및 제71조에 따른 경우 외에는 이 조에서 정하는 항법에 따라야 한다.

② 항행중인 동력선은 다음 각 호의 규정에 의한 선박의 진로를 피하여야 한다.

1. 조정불능선
2. 조정제한선
3. 어로에 종사하고 있는 선박
4. 범선

③ 항행중인 범선은 다음 각 호에 따른 선박의 진로를 피하여야 한다.

1. 조정불능선
2. 조종제한선
3. 어로에 종사하고 있는 선박

④ 어로에 종사하고 있는 선박 중 항행중인 선박은 될 수 있으면 디옴 각호에 따른 선박의 진로를 피하여야 한다.

1. 조정불능선
2. 조종제한선

⑤ 조정불능선이나 조종세한선이 아닌 선박은 부득이하다고 인정되는 경우 외에는 제86조에 따른 등화나 형상물을 표시하고 있는 흘수제약선의 통항을 방해하여서는 아니된다.

⑥ 수상항공기는 될 수 있으면 모든 선박으로부터 충분히 떨어져서 선박의 통항을 방해하지 아니하도록 하되 충돌할 위험이 있는 경우에는 이 법이 정하는 바에 따라야 한다.

⑦ 수면비행선박은 선박의 통항을 방해하지 아니하도록 모든 선박으로부터 충분히

떨어져서 비행(이륙 및 착륙을 포함한다) 하여야 한다. 다만 수면에서 항행하는 때에는 이 법에서 정하는 동력선의 항법을 따라야 한다.

일반 동력선은 어로작업중인 선박, 조종성능제한선박 그리고 조종불능선을 피하여야 한다. 또한 어로작업중인 선박은 조종성능제한선박과 조종불능선을 피하여야 한다(국제규칙 제18조, 해사안전법 제76조). 조종성능제한선박과 조종불능선사이의 항법은 정하지 않았지만, 전자는 후자를 피하여야 한다.

〈판례소개〉 어로작업중인 선박(중해심 재결 2000-3 : 대법원 2000.11.28.선고 2000추43판결)

① 사실관계

대어 120호는 권형망 선단의 본선(그물배)로서 선미에서 길이 약 60미터의 그물을 내어 진침로 120도 약 1노트의 속력으로 그물을 끌면서 어로에 종사하고 있었으나 소정의 형상물을 표시하지 않았고 상대선인 태영썬호가 조기에 이 같은 상황을 판단할 수 있는 기회를 제공하지 못하였다.

② 재결의 내용

이 같은 상황에서 양 선박이 충돌의 위험을 안고 서로 접근하였으므로 이러한 경우 항법관계는 법 제26조 선박사이의 책무(국제규칙 제18조) 항법이 적용되어 항행중인 동력선의 위치에 있는 태영썬이 어로에 종사중인 대어 102호의 진로를 피하여야 하나 태영썬이 경계를 소홀히 함으로써 대어 102호의 진로를 피하지 아니하였다. 이 충돌 사고는 항행중인 태영썬 측이 경계를 소홀히 하여 선단을 이루어 권형망 어로에 종사중인 대어 102측의 진로를 피하지 아니함으로써 발생한 것이나, 대어 102측이 소정의 형상물을 피하지 아니한 것도 일인이 된다.

또한 선원의 상무규정에 따르면 일반 동력선은 묘박선박을 피하여야 한다.

선박사이의 책무규정은 상호시계내의 경우에만 적용된다. 만약 안개가 끼게 되어 제한시계가 되면 선박사이의 책무규정은 적용되지 않고 모두 동등한 주의의무를 부담하게 된다. 이것은 레이다가 없는 것을 전제한 것이기 때문이다. 상대방의 존재와 그러한 내용을 쉽게 알 수 있는 상황에서 무중상태라고 하여 항법규정을 계속 이렇게 할지는 의문이다.

규정된 등화나 형상물을 게양한 만선호 경우에만 우선권이 부여된다. 흘수 제약선은 항해할 수 있는 수심에서 제한을 받기 때문에 일반동력선은 이의 안전한 통항을 방해하지 않아야 한다.

〈판례소개〉 **어로에 종사중인 선박(중해심 제2009-030)**

① 사실관계

시계가 양호한 상태에서 동인 13호가 항해중 경계를 소홀히 하여 진로 전방에서 통발을 양승하던 만선호를 피하지 아니하여 충돌이 발생하였다.

② 재결의 내용

어로에 종사하는 선박으로서의 우선권을 갖기 위해서는 우선 조종성능에 제한을 받는 어구를 사용하여 어로작업에 임하여야 하고, 어로에 종사하는 선박임을 나타내는 등화 또는 형상물을 표시하여 다른 선박에 자선의 상태를 알려야 한다(법 제2조 및 제45조). 만성호는 약 1.2노트의 아주 느린 속력으로 통발을 양승하고 있었으므로 조종성능을 제한하는 어구를 사용하여 어로작업을 하고 있는 선박에 해당된다는 데에는 이론의 여지가 없다. 어로에 종사하는 선박으로서의 우선권을 갖기 위하여는 당연히 등화와 형상물을 표시하여야 한다. 그러나, 등화와 형상물을 표시하지 않았더라도 어로에 종사중임을 쉽게 알 수 있는 경우는 제한적으로 어로작업선으로서의 지위를 인정해주고 있다(중해심 재결 제2000-3호, 대법원 2000추3). 여기서 어로에 종사하고있는 선박을 쉽게 알 수 있는 경우란 어선이 거의 정선되어있거나 아주 저속으로 항해하면서 조업하는 경우, 그물 등 사용중인 어구를 먼 거리에서도 눈으로 식별할 수 있는 경우, 선단으로 무리지어 조업하는 경우등 항해자가 선원의 상무로서 요구되는 기본적인 주의만 다하여 경계에 임한다면 어로작업중인 선박으로 쉽게 인식할 수 있는 경우를 뜻한다고 보아야 한다. 만선호는 당시 선수에서 팽팽한 상태의 모릿줄을끌어올리면서 약 1.2노트의 속력으로 동발을 양승하고 있었고, 동인 13호 선장이 충돌시에 이러한 모습을 발견할 수 있었는데, 동인 13호가 신중한 항해자라면 만선호가 어로작업 중임을 쉽게 파악하여 대비할 수 있었을 것으로 판단한다. 따라서 만선호는 비록 통발을 양승하는 장고형 형상물을 게시하지 아니하였디고 하더라도 이 사건 사고의 경우 만선호는 조종성능을 제한받는 어로에 종사하고있는 선박으로서의 우선권을 인정할 수 있는 상태였다고 판단된다.

시계가 양호한 주간에 침로 약 025도 약 9.7노트의 속력으로 인천남항을 향해 항해하던 동인 13호와 침로 약 080도, 약 1.2노트의 속력으로 통발 양망작업을 하고있던 어선 만선호 사이에 충돌이 발생한 이 경우, 만선호가 어로에 종사하는 선박으로서의 우선권을 가질 수 있는 상태였으므로 해상교통안전법 제38조(선박사이의 책무)의 규정에 따라 항행중인 동력선인 동인 13호가 어로에 종사하고 있는 신빅인 만선호를 피해아 한다. 이 충돌사건은 동인 13호가 통방을 양승하던 만선호를 피하지 아니하여 발생한 것이나, 만선호가 조업중 경계를 소홀히하여 접근하는 동인 13호에 대하여 적절한 피항협력동작을 취하지 아니한 것도 일인이 된다.

6. 피항선과 유지선, 충돌회피동작 4단계이론

상호시계내에서는 두 선박이 조우하게 되면 일방은 유지선 타방은 피항선이 된다. 피항선은 적극적으로 유지선의 진로를 피하여야 하고 유지선은 처음에는 속력과 침로를 그대로 유지하다가 최종순간에는 협조동작을 취하여야 한다.

해사안전법 제74조(피항선의 동작)(국제규칙 제16조)

이 법에 따라 다른 선박의 진로를 피하여야 하는 모든 선박(이하 피항선)은 될 수 있으면 미리 동작을 크게 취하여 다른 선박으로부터 충분히 멀리 떨어져야 한다.

해사안전법 제75조(유지선의 동작)(국제규칙 제17조)

① 2척의 선박 중 1척의 선박이 다른 선박의 진로를 피하여야 하는 경우 다른 선박은 그 침로와 속력을 유지하여야 한다.

② 제1항에 따라 침로와 속력을 유지하여야 하는 선박(이하 유지선)은 피항선이 이 법에 따른 적절한 조치를 취하고 있지 아니하다고 판단하면 제1항에도 불구하고 스스로의 조종만으로 피항선과 충돌하지 아니하도록 조치를 취할 수 있다. 이 경우 유지선은 부득이 하다고 판단되는 경우 외에는 자기 선박의 좌현 쪽에 있는 선박을 향하여 침로를 왼쪽으로 변경하여서는 아니된다.

③ 유지선은 피항선과 매우 가깝게 접근하여 해당 피항선의 동작만으로는 충돌을 피할 수 없다고 판단하는 경우에는 제1항에도 불구하고 충돌을 피하기 위하여 충분한 협력을 하여야 한다.

④ 제2항과 제3항은 피항선에게 진로를 피하여야 할 의무를 면제하는 것은 아니다.

국제규칙 제17조에 따르면 유지선은 일정한 시점까지는 침로와 속력을 유지하여야 한다(a항 i호)(법 제75조 제1항). 그러나, 충돌에 임박하여서는 (i) 협조동작을 취할 수도 있고(a항 ii호)(법 제75조 제2항) (ii) 반드시 협조동작을 취하여야 하는 의무도 있음을 유의하여야 한다(b항)(법 제75조 제3항). 이것은 아무리 유지선이라고 하여도 피항선만의 동작으로 충돌을 피할 수 없는 경우에는 충돌을 피하기 위하여 같이 노력하라는 취지이다. 그러나, 유지선의 이러한 동작은 자칫 피항선에게 조타동작에서 오해를 불러일으킬 수 있기 때문에 제한적이고 명확한 동작을 보여주어야 한다.

일반적으로 충돌회피동작에 대한 4단계 이론에 따라 유지선은 협조동작을 취하여야 한다(양 선박이 모두 12노트로 항해하는 경우).

① 1단계: 6마일까지는 1단계로 충돌의 위험이 없어서 어떠한 동작도 양 선박은 취할 수 있다.

② 2단계: 6마일에서 4마일거리까지는 2단계로 피항선은 피항동작을 취하여야 하는 의무를 부담하고 유지선은 침로와 속력을 유지하여야 하는 의무를 부담한다.

③ 3단계: 4마일에서 2마일까지는 3단계로서 유지선은 제17조 a항 ii호의 협조동작을 취할 수 있다.

④ 4단계: 2마일에서 충돌까지는 4단계로서 유지선은 제17조 b항에서 정한 최선의 협조동작을 취할 의무가 있다.[25](사례에 적용한 내용은 323면 이하 참조)

[그림 8] 충돌회피동작에 대한 4단계

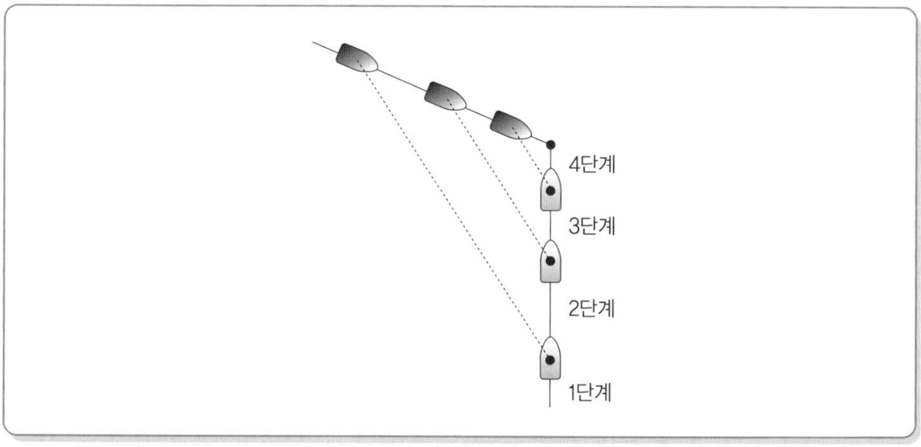

25) 김인현, 해상교통법(삼우사, 2011), 177면; Cockcraft & Lameijer, op.cit., p.130.

IV. 제한시계내의 항법

1. 제한시계의 의의

제한시계란, 안개, 비, 연기등으로 인하여 시계가 제한되어 상대선의 존재를 쉽게 파악할 수 없는 상태를 말한다. 육안으로 상대방을 확인할 수 있는지가 기준이 된다. 통상 2마일이내를 제한시계라고 한다.

제한시계가 되면 모든 선박은 감속하고 좌현변침을 하지 않아야 할 의무를 부담한다. 상호시계에서 조우상태에 따라 횡단등의 항법을 적용받던 것이 모두 사라지고 동등한 주의의무를 부담하게 된다(국제규칙 제19조 및 해사안전법 제77조).

과실비율이 기본적으로 50 : 50에서 출발한다는 점에서 제한시계인지의 여부는 대단히 중요한 의미를 갖는다.

2. 항해방법

제한시계에서는 감속하여 항해하다가(대략 8-9노트)(제77조 제2항) 위험성이 있다면 조타가능속력(대략 3-4노트)으로 감속하여야 한다(제77조 제6항). 감속하게 되면 상대방과 충돌을 피할 수있는 시간적 여유가 생기기 때문이다. 진행을 멈출 것도 고려해야 한다. 침로만을 변경하는 경우에는 가능한 한 본선의 정횡 전방에 있는 선박에 대하여 좌현변침을 하지 않아야 한다(제77조 제5항). 이는 항법의 대원칙을 적영한 것이다. 충돌의 위험성이 사라질 때까지 극도의 주의로 항행하여야 한다(제77조 제6항).

해사안전법 제77조(제한된 시계에서 선박의 항법)(국제규칙 제19조)

① 이조는 시계가 제한된 수역 또는 그 부근을 항행하고 있는 선박이 서로 시계안에 있지 아니한 경우에 적용한다.

② 모든 선박은 시계가 제한된 그 당시의 사정과 조건에 적합한 안전한 속력으로 항행하여야 하며, 동력선은 제한된 시계안에 있는 경우 즉시 조작할 수 있도록 준비하고 있어야 한다.

③ 선박은 제1절에 따라 조치를 취할 때에는 시계가 제한되어 있는 당시의 상황에 충분히 유의하여 항행하여야 한다.

④ 레이더만으로 다른 선박이 있는 것을 탐지한 선박은 해당 선박과 얼마나 가까이 있는 지 또는 충돌할 위험이 있는지를 판단하여야 한다. 이 경우 해당 선박과 매우 가까이 있거나 그 선박과 충돌할 위험이 있다고 판단한 경우에는 충분한 시간적 여유를 두고 피항동작을 취하여야 한다.

⑤ 제4항에 따른 피항동작이 침로를 변경하는 것만으로 이루어질 경우에는 될 수 있으면 다음 각호의 동작은 피하여야 한다.

1. 다른 선박이 자기 선박의 양쪽 현의 정횡앞쪽에 있는 경우 좌현 쪽으로 침로를 변경하는 행위(추월당하고 있는 선박에 대한 경우는 제외한다)

2. 자기 선박의 양쪽 현의 정횡 또는 그곳으로부터 뒤쪽에 있는 선박의 방향으로 침로를 변경하는 행위

⑥ 충돌할 위험성이 없다고 판단한 경우 외에는 다음 각호의 어느 하나에 해당하는 경우 모든 선박은 자기 배의 침로를 유지하는 데에 필요한 최소한으로 속력을 줄여야 한다. 이 경우 필요하다고 인정되면 자기 선박의 진행을 완전히 멈추어야 하되, 어떠한 경우에도 충돌할 위험성이 사라질 때까지 주의하여 항행하여야 한다.

1. 자기 선박의 양쪽 현의 정횡 앞쪽에 있는 다른 선박에서 무중신호를 듣는 경우

2. 자기 선박의 양쪽 현의 정횡으로부터 앞쪽에 있는 다른 선박과 매우 근접한 것을 피할 수 없는 경우

조종성능우열의 항법(선박 사이의 책무)은 제한시계에서는 적용되지 않는다.

〈판례소개〉 **허용되지 않는 좌현변침(부산지방법원 1998.6.24.선고 96가합16677판결)**

① 사실관계

알렉산드리아호(A호)는 도선사가 승선한 가운데 부산항을 출발하여 205도 약 13노트로 향하고 있었다. 신화 7호(S호)는 058도 10노트로 부산남항 묘지로 향하던 중이었다. 05:00경 신화 7호가 자신의 왼쪽 35도 방향에서 마주오는 A호를 발견하고도 05:19경(충돌 7분전) 예정된 침로로 가기 위하여 침로를 000도로 좌현 변침하여 항해하였다. 05:26경 부산남형제도 동방 4마일 부근에서 S호의 선수부위로 A호의 좌현 중앙부분을 90도 각도로 충돌하여 A호가 침몰하였다.

② 법원의 판시내용

이 사건 선박충돌은 짙은 안개로 시계가 극히 제한된 상태에서 입항하던 위 S호와 출항하던 A호가 서로 마주치며 항해하던 상태에서 두 선박이 서로의 존재를 레이다로 발견하고도 상대선에 대한 체계적인 항로 분석을 계속하지 아니한 데다가 무선전화 교신

마저 하지 아니하여 서로의 동정과 항행의도를 잘 모르는 상황이었으므로 위 S호의 선장인 X로서는 국제규칙이 정한 바대로 양선박이 좌현측을 통과할 수 있도록 각기 우현측으로 변침하여야 하고 좌변침을 하여 항해선박의 앞을 가로질러 가서는 아니됨에도 불구하고 무중항해에 필수적인 견시근무자를 배가하거나 레이다를 지속적으로 관찰하지 아니하고 미리 속력을 감속하지 않은 채 위 A호가 아직 먼거리에 있고, 또 위 S를 좌변침하면 위 A도 좌변침하여 통과될 것이라는 막연한 생각으로 예정된 항로에 따라 좌변침하기로 마음먹고 기적 소리만 울린 채 마주치며 항해하는 선박간에 금지되어 있는 좌변침을 감행하여 결과적으로 위 A호의 앞을 가로질러 항해하는 잘못과, 위 A의 선장인 Y도 위 S를 10마일 전방에서 발견하고도 선박충돌은 일어나지 아니할 것이라는 막연한 기대하에 위 S의 항행의도도 모르는 상태에서 짙은 안새 속에서 무중신호도 취명하지 아니하고 전속력으로 항해하다가 위 S가 2.5마일 해상까지 접근한 후에서야 비로소 충돌을 회피하기 위하여 뒤늦게 우변침한 잘못이 경합하여 발생한 것이라고 할 것인바, 이 사건 충돌사고의 당시의 상황, 사고에 이르게 된 경위 등에 비추어 S호의 선장 X의 과실과 위 A호의 선장 Y의 과실비율은 7:3으로 봄이 상당하다 할 것이다.

〈판례소개〉 과도한 속력(인천지방법원 2013.5.24.선고 2011가합17126판결)

① 사실관계

씨에스 크레인호(C)는 2010.6.15. 23:45경 침로 약 027도, 속력 약 12.4노트인 상태로 동수도를 따라 항해하다가 23:47경 진침로 약 355도로 변침하여 인천항 제1입항 대기정박지를 향해 항해하였다. 푸핑유안호(P)는 23:35경 진침로 007도 속력 약 6.7노트로 인천항 제1입항 대기정박지에 진입하였다. 23:52경 P는 투묘장소를 찾기 위하여 속력이 약 2.1노트였다. C는 23:50경 12노트 23:53경 9.1노트 23:54경 8.2노트 23:56경 5.7노트의 속력을 유지하였다.

C는 P가 자신의 선수로부터 좌현 20도 0.3마일 전방에 있음에도 이를 알지 못하고 P가 위치하고 있는 지점에 투묘할 생각으로 좌현 10도로 돌려 서서히 변침하였고 23:55경 선수 전방 약 40미터 지점에 있는 P의 불빛을 발견하고 키를 극우전타하면서 주기관을 정지하고 전속 후진하였다.

23:56경 옹진군 북장자서 서방 약 2.8마일 거리 해상에서 C의 선수부와 P의 우현선미부가 선수미선 교각 약 40도로 충돌하는 사고가 발생하였다.

② 중앙해심

이 충돌사건은 시계가 제한된 상태에서 C가 인천항 제1입항대기정박지로 진입하면서 가항수역이 협소한 정박지 여건을 고려하지 아니하고 무중신호를 울리지 아니하고, 과도한 속력으로 경계를 소홀히 한 채 항해함으로써 투묘 준비 중인 P와의 충돌 위험성을 인지하지 못하여 발생한 것이나, P가 상대선박을 초인하고도 무중신호를 울리지 아니하고 경계를 소홀히 하여 충돌을 피하기 위한 적절한 협력조치를 하지 아니한 것도 일인이 되었다.

이 충돌사건에 대하여 해양사고관련자 A와 동 B가 원인제공비율을 밝혀 달라는 요청이 있어 「해양사고의 조사 및 심판에 관한 법률」 제4조 제2항의 규정에 따라 양 선박의 원인제공비율을 검토한 바, C측은 제한된 시계에서 ① 무중신호를 취명하지 않았으며 ② 과도한 속력으로 항해하면서 ③ 가항수역이 매우 협소한 정박지 여건을 전혀 고려하지 아니하고 ④ 앞서 가는 P가 투묘 준비 중인데도 경계를 소홀히 하여 상대선의 움직임을 알지 못하였다. P 측은 제한된 시계에서 ① 무중신호를 취명하지 않았으며 ② 경계를 소홀히 하여 충돌을 피하기 위한 적절한 조치를 취하지 아니하였다. 또한 충돌 직전의 양 선박이 처한 상황, 주변여건을 파악하기 위한 경계 및 주의의무 이행정도, 충돌을 피하기 위한 조종의 용이성 등이 원인제공 요인에 포함되어야 할 것으로 판단된다. 따라서 양 선박의 원인제공 정도는 C측에 85%, P측에 15%인 것으로 배분한다.

(책임제한절차의 사정재판에서 과실비율이 위 중앙해심과 같이 85:15로 결정되었다. 이에 C측은 이 사건사고는 P가 제한된 시계에서 경계의무를 다하지 않고 기존의 진행방향에서 갑자기 좌전타하는 등 항법에 위반되게 항해하여 발생한 것이므로 C에게 85%의 과실비율을 부과한 사정재판은 잘못이라는 사정재판 이의의 소를 제기하였다).[26)]

③ 법원의 판시내용

양측 모두 시계가 제한된 상태에서 사전에 상대선박을 인지하고도 레이더 등을 통한 지속적인 경계를 소홀히 한 점, 무중신호를 게을리 한 점, 거기에 더하여 C호의 경우 시계가 제한된 상태에서 가항수역이 매우 협소한 정박지를 항해하면서 과도한 속력으로 항해한 점 등 앞서 본 양 선박의 충돌까지의 항해상황과 법령상의 항법 준수 여부, 그 위반의 정도 및 내용 등을 종합하여 보면, 이 사건 선박충돌사고로 인한 손해배상책임 분담에 있어 양측의 과실비율은 C호 75%, P호 25%로 정함이 상당하다.

V. 모든 시계내의 항법

1. 협수로(좁은 수로)

선박이 항해할 수 있는 항로의 폭이 좁은 수로를 협수로(좁은 수로)라고 하고 협수로에 항행할 때에 적용되는 특별한 항법을 정하였다(국제규칙 제9조). 판례와 학

26) 이 사건에서 감속에 대한 비난가능성은 7:3이 될 것이다. 경계는 양 선박이 모두 하지 않았기 때문에 5:5이다. 두 가지 요소만이 충돌과 인과관계가 있다고 한다면, 감속의 인과적 영향력은 50%, 경계의 인과적 영향력은 50%로 볼 수 있다. C호의 과실비율은 $70\times0.5+50\times0.5=60\%$가 될 것이다.

설에 따르면 대략 폭이 2마일 이내의 경우가 협수로가 되지만 선박의 크기 등에 따라 달라질 것이다.[27] 협수로에서는 우측통항의 원칙이 적용된다. 좁은 수역을 안전하게 항행하기 위하여 일정한 항행방법을 정한 것이다.

협수로에서의 횡단은 원칙적으로 금지된다. 항로를 따르는 선박이 지난 다음에 횡단하여야 한다(제67조 제4항).

해사안전법 제67조(좁은 수로등)(국제규칙 제9조)

① 좁은 수로나 항로(이하 "좁은 수로 등"이라 한다)를 따라 항행하는 선박은 항행의 안전을 고려하여 될 수 있으면 좁은 수로 등의 오른편 끝 쪽으로 항행하여야 한다. 다만, 제31조 제1항에 따라 국토해양부장관이 특별히 지정한 수역 또는 제68조 제1항에 따라 통항분리제도가 적용되는 수역에서는 좁은 수로 등의 오른편 끝 쪽에서 항행하지 아니하여도 된다.

② 길이 20미터 미만의 선박이나 범선은 좁은 수로 등의 안쪽에서만 안전하게 항행할 수 있는 다른 선박의 통행을 방해하여서는 아니 된다.

③ 어로에 종사하고 있는 선박은 좁은 수로 등의 안쪽에서 항행하고 있는 다른 선박의 통항을 방해하여서는 아니 된다.

④ 선박이 좁은 수로 등의 안쪽에서만 안전하게 항행할 수 있는 다른 선박의 통항을 방해하게 되는 경우에는 좁은 수로 등을 횡단하여서는 아니 된다.

⑤ 제71조 제2항 및 제3항에 따른 추월선(追越船)은 좁은 수로 등에서 추월당하는 선박이 추월선을 안전하게 통과시키기 위한 동작을 취하지 아니하면 추월할 수 없는 경우에는 기적신호를 하여 추월하겠다는 의사를 나타내야 한다. 이 경우 추월당하는 선박은 그 의도에 동의하면 기적신호를 하여 그 의사를 표현하고, 추월선을 안전하게 통과시키기 위한 동작을 취하여야 한다.

⑥ 선박이 좁은 수로 등의 굽은 부분이나 항로에 있는 장애물 때문에 다른 선박을 볼 수 없는 수역에 접근하는 경우에는 특히 주의하여 항행하여야 한다.

⑦ 선박은 좁은 수로 등에서 정박(정박중인 선박에 매어 있는 것을 포함한다)을 하여서는 아니 된다. 다만, 해양사고를 피하거나 인명이나 그 밖의 선박을 구조하기 위하여 부득이하다고 인정되는 경우에는 그러하지 아니하다.

협수로에서 갑자기 다른 선박이 사용하여 항행하여야 할 항로에 들어온 경우에

27) 가항폭이 120미터(부해심 제97-19호), 1.5마일(중해심 제97-2호)는 협수로로 인정되었지만, 가항폭이 1.1마일인 무쯔레 등대 앞은 부정되었다(부해심 제98-108호).

는 다른 선박은 피항할 여유가 없기 때문에 많은 비난가능성에 직면하게 된다. 상황에 따라서는 100%정도의 과실비율을 부담할 수 있다. 이것은 대양의 경우와 비교하여 피항할 수 있는 여유수역이 없기 때문에 상대선박에게 피항할 수 있는 기대가능성이 낮기 때문이다.

협수로 항법은 모든 시계내의 항법이다. 상호시계이거나 제한시계이거나 상관없이 항행하는 선박은 협수로의 우측을 통항할 의무를 부담한다(제67조 제1항).

〈판례소개〉 협수로 항법(중해심 제2013-007호)

① 사실관계

시정은 15,00미터로 제한된 상태였다. 96신현호는 조도수도를 따라 항행하고 있었다. 20미터 미만인 한진호는 조도수도를 횡단하다가 충돌하였다.

② 재결의 내용

연안통발어선인 한진호(총톤수 2.97톤, 길이 7.4미터)는 길이 20미터 미만의 소형선일 뿐만 아니라 좁은 수로를 횡단하지 말아야하는 하는 선박이다. 한진호 측이 좁은 수로를 횡단하는 상태로 접근하면서 경계를 태만히 함으로써 수로를 따라 항행하는 96신현호(149톤, 길이 37미터) 를 관측하지 못하여 발생한 것이나 96신현호가 수로의 중앙으로 항행하면서 경계를 태만히 함으로써 자신의 우현측으로부터 접근하는 한진호의 진로를 피하기 위한 적절한 동작을 취하지 아니한 것도 일인이 된다. 96신현호측이 45%, 한진호측이 55%의 원인제공비율을 부담한다.

길이 20미터 미만의 선박, 어로에 종사하고 있는 선박은 협수로의 안쪽에서만 안전하게 항행할 수 있는 다른 선박에 대하여 통항불방해의무를 부담한다(제67조 제2항, 3항).

2. 통항분리수역

지리적인 이유 때문에 선박이 횡단상태에 놓이는 경우가 있다. 인천에서 부산으로 가려는 선박은 목표지역의 앞바다에서는 180도로 항해하여야 한다. 우리나라 부산등에서 출발하여 중국으로 가는 선박은 270도로 항해하여야 한다. 이들 선박은 한 지점에서 90도의 각도로 교차하여 만나게 된다. 교차하는 상태를 모르고 있다고 하면 충돌에 이르게 된다. 영국의 도버해협도 마찬가지이다. 영국과 프랑스를 향하는 선박과 북유럽에서 스페인으로 내려오는 선박은 90도의 각도로 만나게 되어 높은 충돌의 위험성을 가지게 된다.

이러한 경우에 선박이 다니는 통항로를 지정하여 주면 충돌의 위험을 줄일 수 있다. 이렇게 설정된 수역을 통항분리수역(TSS, Traffic Separation Scheme)이라고 한다.

통항분리수역에서는 지정된 통항로(traffic lane)에 따라서 항행하면 된다. 이렇게 지정된 통항로의 항법은 서로 좌현 : 좌현으로 통과하도록 설정되어 있다(제68조 제2항). 즉, 전체 통항분리수역의 우측의 통항로를 사용하여 항행하도록 되어 있다.

〈판례소개〉 통항분리제도(영국 해사법원 2000.5.25)

보스포르스 해협의 통항분리방식에서 다른 통항로에 진입하여 항행함과 동시에 속력제한의무를 지키지 아니한 발바로사호에게 80%의 과실비율이 부과되었다.[28)]

해사안전법 제68조(통항분리제도)(국제규칙 제10조)

① 이 조는 다음 각 호의 수역(이하 "통항분리수역"이라 한다)에 대하여 적용한다.

1. 국제해사기구가 채택하여 통항분리제도가 적용되는 수역

2. 해상교통량이 아주 많아 충돌사고 발생의 위험성이 있어 통항분리 제도를 적용할 필요성이 있는 수역으로서 국토해양부령으로 정하는 수역

② 선박이 통항분리수역을 항행하는 경우에는 다음 각 호의 사항을 준수하여야 한다.

1. 통항로 안에서는 정해진 진행방향으로 항행할 것

2. 분리선이나 분리대에서 될 수 있으면 떨어져서 항행할 것

3. 통항로의 출입구를 통하여 출입하는 것을 원칙으로 하되, 통항로 의 옆쪽으로 출입하는 경우에는 그 통항로에 대하여 정하여진 선박의 진행방향에 대하여 될 수 있으면 작은 각도로 출입할 것

③ 선박은 통항로를 횡단하여서는 아니 된다. 다만, 부득이한 사유로 그 통항로를 횡단하여야 하는 경우에는 그 통항로와 선수방향(船首方向)이 직각에 가까운 각도로 횡단하여야 한다.

④ 선박은 연안통항대(沿岸通航帶)에 인접한 통항분리수역의 통항로를 안전하게 통과할 수 있는 경우에는 연안통항대를 따라 항행하여서는 아니 된다. 다만, 다음 각 호의 선

28) The Barbarossa, [2000]2 Lloyd's Reports, 297.

박의 경우에는 연안통항대를 따라 항행할 수 있다.

1. 길이 20미터 미만의 선박
2. 범선
3. 어로에 종사하고 있는 선박
4. 인접한 항구로 입항 · 출항하는 선박
5. 연안통항대 안에 있는 해양시설 또는 도선사(導船士)의 승하선(乘下船) 장소에 출입하는 선박
6. 급박한 위험을 피하기 위한 선박

⑤ 통항로를 횡단하거나 통항로에 출입하는 선박 외의 선박은 급박한 위험을 피하기 위한 경우나 분리대 안에서 어로에 종사하고 있는 경우 외에는 분리대에 들어가거나 분리선을 횡단하여서는 아니 된다.

⑥ 통항분리수역에서 어로에 종사하고 있는 선박은 통항로를 따라 항행하는 다른 선박의 항행을 방해하여서는 아니 된다.

⑦ 모든 선박은 통항분리수역의 출입구 부근에서는 특히 주의하여 항행하여야 한다.

⑧ 선박은 통항분리수역과 그 출입구 부근에 정박(정박하고 있는 선박에 매어 있는 것을 포함한다)을 하여서는 아니 된다. 다만, 해양사고를 피하거나 인명이나 선박을 구조하기 위하여 부득이하다고 인정되는 사유가 있는 경우에는 그러하지 아니하다.

⑨ 통항분리수역을 이용하지 아니하는 선박은 될 수 있으면 통항분리수역에서 멀리 떨어져서 항행하여야 한다.

⑩ 길이 20미터 미만의 선박이나 범선은 통항로를 따라 항행하고 있는 다른 선박의 항행을 방해하여서는 아니 된다.

⑪ 통항분리수역 안에서 해저전선을 부설 · 보수 및 인양하는 작업을 하거나 항행안전을 유지하기 위한 작업을 하는 중이어서 조종능력이 제한되고 있는 선박은 그 작업을 하는 데에 필요한 범위 안에서 제1항부터 제10항까지의 규정을 적용하지 아니한다.

통항분리수역이라고 하여도 일반항법의 적용이 배제되는 것은 아니다. 해사안전법과 달리 국제규칙은 이 점을 분명히 하고 있다(국제규칙 제10조 a항).

국제규칙 제10조 a항

본조는 국제해사기구가 채택한 통항분리수역에 적용지만, 다른 선박으로 하여금 다른 규칙의 의무를 면하게 하는 것은 아니다(This Rules applies to traffic separation schemes adopted by the Organization and does not relieve any vessel of her obligation under any other rule).

예를 들면 통항분리수역을 따르는 선박(A)과 횡단선박(B)이 있게 되면 A선박이 만약 자신의 우측에 B선박을 두고 있다면 A가 피항선의 지위에 있다는 것이다. 통항분리수역의 항법과 횡단항법이 중첩적으로 적용된다.

〈판례소개〉 **통항분리수역에서의 충돌사고(영국항소법원 1995.7.6.)**

싱가폴 해협에서 아시안에너지호(A호)는 동에서 서쪽으로 항해하고 있었다. 센츄리돈호(C호)는 싱가폴에서 출항하여 동향통항로를 사용하려고 항로에 진입하였다. C호는 예각으로 통항로를 가로질러 들어왔다. A호는 서향통항로를 항해하다가 좌전타하여 동향통항로에 들어갔다.

법원은 충돌전 A호의 우측에 C호가 있었기 때문에 A호가 피항선이 된다고 인정하였다. A호의 피항선의무위반, 충돌직전 좌전타, 상대선의 통항로에 진입한 과실이 인정되고, C호는 유지선의무위반, 통항진입각도 위반과실이 인정되었다. 제1심과 2심은 모두 피항선인 A호에게 60%의 과실을 부과시켰다.

[그림 9] 통항분리수역에서의 충돌상황도

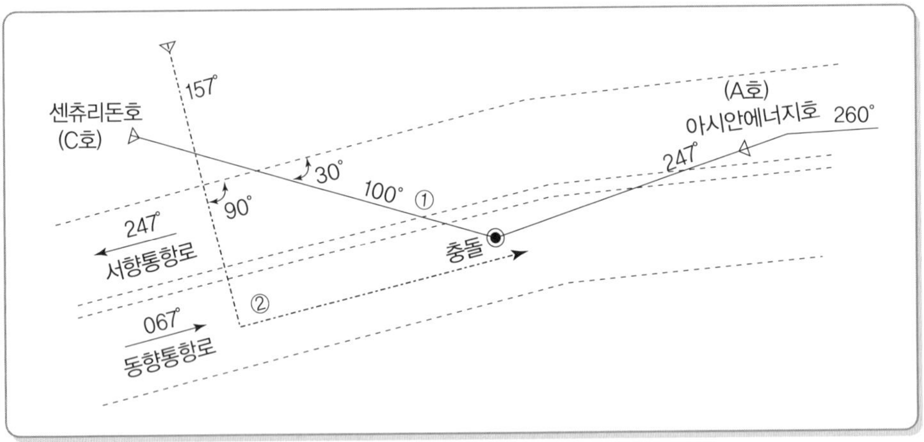

비록 해사안전법이 이를 누락하고 있다고 하더라도 우리 나라는 국제규칙을 비준하였고 헌법 제5조에 따라서 국제규칙의 내용은 국내법과 동일한 효력이 있기 때문에 우리나라 영해 혹은 우리나라 선박에도 해사안전법과 동일하게 이 규정이 적용된다고 해석된다.

협수로와 통항분리제도는 모두 횡단이 원칙적으로 금지되지만(제68조 제3항),

후자가 좀 더 쉽게 횡단할 수 있다. 통항분리제도가 길게 연결되어 횡단하지 않고는 오래 돌아가야하는 경우는 “부득이 한 사유”로서 횡단이 허용된다. 협수로에서는 우측 통항을 하여야 하지만, 통항분리수역에서는 항로의 중앙을 항행하여야 한다.

통항로에 진입할 때에는 진행방향에 대하여 가능하면 소각도로 진입하고, 횡단할 때에는 통항로와 직각에 가깝게 횡단하여야 한다(제68조 제2항 및 3항). 전자의 경우는 다니는 선박에 진입하는 선박이 방해를 주지 않도록 하기 위함이고, 후자의 경우 횡단선박이 통항로에 머무는 시간을 가장 적게 하기 위함이다.

길이 20미터 미만의 선박이나 어로에 종사하고 있는 선박은 통항로를 따라 항행하는 다른 선박의 항행을 방해하여서는 아니된다(제68조 제6항 및 10항).

통항분리수역은 모든 시계에서 적용되기 때문에 제한시계가 되어도 선박은 지정된 통항로를 따라 항행하여야 한다.

3. 교통안전특정해역

비록 국제규칙에는 없는 제도이지만 해사안전법은 인천, 부산, 광양 및 울산에 대하여 교통안전특정해역을 설치하고 있다. 각 특정해역에는 고유의 항법이 정하여져있다(시행규칙 제7조 제1항 제3호 관련 별표 4). 항법에 나와있지 않는 사항은 통항분리수역의 항법이 준용된다. 일본의 해상교통안전법에 대응하는 제도이다(부록 참조).

4. 무역항의 항로

무역항의 항로는 선박이 항해할 수 있는 폭이 좁고 선박의 통항이 많기 때문에 특별한 항법을 정하여 두고 있다. 선박입출항법은 항로에 진입하거나 항로 밖으로 나가는 선박의 항로항행선에 대한 피항의무 및 우측항행의 원칙을 천명하고 있다. 항로에서의 추월은 원칙적으로 금지하고 있다. 그리고 위험물운송선박이나 흘수제약선의 진로를 방해하지 않을 의무를 선박들에게 부과하고 있다. 이는 통항불방해의무로 이해된다.

선박입출항법 제12조(항로에서의 항법)

① 모든 선박은 항로에서 다음 각호의 항법에 따라 항행하여야 한다.

1. 항로 밖에서 항로에 들어오거나 항로에서 항로 밖으로 나가는 선박은 항로를 항행하는 다른 선박의 진로를 피하여 항행할 것

2. 항로에서 다른 선박과 나란히 항행하지 아니할 것

3. 항로에서 다른 선박과 마주칠 우려가 있는 경우에는 오른쪽으로 항행할 것

4. 항로에서 다른 선박을 추월하지 아니할 것. 다만, 추월하려는 선박을 눈으로 볼 수 있고 안전하게 추월할 수 있다고 판단되는 경우에는 해사안전법 제67조 제5항 및 제71조에 따른 방법으로 추월할 것.

5. 항로를 항행하는 제37조 제1항 제1호에 따른 위험물운송선박(제2조 제5호 라목에 따른 선박중 급유선은 제외한다) 또는 해사안전법 제2조 제14호에 따른 흘수 제약선의 진로를 방해하지 아니할 것

〈판례소개〉 무역항의 항법(중해심 재결 제95-5호)

① 사실관계

안개가 낀 상태(제한시계)에서 입항선인 남해스타호는 수로의 좌측으로 항해하였다. 출항선인 영신호와 수로의 우측에서 충돌하였다.

② 중앙해심의 재결내용

이 사건은 짙은 안개로 시계가 약 300미터로 제한된 대흑산도항의 방파제 입구에서 입항선인 남해스타호가 수로의 좌측으로 치우쳐 과대한 속력으로 운항하여 발생한 것이나, 영신호가 경계소홀로 충분히 여유 있는 시기에 피항동작을 취하지 아니하고 과대한 속력으로 운항한 것도 그 일인이 된다.[29][30]

〈판례소개〉 무역항의 항법(중해심 재결 제2009-11호)

① 사실관계

인천북항에서 출항하여 항로를 직각으로 횡단하여 항로의 우측을 항해할 제88금영호(항로 진입선박, 280도)와 항로의 좌측을 따라 항해하던 선광9호(20도) 사이에서 충돌사

29) 수로의 우측을 항해하지 않고 좌측으로 항해하여 상대선의 진로를 막아선 남해스타호에게 충돌의 주원인이 있다고 중해심은 판시한 것이다.

30) 유조선 부경1호 어선 강윤호 충돌사건에서 동해지방해심(동해심 재결 제2002-030호)은 "이 충돌사건은 부경1호가 항로의 우측으로 항해하지 아니하고 부적절한 조선을 함으로써 발생한 것이나 강윤호가 안전운항을 하지 아니한 것도 일인이 된다"고 판시하였다. 묵호항 항로의 우측을 항해하지 아니한 부경1호에게 충돌의 주원인이 있다고 동해심이 판시한 것이다.

고가 발생하였다.

② 중해심의 판시내용

"제88금영호 측이 인천항 제1항로에 진입하면서 항로 내에서 항로를 따라 북상 항해 중인 상대선 선광 9호 측의 진로를 피하지 아니하고 오히려 그 진로 전방으로 가로질러 제1항로에 진입하려 한 과실이 주원인이 되었으며, 선광9호가 선장이 직접지휘하지 아니하고 충돌회피 협력동작을 적절히 취하지 아니한 것이 일인이 되었다고 판단된다.[31]

한편, 무역항의 방파제 입구는 좁고 유속이 빨라서 항해하기가 대단히 위험하다. 입항하는 선박은 여유수역이 많으나 출항하는 선박은 여유수역도 좁고 제약이 많으므로 입항선이 피항선이 되도록 하였다.

선박입출항법 제13조(방파제 부근에서의 항법)

무역항의 수상구역 등에 입항하는 선박이 무역항의 방파제의 입구 등에서 출항하는 선박과 마주칠 우려가 있는 경우에는 방파제 밖에서, 출항하는 선박의 진로를 피하여야 한다.

2012년 선박입출항법은 해사안전법의 잡종선을 우선피항선으로 개칭하였다(제2조). 우선피항선은 무역항에서 다른 선박의 진로를 방해하여서는 아니된다(선박입출항법 제16조).

선박입출항 제2조(정의) 우선피항선

5. 우선피항선이란 주로 무역항의 수상구역에서 운항하는 선박으로서 다른 선박의 진로를 파악하여야 하는 다음 각목의 선박을 말한다.

가. 「선박법」 제1조의2 제1항 제3호에 따른 부선(예인선이 부선을 끌거나 밀고 경우의 예인선 및 부선을 포함하되, 예인선에 결합되어 운항하는 입항부선은 제외한다)

나. 주로 노와 삿대로 운전하는 선박

31) 정상적인 항해를 하자면 선광 9호는 항로의 우측을 항해하였어야 하고 제88금영호의 입장에서 보았을 때에는 자신이 통과할 항로의 바로 앞의 반쪽 항로를 상대선이 이용할 것이므로 제88금영호는 선광 9호가 지나간 다음에 항로에 진입을 하였어야 한다. 즉, 제88금영호는 개항질서법 제13조 제1항 제1호에서 말하는 "항로 밖에서 항로에 들어오는" 선박에 해당하여 "항로를 항해하는 다른 선박"인 선광 9호의 진로를 피하여 항행하여야 한다. 또한 선광 9호는 항로의 좌측을 항해하고 있었기 때문에 과연 항로를 항해하는 다른 선박이었는지가 항법의 원인제공비율에 감안이 되어야 할 것이다. 그럼에도 불구하고 기본적으로 적용되어야 하는 항법은 중해심이 적시한 바와 같은 제13조 제1항 제1호가 된다.

다. 예선

라. 「항만운송사업법」 제26조의3 제1항에 따라 항만운송관련 사업을 등록한 자가 소유한 선박

마. 「해양환경관리법」 제70조 제1항에 따라 해양환경관리업을 등록한 자가 소유한 선박(폐기물 해양배출업으로 등록한 선박은 제외한다)

바. 가목부터 마목까지의 규정에 해당하지 아니하는 총톤수 20톤 미만의 선박

선박입출항법 제16조(진로방해의 금지)

① 우선 피항선은 무역항의 수상구역 등이나 무역항의 수상구역 부근에서 다른 선박의 진로를 방해하여서는 아니된다.

② 제41조 제1항에 따라 공사 등의 허가를 받은 선박과 제42조 제1항에 따라 선박경기 등의 행사를 허가받은 선박은 무역항의 수상구역 등에서 다른 선박의 진로를 방해하여서는 아니된다.

〈판례소개〉 우선피항선(부산해심 제2016-009호)

① 사실관계

여수항에서 한려페리호(총톤수 178톤, 길이 44미터)와 제808 태양호(총톤수 19톤, 길이 19.2미터)가 2014년 8월 19일 충돌하였다.

② 재결의 내용

사고 해역은 개항인 여수항 내이다. 따라서 해사안전법 외에 개항질서법이 특별법으로 추가 적용되는 해역이다. 이에 따라 제808호 태양호는 총톤수 19톤으로 우선 피항선에 해당되며, 당시 항행중인 한려페리호의 진로를 피하여야 한다(개항질서법 제2조 제2호). 한려페리호는 해사안전법 제75조에 따라 유지선에 해당하며, 충돌을 방지하기 위한 충분한 협력을 하여야 한다.

VI. 등화와 신호

1. 이 유

충돌을 피하기 위하여 선장은 접근하는 상대선의 자세를 보고 상대선의 동작을 파악하여야 한다. 이는 주간에는 쉽지만 야간에는 특히 어렵다. 그래서 선박의 구

조물의 일부에 야간에는 등화를 켜도록 하고 주간에는 형상물을 달도록 하여 이것을 보고 선박의 진행하는 상태를 알 수 있도록 하였다. 이런 목적으로 해상교통법에 등화 및 형상물 규정이 있다(해사안전법 제78조-97조, 국제조약 20조-31조). 무중이 되거나 위급시에는 귀로서 상대선의 존재를 들을 수 있도록 하는 장치인 기적 등 음향신호가 필요하다(해사안전법 제90조, 91조).

2. 등 화

선박은 야간에는 항해등을 제외하고는 아무런 등화도 켜지않고 항해하게 된다. 길이 50미터 이상의 선박은 마스트 정부등으로서 선수에 한 개의 백등(1), 중앙에 가장 높은 곳에 한 개의 백등(2)을 단다. 그리고 선미에 가장 낮은 곳에 한 개의 백등(3)을 단다(해사안전법 제81조). 옆에서 보게되면 가장 높은 순서로는 (2)(1)(3)이 된다. (1)(2)와 (3)을 합하면 360도가 되도록 설치된다. 정부등은 선수에서 한쪽현으로 112.5도까지 보인다. 자신의 방향으로 비스듬하게 횡단하면서 접근하게 되면 (1)(2)의 순서대로 보인다.

항행중인 선박은 양현등을 달게 되어 있다. 왼쪽에는 홍등, 오른쪽에는 녹등을 단다. 이들 등화는 모든 방향에서 보이는 것이 아니라 선수에서 보면 112.5도까지만 보인다.

정면에서 접근하는 경우에는 양현등, 선수등 그리고 마스트 정부등 이렇게 4개의 등화가 보이게 된다. 만약, 홍등이 보이게 되면 상대선박의 좌측을 보고있다는 의미가 된다. 만약, 낮은 백등, 간격을 두고 뒤에 높은 곳에 백등하나 그리고 그 아래에 홍동이 하나 보이게 되면 본선은 접근하는 횡단선을 자신의 우측에 두고있는 상태이다. 따라서 충돌의 위험이 있고 본선이 피항선이 되는 것이다.

각기 주어진 상황에 따라서 추가적인 등화를 하게 된다. 예컨대, 기관이 고장난 선박은 홍등 2개(주간에는 둥근꼴 2개)를 마스트 정부등에 달아야 한다(해사안전법 제85조).

우리나라의 재결과 판례는 우선권을 부여받을 수 있는 선박이 규정형상물을 게양하지 않은 경우에 항행선이 그 상태를 쉽게 알 수 있는 경우에는 게양한 것과 동일하게 보아서 우선권을 인정하고 있다.[32]

[그림 10] 각종 항해등의 사광(射光) 범위

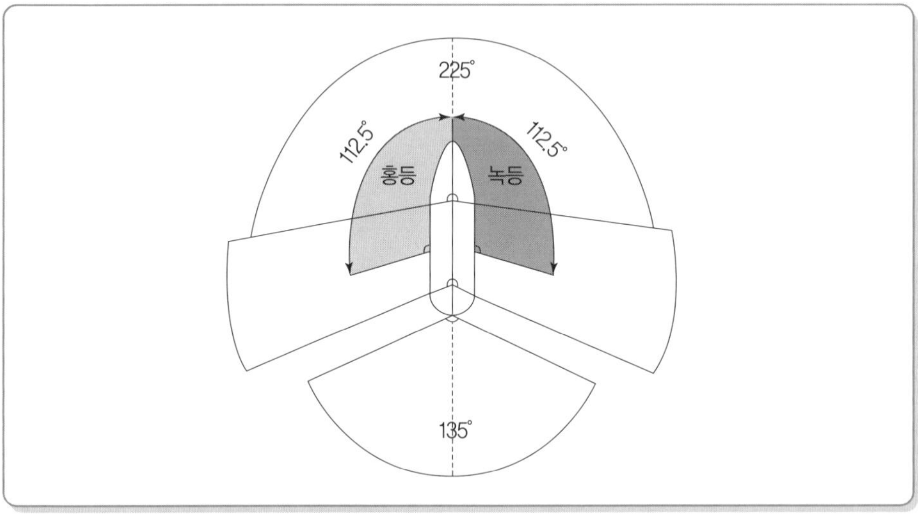

〈판례소개〉 형상물(대법원 2000.11.28.선고2000추43판결)

소위 태영썬호 사건에서 대어호는 권형망 어로에 종사하고 있었지만 형상물을 게양하지 않았다. 대법원은 "상대선박이 당시 어로작업 중임을 나타내는 소정의 형상물을 부착하고 있지는 아니하였지만 그에 연결하여 끌고 있는 어망이 상당부분 수면위로 드러나 있었음에도 원고는 이를 미처 발견하지 못한 채"라고 하면서 어로작업중인 선박의 지위를 인정하여 대어호를 우선권을 갖는 선박으로 인정하였다.[33][34]

〈판례소개〉 형상물(중해심 제2007-013호, 2007.9.4.)

① 사실관계

장어통발을 투승 중이던 제909 승진호는 진침로 090도 8노트의 속력으로 항해하면서 어로에 종사하는 선박임을 나타내는 형상물 표시를 하지 아니하였다. 헬렌은 진침로 약 279도 약 17노트로 항해중 충돌사고가 발생하였다. 중앙해심은 제909 승진호가 어로

32) 우선권을 부여할 수 있는 조종제한상태를 "상대선이 쉽게 알 수 있었던 경우"는 극히 제한적으로 인정하여야 할 것이다. 강행규정에 위반한 자에 유리하게 법을 적용하여서는 아니 되기 때문이다. 위 재결에서 태영썬이 대어 102호의 어로작업중인 상태를 쉽게 알 수 있다고 판단되어, 대어 102호는 어로작업중인 선박으로서의 우선권을 부여받게 되었다. "쉽게 알 수 있는 상태" 엄격히 해석하여야 할 것이다. 항법을 위반한 자에게 유리한 결과를 쉽게 인정하여서는 아니 되기 때문이다. 태영썬호 사건에서는 대어 102호는 큰 밧줄을 달고 긴 그물을 끌고 있었고 또 주위에 같이 작업하여 쌍을 이루는 어선들이 존재하였고 또 주간이었다는 점이 고려되었다.

33) 자세한 내용은 김인현, 선박충돌과 항법(다솜출판사, 2007), 220면 이하를 참조바람.

34) 대법원의 태영썬호 판결은 그 뒤의 중앙해심의 재결에도 큰 영향을 미치게 되었다.

에 종사하는 선박으로서 우선권을 가지는 지를 아래와 같이 판단하였다.[35)]

② 중해심의 판시내용

"어로에 종사하고 있는 선박으로서의 우선권을 갖기 위해서는 당연히 등화 · 형상물 표시를 하여야 한다. 그러나 등화 · 형상물 표시를 하지 않았더라도 어로에 종사 중임을 쉽게 알 수 있는 경우는 제한적으로 어로작업선으로서의 지위를 인정해주고 있다(중해심 제2000-3호, 대법원 추43참조). '쉽게 알 수 있는 경우'란 어선이 거의 정선되어 있거나 아주 저속으로 항해하면서 조업하는 경우, 그물 등 사용 중인 어구를 먼 거리에서도 눈으로 식별할 수 있는 경우, 선단으로 무리지어 조업하는 경우 등 항해자가 선원의 상무로서 요구되는 기본적인 주의만 다하여 경계에 임한다면 어로작업중인 선박으로 쉽게 인식할 수 있는 경우를 뜻한다고 보아야 한다. (중략) 대형선의 경우 양 선박의 거리가 2-3마일이면 충돌의 위험성이 있는 근접거리로 볼 수 있고, 최소한 근접거리까지는 접근하지 않도록 피항동작을 취할 수 있는 여유를 가질 수 있어야 할 것이다. 제909 승진호 선장은 약 1마일거리에서는 다른 선박이 통발 투승작업을 인식할 수 있다고 주장하고 있다. 제909 승진호가 약 8노트로 항해하면서, 선단선없이 단독으로 통발을 투승하고 있는 상황에서 약 1마일 거리까지 접근한 후에야 어로작업 중임을 확인할 수 있는 정도라면 다른 선박의 항해자가 쉽게 어로작업 중인 선박으로 인식할 수 있는 상태에 있었다고 보기 어렵다. 따라서 제909승진호가 당시 어로작업에 종사하고 있었으나 어로에 종사하고 있는 선박으로서의 우선권을 인정할 수 없는 상태였다고 판단한다.[36)37)]

3. 신 호

안개중에는 서로 보이지 않기 때문에 자신의 존재를 알리기 위하여 정하여진 신호를 울려야 한다(해사안전법 제93조). 이를 무중신호라고 한다. 또한 좌현변침 혹은 우현변침할 때 상대선에게 자신의 동작을 알리기 위하여 정하여진 신호도 있다

35) 중앙해심은 속력이 상당히 있는 선박임에도 우선권을 가지는가에 대하여 "제909 승진호가 사용한 어구는 직경 10.3 밀리미터의 PP 로프로 된 모릿줄에 약 7.5미터 간격으로 통발 1개씩을 매단 것으로 모릿줄의 길이가 약 60마일에 이르며 낚시 대신 통발을 매단 것이 다르긴 하나 연승(주낙)어구와 흡사하므로 낚싯줄 이구에 해당한다. 통발을 투승할 때의 속력이 통상 어로작업 중인 다른 선박보다 빠르다고 하여 통발이 조종성능을 제한하는 어구가 아니라고 할 수는 없다. 따라서 장어통발을 투승하고 있던 제909 승진호는 어로에 종사하고 있었다고 보아야 한다"고 재결하였다.

36) 해양안전심판사례집(2008), 40면.

37) 어선 제2005 대륙호 컨테이너선 부산 익스프레스 충돌사건(중해심 제2009-20호, 2009.8.13.)에서 제2005 대륙호(총톤수 29톤, 근해연승)는 통영시 국도근해에서 진침로 177도, 속력 8-9노트로 투승작업에 종사 중이었고, 부산 익스프레스호는 부산항으로 진침로 49도/44도, 속력 23노트로 항해중 충돌하였다. 중앙해심은 연승(주낙) 투승작업은 등화 또는 형상물 표시를 하지 않았더라도 상대선이 어로에 종사중임을 쉽게 판별할 수 있는 경우 어로에 종사하는 선박으로 간주할 수 있다고 판시하였다. 원인제공비율은 제2005 대륙호가 40%, 부산 익스프레스호가 60%로 판정되었다.

(해사안전법 제92조).

상대방의 동작이 의심스러울 때에는 단음 5회를 울려야 한다(해사안전법 제92조 제5항).

4. 법적 효과

이러한 법정 등화를 게시하지 않거나 신호를 울리지 않은 것이 사고의 원인이 되면 그 선박은 과실이 되는 것이고 충돌에 대한 책임을 부담하여야 한다.

특히 경우에 따라 등화를 켜지 않은 것은 비난가능성 및 인과적 영향력이 높다. 캄캄한 밤에 닻을 놓고있던 선박과 충돌을 하였다면, 만약 그 묘박선이 묘박중임을 알리는 등을 켰다면 지나가는 선박이 그 존재를 쉽게 알 수 있었을 것이고 충돌은 발생하지 않았을 것이다. 원래 묘박선은 5%정도의 과실비율을 기본적으로 부담하지만, 규정등화를 켜지 않은 것이 사고의 직접적인 원인이 되면 60%정도까지의 과실비율을 부담하는 사례도 있다.

〈판례소개〉 등화 미점등(대법원 2011.1.13.선고 2009추220판결)

① 사실관계

예인선이 부선(바지)를 예인하여 다대포항에 정박중 부선 포스 5000의 야간등화 표시가 배터리 방전으로 불빛을 발하지 못하였다. 어선인 신성3호(총톤수 9.77톤)가 7노트의 속도로 항해하던 중 육안(肉眼)으로만 경계를 유지하다가[38] 어두운 상태인 06 : 05경 포스 5000호를 약 10m거리에서야 비로소 발견하였지만, 충돌하였다.

② 재결의 내용(중해심 제2009-27호)

중앙해심은 2009.11.12. "이 충돌사건은 항행중인 신성3호가 경계소홀로 정박 중인 부선 포스 5000호를 발견하지 못하여 발생한 것이나, 항내 정박중인 포스 5000호가 야간에 정박 중임을 나타내는 등화를 표시하지 아니한 것도 일인이 된다. 사고 당시가 칠흑같은 어둠속이라고 하나 항해중 경계의무를 다하지 못한 신성3호측이 55퍼센트, 다대포항 제6구에 정박을 하면서 칠흑같은 어둠속에서 법정 등화를 밝히지 않은 등 안전조치를 소홀히 한 포스 5000호측이 45퍼센트인 것으로 한다"고 원인재결을 하였다.[39)40)]

---

38) 쌍안경을 사용하지 않고 오직 눈만으로 경계를 하는 것을 말한다.

39) 중앙해심은 "사고의 원인제공비율을 판단함에 있어서 극히 유의하여야 할 점은, 정박선과 항행선간의 충돌사고에 있어서 법정 항로상에 불법으로 정박을 하였거나 또는 법규로써 정하여진 정박금지 구역에 정박을

③ 대법원의 판시내용

(징계재결부분의 취소청구에 대한 판단에서) 이 충돌사고는 예인선 선장이 야간에 포스 5000호를 정박시킴에 있어 관련 법령에 따라 등화표시를 하여야 할 업무상 주의의무가 있음에도 불구하고 정박중임을 나타내는 등화의 표시를 하지 아니한 잘못과 원고(신성 3호 선장)가 어둠으로 인해 시계가 확보되지 않은 상태에서 정박구역을 항해하게 되었으므로 정박중인 선박이 있을 경우를 대비하여 선박에 설치된 레이더나 선원들의 협조 등 가능한 모든 수단을 효과적으로 이용하여 적절한 경계를 하고 만약 전방에 선박을 발견할 경우 즉시 피항하거나 선박을 멈출 수 있도록 안전한 속력으로 운항하여 해난사고가 발생하지 않도록 할 업무상 주의의무가 있음에도 불구하고 이에 위반하여 육안으로만 경계를 유지하며 충분한 감속없이 운항한 잘못이 경합하여 발생하였다고 할 것이다. 이러한 사정을 모두 고려하여 양측의 원인제공비율을 정하고 그에 따라 원고에게 징계를 한 이 사건 재결이 잘못이라고 할 수 없다. 따라서 이 부분 원고의 주장은 이유없다.

〈판례소개〉 피예인선의 기적을 울릴 의무(대법원 2010.1.28.선고 2008다65686판결)

① 사실관계

예인선단(예인선과 피예인선으로 구성됨)과 충돌을 하여 피해를 입은 피해자가 예인선단의 바지선의 소유자(피고)를 상대로 불법행위를 청구원인으로 하는 손해배상청구 소송을 제기하였다. 원고는 사고 당시 선두 2명이 바지선에 타고 있었고 규정된 등화를 켰더라면 사고가 발생하지 않았을 것이므로 책임이 있다고 주장하였다.[41]

② 법원의 판시내용

해상교통안전법 제28조 및 제31조 제3항은 끌려가고 있는 선박은 현등 1쌍, 선미등 1개를 표시하여야 한다고 규정하고, 제42조 제1항 제4호는 "시계가 제한된 수역을 항행하는 경우 끌려가고 있는 선박은 승무원이 있을 경우에는 2분을 넘지 아니하는 간격으로 연속된 4회의 기적을 울려야 한다"고 규정하고 있다. 피예인선(바지선)이 자력항행이 불

하고서 규정된 정박 등화나 형상물을 게시하지 않은 등 항행선과 정박선의 지위가 바뀔 만큼의 특별한 사유가 없는 한 정박선에 비하여 조종성능이 우월한 항행선이 정박선을 피하여 항행하여야 하는 해상교통의 일반적인 원칙을 벗어날 수는 없다는 것이다"고 설시한다.

40) www.kmst.go.kr 자료실의 재결서.

41) 원심(부산고등법원 2008.8.13.선고 2008나6373판결)은 피예인선은 동력이 없기 때문에 실제로 예인선의 동작에 수동적으로 따르게 되므로 예인선과 피예인선은 일체로서 하나의 물체로 보아야하는 점, 해상교통안전법 제1조의2 제3호에서 선박의 안전관리체제를 수립하여야 하는 선박에서 부선을 제외하고 있는 점 등을 종합하면 동력이 없는 피예인선이 다른 선박 또는 물체와 충돌할 경우 특별한 사정이 없는 한 예인선이 전적인 책임을 져야한다. 충돌사고 당시 짙은 안개로 시계가 극도로 제한된 상태였으므로 바지선에 등화를 하였더라도 충돌 사고를 피할 수 없었다고 보이는 점 등을 종합하면, 충돌사고에 대하여 바지선의 과실이 없다고 하면서 원고 청구를 기각하였다.

가능한 부선이라거나 피예인선의 승무원에게 예인선의 항해를 지휘 감독할 권한 또는 의무가 없다는 사정만으로는 피예인선의 승무원의 위 음향신호 및 등화신호를 할 의무가 면제된다고 할 수 없고, 해상교통안전법이 선박의 안전관리체제를 수립하여야 하는 선박에서 부선을 포함하고 있지 않다고 하여 피예인선인 부선이 다른 선박과 충돌한 경우 부선의 소유자나 승무원등의 과실 유무와 무관하게 예인선측만이 책임을 부담한다고 할 수 없다. 안개로 인하여 시계가 극히 불량하였지만 음향신호 및 등화신호를 제대로 하였더라면 피해자측에서 바지선의 존재를 알아차리고 사전에 감속하거나 방향을 변경하여 이 사건 충돌사고를 방지하였을 개연성이 상당하였다고 인정된다. 따라서 바지선의 음향신호 및 등화신호를 하지 아니한 과실도 충돌사고의 발생의 한 원인이 되었다고 보아야 마땅하다. 원심판결은 음향신호 및 등화신호의무에 관한 법리를 오해하거나 과실에 관한 법리를 오해함으로써 판결에 영향을 미친 위법이 있다 할 것이고 이를 지적하는 상고이유는 이유있다.[42]

VII. 특별한 주의를 요하는 경우

1. 통항불방해의무 선박

해상교통법에는 두가지 다른 피항의무가 있다. 하나는 일반적으로 알려져있는 상대선의 진로를 피하여야하는 의무이다. 다른 하나는 상대선의 진로를 방해하지 않을 의무이다. 전자를 피항의무 후자를 통항불방해의무(duty not to impede the safe passage)라고 부른다.

통항불방해의무 선박은 수로가 설정된 경우에 (i) 충돌의 위험이 없는 경우에도 상대선에게 충분한 수로를 열어줄 의무(해사안전법 제66조 제6항 1호)와 (ii) 충돌의 위험이 발생한 경우에도 (i)과 같은 의무를 부담한다(동 제6항 2호). 그 상대선박에

42) 원심에서는 안개가 자욱이 낀 상태에서 항해등을 점등하였다고 하더라도 상대방은 이를 볼 수 없는 상태였을 것이므로 바지선의 책임을 인정하지 않았다. 그러나, 대법원은 등화신호 및 음향신호를 하지 않은 과실을 바지선의 소유자에게 인정하였다. 음향신호는 안개와 관계없이 상대선박이 들을 수 있기 때문에 음향신호를 울리지 않은 것은 바지선의 과실로서 사고에 영향을 미친 것으로 판단된다. 이를 간과한 원심의 판결은 잘못이고, 이를 지적한 대법원의 판시는 정당하다고 생각된다. 한편, 등화신호에 대하여는 물론 바지선이 켜지 않은 과실은 인정될 수 있지만, 그러나 안개가 자욱이 낀 상태에서 충돌사고가 발생하였기 때문에 상대선은 그 불빛을 볼 수 없었을 것이라고 판단되므로, 바지선의 이러한 과실과 손해사이에는 인과관계가 없다고 보아야 한다(음향신호는 사람의 청각을 통하여 들을 수 있지만, 등화신호는 사람의 시각을 통하여만 볼 수 있다. 따라서 안개가 자욱이 낀 상태에서는 사람의 시각을 통하여 볼 수 없게 된다). 따라서 등화를 켜지 않은 것에 대하여도 책임을 인정한 대법원의 판단은 잘못된 것이라고 본다.

게도 일반항법상의 주의의무가 그대로 부과된다(동 제7항). 즉, 충돌의 위험이 발생하여 피항선의 지위에 있다면 피항선으로서의 의무도 다하여야 한다. 충돌의 위험이 발생한 경우에는 두가지 의무가 중첩적으로 적용된다.

해사안전법 제66조(국제규칙 제8조 f항)

⑥ 이 법에 따라 다른 선박의 통항이나 안전한 통항을 방해하여서는 아니되는 선박은 다음 각호의 사항을 준수하고 유의하여야 한다.

1. 다른 선박이 안전하게 지나갈 수 있는 여유 수역이 충분히 확보될 수 있도록 조기에 동작을 취할 것
2. 다른 선박에 접근하여 충돌할 위험이 생긴 경우에는 그 책임을 면할 수 없으며, 피항동작을 취할 때에는 이 장에서 요구하는 동작에 대하여 충분히 고려할 것

⑦ 이 법에 따라 통항할 때에 다른 선박의 방해를 받지 아니하도록 되어 있는 선박은 다른 선박과 서로 접근하여 충돌할 위험이 생긴 경우 이 장의 규정에 따라야 한다.

이러한 통항불방해의무가 부과된 선박으로는 (i) 좁은 수로에서 20미터 미만의 선박이나 범선, 어로에 종사하고 있는 선박(제67조 제2항 및 3항), (ii) 통항분리수역에서 20미터 미만의 선박이나 범선, 어로에 종사하고 있는 선박(제68조 제6항 및 제10항), (iii) 상호시계내에서 조종불능선이나 조종제한선이 아닌 선박이 흘수제약선에 대한 경우 등이 있다.

선박입출항법에 있는 진로를 방해하지 않아야하는 의무(제17조)가 이에 해당하는지는 불분명하다.

〈판례소개〉 **통항불방해의무(중해심 제2014-002호)**

① 사실관계

대방수도를 따라 항행하던 강남타3호 예인선열과 그 수로를 횡단하던 남용호 사이에 충돌이 발생하였다. 어선 남용호는 총톤수가 1.71톤, 길이가 7.27미터이다.

② 재결의 내용

남용호는 길이 20미터 미만의 소형선으로서 좁은 수로를 횡단하여 항행하여야 하는 선박이므로 좁은 수로의 안쪽에서만 안전하게 항행할 수 있는 다른 선박의 통항을 방해하지 아니하여야 하는 통항방해금지의무를 가진 선박이다.

항로가 제한되는 대형선박의 안전한 통항을 위해 진로권의 보장이 필요함에 따라 솝은 수로에서는 소형선과 범선, 어로에 종사하는 선박 및 수로를 횡단하는 선박으로 하여금 다른 선박의 통항을 방해해서는 아니되는 통항방해금지의무를 정한 항법규정을 두고 있다. 이 의무는 충돌 위험이 있는 경우에도 면제되지 아니하며, 또한, 통항을 받지 아니하는 선박도 충돌의 위험이 생긴 경우에는 지켜야 하는 의무가 있으므로 좁은 수로를 따라 항행하고 있을지라도 오른쪽으로 피항할 여유 수역이 있다면 통항을 방해받지 아니하는 선박으로 볼 수도 있으므로 조우자세 또는 선박 사이의 책무규정에 따른 피항의무를 부담하여야 할 것이다.

2. 추천항로

추천항로는 국제규칙에는 없는 내용이지만, 2004년 완도항로에서 지방해양수산청장이 고시로 만든 항법에 나와있는 내용이다. 이러한 항로의 항행을 추천한다는 것이다.

일본에서 시작된 추천항로라는 것은 원래는 강행성이 없기 때문에 항해사들에게 항법으로서 주의의무를 부과하지 못하는 것이다. 그러나, 이러한 것이 관습법화되면 주의의무를 부과한다고 할 수 있다. 추천항로의 항행이 항해사들 사이에 반복되어 사용되고 그러한 항행을 하여야 한다는 것이 법적 확신을 얻을 정도가 되어야 관습법으로 효력을 인정받는다. 일본 선장협회의 추천항로에 대하여 일본의 해심은 추천항로의 우측을 항해하여야 하는 것은 선원의 상무로서 관습법화되었다고 판시한 바있다.[43]

완도항 근처의 추천항로에 대한 고시를 보면 강행적인 의무를 부과하지는 않고 있는 것으로 보인다.[44] 아직 관습법화에 이르지는 못한 것으로 판단된다. 그러나, 목포지방해심원에서는 법적 구속력을 인정하는 재결을 하였다. 추천항로가 설정되어 있으면 그 우측을 따라 항행하여야 한다고 보았다(목해심 제2005-8호).[45]

---

43) 小川洋一, *船舶衝突の裁決例と 解説* (成山堂書店, 2002), 80頁.
44) 고시 제1조는 "추천항로를 권고함으로써"하고 하고 제 5조에서 추천항로를 따르는 선박은 "하여야 한다"고 함으로써 상반된 입장을 보이고 있다.
45) 뉴웨이브호 제31강동호 충돌사건. 해양안전심판사례집(2006), 297면.

3. 합의의 항법

정하여진 항법이 있음에도 불구하고 당사자들이 항법을 변경하는 합의를 한 경우에 이것의 효력에 대한 논의이다. 흔히 나타나는 합의의 항법은 좌현 : 좌현 원칙을 변경하여 우현 : 우현으로 하자는 약속이다. 당사자의 약정은 유효하여 항법이 변경된다. 예컨대, 우현 : 우현 항법을 약속한 다음에도 좌현변침하지 않고 우현변침하여 충돌에 이르렀다면, 합의가 없었다면 올바른 항법의 이행이지만, 변경된 항법에 위반한 것이기 때문에 과실책임을 부담하여야 한다. 자신은 그 합의의 항법의 효력을 부인할 수 없다. 우리나라 해심도 여러 차례 합의의 항법의 효력을 인정하고 있다(중해심 제96-22호).[46]

〈재결소개〉 **합의의 항법(중해심 제96-22호)**

① 사실관계

부산항내에서 도선사끼리 VHF 통화를 하면서 좌현 대 좌현 약정을 하였지만 충돌사고가 발생하였다.

② 재결내용

관련선박이 국제규칙 또는 항행규정에 반대되는 통항방법을 합의한 경우 이들 선박은 새로운 법률관계가 형성되어 진로권을 주장할 수 없다(국제규칙 제2조 제2항 특수한 사정에 대한 주의의무와 예외조치). 하물며 두 선박은 좌현 대 좌현 정상통항방법을 합의하였으므로 개항질서법 제19조를 충실히 이행하여 두 선박간에는 안전거리를 두고 통과하여야 한다.

그러나, 합의의 항법은 선박충돌을 야기하는 중요한 원인이 되기도 한다. 제3의 다른 선박과 합의를 하게 되는 경우도 많고 급박한 상황에서 합의가 이루어지기 때문에 정확한 실행이 어렵기 때문이기도 하다.

합의의 항법은 어디까지나 양당사자 사이에 유효한 것일 뿐 제3자에게 이의 효력을 주장할 수 없다. 제3자는 해상교통법에 규정된 항법을 양 당사자가 따를 것으로 기대하고 있기 때문이다. 예컨대 A선박의 앞에 B 선박이 있을 경우에 B선박은

46) 디에스알 아메리카호 엠씨에메랄드호 충돌사건.

A 선박이 우현 변침할 것으로 기대한다. 그럼에도 불구하고 A선박이 C선박과 합의하여 자신은 좌현 변침하였고 이것이 B선박과의 충돌의 원인이 되었다면 A선박은 항법위반에 대한 책임을 부담하여야 하고 자신이 C와의 항법변경에 대한 합의가 있었다는 주장을 할 수 없다.

4. 교통안전특정해역 및 지정항로의 항법등

교통안전특정해역이란 선박의 통항이 많은 곳에 특별히 특정해역을 지정하여 선박의 충돌을 방지하는 제도이다. 우리나라에서는 인천, 여수, 부산 그리고 울산에 설치되어 있다. 특정해역안에서는 어로작업 자체는 허용되지만, 그물을 설치하는 등의 행위는 제한된다. 특정해역안에서는 지정항로가 정하여져 있고 선박들은 지정항로의 항법에 따라서 항행하여야 한다. 지정된 항법이외에는 통항분리수역의 항법이 적용된다(부록 참조).

교통안전특정해역이 아니면서 지방해양수산청에서 고시로 정한 지정항로도 있다. 규모면에서 교통안전특정해역보다 작다. 지정항로를 따라 항행할 의무가 부과되어 있다. 지정된 항법이외에는 통항분리수역의 항법이 적용된다.

지정항로를 따르는 선박과 횡단하는 선박사이에 항법이 형성되면 양자가 모두 적용된다. 지정항로를 따르는 선박은 교통안전특정해역의 항법에 따라 유지선이 되지만 한편 횡단항법상의 피항선의 지위에 놓이기도 한다.

5. 묘박선, 주묘중인 선박

묘박선은 닻을 내려놓고 있는 선박이다. 묘박선은 부두에 접안중인 선박다음으로 조종성능이 열등한 선박으로 보아야 한다. 닻을 쉽게 뽑아 올릴 수 없기 때문에 조종성능이 제한된다. 또한 기관을 쉽게 사용할 수 없는 상태로 두기 때문에 조종성능이 제한된다. 그러나, 묘박선도 충돌을 피하기 위한 일정한 주의의무를 부담한다. 접근하는 선박에 대하여 기적을 울려 경고할 의무, 일기가 나쁠 경우에는 기관을 준비할 의무, 닻줄을 더 신출하여 줄 의무 그리고 경계를 유지할 의무 등이 있다.

〈재결소개〉 **묘박선의 주의 의무(중해심 재결 제98-8호〈1998.3.6.〉)**

① 사실관계

칭따오 익스프레스호는 부산항에 묘박중이었고, 후아쿤호는 항해중이었는데 칭따오 익스프레스와 충돌하게 되었다.

② 재결내용

묘박중이던 칭따오 익스프레스호는 규정등화를 점등하였고 항해당직에 준하는 묘박당직체계를 유지하여 후아쿤호에 주의환기신호를 울렸으므로 묘박선으로서의 안전에 관한 주의의무를 다하였음이 인정되어 과실이 없고 항행중이던 후아쿤호가 묘박선을 피하여야 한다.

주묘중인 선박이란 놓고 있던 닻이 바람이나 조류의 영향으로 선박이 제자리에 있지 않고 밀리는 경우를 말한다. 주묘중인 선박도 항법규정에 따르면 항행중인 선박에 해당하게 된다.[47] 묘박중인 선박이 주묘되어 다른 선박과 충돌하는 경우도 많이 발생한다.[48] 주묘와 관련하여 묘박중인 선박은 (i) 자신 및 주의의 다른 선박이 주묘되고 있는 지를 확인하여야 한다. 통상 해도에 주위의 다른 선박의 위치를 해도에 넣고 위치가 변하는지 살펴본다. (ii) 주묘중인 선박이 발견되면 닻줄을 조금 감아올려서 전진기관을 사용하면서 여차하면 완전히 발묘할 준비를 하여야 한다.

〈판결소개〉 **주묘중 선박(영국 해사법원 2003년)**

영국의 펄호 사건에서 양선박 모두가 닻이 끌리게 되었고, 상측에 있었던 쟈흐르 벤처호는 사전에 닻이 끌리는 상황을 알지 못한 점과 주묘를 안 다음에도 즉각적인 조치를 취하지 않은 점이 과실로 인정되었다. 하측에 있던 펄호는 스팀리인 고장 때문에 닻을 사용하지 못한 점이 과실로 인정되었다. 양 선박은 50 : 50의 과실비율을 부담하였다.[49][50]

47) The Pearl, [2003] 2 Lloyd's Reports, 188.

48) 영국의 펄호 사건에서 양선박 모두가 닻이 끌리게 되었고, 상측에 있었던 쟈흐르 벤처호는 사전에 닻이 끌리는 상황을 알지 못한 점과 주묘를 안 다음에도 즉각적인 조치를 취하지 않은 점이 과실로 인정되었다. 하측에 있던 펄호는 스팀라인 고장 때문에 닻을 사용하지 못한 점이 과실로 인정되었다. 양 선박은 50:50의 과실비율을 부담하였다.

49) The "Pearl", [2003] 2 Lloyd's Reports, 188.

50) 유사한 판결로는 사운드베이호 사건이 있다. 서울고등법원 1996.5.31.선고 95나2793판결.

6. 어선의 항법

어선의 항법상의 지위는 다양하다. 어로작업에 종사하지 않는 어선은 일반동력선으로서의 지위를 갖는다. 일반 동력선인 어선에게는 크기나 속력과 무관하게 어떠한 우선권도 부여되지 않는다.

어로작업에 종사하고 어로기구 때문에 조종성능이 제한되는 어선의 경우에만 우선권이 부여된다. 조종성능이 제한되지 않는 어로작업에 종사하는 선박은 어떠한 우선권도 부여받지 못한다.

해사안전법 제2조

11. "어로에 종사하고 있는 선박"이란 그물, 낚싯줄, 트롤망, 그 밖에 조종성능을 제한하는 어구를 사용하여 어로작업을 하고 있는 선박을 말한다.

해사안전법 제76조(선박사이의 책무)(국제규칙 제18조)

② 항행중인 동력선은 다음 각호의 규정에 의한 선박의 진로를 피하여야 한다.

1. 조종불능선
2. 조종제한선
3. 어로에 종사하고있는 선박
4. 범선

④ 어로에 종사하고 있는 선박 중 항행중인 선박은 될 수 있으면 다음 각호에 따른 선박을 피하여야 한다.

1. 조종불능선
2. 조종제한선

우선권이 인정되는 어로작업에 종사하는 선박으로는 트롤어선, 연승작업중인 어선이 대표적이다. 통발작업이나 정치망 어장에서 그물을 끌어올리는 작업을 하는 경우는 여기에 해당하지 않는다. 오징어채낚기 어선이 여기에 해당하는지 문제된다. 오징어 채낚기 줄을 여러 사람이 내려두고 작업을 하는 경우이지만 기관등을 사용할 수는 있기 때문에 항법상 우선권을 부여할 정도로 조종성능이 제한되지는 않는다고 생각된다. 해묘(sea anchor)를 내려두고 어로작업에 종사하는 선박은 조종성능이 제한되는 어구를 가지고 작업을 하는 선박에 해당된다. 조종성능을 제한하는 어구를 내린 상태에서 어로작업에 종사하는 선박은 항법상 우선권을 가지고 일반동력선은 이들 선박을 피하여야 한다. 이들 선박은 조종제한선이나 조종불능선을 피하여야 한다.

〈재결소개〉 어로작업중인 선박(중해심 재결 제2009-20호〈2009.8.13.〉)

① 사실관계

제2005대륙호(총톤수 29톤, 근해연승)는 진침로 177도, 속력 8-9노트로 투승작업에 종사중이었고, 부산 익스프레스호는 부산항으로 진침로 49도-44도, 속력 23노트로 항해 중 이었다. 양선박은 충돌하였다.

② 재결내용

연승(주낙) 투승작업은 어로에 종사하는 경우에 해당한다. 어로에 종사하는 선박이 등화 또는 형상물을 표시하지 않았더라도 상대 선박이 어로에 종사중임을 쉽게 판별할 수 있는 경우 어로에 종사하는 선박으로 간주할 수 있다. 원인제공비율은 대륙호가 40%, 부산익스프레스호가 60%이다.[51)]

7. 예인중인 선박

예인선은 부선(barge, 피예인선)를 끌고 항해하게 된다. 모든 예인선단이 우선권을 부여받는 지위에 있는 것은 아니다. 정의규정에 따라 침로로부터의 이탈능력이 심히 제한받는 경우에만 우선권이 부여된다(국제규칙 제3조 g항).

우리나라 해양안전심판원에서는 부선의 크기가 예인선보다 10배이고 예인삭의 길이가 200미터인 경우에 이들 예인선단에게 조종제한선으로써 우선권을 부여하지 않고 있다. 침로로부터의 이탈능력이 심히 제한되지 않는다고 보기 때문이다. 그렇다면 어떠한 경우가 이에 해당될 수 있을지 의문이 제기된다. 조종성능이 제한되는 어로작업중인 어선이 동 예인선단을 피하여야 하기 때문에 일응의 기준은 예인선단의 조종성능이 동 어로작업중인 어선보다 더 제한되어야 한다. 예인삭이 길면 길수록, 피예인선에 실린 화물이 크면 클수록 예인선이 변침을 하여도 뒤에서

51) 상호시계내의 항법이 적용되었다면 자신의 진로방향을 기준으로 우현에 상대선을 두고있는 어선 제2005대륙호가 피항선이 되고 부산익스프레스호는 유지선이 된다. 원인제공비율은 오히려 대륙호가 65%, 부산 익스프레스호는 35%가 되었을 것이다.

끌려오는 피예인선의 동작은 느리고 의도한 항로에서 멀리 이탈할 것으로 보인다.[52]

대형구조물을 부선의 갑판에 싣고 이를 예인선이 끌고 있는 경우에는 조종제한선으로 볼 수 있을 것이다.

〈재결소개〉 **예인선단의 지위(중해심 재결 98-17호)**

총톤수 368톤의 예인선 현대 108호가 6,070톤의 피예인선을 공선으로 550미터의 예인삭을 이용하여 선미예인하고있는 예인선단에 대하여 일반항법을 적용하였다.[53]

한편, 우리 대법원은 협수로에서는 위와 같은 예인선단도 우선권을 부여받는 조종성능이 제한되는 선박으로 보았다. 이 판결은 수로의 폭이 좁은 경우에만 의미를 가질 것으로 보인다.

〈판례소개〉 **협수로에서의 예인선단(대법원 2005.9.28.선고 2004추65판결)**

① 사실관계

동으로 향하던 현대 7호(87톤)는 예인선으로서 모래바지선 현대 8호(1026톤)를 200미터의 예인줄로 연결하여 선미예인하면서 횡간수도의 위쪽을 사용하고 있었다. 부림 제1호는 수도의 위쪽에 붙어서 항해하였다. 횡간수도의 위쪽에서 충돌사고가 발생하였다.

② 중앙해심의 재결내용

충돌사고의 주원인은 현대 7호 예인선단이 좁은 수로 항법을 위반하였기 때문이므로 원인제공비율은 현대측이 65%, 부림측이 35%이다.[54]

② 대법원의 판시 내용

해상교통안전법 제2조 제7호 바목은 진로로부터의 이탈능력을 매우 제한받는 예인작업에 종사하고 있어 다른 선박의 진로를 피할 수 없는 선박을 조종제한선의 하나로 규정하고, 제26조 제2항은 항행중인 동력선은 조종제한선의 진로를 피하여야 한다고 규정하고 있어 조종제한선은 동력선에 대하여 진로우선권이 보장되어 있는 바, 여기에서의 조

52) 아이다호 충돌 사건이 대표적인 사례이다. 우리나라 해심은 아직 예인선단에 대하여 우선권을 준 판결을 내린 적이 없다.

53) 해난심판사례집(1999), 488면.

54) 업무정지 2개월을 당한 현대 7호의 당직사관이 재결취소를 구하는 소송을 제기하였다.

종제한선에 해당하는지의 여부는 예인선열의 총 길이, 운항가능 최대속(예인으로 인한 속력의 저하), 예인선과 피예인선의 크기, 피예인선에 화물을 실었는지 여부, 피항공간등을 종합적으로 판단하여야 한다.

예인선 현대 7호가 후진은 물론 각도가 큰 변침을 하기 위하여는 피예인선 현대 8호의 전복의 위험이 있어 상당한 정도의 거리를 확보하지 아니하면 어려울 것으로 보이는 점, 이 사건 사고당시는 야간으로서 현대 7호 및 현대 8호가 조종제한선의 등화표시를 하고 있었던 사실, 이 사건 항로는 폭이 1.5마일에 불과하였던 사실을 인정할 수 있고 반증이 없는 바, 이 인정사실에 의하면, 현대 7호는 진로로부터의 이탈능력을 매우 제한받는 예인작업에 종사하고 있어 다른 선박의 진로를 피할 수 없는 선박, 즉 조종제한선에 해당한다고 봄이 상당하다.

그러나, 좁은 수로 항법은 좁은 수로에서의 선박의 충돌을 효과적으로 예방하기 위하여 선박의 종류나 기상상황 등에 관계없이 적용되는 특별항법으로서 조종제한선이라고 하여 적용이 배제되지 아니하므로 좁은 수로에서는 상대선박으로부터 진로우선권을 양보받았다는 등 다른 특별한 사정이 없는 한 조종제한선이라고 하여 좁은 수로 항법을 지키는 선박에 대한 진로우선권이 보장되는 것은 아니다. 따라서 현대 7호가 조종제한선에 해당하더라도 부림 제1호로부터 진로우선권을 양보받았다고 볼 만한 주장과 입증이 없는 이 사건에 현대 7호가 부림 제1호에 대하여 진로우선권이 있다고 할 수 없다.[55)]

제4절 해양안전심판원

I. 의 의

해양안전심판원(www.kmst.go.kr)은 해양사고의 조사와 심판을 통하여 해양사고의 원인을 밝히고 사고의 재발을 방지하기 위한 준사법기관이다. 해양안전심판원은 해난심판원이라는 이름으로 1961년부터 출발하였다. 현재는 해양사고의 조사 및 심판에 관한 법률(2011년 개정됨)에 따라 운영되고 있다.

선박충돌을 포함하는 해양사고는 사고의 원인을 찾기가 쉽지않고 사고가 발생한 다음 상당한 기간이 지나서야 객관적인 사고조사를 할 수 있고 또한 사고의 원인은 여러 이해당사자와 연결되어 있기 때문에 국가기관에서 이를 조사하고 원인

55) 이 판결의 결과로 예인선단에 대하여도 상황에 따라서는 진로우선권이 부여될 가능성이 열리게 되었다.

을 심판으로서 정하도록 하였다.

II. 조직과 구성

해양안전심판원은 해양수산부의 소속기관으로서 중앙에는 중앙해양안전심판원이 있고, 부산, 인천, 목포 및 동해에 지방해양안전심판원을 두었다. 중앙과 지방에는 각각 심판관실과 조사관실이 있다.

중앙에는 1급인 해양안전심판원장과 4명의 2급 심판관이 있고, 수석조사관과 조사관 2인이 있다. 심판관은 별정직이지만 조사관은 일반공무원으로 보한다. 지방심판원에는 2급 심판원장과 4급 심판관 2명 그리고 수석조사관 및 조사관 1명이 있다. 심판관들은 대부분이 선장 출신이나 승선 경험이 있는 해양계통 공무원이지만 변호사 자격을 가진 자도 3명이 있다(2016.7. 현재).

조사관이 사고조사를 통하여 사고를 심판부에 회부하면 심판이 열리게 된다. 해양사고관련자는 자신을 보호하기 위하여 심판변론인을 활용한다. 심판변론인은 민사사송에서 변호사와 유사한 역할을 하고, 조사관은 검사 그리고 심판관은 판사와 유사한 지위에 있다.

III. 재 결

해양안전심판원에서 내리는 재결에는 원인재결과 징계재결이 있다.[56] 원인재결은 사고의 원인을 판단하는 것이고(해심법 제5조 제1항), 징계재결은 그 원인에 따라 해양사고관련자에게 징계를 가하는 것이다(동 제5조 제2항).

지방해심에서 내리는 원인재결 혹은 징계재결에 대하여 불복하는 자는 중앙해양안전심판원에 제2심을 청구할 수 있다(제58조). 재결서 정본을 송달받은 날부터 14일 이내에 제2심 청구를 하여야 한다. 다시 중앙해심의 재결에 볼복하는 경우에는 고등법원에 그 취소를 구할 수 있다(제74조)(2014년 개정으로 대법원에서 고등법원으로 변경되었다). 재결서 정본을 송달받은 날부터 30일 이내에 중앙심판원장을 피

56) 원인재결과 징계재결 이외에도 권고재결이 있다.

고로 제기하여야 한다. 지방해심의 징계재결은 행정처분이고 이에 대하여 중앙해심이 행정심판을 한 것이고, 고등법원에 대하여 관계자들은 재결처분취소소송을 제기하는 것이다.

대법원은 원인재결은 국민의 권리와 의무에 아무런 관계가 없는 것이기 때문에 취소소송의 대상이 되지 않는다고 여러 차례 판시한 바 있다. 그러므로, 충돌사고의 원인을 변경하여 달라고 대법원에 제출하여도 패소하게 된다. 대법원에서 취소소송을 다룬 경우에 이를 다시 민사재판을 통하여 대법원에 올라가더라도 충돌과 실비율에 대하여는 원인재결에서 나타난 판단과 동일한 결과가 나올 것이기 때문에 당사자들은 원인재결의 결과를 대법원에서 변경시키기 위하여 노력하였다. 이 과정에서 해양사고관련자인 선장등이 대법원에 취소소송을 많이 제기하게 하였다. 대법원은 징계재결을 취소하기 위하여 원인재결을 다루게 되었다. 고등법원에 재결취소소송을 제기하는 현행법 구조하에서도 경향은 지속될 것으로 보인다.

〈판례소개〉 재결 취소소송(대법원 2011.1.13.선고 2009추220판결)

① 사실관계

예인선과 부선이 결합하여 묘박중이었고, 부선이 묘박을 알리는 등화를 켜지 않은 상태에서 지나가던 어선(신성호)이 이의 존재를 몰라서 충돌사고가 발생하였다. 이에 중앙해심은 어선의 선장에게도 경계불량의 과실이 있다고 하면서 징계를 내리게 되었다. 이에 선장은 대법원에 징계재결 및 원인재결 취소소송을 제기하였다.

② 대법원의 판시내용

해심법에 규정한 중해심의 재결에 대한 소는 행정처분에 대한 취소소송의 성질을 가지는 것이어서 소의 대상이 되는 재결의 내용도 행정청의 공권력의 행사와 같이 국민의 권리의무를 형성하고 제한하는 효력을 갖는 것이야야 하는데, 그 재결 중 단지 해양사고의 원인이라는 사실관계를 규명하는 데 그치는 원인규명재결 부분과 재결이유 부분은 해양사고 관련자에 대한 징계재결이나 권고재결과는 달리 그 자체로는 국민의 권리의무를 형성 또는 확정하는 효력을 가지지 아니하여 행정처분에 해당한다고 할 수 없으므로 이는 위 법률조항에 따른 재결취소소송의 대상이 될 수 없다(대법원 2000.6.9.선고 99추16판결, 대법원 2008.10.9.선고 2006추21판결 등). 따라서 이 부분은 취소소송의 대상이 되지 아니하는 사항에 관하여 제기된 것으로 부적법하다.

IV. 선박충돌과 해양안전 심판

선박충돌과 관련하여 자체에서 사고조사를 하여 선박충돌보고서 및 각종 입증자료를 가지고 있고 나름대로의 충돌과실비율을 가지고 있다고 하여도 이는 객관화된 증거자료로서 높은 가치를 지닌다고 할 수 없다. 보다 객관적이고 증거로서의 높은 가치를 지니고 있는 것은 해양안전심판원의 재결의 내용이다. 또한 그 재결은 행정법적으로는 해기면허를 가진 해기사에게 행정상의 징벌로서 업무정지등의 징계를 내리게 되기도 한다. 따라서 선박충돌에서 당사자들은 해양안전심판에서 좋은 결과를 얻기 위하여 노력한다.

선박충돌에 개입된 선장과 항해당직사관은 해양사고관련자가 되어 조사 및 심판의 대상이 된다. 이들은 조사관의 조사를 받게 된다. 조사관이 본선에 방선하기도 하고 해양사고관련자가 심판원에 출두하기도 한다. 경미한 사고에 대하여 조사관은 심판불요처분을 내리기도 한다(제34조 제2항).

사건을 수임한 해상변호사들은 심판변론인의 직을 스스로 수행하거나 독자적인 심판변론인을 선임한다. 이들은 사건을 분석하고 변론을 준비한다. 심판이 열리게 되면 조사관과 심판부는 해양사고관련자들에게 심문을 하면서 사고원인을 찾아간다. 이 가운데에서 심판변론인은 해양사고관련자들을 변호하게 된다.

원인재결에는 사고의 원인을 적게 된다. 선박충돌과 관련하여서는 어느 선박의 행위가 사고의 주인이 되었고 또 일인이 되었다고 기술한다. 여기에 원인제공정도도 기재된다. 징계재결에는 주어진 원인재결에 의하면 양 선박의 해기사는 어느 정도의 징계를 받아야 할 지를 기술한다.

V. 과실비율과의 관련성

1998.12. 해난심판법의 개정을 통하여 해양사고에 원인제공자가 복수인 경우에 각각의 제공정도를 밝힐 수 있도록 함으로써 해양안전심판이 선박충돌사건에서 대단히 중요한 기능을 하게 되었다.

해심법 제4조(해양사고의 원인규명등)

② 심판원은 제1항에 따른 해양사고의 원인을 밝힐 때 해양사고의 발생에 2명 이상이 관련되어 있는 경우에는 각 관련자에 대하여 원인의 제공정도를 밝힐 수 있다.

해양안전심판에서 제공하는 것은 충돌의 원인제공정도이다. 이는 과실비율은 아니지만, 근사한 개념이기 때문에 실무에서는 해양안전심판원에서 정한 원인제공정도를 민사의 과실비율로 그대로 활용하기도 한다. 그러나, 해양안전심판에서 정한 원인제공정도에 민사법원은 구속되지 않고 독자적으로 과실비율을 산정한다. 선박충돌에 이르는 사실관계에 대하여는 법원에서 그대로 받아들여지는 경향을 보인다.

대체로 해양안전심판에서 정한 원인제공비율이 민사에서도 유사하게 나오지만, 그렇지 않은 경우도 종종 있다. 이것은 사실관계를 달리보거나, 아니면 항법의 적용을 서로 달리보기 때문이다. 최고법원인 대법원의 항법의 적용이 최종적인 항법적용과 해석이 된다. 대체적으로 해심은 인과관계를 쉽게 인정하고,[57] 높은 주의의무를 부과하는 경향이 있다. 해심은 과실비율산정을 목적으로 하는 기관이 아니고 해양사고의 원인을 판단하고 재발을 방지하는 기관이기 때문에 항법위반이 있으면 인과관계가 없어도 위반을 지적하게 된다.

해심에서 정한 원인제공정도가 민사재판에서 동일하게 인정되는 경우도 있지만 서로 달리 과실비율이 산정되는 경우도 있다. 대다수의 충돌사건은 해심에서의 원인제공정도와 민사재판에서의 과실비율이 대체로 유사하게 나타난다. 해심을 거치지 않은 충돌사건이 민사법원에 제기되는 경우도 상당하다.

57) 제너럴 카짐올비호 사건에서 목포지방해심(목해심 1998.1.21 재결 제 98-6호)은 충놀사건 뒤 선원 7명이 실종된 것은 동 선박이 45마일이나 도주하여 구조가 지체되어 발생한 것이고 선원실종과 도주를 인과관계가 있는 것으로 재결하였다. 한편, 부산지방법원(1998.7.29. 선고 97가합27568판결)은 선원들이 위 충돌후 즉시 구조작업에 나서지 아니하고 도주함으로써 원고측 손해를 확대시켰으므로 확대된 손해에 대하여는 피고측의 일방과실이라고 주장하나, 피고 선박이 충돌후 도주한 사실은 앞서 본 바와 같으나, 그로 인하여 손해가 확대되었다는 주장에 부합되는 증인 최xx의 증언은 위에서 인정한 사실(즉 위 충돌 즉시 위 최xx 및 선교에 있던 선원들이 선실에 있던 선원들을 구조하지 아니하였고, 약 20분 후에 구조하려 할 때는 이미 때가 늦었으며, 위 구조선인 화진호가 온 11시간 후에 위 선체가 침몰한 사실)에 비추어 믿을 수 없고, 달리 이를 인정할 만한 아무런 증거가 없으므로 이유없다.」고 하였다. 법원은 충돌 후 20분 이내에 선원들은 실종되었기 때문에 동 선박이 구조조치를 더 빨리 취하였다고 하더라도 이미 때가 늦었을 것이기 때문에 선원들의 실종과 동 선박의 도주는 인과관계가 없다고 본 것이다.

1. 동일한 경우

(1) 한포호 충돌사건

한포호사건(중해심 재결 제2002-001; 부산지방법원 2002.8.14.선고 2001가합10307 판결)에서 횡단항법이 적용되어 유지선인 한포호의 과실비율이 40%로 인정되었다.

(2) 베라호 충돌사건

베라호사건(중해심 재결 제95-1호; 서울지방법원 1997.1.24.선고 95가73446판결)에서 중해심은 베라호가 주인(主因), 예인선 서해5호는 일인(一因)이라고 보았고, 법원은 70 : 30으로 과실비율을 판단하였다.

(3) 태영썬호 충돌사건

태영썬호사건(중해심 재결 2000-3호; 광주지방법원 2002.11.15.선고 2000가합5758판결)에서 선박의 책무규정이 적용되어, 어로 작업에 종사중인 대어호의 진로를 피할 의무를 부담하는 일반 동력선인 태영썬호는 80%의 과실비율을 부담하게 되었다.[58]

2. 서로 다른 경우

(1) 천일호 충돌사건

천일호가 경비정과 충돌한 사건에서 중앙해심(재결 제97-31)은 천일호측에 일인(一因)이 있다고 인정하였다. 그러나, 서울고등법원(1999.8.17.선고 98나46145판결)에서는 갑작스런 경비정의 움직임을 예상할 수 없었다는 것을 이유로 천일호의 과실이 없다고 판시하였다.

(2) 화물선 101태룡호와 유조선 제9남성호 충돌사건

중앙해심(재결 제92-6호)은 주인과 일인으로 재결하였지만, 대법원은 제9남성호의 일방과실로 판단하였다(대법원 판결 92추55, 93추205판결).

(3) 포스 브레이버리호와 모닝 익스프레스호 충돌사건

중앙해심(재결 2005-006)은 횡단항법을 적용하기 위하여는 선박의 정침요건이

58) 日本해심의 재결과 民事裁判에서의 과실비율이 동일하게 판시된 사례로는 機船隆洋丸機船第二十三弁天丸衝突事件이 있다. 第2審昭和39年9月10日 昭和39年裁決錄2079頁, 東京地判昭和40年7月26日下級民集16券7号 1257頁.

충족되어야 하지만, 본 사안의 경우에는 이것이 결여되었기 때문에 일반항법을 적용할 수 없고 선원의 상무규정을 적용한다고 하여 원인제공비율을 50 : 50 정도로 재결하였다. 그러나, 서울중앙지방법원(2008.10.24.선고 2007가합1531339 판결)은 횡단항법을 적용하여 피항선의 지위에 있던 포스 브레이버리호가 65%, 유지선의 지위에 있던 모닝 익스프레스호가 35%의 과실을 부담한다고 판시하였다.

〈판례소개〉 아이다호 충돌사건(동일한 경우)

① 사실관계

서린 202호 충돌사건에서 예인선 서린 201호가 피예인선 서린 202호를 200미터의 예인줄로 선미예인하던 중 자신의 우현에 일반동력선인 아이다호를 두고 서로 진로를 횡단하게 되었다. 서린호측은 자신은 조종성능제한선박이므로 아이다호가 피항선이라고 주장하였다.

② 중앙해심의 재결내용(중해심 제97-26호)

이 충돌사건은 서로 진로를 횡단하는 상태에서 피항선인 서린호측이 상대선의 진로를 피하지 아니한 것으로 인하여 발생한 것이나, 아이다호 측이 경계소홀로 서린 201호의 피예인부선 서린 202호를 발견하지 못함으로써 충돌을 피하기 위한 협력동작을 취하지 아니한 것도 일인이 된다.

③ 부산지법의 판결내용(1998.2.11.선고 97가합 7786판결)

해상교통안전법 제23조에 따라 서린호측이 피항의무선의 지위에 있었고 이 사고는 적극적인 피항조치를 취하지 아니한 서린 201호의 선원들의 과실과 주위를 운항하는 선박의 경계를 소홀히하여 피예인부선인 서린 202호를 발견하지 못한 아이다호 선원들의 과실이 경합하여 발생한 것으로 보이고 각 선원들의 과실비율은 6 : 4 정도로 봄이 상당하다.

〈판례소개〉 천일호 충돌사건(서로 다른 경우)

① 사실관계

천일호의 *左舷* 正横으로 거의 통과하려던 경비정이 되돌아와 천일호를 충돌하였다.

② 재결의 내용

중앙해심(재결 제97-31호)은「이 충돌사건은 해군경비정이 의아선박에 대한 검색의무를 수행한 후 경비구역으로 복귀중 전방경계를 소홀히 함으로써 천일호를 조기에 발견하지 아니한 것과 충돌회피동작이 적절하지 못한 것이 이 사건 발생의 원인이나 천일호측이 해군경비정에 대한 최근접 통과거리 예측 및 동정감시를 소홀히 한 것도 일인이 된다」고 재결하였다.[59]

③ 대법원의 판시내용

대법원(2000.11.28.선고 99다 55557판결)은 「이 사건 선박충돌사고는 경비정이 움직이기 시작하는 단계에서 미리 선박충돌의 위험을 예상하여 경고신호를 보내고, 선박충돌에 대비하여 위험회피동작을 취하지 아니한 천일호 3항사의 과실에 의한 것이라기보다는 오히려 경계를 게을리하여 천일호의 존재를 알지 못한 채, 침로를 90도로 좌회전하여 천일호의 진행방향으로 횡단하려고 접근하다가 천일호로부터 발광신호에 의한 경고신호가 있었음에도 이를 뒤늦게 알아차린 상태에서 해상교통안전법상 요구되는 피항방법인 우회전 조치와 기관정지 또는 후진 등의 방법을 취하지 아니하고, 만연히 경비정이 천일호의 船首 방향쪽으로 천일호를 피하여 충분히 빠져나갈 것으로 잘못 생각하여 급좌회전하면서 전속력으로 진행한 경비정측의 전적인 과실에 기인한 것이라고 할 것이므로 같은 취지의 원심의 판단은 수긍이 간다」고 판시하였다.[60]

---

59) 「해난심판사례집(1998)」, 중앙해난심판원, 1998.7., 462면.
60) 이에 대한 자세한 평석은 김인현, 「해상법연구」, 삼우사, 2002, 829면을 참고바람.

제 3 장

손해배상책임과 책임제한

제1절 선박충돌에서 관련자

I. 선주들

1. 피 고

선박의 운항은 다양하게 이루어지기 때문에 반드시 선박소유자가 운항을 하지 않는 경우가 있다. 예컨대 나용선자(선체용선자) 혹은 정기용선자가 운항하는 경우이다. 편의치적 혹은 SPC(Special Purpose Company: 특수목적법인)가 설치되어 실제소유자가 아닌 자들이 등록소유자로 된 경우도 있다. 이러한 경우 누가 선박충돌에서 책임의 주체가 되는지 의문이 생긴다.

불법행위를 청구원인으로 하여 책임주체를 정하게 될 때에는 불법행위를 야기한 선원의 사용자가 사용자책임을 부담하는 것이기 때문에 누가 선원의 사용자인지를 확인하는 것이 중요하다. 선박소유자가 직접운항하는 경우에는 선원도 선박소유자가 직접 선임관리감독한다. 나용선자가 운항하는 경우에는 특별한 사정이 없는 한 선원은 나용선자가 선임관리감독한다. 정기용선의 경우에는 선박소유자가 선임관리감독하는 선장이하 선원이 승선한 선박을 자기의 영업에 이용하는 것이기 때문에 사용자 책임을 부담하는 자는 선박소유자 혹은 나용선자이다.

한편, 편의치적 혹은 SPC를 이용하여 이들이 등록소유자로 된 경우에는 일반적으로 나용선자가 있기 때문에 이들이 책임의 주체가 될 것이다. 운항위탁의 경우에 위탁자의 선원이 승선하는 것이므로 선박충돌에 의한 책임을 부담하는 자는 위탁자인 선박소유자이다.

불법행위를 청구원인으로 하는 이외에도 공작물상의 책임을 부담하는 경우도 있다(민법 제758조).

민법 제758조(공작물의 점유자, 소유자의 책임)

① 공작물의 설치 또는 보존의 하자로 인하여 타인에게 손해를 가한 때에는 공작물점유자가 손해를 배상할 책임이 있다. 그러나 점유자가 손해의 방지에 필요한 주의를 해태하지 아니한 때에는 그 소유자가 손해를 배상할 책임이 있다.

실제 피고의 재산이 형해화된 경우에 배후에 있는 회사에게 책임을 묻는 제도로서 법인격 부인론(the theory of piercing corporate veil)이 있다.

2. 원 고

선박충돌로 인하여 피해를 입은 상대선박의 소유자는 손해배상청구권자가 된다. 나용선자는 선박자체의 수리비등에 대한 손해를 입지않았기 때문에 이에 대한 손해배상청구권자는 아니다. 나용선자는 자신이 선박충돌로 인하여 입은 손해에 대하여 달리 청구할 수 있는 것(예컨대, 운항중단으로 인한 일실소득의 상실)은 별론으로 하고 선체에 대한 수리비 등은 청구할 수 없다.

선박충돌로 인하여 선박이 가동되지 못한 불가동손실을 나용선자 혹은 정기용선자는 가해선박의 소유자에게 청구할 수 있다. 정기용선자는 유출된 선박연료유에 대하여 손해배상청구를 가해자에게 청구할 수 있다.

II. 보험자

선박충돌에 개입되는 보험자에는 선체보험자, 적하보험자 그리고 책임보험자가 있다.

1. 가해선박의 보험자

먼저 가해선박의 보험자를 본다. 가해선박의 선박소유자는 선박충돌로 인한 손해배상 책임을 부담하게 된다. 피해자는 가해자에게 손해배상청구를 하게 되고 이들이 입게 되는 손해에 대하여 가해자가 되는 선박소유자는 책임보험에 가입하게 된나.

선박보험자는 상대선의 손해의 3/4에 대하여 선박보험의 충돌약관(RDC)에 의하여 책임을 부담하게 된다. 피해자는 선박보험자에게 직접청구를 할 수 있다(상법 제724조 제2항). 상대선에 실려있던 적하의 소유자는 자신의 적하보험자로부터 보험금을 지급받게 되면 이제 적하보험자는 적하의 소유자가 가지던 손해배상청구권을 대위행사하여 가해선박의 책임보험자인 P&I 보험자에게 청구하게 된다.

이러한 연유로 가해선박의 선박보험자와 P&I 보험자는 모두 책임의 주체로서 피고적격이 있다.

가해선박의 보험자는 선체보험금을 지급하고 보험목적의 잔존물에 대하여 소유권을 취득한다(상법 제681조).

상법 제681조(보험목적에 대한 보험대위)

보험의 목적의 전부가 멸실한 경우에 보험금액의 전부를 지급한 보험자는 그 목적에 대한 피보험자의 권리를 취득한다. 그러나 보험가액의 일부를 보험에 붙인 경우에는 보험자가 취득할 권리는 보험금액의 보험가액에 대한 비율에 따라 이를 정한다.

2. 피해선박의 보험자

피해선박의 보험자는 피보험자인 피해선박의 소유자에게 보험금을 지급하고 과실있는 가해선박에게 구상권을 행사하게 된다. 가해선박이 책임보험에 가입된 경우에는 책임보험자에게 직접청구도 가능하다.

이들 피해선박의 보험자는 상법의 규정에 의하여 보험금을 지급하는 순간 별도의 채권양도를 받지 않아도 보험자대위의 법리에 의하여 권리를 취득하게 되어 원고적격을 가지게 된다(상법 제682조).

상법 제682조(제3자에 대한 보험대위)

손해가 제3자의 행위로 인하여 생긴 경우에 보험금액을 지급한 보험자는 그 지급한 금액의 한도에서 그 제3자에 대한 보험계약자 또는 피보험자의 권리를 취득한다. 그러나 보험자가 보상할 보험금액의 일부를 지급한 때에는 피보험자의 권리를 해하지 아니하는 범위내에서 그 권리를 행사할 수 있다.

III. 화 주

선박충돌로 적하에 손해가 있는 경우에는 적하의 소유자는 가해선박의 소유자에게 손해배상청구가 가능하다.

운송계약상 채무불이행책임을 물을 경우에 선하증권이 발행된 경우에는 선하증권의 소지인이 정당한 권리자가 된다(상법 제861조, 129조). 선하증권이 발행되지 않은 경우에는 운송물이 양륙항에 도착하면 수하인은 송하인과 동일한 권리를 가지고, 인도를 요청한 경우에는 수하인이 우선권을 갖는다(상법 제140조). 불법행위책임을 물을 경우에도 적하의 정당한 소유자만이 원고적격이 있다.

선박충돌이 되면 공동해손이 선포될 수 있다. 선박과 적재된 화물을 모두 살리기 위한 조치로서 선장이 고장난 선박을 예인하게 한다든지 아니면 임의로 선박을 좌초시킨다든가 화물을 버리는 경우가 있다. 이러한 경우에 적하의 소유자들은 희생된 선박소유자 혹은 다른 화주의 손해를 분담하여 주어야 한다(상법 제866조). 이는 공동해손분담금이라고 하고 이를 청구할 권리를 공동해손분담금청구권이라고 한다. 이러한 청구권을 가지는 화주는 원고적격이 있다.

IV. 오염피해자 등

선박충돌로 인한 유류오염의 피해자도 손해배상청구권을 가진다. CLC등 국제조약에 따르면 등록소유자가 책임의 주체로 통일화되어 있다. 그러나 국내법인 유배법에 따르면 대한민국 국민인 나용선자도 책임의 주체가 된다(유배법 제4조 제4항).

이외에도 책임보험자와 IOPC FUND(국제유류오염보상기금)도 책임의 주체가 된다. 가해자인 선박소유자의 책임보험자로서 P&I보험사는 피해자의 직접청구의 대상이 된다(상법 제724조 제2항, 유배법 제16조). 책임제한액수를 넘어서는 일정한 금액에 대하여 혹은 가해자가 배상능력이 없는 경우 등에 IOPC FUND는 보상을 하게 된다. 국제기금협약 및 국내법에 따르면 IOPC FUND는 피고적격이 있다(유배법 제21조).

V. 저당권자

선박의 건조시 은행은 건조대금을 제공하고 저당권자가 된다. 저당권자가 책임의 주체가 되지는 않는다. 다만, 선박이 원고들에 의하여 강제집행을 당하게 될 때 저당목적물인 선박의 매각대금에서 우선적으로 변제받을 수 있는지가 문제된다. 선박우선특권자보다 열위에 놓이기 때문에 주의를 요한다.

민법 제356조(저당권의 내용)

저당권자는 채무자 또는 제3자가 점유를 이전하지 아니하고 채무의 담보로 제공한 부동산에 대하여 다른 채권자보다 자기 채권의 우선변제를 받을 권리가 있다.

상법 제788조(선박저당권등과 우선특권의 경합)

선박채권자의 우선특권은 질권과 저당권에 우선한다.

선박이 침몰하게 되면 전손에 따른 선체보험금을 선박소유자가 수령하게 될 것이지만, 저당권자를 공동피보험자로 한 경우에는 저당권자가 우선적으로 자신의 피담보채권에 해당하는 만큼 보험금에서 먼저 수령하게 된다.

저당권자는 담보권의 침해에 대하여 가해선박의 소유자에게 손해배상청구가 가능하다.

VI. 국　　가

선박이 충돌된 다음 선박이 항로에 침몰한 경우 선박소유자가 이를 제거하지 않으면 국가가 이를 제거하고 비용을 소유자 혹은 책임보험자에게 청구하게 된다. 이러한 한도에서 국가는 원고가 되고 선박소유자 및 책임보험자는 피고가 되게 된다(침몰선 제거와 관련하여 국가에게 국가배상법상 영조물 책임이 인정되었다(서울지방법원 1996.2.9. 선고 94가합 62050)).

VII. 조선소

선박이 건조중이거나 검사를 목적으로 수리조선소에 들어와서 시운전을 하던 중에 선박충돌사고가 발생하는 경우가 있다. 이 경우 조선소도 피고가 될 수 있다. 이러한 경우에 조선을 하는 도선사나 선원들은 조선소의 피용자로 볼 수 있는 한은 조선소가 사용자로서 책임을 부담하는 것이지 선박의 소유자가 책임의 주체가 되는 것은 아니다.

대법원의 판례에 따르면 선거장(dock master)은 선박소유자의 피용자가 아니라 조선소의 피용자이기 때문에 조선소가 손해배상책임을 부담하게 된다.

이러한 경우 조선소가 선박소유자책임제한이 이익을 누릴 수 있을지 문제가 되지만, 선박의 운항자로서 책임제한이 가능할 것이다.

〈판례소개〉 **조선소의 사용자책임(대법원 1992.10.27.선고 91다 37140판결)**

조선소의 선거장이 수리를 마치고 출항하는 선박에 승선하여 조선하다가 선거장의 판단착오로 선박이 좌초된 사고에서 선거장은 조선소의 피용자로서 조선소가 사용자책임을 부담한다고 판시하였다.

VIII. 선박자체

우리나라는 대인소송(action in personem)만을 허용하는 국가이기 때문에 선박자체가 피고가 되는 소위 대물소송(action in rem)의 관념은 알지 못한다. 그러므로 선박을 피고로 하여 소송을 제기하지 못한다. 영국등에서는 선박을 피고의 이름으로 적어서 소장을 제출할 수 있다.

다만, 이러한 영미의 대물소송의 관념은 선박우선특권(maritime lien)이라는 이름으로 우리 법(상법 제777조)에 도입되어 있다.

IX. 구조자

선박이 충돌로 이동이 불가하면 조선소에서 수리를 위하여 혹은 항구로 끌고 오기 위하여 구조작업을 하여야 한다. 구조에는 임의구조와 계약구조가 있다. 임의구조는 지나가는 선박이 아무런 계약관계없이 조난당한 선박을 도와주는 것이지만, 계약구조는 선박소유자가 전문구조업자와 구조계약을 체결하여 조난당한 선박을 끌고오는 것이다.

구조자는 구조료채권을 가지는 자로서 원고가 될 수 있다. 구조료채권은 상대방인 선박소유자가 책임제한을 할 수 없는 채권이다.

X. 기타 제3자

선박소유자의 채권자들은 선박이 멸실되면 자신의 채권에 대한 회수방법을 강구하게 된다. 선박소유자가 선체보험에 가입된 경우에는 보험금을 수령할 권리를 가지게 된다. 그 보험금에 대하여 가압류를 신청하여 수령을 정지시키게 된다(제3채무자 가압류). 이러한 한도에서 선박소유자의 채권자도 선박충돌에서 당사자로 등장하게 된다.

제2절 책임의 발생

I. 불법행위 책임

1. 의 의

민법 제750조에 따르면 고의 혹은 과실로 제3자에게 손해를 야기한 자는 손해배상을 해주어야 한다. 가해자가 고의 혹은 과실로 제3자에게 손해를 야기하고 이것이 위법하면 피해자는 손해배상청구권을 가지게 된다. 이 때 가해자의 행위를 불법행위(tort)라고 한다. 손해배상청구권이라는 권리를 피해자에게 부여한다는 점에서 중요한 의미를 갖는다.

채무불이행책임은 두 당사자간의 계약관계가 존재하여야 한다. 불법행위는 이러한 계약관계가 존재하지 않는 경우를 포함하여 일반적으로 인정되는 책임이기 때문에 불법행위책임은 채무불이행책임에 대하여 일반적이고 채무불이행책임은 특별한 것이라고 할 수 있다.

사용자와 피용자관계의 성립에 필요한 일정한 요건을 갖추면 사용자는 피용자의 불법행위에 대하여 사용자책임(민법 제756조, vicarious liability)를 부담하게 된다. 선박소유자는 사용자, 선장이하 선원은 피용자에 해당된다.

2. 원고가 입증하여야 할 사항

피해자인 원고는 (i) 피고의 행위가 고의 혹은 과실이 있음을 입증하여야 한다. 과실책임의 원칙에 의하여 과실이 없는 자에게 책임을 물을 수 없기 때문이다. (ii) 피해자는 자신이 입은 손해를 입증하여야 한다. (iii) 가해자의 행위와 손해사이에 인과관계가 있음을 입증하여야 한다. (iv) 가해자는 책임능력이 있어야 한다.

고의과실의 존재에 대한 입증을 원고인 피해자가 하여야 하는 점에서 그 입증을 피고에 해당하는 채무자가 부담하는 채무불이행책임과 다르다.

위 요건사실의 하나라도 입증하지 못하면 원고는 패소하게 된다.

선박충돌사고에서 상대선의 고의 혹은 과실은 항법위반이 있음을 원고가 입증하면 된다. 그리고 그 항법위반이 손해와 인과관계가 있음도 입증하여야 한다(대법원 1984.1.17. 선고 83도 2746 판결). 미국법에는 원고는 항법위반사실만 입증하면 인과관계의 존재도 인정되는 소위 펜실베니아원칙(pennsylvania rule)이 확립되어 있다.[1]

3. 공동불법행위

선박충돌은 대부분 쌍방충돌이다. 이는 두 척의 선박사이의 충돌에서 양자 모두 과실이 있음을 의미한다. 전혀 상대선의 존재를 알지 못한 가운데 충돌이 발생하는 경우도 있다. 이러한 경우에는 양선박의 경계불량이 충돌의 원인이다. 과실비율은 다를지라도 쌍방의 과실이 모두 충돌에 영향을 미친 것은 틀림이 없다.

공동불법행위는 연대책임이다. 즉, 쌍방은 연대하여 피해자에게 손해를 배상하여주어야 한다. 예컨대, A의 화물자동차에 실렸던 화물이 멸실된 경우에 쌍방과실이 있는 A와 B는 손해액 10억을 연대하여 부담하여 주어야 한다. 화주는 A에게도 10억을 청구할 수 있고 B에게도 10억을 청구할 수 있다. 한번만 배상받을 수 있음은 물론이다. A와 B는 각자의 과실비율에 따라 구상하여 정산하게 된다. 연대책임은 가해자의 일방이 도산된 경우에 큰 기능을 한다. 예컨대, A의 과실이 5%라고 하더라고 B가 도산된 경우에는 A에게 5천만원이 아니라 10억을 청구할 수 있는 장점이 있다.

---

1) 자세한 내용은 김인현, 해상법연구 II(삼우사, 2008). 546면 이하를 참고 바람.

4. 사용자 책임

불법행위는 선박소유자의 피용자(선박사용인)인 선장, 항해사, 혹은 도선사의 과실에 의하여 발생한다. 불법행위자인 선장등은 민법 제750조에 따른 책임을 부담한다.

민법 제750조(불법행위의 내용)

고의 또는 과실로 인한 위법행위로 타인에게 손해를 가한 자는 그 손해를 배상할 책임이 있다.

한편, 사용자인 선박소유자는 선장등의 과실에 대하여 민법 제756조의 사용자책임을 부담하게 된다. 민법 제756조는 과실책임으로 규정되어있지만 우리 법원은 사용자에게 면책을 허용하지 않는 결과 이를 무과실책임과 유사하게 운영하고 있다.

민법 제756조 (사용자의 배상책임)

① 타인을 사용하여 어느 사무에 종사하게 한 자는 피용자가 그 사무집행에 관하여 제3자에게 가한 손해를 배상할 책임이 있다. 그러나 사용자가 피용자의 선임 및 그 사무감독에 상당한 주의를 한 때 또는 상당한 주의를 하여도 손해가 있을 경우에는 그러하지 아니하다.

② 사용자에 가름하여 그 사무를 감독하는 자도 전항의 책임이 있다.

③ 전 2항의 경우에 사용자 또는 감독자는 피용자에 대하여 구상권을 행사할 수 있다.

한편, 도선사(pilot)의 과실로 발생한 손해배상책임도 선박소유자가 부담하게 된다(상법 제880조). 통상은 선장과 도선사의 공동불법행위를 구성하여 선박소유자는 자신의 진정한 피용자인 선장의 과실에 대하여 사용자 책임을 부담하게 된다. 도선사와 선박소유자의 책임은 부진정 연대책임이다. 피해자는 일방인 선박소유자에게 먼저 청구를 하게 된다. 선박소유자는 도선사에게 구상청구를 할 수도 있지만 그 행사를 자제한다.

도선사는 선박소유자의 일시적인 보조자로 인정되어 선박소유자는 사용자책임을 부담하는 것이 전 세계적인 법리이다. 도선사의 승선이 자유로운 임의도선의 경우에는 이러한 이론 구성이 쉽게 성립할 수 있다. 그러나, 도선사의 승선이 강제되는 강제도선의 경우에는 도선사를 선박소유자의 피용자로 보기가 어렵기 때문에 1910년 국제조약은 강제도선사를 선박소유자의 피용자로 의제하여 도선사의 과실로 인한 경우 선박소유자가 사용자 책임을 부담하도록 하고 있다(제5조). 우리 상법도 도선사의 과실로 인한 손해배상의 경우에도 선박소유자가 손해배상책임을 부담한다고 특별한 규정을 두고 있다. 이것은 위 강제도선의 경우를 규정한 것으로 보아야 한다. 결국 우리 상법의 규정은 도선사가 임의도선사이던 강제도선사이던 모두 선박소유자가 손해배상책임을 부담한다(상법 제880조).

도선사와 선박소유자는 부진정연대책임을 부담하는 것이기 때문에 피해자는 누구에게나 전액에 대한 손해배상청구를 할 수 있다.

II. 재해보상책임

선박소유자는 선박충돌로 인하여 사상당한 자신의 선원에 대하여 선원법상 재해보상책임을 부담하게 된다(선원법 제10장). 유족보상의 경우 선원의 유족은 선원법의 보상(제99조)과 민법상의 손해배상청구권을 경합적으로 행사할 수 있다(대법원 1987.6.23.선고 86다카2228판결). 선원법상 청구를 한 다음에도 민법상 청구를 다시 선박소유자에게 제기할 수 있다. 선원의 연령이 낮을수록 민사상의 손해배상청구가 유리하고, 연령이 높을수록 선원법의 보상이 유리하다. 직무상 부상을 당하면 선원법상 요양보상 및 상병보상을 선원에게 제공하여야 한다(선원법 제94조, 96조).

III. 난파물제거의무

1. 의 의

손해가 중하게 발생한 선박충돌의 경우 선박은 해상에서 침몰하게 된다. 항로 혹은 수심이 낮은 곳에 침몰하게 되면 다른 선박의 항행에 지장을 주게 된다. 이러한 선박은 이제 난파물(wreck)이 된다.

2. 제거의무의 부과

선박입출항법(제40조), 공유수면관리법(제13조) 등에 따르면 선박소유자 혹은 점유자는 난파물을 제거할 의무를 부담한다. 해양환경관리법(제64조)에 의하면 원인제공자도 난파물을 제거할 의무를 부담하게 된다. 한편, 해사안전법에 따르면 선장, 선박소유자 또는 선박운항자는 항행장애물 제거의무자이다(제28조).

선박입출항법(제40조)(장애물의 제거)

① 해양수산부장관은 무역항의 수상구역등이나 무역항의 수상구역 부근에서 선박의 항행을 방해하거나 방해할 우려가 있는 물건(이하 "장애물"이라 한다)을 발견한 경우에는 그 장애물의 소유자 또는 점유자에게 제거를 명할 수 있다.

② 해양수산부장관은 장애물의 소유자 또는 점유자가 제1항에 따른 명령을 이행하지 아니하는 경우에는 「행정대집행법」 제3조 제1항 및 제2항에 따라 대집행(代執行)을 할 수 있다.

③ 해양수산부장관은 다음 각 호의 어느 하나에 해당하는 경우로서 제2항에 따른 절차에 따르면 그 목적을 달성하기 곤란한 경우에는 그 절차를 거치지 아니하고 장애물을 제거하는 등 필요한 조치를 할 수 있다.

1. 장애물의 소유자 또는 점유자를 알 수 없는 경우
2. 제2조 제2호에 따른 수역시설을 반복적, 상습적으로 불법 점용하는 경우
3. 그 밖에 선박의 항행을 방해하거나 방해할 우려가 있어 신속하게 장애물을 제거하여야 할 필요가 있는 경우

④ 제3항에 따라 장애물을 제거하는 데 들어간 비용은 그 물건의 소유자 또는 점유자가 부담하되, 소유자 또는 점유자를 알 수 없는 경우에는 대통령령으로 정하는 바에 따라 그 물건을 처분하여 비용에 충당한다.

⑤ 제3항에 따른 조치는 선박교통의 안전 및 질서유지를 위하여 필요한 최소한도에 그쳐야 한다.

⑥ 해양수산부장관은 제2항 및 제3항에 따라 제거된 장애물을 보관 및 처리하여야 한다. 이 경우 전문지식으로 정하는 바에 따라 「금융회사부실자산 등의 효율적 처리 및 한국자산관리공사의 설립에 관한 법률」에 따라 설립된 한국자산관리공사에게 장애물의 처리를 대행하도록 할 수 있다.

⑦ 해양수산부장관은 제6항에 따라 한국자산관리공사가 장애물의 처리를 대행하는 경우에는 해양수산부령으로 정하는 바에 따라 수수료를 지급할 수 있다.

⑧ 제6항에 따라 한국자산관리공사가 장애물의 처리를 대행하는 경우에 한국자산관

리공사의 임직원은 「형법」 제129조부터 제132조까지의 규정에 따른 벌칙을 적용할 때에는 공무원으로 본다.

⑨ 제6항에 따른 장애물의 보관 및 처리, 장애물 처리의 대행에 필요한 사항은 대통령령으로 정한다.

재정상태가 열악한 선박소유자들은 제거비용이 부담이 되어 적극적으로 제거를 하지 않고 나타나지 않는 경우가 있다. 항행의 안전을 유지할 의무는 국가에게 있기 때문에 국가는 자신의 비용을 들여(대집행) 난파물을 제거하게 된다.[2] 국가는 제거비용을 선박소유자에게 청구하게 된다.

3. 제거비용담보를 위한 법제도

제거비용은 P&I 보험에서 담보하는 위험이다. P&I 보험사도 튼튼하지 못하면 비용을 회수하기가 어렵다. 그래서 일본(유배법 제39조의 5), 대만과 같은 국가는 입항하는 선박에게 난파물제거비용을 담보하는 보험에 가입할 것을 강제적으로 정하게 된다. 가입증서를 제출하지 않으면 입항이 거부된다.

영해이원의 배타적 경제수역에 발생한 난파물에 대하여 제거비용을 담보하는 재정보증을 갖추도록 하는 국제조약인 소위 나이로비조약(Wreck Romoral Convention)이 2007. 5. 23. 성립되었고 2015.4.14. 발효되었다. 이 조약은 체약국이 선택하면 영해내에도 적용할 수 있도록 되었다. 선박소유자는 책임보험에 강제적으로 가입하여야 하고(제12조 제1항), 제거비용에 대한 채권을 가지는 자는 책임보험자에게 직접청구권이 인정된다(제12조 제10항).

우리나라는 아직 이 조약에 가입하지는 않았지만 국내법인 해사안전법에 도입하고 있다(제28조). 그러나, 해사안전법은 제거비용담보를 위한 책임보험가입을 아직 의무화하고 있지는 않다.

4. 제거의무의 부담자

선박소유자는 침몰직전의 선박에 대하여 위부(abandonment)를 하게 된다.

2) 1992. 1. 24. 인천 팔미도 근처 씨앙펭호 사건, 2003. 1. 5. 어청도 근처 알렉세이 바카레보호 사건, 2006. 1. 23. 울릉도 근처 튜멘호 사건(서울고등법원 2008.1.31.선고 2007나23274판결)이 있다.

상법 제710조(보험위부의 원인)

다음의 경우에는 피보험자는 보험의 목적을 보험자에게 위부하고 보험금액의 전부를 청구할 수 있다.

1. 피보험자가 보험사고로 인하여 자기의 선박 또는 적하의 점유를 상실하여 이를 회복할 가능성이 없거나 회복하기 위한 비용이 회복하였을 때의 가액을 초과하리라고 예상될 경우
2. 선박이 보험사고로 인하여 심하게 훼손되어 이를 수선하기 위한 비용이 수선하였을 때의 가액을 초과하리라고 예상될 경우
3. 적하가 보험사고로 인하여 심하게 훼손되어서 이를 수선하기 위한 비용과 그 적하를 목적지까지 운송하기 위한 비용과의 합계액이 도착하는 때의 적하의 가액을 초과하리라고 예상될 경우

위부를 하게 되면 위부의 통지를 하는 순간부터 추정전손이 되어 보험자(선박보험자)는 보험금을 지급하여야 한다(상법 제710조). 보험자가 위부를 승인하면 추정전손의 요건을 피보험자인 선박소유자는 입증할 필요가 없다. 위부를 승인하지 않으면 위부의 요건을 선박소유자가 입증하여야 한다(상법 제717조).

위부의 효과로 위부된 선박의 소유권은 보험자가 가지게 된다(상법 제718조). 그런데, 제거의무도 보험자가 부담하게 되는지 문제가 된다. 긍정설과 부정설로 견해가 나뉜다. 보험계약을 체결할 시에 보험자는 이러한 의무를 부담하지 않는다는 내용의 약정을 추가하게 된다.

상법 제718조(위부의 효과)

① 보험자는 위부로 인하여 그 보험의 목적에 관한 피보험자의 모든 권리를 취득한다.

② 피보험자가 위부를 한 때에는 보험의 목적에 관한 모든 서류를 보험자에게 교부하여야 한다.

Ⅳ. 공동해손분담금, 해난구조료 지급의무

1. 공동해손분담금

선박이 적하를 싣고 항해하게 되면 선박과 적하는 공동위험체를 구성하게 된다. 선박충돌로 인하여 선박의 가동이 불가하여 선장의 판단으로 예인선을 불러서 선박을 항구까지 끌고 들어오게 되었다면 그 예인비용은 선박과 적하 모두를 위하여 지출된 비용이 되고 선장이나 선박소유자는 공동해손(general average)을 선포할 수 있다. 공동해손으로 이익을 본 자들은 손해를 본 자들에게 비용을 분담할 의무를 법률상 부담하게 된다(상법 제865조, 제866조). 이는 비용희생자에게는 공동해손분담금 청구권이라는 권리를 발생하게 한다. 비용이 지출된 선박소유자는 청구권을 가지게 되고 기타 화주들은 분담금 지급의무를 부담하게 된다. 공동의 이익을 위하여 비용이 지출된 화주의 경우도 마찬가지로 공동해손분담금 청구권을 선박소유자나 기타 화주에 대하여 가진다.

상법 제865조(공동해손의 요건)

선박과 적하의 공동위험을 면하기 위한 선장의 선박 또는 적하에 대한 처분으로 인하여 생긴 손해 또는 비용은 공동해손으로 한다.

공동해손분담금은 적하보험에서 보험자가 지급할 비용이 된다. 또한 선박소유자가 채무자가 되는 경우에는 선박보험에서 이를 지급하여야 한다. 상법은 해상보험자는 공동해손분담금을 지급하여야 한다고 정하고 있다(상법 제694조). 동 규정은 임의 규정이므로, 약정이 없는 경우에 상법의 규정에 의한 지급의무를 보험자는 부담하게 된다.

상법 제694조(공동해손분담액의 보상)

보험자는 피보험자가 지급할 공동해손의 분담액을 보상할 책임이 있다. 그러나 보험의 목적의 공동해손분담가액이 보험가액을 초과할 때에는 그 초과액에 대한 분담액은 보상하지 아니한다.

공동해손의 정확한 정산은 YAR(York Antwerp Rules)에 의한다. 공동해손분담금

채권은 선박소유자의 책임제한채권에서 예외로 되어 있어서(상법 제773조 제2호) 채권자는 책임제한의 영향을 받지 않고 전액을 회수할 수 있다. 채권자는 또한 선박우선특권을 가지므로 공동해손분담금을 발행시킨 그 선박에 대하여 임의경매가 가능하다(제777조 제1항 제3호).

쌍방과실의 경우 예인선을 사용하여 선박이 항구로 예인된 경우 비록 과실이 있는 선박소유자도 적하소유자에게 공동해손분담금을 청구할 수 있다. 그러나, 적하 소유자는 선박소유자에게 구상할 수 있다. 전체 공동해손분담금 중 책임있는 자의 과실비율만큼 구상이 될 것이다.

상법 제870조(책임있는 자에 대한 구상권)

선박과 적하의 공동위험이 선박 또는 적하의 하자나 그 밖의 과실있는 행위로 인하여 생긴 경우에는 공동해손의 분담자는 그 책임있는 자에 대하여 구상권을 행사할 수 있다.

공동해손채권 및 구상채권은 계산이 종료한 날부터 1년 이내에 재판상 청구가 없으면 소멸한다(상법 제875조).

2. 해난구조료 지급의무

위의 예에서 해난구조계약을 선박소유자가 구조자 사이에 체결하게 되면 선박소유자는 구조료를 지급할 의무를 부담하게 된다(상법 제882조). 구조료 지급의무는 약정에 의하여 정하여진다. 선박소유자는 구조료지급 채무자가 된다.

선박충돌로 인하여 침몰직전인 선박을 지나가는 다른 선박이 구조하게 되는 경우는 임의구조가 된다. 임의구조는 상법 해상편의 규정에 의하여 규율된다(상법 제882조). 구조자는 구조료채권을 취득하고 구조된 선박의 소유자는 구조료지급의무자가 된다.

해난구조료는 선박보험자가 지급할 사항이다(상법 제696조의2). 상법은 보험자에게 해난구조료지급의무를 부과하고 있다. 해난구조료는 비제한채권이기 때문에 해난구조자는 전액을 보상받을 수 있다(상법 제773조 제2호). 구조료채권자는 구조된 선박에 대하여 선박우선특권을 가진다(상법 제777조 제1항 제3호).

선박충돌로 인하여 조난당한 선박을 임의구조한 정기용선자는 구조료채권을 가지는가? NYPE 표준서식에 의하면 선박소유자와 정기용선자는 구조료를 경비 및 선원의 몫을 제하고 반분하여 취득한다(제24조).

V. 유류오염손해배상보장법상의 의무

어떠한 원인이건 유조선에서 유출된 화물 혹은 선박연료유에 의한 오염사고는 유배법의 적용을 받게 된다.

유배법에 의하면 등록 선박소유자 및 나용선자(선체용선자)는 무과실의 손해배상책임을 부담한다(제4조 제1항). 따라서 피해자는 가해자인 선박소유자의 고의나 과실을 입증할 필요가 없다. 이들의 책임보험자(P&I클럽)와 국제유류오염손해보상기금(IOPC FUND)도 선박소유자의 책임이 발생하면 간접적으로 손해보상의무를 부담하게 된다.

유배법상의 책임은 유류오염손해(유류오염으로 인한 손해, 방제비용 등)에 제한되기 때문에 상대방의 침몰된 선박의 제거 비용, 파공된 선박의 수리비등은 상법이 적용되기 때문에 과실책임의 원칙에 따른다.

또한 유조선이 아닌 선박의 선박연료유에 의한 유류오염 오염손해도 유배법의 개정으로 유배법의 적용대상이 된다.

제3절 손해배상의 원칙

I. 선박충돌의 유형과 책임

1. 의 의

선박충돌에는 쌍방과실에 의한 충돌, 일방만이 과실이 있는 경우 그리고 원인불명인 경우, 불가항력에 의한 경우가 있다.

2. 쌍방과실

쌍방과실에 의한 충돌은 충돌사고의 원인에 양 선박모두가 기여한 경우이다. A라는 선박에 실린 적하의 소유자가 쌍방과실에 의하여 손해를 입었다는 것은 그 손해에 A선박은 물론이고 상대선이 B선박도 기여하였다는 것이다. 예컨대, 당사자의 기여도 즉, 과실비율(fault ratio)은 A 90%, B 10% 이렇게 나누어 질 수 있다.

쌍방과실로 인한 충돌이지만 과실의 경중을 판정할 수 없을 때에는 손해배상책임은 과실비율을 50:50으로 간주한다.

상법 제879조(쌍방의 과실로 인한 충돌)

① 선박의 충돌이 쌍방의 선원의 과실로 인하여 발생한 때에는 쌍방의 과실의 경중에 따라 각 선박소유자가 손해배상의 책임을 분담한다. 이 경우 그 과실의 경중을 판정할 수 없는 때에는 손해배상의 책임을 균분하여 부담한다.

② 제1항의 경우에 제3자의 사상에 대한 손해배상은 쌍방의 선박소유자가 연대하여 그 책임을 진다.

쌍방과실은 공동불법행위를 구성하게 된다. 민법에 따르면 양 선박은 피해자에게 연대하여 책임을 부담하기 때문에 피해자는 가해자의 누구에게나 전액 청구를 할 수 있고(민법 제760조) 일방은 타방에게 과실비율에 따른 구상청구를 할 수 있다. 그러나, 상법은 이를 변경하여 물적 손해의 경우에는 분할책임으로 정하고 있다(제879조 제1항).

인적 손해는 쌍방의 선박소유자가 연대하여 책임을 진다(제879조 제2항).

3. 일방과실

일방만이 과실이 있는 충돌에는 부두에 접안하여 있는 선박을 지나가는 선박이 충격한 경우가 좋은 예이다. 접안하여있는 선박은 과실이 없다고 보아야 한다. 이러한 경우에는 지나가는 선박의 일방과실이 된다. 과실이 있는 일방만이 100%의 책임을 부담하게 된다.

상법 제878조(일방의 과실로 인한 충돌)

선박의 충돌이 일방의 선원의 과실로 인하여 발생한 때에는 그 일방의 선박소유자는 피해자에 대하여 충돌로 인한 손해를 배상할 책임이 있다.

4. 원인불명 및 불가항력의 경우

해상에서의 선박충돌은 원인을 찾기 어려운 경우도 있다. 이러한 경우는 불법행위 성립에 필요한 과실을 입증하기 어렵기 때문에 책임을 묻지 못한다. 두 선박이 충돌한 사실은 있지만 모두 침몰한 경우가 여기에 해당한다.

불가항력에 의한 경우란 선박의 충돌이 불가항력에 의하여 즉 과실없이 발생한 경우를 말한다. 우리나라 법체제는 과실책임주의하에 있기 때문에 과실이 없는 상대방 선박에게 책임을 물을 수 없다.

상법 제877조(불가항력으로 인한 충돌)

선박의 충돌이 불가항력으로 인하여 발생하거나 충돌의 원인이 명백하지 아니한 때에는 피해자는 충돌로 인한 손해의 배상을 청구하지 못한다.

II. 상법상 쌍방과실하의 책임

1. 인적책임

상법에서도 선원의 사상등 인적책임에 대하여는 민법의 공동불법행위 규정과 같이 연대책임이 된다(제879조 제2항).

2. 물적책임

적하의 손해등 물적 책임에 대하여는 상법은 분할책임으로 한다고 정하였다(상법 제879조 제1항). 이는 A선박과 B선박의 과실이 경합하여 충돌이 발생한 경우에 피해자는 각각의 선박의 과실비율에 따른 손해배상청구만 할 수 있다는 의미이다. 예컨대, A의 과실이 90%이고 B의 과실이 10%인 경우에 B선박의 화주가 손해를 10억원 입은 경우 화주는 A에게 9억원을 B에게 1억원을 각각 청구할 수 있다. 한편, A가 파산된 경우에도 B에게 10억원을 청구할 수 없다. B에게는 분할책임의 원칙에 따라서 단지 1억원만 청구할 수 있을 뿐이다. 민법의 공동불법행위법이 적용되면(제760조) 이것이 가능하게 된다. 이러한 의미에서 피해자는 상법하에서 덜 보호되는 결과를 낳게 된다.

분할책임이 적용되는 범위가 문제된다. 선박충돌로 인한 손해는 각 선박자체의 손해, 선박에 실린 적하의 손해, 유류오염과 같이 전혀 제3자의 손해로 나누어 볼 수 있다. 1910년 조약에 따르면 분할 책임은 선박안에 있었던 물건에 대한 손해에만 적용된다. 우리 상법의 규정도 "선박 또는 선박내에 있는 물건이나 사람에 관하여 생긴 손해배상에 대하여"라고 하므로 이와 같다. 따라서 유류오염손해는 상법의 선박충돌규정의 적용을 받지 않으므로 여전히 연대책임을 부담한다.[3] 즉, 피해자는 양 유조선의 선박소유자에 대하여 전액 청구가 가능하다. 유조선이 비유조선과 충돌한 경우에도 이와 같다.

3. 단일책임

선박충돌을 하나의 불법행위로 볼 수도 있고 두 개의 불법행위로 볼 수도 있다.[4] 하나의 불법행위로 보게 되면 양 자의 손해를 제한 다음 잔존하는 손해 하나만의 손해배상청구권이 존재하게 된다. 두 개의 불법행위로 보면 각각의 선박소유자는 상대선에 대하여 손해배상청구권을 가지게 된다. 전자를 단일책임주의 후자를 교차책임주의라고 한다.

선박소유자책임제한에서는 단일책임주의를 택하고 있다(상법 제771조). 이는 책임제한권자가 부당하게 이익을 보는 것을 막기 위한 것이다. 책임제한을 신청하는 A선박소유자의 채무가 10억원이고, B선박소유자의 채무가 5억원인 경우 A선박의 책임제한액이 8억원이라고 가정한다. 단일책임주의에 따르면 A는 5억원을 B에게 지급할 책임이 있다. 그런데, 책임제한액이 8억원이기 때문에 제한을 할 수 없다. 한편, 교차책임주의에 따르면 A의 책임은 10억원이고 책임제한액은 8억원이기 때문에 자신의 책임은 8억원으로 제한되고 B에게 차액인 3억원만 지급하면 된다. 2

---

3) 동지 최종현. 전게 해상법상론, 536면

4) 곽윤직, 채권총론(박영사, 1997), 533면.

억원의 차이가 발생한다. 책임제한은 특별하게 인정하는 것이므로 책임제한권자에게 불리하게 단일책임제도를 따르도록 국제조약은 정하였고(1976년 LLMC 제5조) 우리 상법도 이에 따르고 있다(제771조).

상법 제771조(동일한 사고로 인한 반대채권액의 공제)

선박소유자가 책임의 제한을 받는 채권자에 대하여 동일한 사고로 인하여 생긴 손해에 관한 채권을 가지는 경우에는 그 채권액을 공제한 잔액에 한하여 책임의 제한을 받는 채권으로 한다.

4. 과실비율의 한계

위에서 본 바와 같이 쌍방과실로 인한 사고의 경우 과실의 경중에 따라 손해배상을 하게 되므로 과실비율은 대단히 중요하다. 그렇지만 책임제한액과의 관련에 따라 과실비율이 중요하지 않게 되는 경우도 있다.

예를 들면 상대선박의 손해액이 100억이고 가해선박의 책임제한액이 50억이라고 하면 과실비율이 50% 이하가 되지 않으면 책임제한액으로 효과가 상쇄되므로 도움이 되지 않는다.

제4절 손해액의 산정

I. 손해배상의 원칙

선박충돌로 인한 손해도 불법행위의 일종이기 때문에 불법행위의 손해배상원칙이 그대로 적용된다. 불법행위의 손해배상의 범위는 민법 제393조의 손해배상의 범위가 준용된다(제763조). 불법행위로 인한 손해배상은 통상의 손해를 그 한도로 한다(제393조 제1항). 특별한 사정으로 인한 손해는 채무자가 그 사정을 알았거나 알 수 있었을 때에 한하여 배상의 책임이 있다(제393조 제2항). 손해배상의 범위는 그 불법행위와 상당인과관계가 있는 전 손해이다.[5]

5) 곽윤직, 채권각론(박영사, 1992), 724면.

소유물이 멸실한 경우에는 원칙적으로 불법행위당시를 기준으로 그 때의 교환가치에 의하여 손해액을 산정한다(대법원 1963.6.20.선고 63다 242판결). 불법행위 뒤 가격폭등과 같은 특별한 사정에 의한 손해는 예견가능성이 있는 경우를 제외하고는 배상되지 않는다(대법원 1963.6.20.선고 63다 242판결). 멸실 당시의 교환 가치속에는 장차 그 물건을 사용, 수익함으로써 얻을 이익도 포함되므로 이익을 함께 청구하지 못한다(대법원 1980.12.9.선고 80다1840판결).[6]

소유물이 단지 훼손된 경우에는 수선료가 손해가 된다. 수선이 불가능하게 되면 그로 인한 교환가치의 감소가 손해가 된다(대법원 2006.4.28.선고 2005다44633판결).[7]

II. 선박의 전손

선박이 전손된 경우에는 충돌직전의 선박의 시장가격이 손해액이 된다. 이 경우 당해 선박의 불가동손실(대체선 건조 혹은 대체선 구입까지의 기간의 불가동)이 청구가능한지가 문제된다. 판례는 1980년 판결이래로 부정적이었다. 그러나, 현재 우리 나라는 대체선을 구입하여 조업할 때까지의 획득가능한 이익의 상실은 배상된다고 한다(대법원 2004.3.18.선고 2001다82507판결; 일본 최고재판소 1981.7.17.판결). 결국, A선박과 B선박이 충돌하여 B선박이 침몰하고 동일선박을 구입하는데 2개월이 걸렸고, B선박이 정기용선을 나갔었다면 2개월간의 정기용선료 상당액을 상실한 것이므로 이 금액을 B선박의 선가에 더하여 추가 배상이 가능하게 된다는 결론에 이른다.

III. 선박의 분손

분손의 경우에는 선박의 원상회복에 필요한 비용과 불가동손해가 가해자가 피해자에게 배상하여야 하는 손해가 된다.[8]

---

6) 곽윤직, 상게서, 726면.
7) 곽윤직, 전게서, 727면.
8) 中村眞澄 箱井崇史, 海商法(成文堂, 2010), 341면.

1. 원상회복에 필요한 비용

(i) 손상난 부분에 대한 수선비 (ii) 구조료, 예항비용 (iii) 임시수리비 (iv) 선급협회 검사료 (v) 감독 출장비 (vi) 공동해손분담액 (vii) 통신비, 대리점비, 잡비등[9]

2. 불가동손실

선박이 나용선이나 정기용선된 경우에는 수리를 위한 불가동기간중 용선료 상당액이 손해가 될 것이다. 직접 운송인으로 운항하는 경우에는 사고직전 3회의 항해의 운임수입에서 제경비를 감하고 나면 남는 이익의 1일당 평균치를 계산하는 방법이 사용된다.[10]

IV. 적하의 손해

적하의 멸실로 인한 통상손해는 선박충돌당시의 화물의 도착지의 가격이다.[11] 수입자가 원고가 되는 경우 송장가액이 FOB가격조건인 경우에는 운송비가 포함되지 않으므로 운송비도 포함하여야 한다. 검정비용도 포함된다(서울지방법원 1997.1.23.선고 95가합39156판결).[12]

적하가 분손된 경우는 정품이 도착지에서의 시장가격과 손해입은 적하의 시장가격의 차이가 손해가 된다. 만약 매각을 하게 되면 도착지의 시장가격과 매각대금의 차이가 손해가 된다.[13][14]

---

9) 保險每日新聞社, 船舶保險の査定實務(1986), 283면.
10) 상게서, 283면.
11) 전게 선박보험, 285면.
12) 서울지방법원, 국제거래 상사소송의 실무(1997), 337면.
13) 전게 船舶保險, 285면
14) 선박충돌손해 정산에는 CMI에서 만든 1988년 소위 리스본 규칙이 적용된다. 당사자들은 이를 기준으로 하기로 충돌사고 이후에 합의함으로써 효력을 갖는다. 전손 및 분손의 경우에 손해산정에 대하여 구체적인 기준을 정하고 있다.

제5절 책임제한제도

I. 의 의

해상기업은 바다를 배경으로 영업을 하여왔기 때문에 높은 위험을 안고 있는 것으로 인식되었다. 이에 따라 각 국가는 해상기업을 보호하여 주기 위한 법제도로서 책임제한제도를 인정하여 주었다. 선박소유자는 자신이 부담하는 채무의 일부만을 배상하도록 한 것이다. 현재는 1976년 국제조약(1976 LLMC)체제하에 있고 1996년 의정서를 채택한 국가도 많다. 우리나라는 아직 이에 가입하지 않았지만 상법에 1976년 조약을 반영하고 있다.

나아가 국제사회는 운송인을 보호하기 위하여 운송인이 운송하던 운송물에 대한 손해배상책임을 포장당 혹은 무게당 제한하는 제도를 도입하고 있다. 이를 운송인의 포장당 책임제한제도라고 부른다.

선박소유자책임제한제도는 본안소송과는 별개인 책임제한절차를 거쳐야 하지만, 포장당 책임제한제도는 본안소송에서 항변으로 주장이 가능하다.

II. 총체적 책임제한제도(global limitation)

1. 적용법률

선박소유자책임제한은 외국적 요소가 개입된 경우에는 국제사법에 따라 책임제한을 신청하는 선주(신청인)의 선박의 선적국법에 의한다(제60조). 선박충돌이 발생하였고 가해선박의 선주가 우리나라에서 책임제한절차를 개시한 경우에 선적국이 일본이라면 일본법이 적용된다. 외국적요소가 없는 경우 우리상법이 적용되고 우리 상법은 1976년 책임제한조약의 내용을 반영하고 있다.

선박충돌로 인하여 유조선에서 유류오염이 발생한 경우에는 유류오염손해배상보장법이라는 법에 의하여 선박의 국적에 무관하게 책임제한이 규율된다. 이 때 유류오염손해에 대하여는 유배법의 적용을 받지만 다른 손해는 위와 같이 국제사법에 따라 준거법이 결정되거나 상법의 적용을 받게 된다.

2. 책임제한권자 및 책임제한액수

원칙적으로 선박소유자만이 책임제한을 할 수 있었지만(상법 제769조), 관련자에게도 넓게 책임제한을 인정하게 되었다. 선체용선자, 정기용선자, 운항자, 선장, 도선사도 모두 책임제한이 가능하다(상법 제774조). 책임보험자도 책임제한이 가능하다(상법 제724조 제2항). 이들은 책임제한절차에서 신청인이 된다.

선박이 나용선(선체용선)하에서 운항중이었다면 선박소유자가 아니라 나용선자가 사용자책임을 부담하게 되어 책임의 주체가 된다. 직접 선박을 운항하면서 불법행위를 야기한 선장 혹은 도선사도 이론상 책임의 주체가 될 수 있다.

또한 선박관리회사(ship management company)가 선원의 선임 관리 감독의 주체인 경우에도 책임의 주체가 될 수 있고 선박관리회사도 책임제한을 할 수 있다.

상법 제774조(책임제한을 할 수 있는 자의 범위)

① 다음 각호에 어느 하나에 해당하는 자는 이 절의 규정에 따라 선박소유자의 경우와 동일하게 책임을 제한할 수 있다.

1. 용선자 · 선박관리인 및 선박운항자
2. 법인인 선박소유자 및 제1호에 게기한 자의 무한책임사원
3. 자기의 행위로 인하여 선박소유자 또는 제1호에 규정된 자에 대하여 제769조 각호에 따른 채권이 성립하게 한 선장 · 해원 · 도선사, 그 밖의 선박소유자 또는 제1호에 규정된 자의 사용인 또는 대리인

책임제한액수는 책임제한을 신청하는 가해선박의 국제총톤수에 따라 정하여진다. 인적 손해에 대한 책임제한기금과 물적 손해에 대한 책임제한기금이 별도로 조성되게 된다(상법 제770조).[15] 국제총톤수 1만톤이면 물적손해만 있는 경우 약 30억원 정도가 책임제한액이 된다. 그 계산식은 167,000+(10,000−500)×167SDR이다. 300톤 미만은 83,000SDR 즉, 약 1억으로 제한된다(116면의 계산표 참조).

한편, 유류오염손해의 경우에는 유조선의 등록소유자만이(우리 나라의 경우 나용선자도 포함됨) 책임의 주체가 되므로 상법 제774조의 적용이 없다. 이 경우 유배법에서 별도로 정한 책임제한액수만큼 책임제한이 가능하다.

15) 108면에 첨부된 책임제한기금액 산정표를 활용하면 된다.

3. 제한채권과 비제한채권

선박충돌로 인한 사고는 다양한 채권자를 발생시킨다. 상대방의 침몰, 상대방 선원의 사망, 유류오염의 발생, 적하의 멸실 그리고 자신의 선박의 예인비용의 발생이 그러한 것이다.

상법 제769조(선박소유자의 유한책임)

선박소유자는 청구원인의 여하에 불구하고 다음 각 호의 채권에 대하여 제770조에 따른 금액의 한도로 그 책임을 제한할 수 있다. 다만, 그 채권이 선박소유자 자신의 고의 또는 손해발생의 염려가 있음을 인식하면서 무모하게 한 작위 또는 부작위로 인하여 생긴 손해에 관한 것인 때에는 그러하지 아니하다.

1. 선박에서 또는 선박의 운항에 직접 관련하여 발생한 사람의 사망, 신체의 상해 또는 그 선박이외의 물건의 멸실 또는 훼손으로 인하여 생긴 손해에 관한 채권
2. 운송물, 여객 또는 수하물의 운송의 지연으로 인하여 생긴 손해에 관한 채권
3. 제1호 및 제2호 이외에 선박의 운항에 직접관련하여 발생한 계약상의 권리외의 타인의 권리의 침해로 인하여 생긴 손해에 관한 채권
4. 제1호 내지 제3호의 채권의 원인이 된 손해를 방지 또는 경감하기 위한 조치에 관한 채권 또는 그 조치의 결과로 인하여 생긴 손해에 관한 채권

상법은 책임제한권자에게 책임제한을 인정하면서도 공익적인 목적에서 특정한 채권에 대하여는 책임제한을 하지 못하도록 하고 있다. 예컨대, 선원의 손해배상청구권, 난파물제거비용, 해난구조료 및 공동해손분담금과 같은 것(비제한채권)이다.

상법 제773조(유한 책임의 배제)

선박소유자는 다음 각호의 채권에 대하여는 그 책임을 제한하지 못한다.

1. 선장 · 해원 기타의 사용인으로서 그 직무가 선박의 업무에 관련된 자 또는 그 상속인 · 피부양자 기타의 이해관계인의 선박소유자에 대한 채권
2. 해난구조로 인한 구조료채권 및 공동해손의 분담에 관한 채권
3. 1969년 11월 29일 성립한 유류오염손해에 대한 민사책임에 관한 국제조약 또는 그 조약의 개정조항이 적용되는 유류오염손해에 관한 채권
4. 침몰 · 난파 · 좌초 · 유지 그 밖의 해양사고를 당한 선박 및 그 선박안에 있거나 있었던 적하 기타의 물건의 인양 · 제거 · 파괴 또는 무해조치에 관한 채권

5. 원자력손해에 관한 채권

위의 예에서 발생한 채권을 제한채권과 비제한채권으로 구분하여 보자.

(1) 제한채권: 상대방 선박의 침몰에 따른 손해배상청구채권, 적하소유자의 손해배상채권, 유조선의 유류오염피해자의 손해배상청구채권(유배법에 의함)

(2) 비제한채권: 사망한 선원의 유족배상청구채권, 예인비용청구권

4. 책임제한배제사유

선박충돌로 인한 손해가 고의 혹은 무모한 행위로 인하여 발생한 경우는 선박소유자는 책임을 제한할 수 없다. 선장의 무모한 행위(손해발생의 염려가 있음을 인식하면서 무모하게 한 작위 또는 부작위)로 선박충돌이 발생하였다고 하더라도 이러한 사유는 선장자신의 책임제한에 대한 배제사유가 되는 것이지 선박소유자의 책임제한에 어떠한 영향을 미치지 않는다.[16)]

무모한 행위란 사고발생의 개연성이 있음을 알면서도 아무런 조치를 취하지 않는 심적인 상태를 말한다. 이는 미필적 고의보다는 낮지만 중과실보다는 높은 상태이다(인식있는 중과실). 따라서 선박소유자가 충돌사고로 손해의 발생을 의욕하거나, 발생하여도 어쩔 수 없다고 생각한 경우는 물론 개연성을 인식하면서도 아무런 방지조치도 취하지 않은 경우는 책임제한이 인정되지 않는다.

당직 항해사 중의 한명이 정신적으로 심한 장애가 있어서 항해당직에 문제가 있고 교체하여 달라는 요청을 선장으로부터 여러차례 받았음에도 교체시키지 아니하고 그 항해사가 당직중 충돌사고가 발생하였고 그 결정을 선박소유자 혹은 경영진이 내린 경우, 본선의 레이다가 여러 차례 고장이 났고 선장이 사고수리를 요청하였지만 경제적인 이유로 이를 거부하였고 무중(안개가 낀 상태)에서 레이다의 이상으로 충돌사고가 발생한 경우 거부 사실을 경영진이 알고있었다면 책임제한이 배제될 가능성도 있다.

16) 대법원 1995.6.5.자 95마325결정에서 선장의 고의 혹은 무모한 행위는 선박소유자의 책임제한배제사유와 무관하다고 판시되었다. 이 점은 항공운송에서 항공기 기장의 고의 혹은 무모한 행위는 항공운송인의 책임제한을 배제하는 것과 큰 차이이다. 유사한 판결로는 대법원 2001.4.27.선고 99다72528판결이 있다.

실무상 선박소유자의 책임제한이 인성되지 않은 사건은 국내적으로나 국제적으로 찾아보기 힘들다.[17] 이것은 책임제한배제사유가 대단히 높은 주관적인 요소를 요구하고 있기 때문이다. 1976년 책임제한조약을 체택하면서 선박소유자의 책임제한액수를 대폭 증액하면서 책임제한배제사유의 요건을 1957년 조약의 "고의 혹은 과실"에서 "고의 혹은 무모한 행위"로 변경한 때문이다. 또한 이러한 사유를 채권자들이 입증하여야 하기 때문에 더욱 그러하다.

허베이스피리트호 사건에서 삼성중공업의 예인선단의 출항 등과 관련하여 삼성중공업측의 무모한 행위는 없었기 때문에 책임제한은 가능하다는 판결이 나왔다(대법원 2012.4.17. 선고 2010마222 결정).

〈판례소개〉 선박소유자 책임제한(대법원 2012. 4.17.선고 2010마222 결정)

① 사실관계

2007년 12월 태안반도에서 발생한 유조선 허베이 스피리트호와 삼성중공업 예인선단과의 충돌사고로 인하여 유조선에서 다량의 기름이 유출되는 큰 사고가 발생하였다. 손해액이 약 5,000억원에 이르는 것으로 예상되었다. 삼성중공업측은 책임제한개시신청을 하였다. 이것이 받아들여졌고 책임제한액수는 약 50억원으로 인정되었다(서울고법 2010.1.20. 2009라1045결정). 이에 피해자들은 책임제한은 배제되어야 한다고 주장하였다.

② 대법원의 판시내용

책임제한이 배제되는 사유로 정한 '손해발생의 염려가 있음을 인식하면서 무모하게 한 작위 또는 부작위'라 함은, 손해발생의 개연성이 있다는 것을 알면서도 이를 무시하거나 손해가 발생하지 않을 수도 있다고 판단하였지만 그 판단 자체가 무모한 경우를 의미하는 것이므로 단지 그 선박소유자 등의 과실이 무겁다는 정도만으로는 무모한 행위로 평가할 수는 없다. 파단된 예인줄은 관련규정에서 정한 최소파단강도 기준을 초과하는 정도의 강도는 지니고 있었던 점, 검찰은 신청인의 해운부 직원 등에 대한 고발사건 수사에서 그 직원들이 기상악화에도 불구하고 이 사건 예인선단의 출항을 지시하였다고 볼 증거가 없다고 결론을 내린 바 있는 점, 선원 등은 모두 해기사 면허 등 필요한 자격을 보유하고 있는 점은 책임제한 배제사유의 부존재를 소명하는 자료가 된다고 할 것이다.

17) 그러나, 운송계약에 위반하여 갑판적을 한 운송인에게 포장당 책임제한을 인정하지 않은 우리나라 대법원 판결이 있다. 대법원 2006.10.26.선고 2004나27082판결. 이 판결이 의미가 있는 것은 책임제한배제사유는 동일하기 때문이다.

위 판결에서 대법원은 무모한 행위는 중과실보다 높은 주관적 요소임을 인정하였다.

III. 선박소유자 책임제한절차

1. 적용법률

상법은 책임제한에 대하여는 별도의 법률에 의한다고 하였고(제776조 제2항), 우리나라는 선박소유자등의 책임제한절차에 관한 법률(절차법)을 제정하여 이에 따르고 있다(292면 이하 부록 7 참조).

2. 책임제한절차개시 신청

발생한 채권이 책임제한액을 넘어설 것이 예상되면 실제적으로 청구를 받지 않은 경우라고 하여도 선박소유자 등 책임제한권자는 관할 법원에 선박소유자책임제한개시 신청을 하게 된다(제776조 제1항)(절차법 제9조). 개시신청은 서면으로 하고, 신청인의 성명, 신청의 취지 및 원인 책임한도액 등을 적어야 한다(제9조).

법원은 사유가 있다고 판단되면 신청인에 대하여 14일을 넘지 아니하는 일정 기일에 국제선박톤수에 따른 책임제한액을 공탁하도록 명령한다(절차법 제11조). 신청인은 이 액수를 법원에 공탁하게 된다.

책임제한절차 개시의 신청이 있는 경우 법원은 신청인 또는 수익채무자의 신청에 의하여 책임제한절차 개시의 결정이 있을 때까지 제한채권에 의하여 신청인 또는 수익채무자의 재산에 대하여 진행중인 강제집행, 가압류, 가처분 또는 담보권실행으로서의 경매절차의 정지를 명할 수 있다(제16조 제1항). 이 명령에 의하여 기압류 혹은 압류된 선박은 해방되게 된다.

3. 책임제한절차개시의 효과

책임제한 절차는 그 개시의 결정이 있는 때부터 그 효력이 생긴다(제19조). 책임제한절차가 개시되면 (ⅰ) 제한채권자는 기금으로부터만 지급을 받고 (ⅱ) 더 이상

신청자인 선박소유자의 기금 이외의 재산에 대하여 가압류 등 권리행시를 할 수 없다(제27조 제2항). 또한 상계도 금지된다(제28조). 공탁된 기금이외의 선박소유자책임제한 금액이 있기 때문에 이것을 한도로 채권이 담보되어있기 때문에 선박소유자의 기타 운항에 대하여 부담을 주지 말아야 한다는 취지이다. 그러나, 이미 행하여진 가압류된 선박의 경매절차가 당연히 정지되는 것은 아니다. 가압류의 취소 신청을 하게 되면 보전의 필요성이 없기 때문에 선박은 해방될 것이다.

법원은 개시결정과 동시에 관리인을 선임하고 제한채권의 신고기간과 조사기일을 정하여야 한다(제20조). 법원은 책임제한 절차 개시결정의 공고를 해야한다(제21조).

4. 그 후의 절차

책임제한 절차에 참가하기 위하여 제한채권자는 채권신고를 하게 되고(동 제42조-제45조), 관재인은 채권을 모두 신고 받아서 사정을 한 다음 채권액을 정하게 된다(동 제56조, 제57조). 사정에 이의가 있는 자는 사정이의의 소를 제기한다(제59조). 배당표가 작성되고 제한채권자는 채권액을 책임제한액에 비례하여 배당을 받게 된다(제65조-제72조). 배당한 금액만큼만 제한채권자들은 회수하게 된다. 신청인은 그 한도에서 책임을 면한다(제73조).

IV. 국제사법상의 문제

선박소유자 책임제한제도는 1957년조약과 1976년 조약(LLMC) 그리고 1996년 의정서 이렇게 3가지 체제로 나뉘어져 있다. 우리나라와 중국은 1976년 조약을 국내법에 반영한 국가이다. 일본은 1996년 의정서에 가입하였다. 책임제한액수와 배제사유가 다르고, 또한 일본과 중국의 경우에는 책임제한에 대한 실체법을 법정지법 원칙을 적용하기 때문에 어느 나라에서 소송을 제기할 수 있는지는 대단히 중요한 의미를 가진다.

채권자들은 가능하면 일본에서 책임제한절차를 개시하면 책임제한액이 높기 때문에 유리하지만, 피고인 선박소유자는 오히려 한국이나 중국이 유리하다. 피고의 주소지인 한국에서 소송이 제기되면 책임제한 절차가 한국에서 진행되지만, 피고의 선박이 일본에 기항중 가압류되면 관할이 창설되어 일본에서 소송이 제기되고 일본에서 책임제한 절차가 진행될 수 있다. 이와 같이 재판관할권은 여러 개의 국가에 걸쳐서 행사될 여지가 있다. 이러한 경우를 법정지 쇼핑(forum shopping)이라고 부른다. 해상사건에 대하여는 재판관할을 통일적으로 규율하는 국제조약이 없기 때문에 각국의 법원이 재량으로 가장 적절한 국가에게 재판관할을 인정하여 자국의 재판을 정지하는 경우가 있다. 이를 불편한 법정의 이론(forum non-convenience)이라고 한다.

〈판례소개〉 **중복 책임제한절차(부산고등법원 2011.11.11.선고 2010나6789판결)**

책임제한절차가 한국과 일본에서 동시에 진행된 사건으로는, 부산고등법원 2011.11.11 선고 2010나6789사정재판에 대한 이의가 있다.(292면 부록 7 참조) 우리나라는 1976년 조약에 가입되어 있지 않기 때문에 조약 제13조 제1항의 효력이 없다. 한국과 일본의 법원은 양국의 책임제한절차를 인정하지 않고 있다. 따라서 선박소유자는 두번의 책임제한 기금을 설정하여야 한다.

V. 운송인의 포장당책임제한제도(package limitation)

1. 의 의

선박소유자가 동시에 운송인인 경우에 선박소유자는 화주의 손해배상청구에 대하여 포장당 책임제한을 주장할 수 있다(상법 제797조 제1항). 정기용선자가 운송인인 경우에 정기용선자는 운송인으로서 포장당 책임제한을 주장할 수 있다. 대형사고의 경우에 운송인은 동시에 총체적 책임제한의 이익도 누릴 수 있다(제797조 제4항). 통상 선박충돌로 인한 운송물 손상에 대하여 자신의 선박에 운송물이 실린 화주의 경우 운송인은 항해과실 면책을 주장하게 된다. 상대선박의 화주에 대하여는 항해과실면책을 주장할 수 없고 포장당 책임제한의 항변을 하게 된다, 포장당 책임제한액수도 책임보험자(P&I 클럽)가 지급한다.

2. 절 차

운송인은 본안소송에서 항변으로 포장당 책임제한을 주장할 수 있다(상법 제797조). 책임제한액수는 포장당 666.67SDR 혹은 Kg당 2SDR중에서 채권자측에서 유리한 금액을 정할 수 있다. 포장의 개수는 선하증권에 기재된 수량에 따른다. 예컨대 선하증권에 포장의 개수로 10개가 적혔고, 무게는 1톤일 경우, 6666SDR과 2000SDR 중에서 채권자인 화주측에 유리한 6666SDR로 책임을 제한 할 수 있다.

〈상법상 총체적 책임제한액 계산표〉

<table>
<tr><th></th><th>인적손해(1)
(상법 제770조
제1항 제2호)</th><th>물적손해(2)
(상법 제770조
제1항 제3호)</th><th>총책임
제한기금
(1+2)</th><th>여객
(제770조
제1항 제1호)</th></tr>
<tr><td>300톤 미만</td><td>167,000SDR</td><td>83,000SDR</td><td>250,000SDR</td><td rowspan="7">선박검사 증서에
기재된
여객정원당
17만 5천 SDR</td></tr>
<tr><td>300톤~500톤</td><td>333,000SDR</td><td>167,000SDR</td><td>500,000SDR</td></tr>
<tr><td>500톤
~
3,000톤</td><td>333,000
+(T−500)
×500SDR</td><td rowspan="2">167,000
+(T−500)
×167SDR</td><td>500,000
+(T−500)
×667SDR</td></tr>
<tr><td>3,000톤
~30,000톤</td><td>1,583,000
+(T−3,000)
×333SDR</td><td>2,167,500
+(T−3,000)
×500SDR</td></tr>
<tr><td>30,000톤
~70,000톤</td><td>10,574,000
+(T−30,000)
×250SDR</td><td>5,093,500
+(T−30,000)
×125SDR</td><td>15,667,500
+(T−30,000)
×375SDR</td></tr>
<tr><td>70,000톤
초과</td><td>20,574,000
+(T−70,000)
×167SDR</td><td>10,093,500
+(T−70,000)
×83SDR</td><td>30,667,500
+(T−70,000)
×250SDR</td></tr>
<tr><td>구조채권
(구조선상이
아닌 경우)</td><td>833,000SDR</td><td></td><td>833,000SDR</td></tr>
</table>

제 4 장

당사자 보호수단

제1절 채권자 보호수단

I. 의 의

선박충돌로 인한 손해를 배상받으려는 채권자들은 채무자인 선박소유자의 재산상태를 유심히 관찰하게 된다. 채무자가 외국의 법인인 경우에는 소송을 외국에서 진행하여야 한다. 승소하더라도 채권을 만족할만한 재력이 채무자에게 있는지 의문이 든다. 채권자에게 가장 확실한 채무자의 재력이란 바로 현재 한국에 입항하여 있는 선박일 것이다. 선박에 대한 강제집행이 가능하면 채권자는 크게 보호된다. 이러한 채권자의 강제집행을 도와주는 방법으로서 가압류제도와 해상법에 특유한 선박우선특권제도가 있다.

II. 선박에 대한 압류 및 가압류

1. 가압류

(1) 의의

가압류(prejudgment attachment)는 채권자가 채무명의(집행권원)를 받기 전에 일단 채무자의 재산을 현재 상태로 유지하도록 하는 명령을 법원으로부터 구하는 절차로서 보전처분이다.[1](297면 부록 8 참조).

채무자의 재산에 대하여만 강제집행이 가능하기 때문에 소송 진행중에 채무자가 선박의 소유권을 제3자에게 이전하게 되면 채권자는 승소한다고 하여도 채권에 대한 만족을 얻을 수 없다. 이러한 소유권 이전을 막기 위하여 요건을 갖춘 경우(민사집행법 제277조) 법원은 채권자의 신청에 의하여 선박에 대한 가압류를 허가하게 된다.

선박에 대한 가압류를 하는 경우 가압류한 선박이 있는 곳의 법원에 본안에 대한 소를 제기할 수 있다(민사소송법 제14조, 제11조).

---

1) 제278조(가압류법원)
가압류는 가압류한 물건이 있는 곳을 관할하는 지방법원이나 본안의 관할법원이 관할한다.

민사집행법 제276조(가압류의 목적)

① 가압류는 금전채권이나 금전으로 환산할 수 있는 채권에 대하여 동산 또는 부동산에 대한 강제집행을 보전하기 위하여 할 수 있다.

② 제1항의 채권이 조건이 붙어있는 것이거나 기한이 차지 아니한 것인 경우에도 가압류를 할 수 있다.

민사집행법 제277조(보전의 필요)

가압류는 이를 하지 아니하면 판결을 집행할 수 없거나 판결을 집행하는 것이 매우 곤란할 염려가 있을 경우에 할 수 있다.

(2) 피담보채권과 채무자

우리나라에서는 선박에 대한 가압류를 위하여 피담보채권이 반드시 선박운항에 기한 것이어야 한다는 요건이 필요없다. 그러나, 피담보채권의 채무자가 소유하는 선박이어야 가압류가 가능하다. 그러므로 나용선자가 운송인으로서 발생시킨 손해배상청구권을 피담보채권으로 화주가 그 선박에 대한 가압류를 할 수 없다.

(3) 절차

가압류신청에 대하여 법원은 변론없이 가압류명령을 내릴 수 있다. 이 때 법원은 채권자에게 담보를 제공하게 하고 가압류를 명할 수 있다(제280조). 가압류명령에는 가압류의 집행을 정지시키거나 집행한 가압류를 취소시키기 위하여 채무자가 공탁할 금액을 적어야 한다(제282조). 채무자는 가압류결정에 대하여 이의를 신청할 수 있다(제283조). 가압류사실은 선박등기부에 기록되게 되어 채무자 선박의 처분등은 제한되게 된다(제295조).

민사집행법 제279조(가압류신청)

① 가압류신청에는 다음 각호의 사항을 적어야 한다.

1. 청구채권의 표시, 그 청구채권이 일정한 금액이 아닌 때에는 금전으로 환산한 금액
2. 제277조의 규정에 따라 가압류의 이유가 될 사실의 표시

② 청구채권과 가압류의 이유는 소명하여야 한다.

민사집행법 제295조(선박가압류집행)

① 등기할 수 있는 선박에 대한 가압류를 집행하는 경우에는 가압류등기를 하는 방법이나 집행관에게 선박국적증서등을 선장으로부터 받아 집행법원에 제출하도록 명하는 방법으로 한다. 이들 방법은 함께 사용할 수 있다.

② 가압류등기를 하는 방법에 의한 가압류집행은 가압류명령을 한 법원이, 선박국적증서등을 받아 제출하도록 명하는 방법에 의한 가압류집행은 선박이 정박하여 있는 곳을 관할하는 지방법원이 집행법원으로서 관할한다.

③ 가압류등기를 하는 방법에 의한 가압류의 집행에는 제293조 제3항의 규정을 준용한다.

구민사소송법상 선박가압류 집행방법으로 선박에 대한 정박명령과 감수보존 처분만을 규정(제712조 제1항, 제2항)하고 있었다. 2002년 개정 민사집행법은 제295조에 따라 국내선박의 경우 가압류등기, 외국선박의 경우 등기가 불가하므로 선박국적증서수취의 방법으로 하고, 정박명령은 삭제하는 대신 필요한 경우 선박에 대한 강제집행의 조문을 준용하여 감수 · 보존 처분을 발령할 수 있다. 그런데 선박국적증서 수취가 어려워 정박명령제도를 도입할 필요가 있다.[2)]

가압류법원은 채무자의 신청에 따라 변론없이 채권자에게 상당한 기간이내(2주간 이상)에 본안의 소를 제기하여 이를 증명하는 서류를 제출하거나 이미 소를 제기하였으면 소송계속사실을 증명하는 서류를 제출하도록 명하여야 한다(제287조 제1항). 채권자가 위 기간이내에 제1항의 서류를 제출하지 아니한 때에는 법원은 채무자의 신청에 따라 결정으로 가압류를 취소하여야 한다(동 제3항). 채무자는 가압류 이유가 소멸되거나, 법원이 정한 담보를 제공한 때, 가압류가 집행된 뒤에 3년간 본안의 소를 제기하지 아니한 때에는 가압류가 인가된 뒤에도 취소를 신청할 수 있다(제288조). 가압류명령에 정한 금액을 공탁한 때에는 법원은 결정으로 집행한 가압류를 취소하여야 한다(제299조 제1항).[3)]

출항준비가 완료된 선박에 대하여는 원칙적으로 가압류를 할 수 없지만(상법 제

2) 또한 해방공탁은 금전에 의한 공탁만 가능하고 유가증권이나 보증서 제출에 의한 담보제공은 허용되지 않는다는 문제가 지적된다.

3) 김홍엽, 민사집행법(박영사, 2011), 397면. 신청에는 보증이 가능하므로 불균형이 있다.

744조) 실무적으로 이 규정은 지켜지지 않고 있다.

상법 제744조(선박의 압류 가압류)

① 항해의 준비를 완료한 선박과 그 속구는 압류 또는 가압류를 하지 못한다. 그러나 항해를 준비하기 위하여 생긴 채무에 대하여는 그러하지 아니하다.

② 제1항은 총톤수 20톤 미만의 선박에는 적용하지 아니한다.

2. 선박에 대한 압류

(1) 저당권자 등

선박에 대하여 저당권을 가지는 은행등은 선박에 대한 임의경매를 바로 신청할 수 있다. 채권자는 승소한 판결문을 가지고 법원사무관에게 가서 집행문을 얻어서 집행기관에게 제출하여 선박을 경매할 수 있다. 부동산의 경매절차에 따른다.

(2) 선박우선특권

채무자의 재산에 대하여만 가압류가 가능하고 임의경매도 가능하다. 그런데, 나용선자가 운항자인 경우에는 나용선자가 선박충돌에 대한 책임의 주체가 된다. 이 경우 그 선박의 소유자는 나용선자가 아니기 때문에 선박에 대한 가압류 혹은 임의경매신청이 불가하다.

한편, 영미법에서는 선박충돌사고의 경우에 선박자체가 채무자라는 관념을 창설하였다. 위의 경우에 선박자체도 채무자이기 때문에 대인 소송에서의 채무자가 누구인지와 무관하게 선박은 피고적격을 가지게 된다. 그리하여 선박충돌로 인한 채권자는 그 선박에 대한 임의경매를 신청할 수 있게 된다.

선박충돌로 인하여 손해를 입은 화주, 부두의 소유자, 오염의 피해자등은 모두 선박에 대하여 임의경메를 신청할 수 있는 선박우선특권(maritime lien)을 가진다(상법 제777조 제1항 4호).

선박우선특권은 선박등기부에 기재가 되지 않으면서도 저당권자보다 우선하는 효력을 가진다(상법 제788조). 선박우선특권은 1년내에 행사하지 않으면 더이상 행사할 수 없으나(상법 제786조), 결국 저당권자인 은행의 지위를 약화시키기 때문에 이를 더 제한할 필요가 있다. 대물소송의 당연한 귀결이지만, 선박에 대한 소유자가 변경이 되어도 선박우선특권의 행사는 가능하다. 이를 우리법으로는 추급권이라고 한다(제785조).[4](298면의 부록 9 참조)

상법 제785조(우선특권의 추급권)

선박채권자의 우선특권은 그 선박소유권의 이전으로 인하여 영향을 받지 아니한다.

상법 제786조(우선특권의 소멸)

선박채권자의 우선특권은 그 채권이 생긴 날부터 1년 이내에 실행하지 아니하면 소멸한다.

상법 제788조(선박저당권 등과 우선특권의 경합)

선박채권자의 우선특권은 질권과 저당권에 우선한다.

선박우선특권을 가진 채권자는 채무자의 선박에 대한 가압류를 할 수 없다.(대법원 1976.6.24.선고 76마 195결정, 대법원 1982.7.13.선고 80다 2318판결 등).[5]

대법원은 우선특권의 피담보 채권에 관한 분쟁이 중재에 의하여 해결되도록 되어 있는 경우 우선특권자(채권자)에게 선박에 대한 담보권 실행을 위한 경매를 허용하지 아니한다(대법원 1993.10.5.선고 93마621결정).

(3) 승소판결에 기초한 집행권원

본안소송에서 승소를 하게 되었음에도 불구하고 채무자인 선박소유자가 채무를 변제하지 않으면 승소판결에 기하여 집행권원을 얻은 다음 선박소유가 소유하는 선박을 포함한 다른 재산에 대하여 임의경매를 신청하여 자신의 채권에 대한 만족을 얻을 수 있다.

4) 일본 상법은 선박의 양수인을 보호하기 위하여 그 양도를 등기한 후 1개월 이내 일정기간안에 선박우선특권자가 채권을 신고하도록 공시하고 신고가 없으면 우선특권이 소멸하도록 한다(제846조). 中村眞澄 箱井崇史 海商法(成文堂, 2010). 373면.

5) 대법원은 보전의 필요성이 없기 때문이라고 한다.

III. 보험금등 기타의 재산권에 대한 강제집행

1. 보험금

선박이 침몰한 경우에는 선박에 대한 강제집행은 의미가 없다. 선체보험에 가입한 경우에는 선체보험금은 선박의 대용물이라고 할 수 있다. 채권자는 채무자인 선박소유자가 수령할 보험금을 목적으로 제3채무자에 대한 압류를 신청하여 선박소유자가 수령하지 못하도록 할 수 있다(채권에 대한 압류명령).[6]

민사집행법 제223조(채권의 압류명령)

제3자에 대한 채무자의 금전채권 또는 유가증권, 그 밖의 유체물의 권리이전이나 인도를 목적으로 한 채권에 대한 강제집행은 집행법원의 압류명령에 의하여 개시한다.

민사집행법 제227조(금전채권의 압류)

① 금전채권을 압류할 때에는 법원은 제3채무자에게 채무자에 대한 지급을 금지하고 채무자에게 채권의 처분과 영수를 금지하여야 한다.

② 압류명령은 제3채무자와 채무자에게 송달하여야 한다.

③ 압류명령이 제3채무자에게 송달되면 압류의 효력이 생긴다.

④ 압류명령의 신청에 관한 재판에 대하여는 즉시 항고를 할 수 있다.

보험금을 채권자가 회수하기 위하여는 본안소송에서 승소하여 집행권원을 가지고 집행하여야 한다.

2. 기타 재산

선박충돌을 야기한 자가 나용선자인 경우에는 사고를 야기한 선박에 대한 가압류가 불가하다. 이 경우에는 나용선자의 다른 재산에 대한 가압류를 시도하여야 할 것이다.

선박충돌로 인한 피해자는 가해자인 선박소유자의 선체보험자 및 책임보험자(P&I 클럽) 등에 대하여는 직접청구권을 가지므로 이들에 대하여는 채권자의 지위

6) 선박충돌사고로 인하여 책임보험자에 대한 직접청구권을 가지는 채권자는 책임보험자는 자신의 채무자이므로 직접 가압류를 신청할 수 있다고 생각된다.

에 있으므로 보험회사의 재산에 대하여 상세집행할 수 있을 것이다.

민사집행법 제296조(동산가압류집행)

③ 채권의 가압류에는 제3채무자에 대하여 채무자에게 지급하여서는 아니된다는 명령만을 하여야 한다.

④ 가압류한 금전은 공탁하여야 한다.

IV. P&I 클럽등이 제시하는 보증장

선박소유자의 선박은 영업의 원천이 된다. 선박이 가압류 혹은 압류가 되어 출항을 못하게 되면 영업에 막대한 차질이 생긴다. 이에 선박소유자는 선박충돌 등 사고가 발생하면 이를 피하기 위하여 피해자를 접촉하여 사고가 정리되어 손해배상액수 등이 결정이 되면 신용도가 높은 P&I가 배상할 것임을 보증하는 보증서를 제시하게 된다. 그 내용에는 선박을 가압류 혹은 압류하지 않는 다는 내용, 재판관할과 준거법은 어디로 한다는 등의 내용이 포함되어 있다.

V. 감수보전조치

선박이 가압류 압류된 경우에는 감수보전회사에서 선박을 안전하게 관리하여 주어야 한다. 선박가압류 집행에 관하여 규정이 없으면 선박집행에 관한 규정이 준용되므로(민사집행법 제291조), 채권자의 신청에 따라 법원은 선박을 감소하고 보존하기 위하여 감수보전처분을 할 수 있다(제178조 제1항).

제2절 보험제도

I. 일 반

우연히 입게되는 손해를 보상받기 위한 제도로 보험제도가 있다. 손해보험계약은 피보험자가 입게되는 재산상 손해를 보험자가 보상하기로 약정하고 보험계약자는 이에 대한 댓가로 보험료를 납부하는 계약이다. 보험계약의 당사자는 보험계약자와 보험자이다. 피보험자는 보험금을 지급받을 자격이 있는 자이다.[7] 약정한 보험사고가 발생하면 보험자는 보험금을 피보험자에게 지급하게 된다.

선박충돌과 관련한 해상보험으로는 선박보험, P&I 보험 그리고 적하보험이 있다.

보험계약을 체결할 때 준거법이 지정된다. 계약자유의 원칙에 따라서 준거법약정도 유효하다(국제사법 제25조 제 1항). 우리나라 실무에서는 영국법을 준거법으로 하는 관행이 있다. 우리나라의 보험계약자와 보험자사이에서도 마찬가지이다.

우리나라 법이 준거법으로 지정되면 상법이 적용되게 된다. 우리 상법은 보험편에 강행규정을 두고 있다(상법 제663조). 보험계약자 혹은 피보험자 혹은 보험수익자를 상법 보험편에서 정한 것보다 불리하게 하는 약정은 무효라는 것이다. 그러나, 보험편 해상보험규정은 강행규정의 적용에서 제외되어 있다(제663조 단서). 따라서, 보험계약자에게 상법에서 정한 것 보다 불리한 약정을 체결하여도 유효한 것이 된다.

상법 제663조(보험계약자등의 불이익변경금지)

이편의 규정은 당사자간의 특약으로 보험계약자 또는 피보험자나 보험수익자의 불이익으로 변경하지 못한다. 그러나 재보험 및 해상보험 기타 이와 유사한 보험의 경우에는 그러하지 아니하다.

II. 선박보험

1. 의 의

선박보험은 보험의 목적인 선박이 멸실되거나 수리비가 발생하는 등의 경우에 피보험자가 입은 손해를 그에게 전보하여주는 보험을 말한다.

우리나라에서 사용되는 선박보험은 영문으로 된 ITC Hull(협회 선박보험 약관)을

7) 인 보험에서는 보험의 목적이 되는 사람을 피보험자라고 하고 보험금을 받을 자격이 있는 자는 보험수익자라고 한다.

사용한다. 우리나라의 선박회사와 선박보험회사 사이에도 마찬가지이다. 준거법이 영국법이지만, 분쟁해결수단에 대하여는 약정하지 않고있다. 피고의 주소지인 우리나라 법원이 재판관할을 가진다.

우리나라에서 사용되는 선박보험은 거의가 영국법이 준거법이기 때문에 우리 상법이 적용될 여지는 극히 드물다. 그러나, 국제사법에 따라서 준거법만 외국적 요소가 있고 나머지는 모두 우리나라와 관련된 경우에는 우리법을 적용할 수 있다 (국제사법 제25조 제4항).

국제사법 제25조(당사자자치)

① 계약은 당사자가 명시적 또는 묵시적으로 선택한 법에 의한다. 다만, 묵시적인 선택은 계약내용 그밖에 모든 사정으로부터 합리적으로 인정할 수 있는 경우에 한한다.

④ 모든 요소가 오로지 한 국가와 관련이 있음에도 불구하고 당사자가 그 외의 다른 국가의 법을 선택한 경우에 관련된 국가의 강행규정은 그 적용이 배제되지 아니한다.

2. 선박충돌과의 관련성

(1) 보험사고

보험자에게 보험금 지급의무를 발생시키는 보험사고의 하나로서 선박충돌이 있다. 선박보험약관상 선박충돌은 해상고유의 위험(9.1.1) 혹은 선원의 과실(9.2.5)로 인한 행위에 해당하게 된다(한국해운조합 선박보험약관 제9조).[8] 선박충돌로 인한 손해가 발생하면 보험자는 면책사유가 없는 한 보험금을 지급하게 된다.

〈전손의 경우〉

9. 보상하는 손해

9.1 이 공제계약은 다음의 위험으로 인하여 공제가입선박이 전손으로 된 경우만을 담

---

8) 〈일본 선박보험약관〉은 아래와 같다.

제1조(당회사가 부담하는 책임)

1. 당회사는 이 보험증권에서 기재한 선박(이하 "피보험선박"이라고 칭함)이 침몰, 전복, 좌초, 교사, 화재, 충돌, 기타의 해상위험(이하 "보험사고"라고 칭함)에 노출됨으로 인해 피보험이익에 관하여 발생한 손해를 이 약관 및 이 보험증권에서 기재한 특별약관의 규정에 따라, 보상할 책임을 부담한다. 육상위험에 관한 특약이 있는 경우도 동일하다.

2. 전항의 피보험이익에 관하여 발생한 손해라 함은 전손, 수리비, 공동해손분담금, 충돌손해배상금, 손해방지비용, 기타의 손실, 비용 및 배상금을 말한다.

보합니다.

(1) 바다, 강, 호수 또는 기타 항해 가능한 수면에서의 고유 위험

(2) 화재, 폭발 (3) 선박 외부로부터의 침입한 자의 폭력적인 도난 (4) 투하 (5) 해적행위 (6) 핵장치 또는 원자력의 장치의 고장 (7) 항공기 또는 그와 유사한 물체, 육상운송용구, 선거 또는 항만시설과 장치와의 접촉 (8) 지진, 화산의 분출 또는 낙뢰

9.2 이 공제계약은 다음의 위험으로 인하여 공제가입선박이 전손으로 된 경우 만을 보상합니다. 다만 이러한 손해가 공제계약자, 선박소유자 또는 선박관리인이 상당한 주의를 다하지 않음으로 인하여 발생한 경우에 보상하지 않습니다.

(1) 화물과 연료의 적재, 양하, 환적 작업시의 사고 (2) 기관의 파열, 차축의 파손, 기관(기기) 또는 선체의 잠재적 하자로 인한 선박의 다른 부분의 멸실 및 손상 (3) 선장, 해원 또는 도선사의 과실 (4) 선박수리업자 또는 용선자의 과실. 다만, 그 선박수리업자 또는 용선자가 이 공제계약상의 공제계약자가 아님을 조건으로 합니다. (5) 선장, 해원의 악행 (6) 이 공제계약에서 담보되는 위험으로 인하여 공제가입선박 손상의 직접적인 결과로 발생한 오염의 위험이나 위협을 방지 또는 경감시키기 위해 정부의 조치

9.3 선장, 해원 또는 도선사가 공제가입선박의 지분을 보유하고 있어도 이 공제계약에서 선박소유자로 간주하지 아니합니다.

〈분손의 경우〉

특정분손담보 특별약관(FPL)

1. 보상하는 손해

이 공제계약은 보통약관 9.(보상하는 손해)에서 열거하는 위험으로 인한 공제가입선박의 공동해손과 좌초, 침몰, 화재, 폭발, 충돌, 접촉으로 인한 단독해손을 보통약관에서의 보상에 추가하여 담보합니다.

(2) 보험자의 면책

보험자는 비록 약정된 보험사고의 하나인 선박충돌에 의한 사고라고 할지라도 피보험자의 담보특약의 위반, 피보험자 또는 선원의 고의 혹은 중과실로 인한 사고 등의 경우에는 면책항변을 하게 된다.

한국해운조합 선박보험

17. 보상하지 아니하는 손해

이 공제계약에서 다음의 위험으로 인하여 공제가입선박에 발생한 손해 및 비용은 보상하지 아니합니다.

(1) 전쟁, 내란, 혁명, 모반, 반란 또는 이로 인하여 발생하는 국내두쟁 또는 교전국에 의하거나 교전국에 대한 적대행위 (2) 포획, 나포, 강류, 억지 또는 억류(해적, 선원의 악행을 제외함) 및 그 결과 또는 그 기도의 결과 (3) 유기된 기뢰, 어뢰, 폭탄 또는 기타 유기된 전쟁무기 (4) 동맹파업자, 직장폐쇄노동자, 노동쟁위, 폭동에 가담한 자 (5) 악의적인 폭발물의 폭발 (6) 테러리스트 또는 정치적 동기로 행동하는 자 (7) 전쟁병기로 기인되며 그것이 악의적으로 행동하는 자에 의하거나 혹은 정치적 동기 (8) 원자력, 핵분열 또는 기타 이와 유사한 핵반응, 방사성 또는 방사성물질을 사용한 전쟁무기 (9) 공제계약자 또는 이들의 대리인이나 사용인(법인의 경우 이사등의 대표기관을 포함합니다)의 고의 또는 중대한 과실. 그러나, 이 조항의 해석상 선장, 해원 또는 도선사는 공제계약자의 대리인이나 사용인으로 간주하지 아니합니다. (10) 공제가입선박 또는 그 일부의 자연소모나 이들에 있는 흠

특히 영국법상 담보특약은 약정한 담보의 내용이 아무리 사소한 것일지라도 충돌사고와 인과관계가 없을지라도 보험자는 면책되게 된다(MIA 33조). 예컨대, 20명 선원의 승선이 담보특약의 내용인 경우에 1명의 선원의 결원이 사주부(식사담당) 부원이라고 하여도 출항시에 이미 보험자는 책임을 면하게 된다.

선급을 유지할 것이 담보특약의 내용인 경우에도 선급을 유지하지 못하는 순간부터 보험자는 면책되게 된다.

1906 MIA 제33조

① 본 장에서 담보특약이라 함은 확약적 담보특약, 즉, 보험자가 어떤 특정한 것을 작위하거나 부작위할 것, 또는 어떤 조건을 충족시킬 것을 인수하거나 또는 특정한 사실상태의 존재를 긍정하거나 부정하는 것을 약속함을 말한다.

② 담보특약은 명시적일 수도 있고 또 묵시적일 수도 있다.

③ 위에서 정의된 담보란, 위험이 중요한지 여부에 관계없이, 정확히 지켜야 하는 조건이다. 지켜지지 아니한 경우에는 보험증권에 명시된 규정을 제외하고 보험자는 담보특약의 위반일부터 책임을 면한다. 그러나, 위반일 이전에 발생한 책임에는 영향을 미치지 않는다.

〈판례소개〉 담보특약(대법원 1996.10.11.선고 94다60332판결)

① 사실관계

선박보험계약을 체결하면서 약관 및 특약으로 영국의 법률과 관습에 따르기로 하고,

보험에 부보되는 위험은 선박의 충돌, 좌초등의 보험사고로 인한 보험계약자(피보험자)의 선박자체의 손해 및 상대선에 대한 손해배상책임으로 하였다. 또한 로이드 대리점의 검정인이나 한국선급협회(KR)의 검정인으로부터 출항시 감항증명서를 발급받을 것을 담보특약으로 체결하였다. 위 증서를 발급받지 않고 항해하다가 충돌사고가 발생하였다. 보험자는 담보특약의 위반순간에 자신의 보험금 지급의무는 면한다고 주장하였다.[9)]

② 대법원의 판시의 내용

영국해상보험법상의 담보특약위반이 있는 경우에 설사 보험사고가 담보특약위반과 아무런 관계없이 발생하였다고 하더라도 보험자는 보험증권에 명시적 규정이 있는 경우를 제외하고는 자동적으로 그 담보특약위반일에 소급하여 그 보험계약상의 일체의 책임을 면한다.

이와 관련하여 우리나라의 약관규제에 관한 법률을 적용하여 보험자에게 설명의무를 부과하고 이를 행하지 않은 경우 담보특약의 효력을 적용할 수 없다는 판결이 나오고 있다(대법원 2001.7.27.선고 99다55533판결; 2010.9.9.선고 2009다 105388판결). 영국법을 준거법으로 하고 있더라도 준거법을 제외하고 외국적 요소가 없는 경우에는 한국법을 적용할 수 있다는 것이 다수 견해이다(서울고등법원 2012.10.25.선고 2012나7207판결).

상법 638조의3 (보험약관의 교부 명시의무)

① 보험자는 보험계약을 체결할 때에 보험계약자에게 보험약관을 교부하고 그 약관의 중요한 내용을 알려주어야 한다.

② 보험자가 제1항의 규정에 위반한 때에는 보험계약자는 보험계약이 성립한 날부터 1월내에 그 계약을 취소할 수 있다.

약관의 규제에 관한 법률 제3조

③ 사업자는 약관에 정하여져 있는 중요한 내용을 고객이 이해할 수 있도록 설명하여야 한다. 다만, 계약의 성질상 설명하는 것이 현저하게 곤란한 경우에는 그러하지 아니하다.

④ 사업자가 제2항 및 제3항을 위반하여 계약을 체결한 경우에는 해당 약관을 계약의 내용으로 주장할 수 없다.

---

9) 자세한 평석은 서기석, "영국해상보험법상의 담보특약 위반의 효과와 그 포기," 인권과 정의(1996.12.), 109면.

〈판례소개〉 **담보특약에 약관규제법 적용(서울고등법원 2012.10.25선고2012나7207판결)**

① 사실관계

우리나라의 선박회사는 ITC Hull을 사용하여 선박보험을 체결하였다. 항해구역제한 담보특약이 포함되었다. 그런데, 선박이 항해제한구역을 넘어서 항해하였고 다른 이유로 침몰하게 되었다. 보험금을 청구하자 보험자는 담보특약위반으로 보험금지급을 거절하면서 보험금지급의무 부존재확인의 소를 제기하였다. 선박소유자는 약관규제 등에 관한 법률에서 정한 담보특약 설명의무위반이 있었기 때문에 보험자는 담보특약의 효력을 주장할 수 없다고 항변하였다.

② 판결의 내용

외국적인 요소가 있는지 여부는 거래당사자의 국적뿐만 아니라 주소, 물건소재지, 행위지, 사실발생지 등이 외국과 밀접하게 관련되어 있는지 등을 종합적으로 고려하여야 한다. 보험의 당사자는 모두 대한민국 법인이기는 하나 (중략) 선박은 조업을 위하여 인도양등을 항해하는 선박이고, 이 사건 사고는 역시 남빙양에서 발생하였으므로 물건의 소재지나 보험사고의 발생지가 대한민국의 영해가 아니라는 점, 이 사건 각 보험증권, 그 약관 등도 모두 영어로 작성된 점, 보험금도 미화로 정해진 점, 준거법도 영국법으로 정해진 점을 종합하여 보면 이 사건은 외국적 요소가 있다고 보이고, 따라서 국제사법을 적용하여 준거법을 정하는 것이 더 합리적이다.

특별한 사정이 없는 한 영국법 준거약관은 오랜 기간 동안에 걸쳐 해상보험업계의 중심이 되어 온 영국의 법률과 관습에 따라 당사자간의 거래관계를 명확하게 하려는 것으로서 우리나라의 공익규정 또는 공서양속에 반하는 것이라거나 보험계약자의 이익을 부당하게 침해하는 것이라고 볼 수 없어 유효하므로(대판 1996.3.8., 95다28779), 이 사건 선박보험의 성립과 효력, 그로 인한 원고의 보험금 지급의무의 발생 여부 등 모든 법률관계에는 원칙적으로 당사자가 정한 바에 따라 영국의 법률과 관습이 적용된다.

피고는 이 사건 선박보험이 내국인 사이에 체결되는 등 모든 요소가 오로지 대한민국과 관련되므로 위 준거법 합의에도 불구하고 국제사법 제25조 제4항에 따라 이 사건 선박보험에는 대한민국의 강행법규가 적용되어야 한다고 하나, 이 사건 선박보험에 외국적 요소가 있다.

3. 상대방 손해의 보상

(1) 전손과 분손

전손은 선박자체가 멸실한 현실전손이나 추정전손이 된 경우를 말한다. 선박이 충돌로 인하여 침몰한 경우가 대표적이다. 이에 반하여 선박의 일부가 파손되어 수리비가 발생하는 경우 등은 분손이 된다. 선박보험은 전손을 담보하는 보통약관과 분손을 담보하는 특별약관으로 구성된다. 만약 분손담보특약을 체결하고 있지 않으면 일부파손된 경우의 수리비는 보험자로부터 수령할 수 없을 것이다.

전손보험금에 추가하여 선박충돌로 인한 상대방의 손해의 3/4, 손해방지비용, 공동해손분담금, 해난구조료 등이 보상된다.

한국해운조합 선박보험 약관 6. 보상책임의 한도

(1) 하나의 사고로 조합이 보상할 공제금은 이 약관 13.의 손해방지비용과 충돌손해배상책임특별약관의 배상금을 제외하고는 공제가입금액을 한도로 합니다.

(2) 일부보험으로 가입하였을 경우의 공제금은 선박가액에 대한 공제가입금액의 비율에 따라 보상합니다.

(2) 선박충돌약관

선박충돌의 경우에 손해를 입은 상대방 선박의 소유자는, 보험에 가입되어있지 않다면, 직접 가해자인 선박소유자에게 불법행위에 기한 손해배상청구를 하게 된다. 이런 경우를 대비하여 보험계약자와 보험자는 선박보험에서 상대방 손해의 3/4도 지급하는 약정을 두게 되었다. 이를 선박충돌약관(RDC, Running Down Clause)이라고 한다. 상대방이 피보험자에게 손해배상을 청구하면 피보험자는 손해를 배상한 다음 그 손해의 3/4만큼을 선박보험자에게 청구하게 된다.

한편, 우리 상법은 직접청구권이 인정되기 때문에 피해자가 선박보험자에게 자신의 손해를 직접청구할 수 있을지가 문제된다. 선박보험자가 인수한 3/4의 금액을 한도로 직접청구가 가능하다.

(3) 공동해손분담금, 해난구조료

공동해손이 발생하면 공동위험체를 구성하는 선박소유자와 적하의 소유자들은 형평의 원칙에 따라 공동해손을 입은 자에 대하여 공동해손분담금을 지급할 의무를 부담한다(상법 제694조). 만약, 적하의 소유자가 공동해손을 입은 경우에 선박소유자는 공동해손 분담금을 지급하여야 한다. 이 때 선박소유자가 지출한 비용은 상법의 규정에 의하여 선박소유자가 보험자로부터 보험금의 형태로 지급받게 된다

(상법 제694조).

선박이 해난을 당하여 구조를 하게 되는 경우에 구조료도 상법의 규정에 의하여 보험자가 지급하여야 하는 손해가 된다(상법 제695조).

이러한 두 가지 비용은 고유의 의미에서의 선박보험에서 지급되는 손해는 아니지만 지급범위가 확대되었다고 볼 수 있다.

(4) 손해방지비용

손해를 방지하기 위하여 소요된 비용도 보험자는 추가하여 보상한다(상법 제680조).

III. 적하보험

1. 의 의

적하의 화주는 화물이 운송중 손해를 우연히 입게 될 우려가 있고 그러한 손해를 보상받기 위하여 적하보험에 가입하게 된다. 적하의 소유자는 자신이 보험계약자가 되고(FOB 조건인 경우 수입자가 보험계약자가 되고 CIF조건인 경우 수출자가 보험계약자가 된다) 또 피보험자가 되어 보험자와 적하보험계약을 체결하게 된다.

우리 나라에서 사용되는 적하보험은 협회적하약관(ICC) (A)(B)(C)서식이다. 적하보험의 경우에도 영국준거법약관이 사용된다. 이 경우에는 책임과 결제에 대한 내용만 영국법이 준거법이 되고 나머지의 경우는 한국법이 적용되게 된다.

적하보험도 해상보험의 일종이기 때문에 우리 상법상 강행규정(상법 제669조)의 적용은 없다.

2. 선박충돌과의 관련성

(1) 보험사고

선박충돌사고는 적하손해를 동반하는 경우가 많다. 협회적하약관의 (A), (B), (C) 모두에 선박충돌로 인한 적하의 손해는 담보되는 위험이다. (A)는 피보험목적물에 발생한 멸실 손상의 일체의 위험을 담보하고, (B)와 (C)의 경우에는 4호에 본선,

부선 또는 운송용구와 물 이외의 다른 물체와의 충돌 또는 접촉이라고 정하고 있으므로 어느 약관도 모두 선박충돌로 인한 손해를 보험사고로 하고 있다.

(2) 보험자의 면책

선박충돌을 이유로 보험자가 면책되는 경우는 없다. 운송인 혹은 선박소유자는 보험계약과 무관한 제3자이기 때문이다.

신약관 ICC (A)	신약관 ICC(B)	신약관 ICC(C)
피보험 목적물에 발생한 멸실, 손상의 일체의 위험을 담보	1. 화재 또는 폭발 2. 본선 또는 부선의 좌초, 교사, 침몰, 전복 3. 육상운송용구의 전복 또는 탈선 4. 본선,부선 또는 운송용구와 물이외의 다른 물체와의 충돌 또는 접촉 5. 피난항에서의 화물의 하역 6. 지진, 화산의 분화, 낙뢰 7. 공동해손 희생손해 8. 투하 또는 갑판유실 9. 본선, 부선, 선창, 운송용구, 콘테이너, 지게자동차 또는 보관장소에 해수, 호수, 강물이 침입 10. 본선 또는 부선으로의 선적 또는 하역작업중 바다에 떨어지거나 갑판에 추락한 화물의 포장당 전손 11. 쌍방과실 충돌약관에 의한 손해 12. 담보위험으로 인한 항해 종료시양하, 입고, 계반비용 13. 공동해손, 구조비. 단, 면책위험으로 인해 발생되는것 제외	1. 화재 또는 폭발 2. 본선 또는 부선의 좌초, 교사, 침몰, 전복 3. 육상운송용구의 전복 또는 탈선 4. 본선,부선 또는 운송용구와 물외의 다른 물체와의 충돌 또는 접촉 5. 피난항에서의 화물의 하역 6. 공동해손 희생손해 7. 투하 8. 쌍방과실 충돌약관에 의한 손해 9. 담보위험으로 인한 행해종료시 양하, 입고, 계반비용 10. 공동해손, 구조비. 단, 면책위험으로 인해 발생되는 것 제외

3. 지급되는 보험금

상대방 선박에 적재된 적하의 소유자는 자신의 보험자에게 보험금청구를 하게 되면 보험자는 보험금을 지급한다. 보험자는 자신의 피보험자(화주)가 운송인에 대하여 가지던 손해배상청구권을 보험자대위의 법리에 따라 법률의 규정에 의하여 자동적으로 양도받아 그 권리를 운송인에게 행사할 수 있다(상법 제682조).

상대방 운송인은 적하보험자의 청구에 대하여 손해배상을 한 다음, 선박보험자와 체결한 3/4충돌약관에 따라 선박보험자로부터 보험금을 지급받게 된다.

4. 준거법

적하보험의 준거법은 책임문제 혹은 정산의 문제에 한정된다.

(i) 이 보험계약에서 발생하는 모든 책임문제는 영국의 법률과 관습에 따라 규율된다(All questions of liability under this policy are to be governed by the law and custom of England); (ii) 책임과 결재에 관해 영국의 법률과 관습에 따른다(This insurance is understood and agreed to be subject to English law and practice only as to liability for and settlement of any and all claims)[10]는 약관이 적하보험에 사용된다.

따라서 나머지 부분에 대하여는 우리나라 법이 적용될 여지가 많다. 보험계약의 성립, 고지의무와 설명의무가 대표적인 예이다.

IV. 선주상호책임보험

1. 의 의

선박소유자들이 선박보험에서 보상되지 않는 여러 가지 손해에 대하여 위험을 분산시키기 위하여 조합을 만들고 자신들이 보험자이면서 보험계약자/피보험자가 되는 보험을 선주상호책임보험(Protection and Indemnity Insurance, P&I 보험)이라고 한다. 세계유수의 P&I 클럽은 International Group of P&I Club을 결성하고 있다. 우리나라의 Korea P&I 클럽과 중국 P&I 클럽은 아직 여기에 속하지 못하고 있다. 일본의 Japan P&I 클럽은 회원이다.[11] 한국해운조합도 P&I 보험을 제공한다.

위 보험은 상호보험이면서 동시에 책임보험의 성격을 가진다. 보험자가 피보험

---

10) 석광현, "해상적하보험계약에 있어서 영국법 준거약관과 관련한 법적인 문제점", 손해보험(1993) 302호. 19쪽 이하. 석광현 교수는 협회적하약관이 사용된 사안에서 준거법지정에 대하여 이를 실질법적 지정으로 보아 당사자가 준거법을 선택하지 않았다고 보아 섭외사법 제33조에 따라 우리 법이 준거법이 되고 다만 책임문제는 영국법이 적용된다고 보았다.

11) 유명한 P&I 클럽으로서는 UK, Britannia, Steamship Mutual, Gard 등이 있다.

자의 지위를 동시에 가지는 보험을 상호보험이라고 한다. 선주상호책임보험자들은 피보험자인 선박소유자들이 제3자등에게 부담하는 책임을 보험금의 형식으로 지급하여줄 것을 약정하기 때문에 책임보험이라고 분류할 수 있다.

P&I 클럽은 영리를 목적으로 하지 않기 때문에 보험료의 납입이 영리보험과 다르다. advance call(선급보험료)이 회기시작 때 회원들에게 부과되고 회기가 종료된 다음에 supplementary call(추가보험료)이 회원들에게 부과된다.

준거법은 각국 P&I에 따라 다르다. UK 클럽과 Britannia는 영국법을 준거법으로, Korea P&I는 한국법을 준거법으로, Japan P&I는 일본법을 준거법으로, Gard P&I는 노르웨이 법을 준거법으로 한다.

2. 선박충돌과의 관련성

(1) 보험사고

선박충돌로 인한 사고로 상대선박에게 보험금을 지급할 사유가 발생하면 보험자는 보험금을 지급하여야 한다.

(2) 보험자의 면책

보험자는 피보험자의 고의 혹은 무모한 행위가 있으면 면책된다.

한국해운조합의 선주배상책임공제약관 제30조에 따르면 선장의 중과실로 인한 충돌사고는 보험자가 손해를 배상하지 않게 된다. 상법이 적용되게 되면 피보험자의 중과실로 인한 보험사고는 보험자가 면책된다.

선주배상 책임공제 제30조

① 조합은 다음에 열거하는 손해 및 비용을 보상하지 아니합니다.

1. 공제계약자(대리인을 포함한다)의 고의 또는 중대한 과실 손해발생의 염려가 있음을 알면서 무모하게 한 작위 또는 부작위로 인하여 발생한 손해 및 비용

약관에 따르면 영국법을 준거법으로 하는 담보특약에 위반하면 보험자는 면책된다. 그런데 한국법이 준거법인 경우 담보특약 위반의 효력이 문제된다. 우리법에는 담보특약에 대한 규정이 없다.

3. 담보범위

(1) 상대방 손해의 1/4보상

선박충돌에서 상대방 손해의 3/4은 선박보험에서 담보된다. 나머지 1/4도 책임보험자인 P&I 보험자가 지급할 것을 약정하게 된다(KP&I 제24조). 이러한 약정이 없는 경우에도 피해자는 P&I 보험자에게 청구할 수 있을지 문제되지만, 선박소유자가 책임보험에 가입한 경우에만 인정된다. 경우에 따라서는 P&I 보험에서 상대방 손해의 4/4를 모두 지급하도록 약정된 경우도 있다.

(2) 적하손해

P&I 보험사는 적하손해도 보상한다. 운송인은 적재 화주에 대하여 채무불이행 및 불법행위에 기한 손해배상 책임을 부담하게 된다(KP&I 제30조). P&I 보험은 책임보험이기 때문에 이러한 위험을 인수하게 된다.

(3) 유류오염손해

유조선의 경우에 유류오염손해로 인한 손해배상청구도 P&I 보험에서 지급하는 담보위험에 속한다(KP&I 제26조). 유조선의 선박소유자는 이 청구를 보장하는 책임보험의 가입이 법률에 의하여 강제화되어 있다.

(4) 선원관련

선원의 재해보상을 위한 보험가입은 법률로서 강제화되어 있다. P&I보험의 담보위험이다(KP&I 제20조). P&I 클럽이 담보하는 위험중에서 큰 몫을 차지한다.

(5) 난파물제거비용

난파물제거비용의 지급을 담보하도록 책임보험에 가입할 것이 강제화되어 있는 국가로는 일본, 대만이 있다. 나이로비 협약도 이와 같이 영해이원의 배타적 경제수역에 발생한 난파물의 제거, 표시등 비용을 선박의 소유자가 보험으로 보장하도록 하고 있다.

P&I는 난파물제거비용을 책임보험의 일부로서 인정하고 있다(KP&I 제25조).

(6) 예인상의 책임

가입선박이 예인선이 되던가 아니면 피예인선이 되어 가입선박이 부담하게 되는 위 1, 2, 3, 4, 5의 손해도 보상한다(KP&I 제27조).

(7) 책임방어 등을 위한 비용

사고로 인한 법률비용을 P&I가 제공하기 때문에 선박충돌로 인한 사고의 경우에도 P&I 보험이 개입되게 된다(KP&I 제33조).

4. 보증장 발행

P&I의 신용도는 높기 때문에 선박의 가압류를 막기 위하여 혹은 가압류된 선박을 해방시키기 위하여 P&I는 보증장을 제공하는 기능을 하기도 한다.

선박충돌 사고가 있게 되면 변호사는 재빨리 이러한 보증장을 P&I로부터 발급받아서 상대방에게 제시하여 선박의 압류 혹은 가압류를 방지하여야 한다.

5. 직접청구권과 선지급항변

(1) 의의

책임보험에서 선박소유자는 보험계약자 겸 피보험자이다. 영국법하에서 보험계약을 체결하면서 보험자는 피보험자가 제3자(피해자)에게 손해를 배상한 경우에만 자신이 피보험자에게 보험금을 지급할 의무가 발생한다고 정한다. 즉, 피보험자의 피해자에 대한 손해배상을 정지조건으로 하여 자신의 보험금지급채무가 발생한다고 약정(선지급약정)을 체결하는 것이다. 이러한 내용은 P&I 보험 뿐만 아니라 선박보험의 충돌약관에도 존재한다.[12]

한편, 영국법하에서 도산된 경우등 제한적인 상황에서 피해자는 가해자의 책임보험자에게 직접청구권을 가진다(보험자에 대한 1930년 제3자 권리법 제1조 제1항, 제2항). 가해자인 선박소유자가 도산된 경우에 피해자가 보험자에게 손해배상청구를 하게 되면 보험자는 피보험자가 피해자에게 지급하지 않은 이상 자신의 보험금지급의무가 발생하지 않았다는 보험계약상 약정된 항변을 피해자에게 하게 된다. 이

12) KP&I 제43조는 "조합원에게 손해배상금을 청구할 제3자의 조합에 대한 직접청구는 인정하지 아니한다"고 정한다.

를 선지급항변(Pay-to-be-paid Rule)이라고 한다.[13] 도산된 가해자(피보험자)가 피해자에게 손해를 배상하지 않았기 때문에 피해자는 보험자에게 청구를 함에도 불구하고 정지조건이 충족되지 않았기 때문에 보험자의 보험금지급채무는 발생하지 않은 것이 된다.

이렇게 되면 피해자는 보호되지 못하는 결과가 된다. 직접청구권이라는 제도는 피해자를 보호하기 위한 제도임에도 이상한 결과가 되는 것이다. 따라서, 이러한 선지급항변의 유효성이 논란이 되었다. 영국법원은 선지급항변의 약정은 유효하여 보험자는 제3자에게 보험금지급의무가 없다고 판시하였다.[14]

영국계 P&I는 준거법을 영국법으로, 일본 P&I는 일본법으로, 노르웨이의 Gard P&I는 노르웨이법을 준거법으로 한다. 선지급항변이 한국법하에서도 과연 유효할 것인지 쟁점이 되어 있다.

(2) 국제조약의 입장

국제사회는 이러한 선지급 항변이 유효하다고하면 피해자의 구제에 어려움이 있음을 인정하여 국제조약을 통하여 선지급항변을 보험자가 더 이상 주장하지 못하게 하고 있다.

유조선으로 인한 유류오염손해에 대한 민사책임협약(CLC), 선박연료유협약, 난파물제거협약등에서는 선박소유자는 의무적으로 자신의 책임을 담보하는 보장계약을 체결하도록 하면서 피해자에게 직접청구권을 인정하고 있다. 선지급항변도 제기하지 못한다(CLC 제7조 제8항 등).

유배법 제16조 (보험자등에 대한 손해배상청구)

① 유조선에 의한 유류오염 피해자는 유조선 선박소유자와 보장계약을 체결한 보험자등에 대하여도 직접 손해배상의 지급을 청구할 수 있다. 다만, 유조선 선박소유자의 고의로 손해가 발생한 경우에는 그러하지 아니하다.

---

13) 영국 UK P&I 클럽 제5조 A (payment first by the ouner)
Unless the Directors in their discretion otherewise decide, it is a condition precedent of an Owner's right to recover from the funds of the Association in respect of any liabilities, costs or expense that he shall first have discharged or paid the same out of funds belonging to him unconditionally and not by way of loan or otherwise.

14) The Fanti & The Padre Island, [1990] 2 Lloyd's Reperts, 191.

② 보험자등은 유조선 선박소유자가 피해자에 대하여 주장할 수 있는 항변만으로 피해자에게 대항할 수 있다.

③ 보험자등의 손해배상에 관하여는 제5조제6항 및 제7조부터 제11조까지의 규정을 준용한다.

(3) 한국법

우리 상법은 책임보험에서 피해자에게 폭넓게 제한없이 직접청구권을 인정하고 있다(상법 제724조 제2항). 직접청구권은 피해자를 구제하기 위하여 인정된 것이므로 보험자와 보험계약자 사이의 약정으로 피해자를 불리하게 할 수는 없으므로 선지급약정은 무효로 보는 것이 다수설이다. 영리보험회사의 선지급항변과 P&I 보험의 그것은 구별하여야 한다는 입장도 있다. P&I 보험은 (i) 비영리이고, (ii) 클레임처리 부서가 규모가 작고 (iii) 보상보험이면서 (iv) 보험료납부도 선급보험료 이외에 회기말에 추가 보험료를 납부하는 점이 고려되어야 하므로 책임보험이 의무적으로 가입된 경우는 제외하고 선지급항변은 유효하다고 한다.[15)]

〈판례소개〉 직접청구권(대법원2009.11.12.선고2009다54553판결)

① 사실관계

한국선원이 파나마국적의 일본 선박소유자의 선박에 갑판수로서 승선하였다. 일본 선박소유자는 영국의 Britannia Steamship P&I Club과 선주책임상호보험계약을 체결한 상태였다. 약관(Rule Book)에는 선지급(先支給) 항변 및 선원이 승선근무중 상해를 입게 되면 그 보상금도 지급한다는 내용이 포함되어 있다. 승선근무중 상해를 입은 위 선원(원고)은 우리 법원에 영국의 Britannia(피고)에게 보상을 구하는 청구소송을 제기하였다.

② 대법원의 판시내용

상호보험약관 제46조 제1항의 영국법준거약관은 유효하다(대법원 1996.3.8.선고 95다28779판결). 따라서 이 사건 청구에는 영국법이 준거법으로 적용된다. 영국의 보험자에 대한 제3자권리법 세1조에 의하면 "파산 또는 청산등 피보험자의 지불이 불능이 된 경우 제3자는 보험자에게 보험자에 대한 피보험자의 권리를 직접청구할 수 있다"고 규정하고 있고, 약관에 의하면 위원회가 그 고유권한으로 달리 결정하지 않는 한 책임이나 비용과 관련하여 조합기금으로부터 회수할 수 있는 회원의 권리는 회원이 먼저 책임을 이행하거나 비용 등을 지출할 것을 전제조건으로 한다고 규정하고 있다. 따라서, 원고가

15) 김인현, 전게 해상법, 436면.

피고에게 직접 또는 피보험사인 선주를 대위하여 이 사건 청구를 하기 위하여는 이 사건 선박의 소유자이자 피보험자인 선주가 파산 또는 청산으로 인하여 원고에 대한 손해배상의 지급이 불능으로 되었다는 점 또는 선주가 원고에게 손해배상책임을 이행하거나 그 비용등을 지출하였다는 점을 입증하여야 할 것인데 이에 관한 아무런 입증이 없으므로 원고의 위 주장은 이유없다.

한편, 해운조합은 강행적으로 법령에 의하여 피해자에게 직접청구권이 인정되는 경우(예컨대, 유류오염, 선원관련 재해보상)에는 선지급항변을 하지 않도록 약관을 변경하여 2012년부터 시행하고 있다.

선주배상책임공제 약관 제36조

④ 공제계약자의 책임이 있는 사고로 손해를 입은 제3자의 조합에 대한 직접청구는 인정하지 아니합니다. 다만, 국제조약이나 국내법에 의하여 선지급항변이 허용되지 않는 경우는 그러하지 아니합니다.

(4) 직접청구권의 준거법

책임보험에 있어 보험관련자와 피해자 사이에 외국적 요소가 있는 경우에 피해자가 직접청구권을 가지는지 국제사법에 의한다. 우리 나라에 소가 제기된 경우 직접청구권의 법적성질을 손해배상청구권으로 보면 보험계약의 준거법이 준거법이 된다. 우리나라 대법원은 직접청구권의 법적 성질을 불법행위에 기한 손해배상설로 보고 있지만 하급심은 직접청구권의 법적 성질을 보험금 청구권으로 보아 보험계약의 준거법인 영국법으로 보았다(서울남부지방법원 2013.6.5. 선고 2012가합7046 판결;서울고등법원 2015.6.9.선고 2012나29269판결).

제 5 장

충돌보고서와 과실비율산정

제1절 충돌보고서

I. 의 의

충돌보고서는 충돌전문가가 현장에서 선장등 충돌사고에 관련된 자들과 인터뷰를 하고 증거자료를 모아서 충돌에 대한 상황을 상세하게 설명하고 더불어 법적인 쟁점을 간단히 설명하는 보고서이다. 이것은 외부에 증거로 제출될 목적으로 작성하는 것이 아니라 의뢰자(선주 혹은 보험자) 자신의 이익을 보호하기 위하여 작성되는 것이다.[1)]

보고서를 받아보는 자가 궁금함이 없이 읽어나갈 수 있는 것이 훌륭한 보고서이다. 사고의 원인이 정확히 나와있지 않다든지, 당시에 당직사관은 무엇을 하였는지 불분명하다든지, 시정(시계) 상태가 보고서에 나와있지 않아서 기상청에 문의를 하여야 한다면 이는 좋은 보고서가 아니다(310면 이하 부록 12 선박충돌보고서 참조).

통상 충돌보고서의 작성에는 40시간 정도가 소요된다. 무한정으로 길게 시간을 사용하면서 좋은 보고서를 만들어서도 아니된다. 시간당 비용을 의뢰인에게 청구하기 때문에 가능하면 적은 시간을 들여서 내용이 알찬 보고서가 작성되어야 한다. 시간당 보수청구액이 높은 파트너 변호사가 사고조사를 하는 것도 경쟁력이 떨어지게 된다. 높은 비용청구를 고객에게 하여야 하기 때문이다.

II. 충돌보고서 작성

1. 법률적으로 의미있는 내용

(1) 의의

충돌보고서라고 해서 어떤 내용이나 무조건 많이 적어넣는 것은 좋지않은 태도이다. 법률적인 의미있는 내용만 충돌보고서에 들어가야 한다. 충돌보고서를 사용하게 되는 자들이 필요한 내용만 집어넣으면 되는 것이다.

예컨대, 보험자가 충돌보고서가 필요하다면, 보험의 목적물이 맞는지, 어떤 원

1) 충돌보고서의 기초가 되는 선원의 진술서는 증거의 목적으로 작성된다.

인으로 보험의 목적물인 선박이 침몰하게 되었는지, 고의 혹은 중과실로 인한 보험사고에는 보험자가 면책이 되기 때문에 그러한 사실은 있는지를 확인할 수 있어야 한다. 만약 예항담보특약이 붙어있다면 선급검사를 받지 않았다든지, 지시사항을 어기고 출항하였는지 등을 보험자는 알고 싶어할 것이다.

또한 상대방과의 관계에서 과실비율이 얼마일 것이라는 내용도 중요하다. 그리고 어떠한 증거를 근거로 이러한 판단을 하게 되었는지도 밝혀야 한다. 과실비율이 나쁘다면 처음부터 소송으로 갈 것이 아니라 합리적인 금액으로 합의로 사건을 조기에 종결하는 것이 낫기 때문이다.

과실비율이 아무리 좋아도 상대선의 책임제한액이 낮은 선박이라면 책임제한에 걸리게 되어 과실비율을 잘 받으려고 정력과 자금을 투입할 필요가 없다. 따라서 보고서의 말미에는 이러한 내용을 언급하여 소송의 진행방향을 잡아줄 필요가 있다.

(2) 예시-상대 선박의 침몰시 법률적 쟁점

화물을 적재한 갑 선박이 다른 화물을 적재한 을 선박과 충돌하여 을 선박이 침몰한 경우를 상상하여보자. 그러면, 을 선박의 소유자와 화주는 갑 선박에 대하여 손해배상청구를 하게 된다. 갑 선박의 소유자(운송인)는 갑 화주에 대하여 항해과실면책을 주장하면서 나아가 을 선박의 손해에 대하여는 책임제한을 하려고 할 것이다. 을 선박에 대한 손해배상액을 정하기 위하여는 과실비율이 정하여져야 한다. 이러한 모든 점을 염두에 두고 해상변호사는 사고조사에 임하여야 한다.

① 항해과실면책(상법 제795조 제2항)

운송인이 항해과실로 화주에 대하여 면책되기 위하여는 (i) 항해중이어야 하고 (ii) 선장등 선원의 행위이어야 하고 (iii) 운송인은 감항능력주의의무를 출항시에 다하였어야 한다는 등 요선이 필요하다. 따라서, (i) 선박이 항해중이었는지 정박중이었는지, 조타 명령을 잘못하였는지 당직타수가 명령을 잘못 수행하였는지 조사한다. (ii) 당직타수가 유능한 사람이었지만 단순하게 그 명령만을 제대로 이행하지 못하였는지 아니면 원래부터 교육이 부족하여 시원찮은 사람이었는지를 조사한다. (iii) 출항시에 우수한 선원을 공급하기 위한 노력을 운송인이 하였는지를 판단하는 근거자료를 찾는다.

② 책임제한(상법 제769조 이하)

선박소유자가 책임제한을 하기 위하여는 (i) 손해가 책임제한이 허용되는 채권이어야 한다. (ii) 선박의 국제톤수가 책임제한액의 산정기준이 된다 (iii) 책임제한 배제사유가 없어야 한다. 책임제한 주장자인 갑 선주는 사고에 대하여 고의 혹은 무모한 행위가 없어야 한다. 예컨대, 동일한 사고를 여러 번 야기한 타수를 계속 승선시켰는가? 아니면 상습적인 음주벽이 있는 선원을 알고서도 승선시켰는가 하는 점이 중요한 사실관계가 된다. 따라서, 해상변호사의 보고서에 포함되어야 할 조사 내용으로서는 (i) 선박충돌로 인하여 상대선에 손해가 발생하였는지 여부 (ii) 국제선박톤수증서를 입수하여 공식에 따라서 책임제한액을 계산한 결과 (iii) 책임제한 배제사유가 있는지 즉, 선주자신이 사고에 고의성이 있는지 혹은 무모한 행위가 있는지 여부이다. 또한, 선원이 음주를 하고 선박조종을 하였는지 등을 파악한다.

2. 사전 준비

충돌사고가 있게 되면 하루이내에 선주 혹은 보험자로부터 충돌보고서작성에 대한 의뢰를 해상변호사들이 받게 된다. 담당 해상변호사는 자신이 직접 충돌전문가가 되어 현장에 가든가 아니면 충돌전문가와 같이 현장에 내려가서 충돌보고서를 작성할 준비를 하게 된다.

담당 변호사는 충돌보고서 작성팀 회의를 소집하여 사건의 내용을 소개하고 주요쟁점이 무엇이니까 여기저기에 집중하여 사고조사를 하라고 지시한다. 대게 대형 해상로펌에는 사고조사 매뉴얼을 마련하여 두고 있다.

충돌전문가의 가방에는 1972년 충돌예방규칙과 해사안전법의 항법 규정, 콤파스 삼각자, 충돌상황을 그릴 모눈종이가 필수적으로 포함된다.

충돌전문가는 선박이 어느 항구에 있는지, 현재 인터뷰의 상황은 어떤지를 파악하여 현지대리점과 연락하여 출장 스케쥴을 잡게 된다. 경우에 따라서는 선박이 외항에 닻을 놓고있는 경우도 있고, 선원들이 해양경찰에서 아직 조사를 받고 있는 경우도 있다.

의뢰인이 보낸 한정적인 정보를 통하여 대강의 사건에 대한 윤곽을 잡아본다. 새벽 2시에 충돌사고가 발생하였다면 2등 항해사당직이기 때문에 2등 항해사와 인터뷰를 하여야 할 것이고, 러시아 선박이라면 통역이 필요할 수도 있다. 필요한 경우에는 해도를 미리 구하여 해도를 들고 현장으로 가야한다. 경우에 따라서는 해도를 해양경찰이 가지고 갔다면 해도를 확인할 수 없기 때문이다.

3. 선원에 대한 인터뷰

선박충돌보고서에서 가장 핵심이 되는 내용은 선원의 인터뷰이다. 충돌사고의 현장에 있었던 항해사의 진술이 가장 중요하다. 따라서, 현장에 도착하면 몇시에 충돌이 발생하였기 때문에 누구와 인터뷰를 하여야 하는지가 정하여진다. 인터뷰의 대상이 되는 자는 당직항해사, 당직타수, 선장 그리고 기관당직자이다.[2] 기타 상황에 따라서 인터뷰 대상자가 추가될 수 있다. 만약 충돌 후 고의침몰이 의심되는 상황이라면 모든 선원들을 인터뷰하여야 한다.

선원의 인터뷰는 충돌에 이르는 상황이 그대로 가감없이 정확하게 충돌전문가에게 전달되도록 하여야 하고, 충돌전문가도 있는 그대로를 찾아서 보고서에 넣어야 한다. 사고 직후 선원들은 자기 보호적이 되기 때문에 있는 그대로를 말하지 않는 경향이 있다. 충돌전문가는 인터뷰를 하면서 이러한 사실을 밝히고 있는 그대로 진술하여 달라고 하여야 한다.

선원들의 기억이라는 것은 한계가 있기 때문에 그 진술대로라면 충돌이 발생하지 않는 그림이 나오기도 한다. 이 때에는 충돌전문가가 사고를 재구성하여야 한다. 진술보다는 AIS 기록자료, 항만 VTS자료 등이 더 정확한 자료이므로 이를 당직 항해사에게 제시하고 진술을 수정할 기회를 주어야 한다. 당직 항해사가 여전히 처음 진술을 고집하면 충돌보고서에 이러한 상충되는 증거내용을 반드시 밝혀주어야 한다.

선원인터뷰는 원칙적으로 1 : 1로 진행되어야 한다. 왕왕 선장이나 다른 사관들이 배석하여 인터뷰에 혼란을 주고 영향을 주는 경우가 있다. 개별적으로 기억에 의

2) 당직 해기사의 당직은 12시-16시(00시-04시)까지는 2등 항해사, 16시-20시(04시-08시)까지는 1등 항해사 그리고 20시-24시(08시-12시)까지는 3등 항해사의 당직이다.

존하여 진술하도록 하여 사고에 개입된 자들의 진술이 어느 정도 신뢰성이 있는지 파악하여야 한다. 선장이 이런 저런 지시를 한다든지 하게 되면 결국 진술에 의한 내용은 사실과 아닌 것이 되고 이것은 나중 소송에서 아주 나쁜 영향을 주게 된다.

원래부터 충돌사고에서 과실비율이 자신의 선박이 나쁘면 나쁜대로 최선을 다하여 방어하는 것이 올바른 해결방법이다. 이것을 더 유리하게 진술을 바꾸어가면서 하면 아니된다. 왜곡된 진술을 바탕으로 과실비율이 좋다고 하여 소송을 진행하였다가 다른 자료들에 의하여 진술이 거짓임이 들어나면 소송에서 패소하게 될 수도 있다. 이것은 최악의 상태이다. 사고에 연루된 선장과 당직항해사는 회사를 이보다 더 나쁘게 할 수 없다. 사고 후에 사고처리를 잘 하는 선장이 진정한 선장이라는 말은 이와 관련된다.

레이다가 고장나서 충돌사고가 발생한 경우는 선박의 감항능력이 문제되어 여러 가지 부정적인 법률적 효과를 낳게 된다. 만약, 당직항해사가 자신을 보호하기 위하여 레이다의 성능에 문제가 있었다는 취지로 진술을 하게 되면 좀 더 자세하게 조사를 하여보아야 한다. 만약 그렇다면, 불감항으로서 보험자는 담보특약위반으로 보험자면책을 주장할 수 있다. 화주에 대하여도 선주(운송인)는 항해과실면책을 주장할 수 없다. 당직항해사가 자신의 단순한 과실로 인한 충돌사고를 레이다 고장이라고 우긴다면 단순한 과실은 항해과실로 면책되어 선주에게 대단히 유리한 사항이 될 수 있음에도 도리어 불감항이 되어 화주에 대하여도 면책이 되지 못하고 선체보험금도 수령하지 못하는 완전히 정반대의 결과가 된다.

4. 도선사, 해양경찰, VTS등 관련 근거자료 확보

선원의 진술보다 객관적인 VTS자료 선박항해 기록장치(VDR) 등이 증거로서의 가치가 더 높다. 선원의 진술은 기억에 의존하는 것이기 때문에 틀린 경우도 있다. 객관적인 자료로서 보강이 되는 것이 좋다.

만약, 도선사가 승선하여 사고가 발생한 경우에는 도선사도 인터뷰를 할 필요가 있다. 도선사는 자신을 보호하기 위하여 선장에게 책임을 전가하는 경향이 있어서 선주측의 변호사의 인터뷰를 거부하는 경우도 있다. 그러나, 이것은 잘못된 태도이다. 실무상 도선사의 과실에 대하여도 선주가 책임을 부담하는 것이므로 도선사는 선주측에 적극 협조하여 주어야 한다.

예인선이 사용되었다면 예인선단의 선장도 인터뷰의 대상이 되어야 한다.

5. 하선하기 전의 확인

우리나라의 경우는 하루 인터뷰를 하고 그 내용을 적어서 사고 선박에서 내려와 버리는 것이 통상이지만, 영국변호사들은 꼼꼼이 조사하고 하루밤을 선박에서 묵는 것을 보게 된다.

바람직한 방법은 하룻밤을 선박에서 머무르면서 한번 더 확인하는 것이다. 당일에 인터뷰한 내용을 가지고, 상대선박을 통하여 얻은 자료와 비교하면서, 선박에서 선박충돌 그림을 그려보고, 선원들과의 인터뷰가 제대로 된 것인지 확인한다. 선박충돌에 이르지 않게 된다면 무언가 진술이 잘못된 것이기 때문에 이를 인터뷰한 당직 사관등에게 알리고 이유를 밝혀야 한다.

6. 변호사, 선박충돌전문가의 회의

담당변호사는 선박충돌전문가가 조사하여 온 자료를 바탕으로 법률적인 내용이 담긴 보고서를 작성하여야 한다. 법률적인 의미가 있는 내용을 보고서에 담아야지 아무런 관련이 없는 내용을 담으면 안된다. 담당변호사는 비법률적인 내용을 보고서에서 빼어내고 법률적인 내용을 추가하도록 하여야 한다. 최종적으로 현재 주어진 사실관계와 증거를 통하여 볼 때 본선의 과실비율이 얼마이고 선주책임제한등을 고려할 때 어떻게 사건을 진행하는 것이 좋겠다는 의견을 담당변호사는 제시하게 된다.

7. 보고서의 완성

선박충돌전문가가 보고서를 영문으로 작성하게 되면 사무실의 외국변호사가 영문에 대한 검토를 마치고 proof reading을 한 다음 의뢰인에게 송부하게 된다. 통상 사건을 의뢰받은지 1주일 이내에 보고서를 완성하여 보내주어야 한다.

파트너 변호사는 통상 사고조사를 마친 바로 다음날 사고조사를 다녀왔다는 등 대략적인 충돌의 상황을 의뢰인에게 보내면서 1차보고서를 언제까지 보내주겠다고 알려주게 된다. 이 때 한국의 형사절차, 해양안전심판 절차 그리고 책임제한의 가능성도 언급하여 주면서 의뢰인의 궁금증을 풀어주어야 한다.

III. 충돌보고서(상호시계) 작성요령

승선하여 확보하여야 할 서류는 아래와 같다.

(1) 선박의 제원

선박의 길이, 폭, 톤수등이 나온 선박제원표(ship's particular)를 한 장 복사하여 가져야 한다(351면 부록 15 참조). 선박의 길이는 충돌동작을 취할 때 피항거리와 관련이 된다. 책임제한액수를 계산하게 될 때 국제총톤수를 기준으로 하기 때문에 톤수가 필요하다. 국제총톤수증서는 선장이 따로 보관하고 있다.

(2) 선박의 선급증서

선급에 탈급되었다면 보험자는 면책되는 것이 보통이다. 그러므로, 현재 선급에 가입되어 있는지 확인하여야 한다. 세계선급협회(IACS)회원 선급인지도 기재한다.

(3) 선원명부

누가 사고 당시 당직사관이었는지 파악하기 위하여 선원명부가 필요하다. 선원의 사용자가 누구인지도 파악하여야 한다.

(4) 선박의 선회경

피항을 하게 될 때 선박의 선회경, 종거(advance), 정지거리등의 수치가 필요하다. 선박에는 선회경표가 선교에 부착되어 있다. 이것을 복사하여 와야 한다. 피항동작을 취할 때 그 동작이 유효한 것이었는지 안전거리를 계산할 때 필요하다.

(5) 선박국적증서

국제사법에 따르면 책임제한은 선적국법에 따르므로 당해 선박의 국적이 어디인지는 중요한 의미를 갖는다. 그러므로, 선장이 보관하고 있는 선박국적증서(Ship's registry)를 복사하여야 한다.

(6) 용선계약서

사고를 야기한 당직사관의 사용자가 피고가 될 것이므로, 선박의 선박소유자 혹은 나용선자가 누구인지 용선계약서를 통하여 피고를 찾아야 할 것이다. 선박충돌로 인하여 운송물에 손상이 생긴 경우도 있으므로 누가 운송인인지도 파악하여야 한다.

(7) 보험증서

선박보험자가 누구인지 P&I 보험자가 누구인지 파악하여야 한다. 보험증서를 보고 복사를 하든지 아니면 중요내용을 적어 둔다.

(8) 일반도면(general arrangement)

조선소에서 만들어준 선박전체에 대한 제원을 축소하여 나타낸 그림으로서 선박의 주요부위 모두를 알 수 있는 그림이다. 선박의 피해장소등을 확정하기에 참고가 된다. 여기에는 선박의 길이, 넓이, 톤수 등 중요한 수치가 기재되어 있다.

(9) 레이다 사용서

레이다의 사용법에서 문제가 되는 경우도 있으므로, 사용서(manual)를 구하여 두면 좋다.

1. 일반상황

(1) 선박의 소유 및 운항관계

선박의 소유자가 누구이며 현재 운항자가 누구인지를 조사하여 보고서에 넣어야 한다. 그리고 실린 운송물의 내용과 화주의 이름도 알려준다. 운항자의 연락처를 넣어주면 좋다.

(2) 선박의 제원

선박의 크기, 톤수, 항해장비, 선회경, 흘수 등 선박의 일반적인 내용을 적는다.

(3) 항해장비 및 도서

선박충돌은 항해장비와 밀접한 관련성이 있다. 레이다, 조타장치, AIS, 기관리모트 콘트롤, 해도, 쌍안경, 세도우 핀, 항해등 등 항해와 관련된 전반적인 장비에 대하여 기술한다. 이 장비의 위치와 존재는 당직자들의 경계의무의 이행과도 관련이 되므로 자세하게 적는다.

수로지, 선박충돌예방규칙과 관련된 저서, 해도개정을 위한 안내(Notice to Mariner)등 항해관련 서적이 있는지 조사한다. 이는 감항능력주의의무와 선주책임제한을 신청할 때 배제사유와 관련된다.

(4) 선원 및 당직사관

선박충돌은 항해당직자들의 과실로 인하여 발생하기 때문에 인적요소를 조사하여 보고서에 넣는 것이 중요하다. 선원들의 사용자는 누구인지, 송출회사를 거쳤다면 그 회사의 이름과 연락처를 조사하여 넣는다. 이들이 유효한 면허를 가졌는지 경력이 얼마인지도 중요하다. 이것은 감항능력주의의무의 행사와 책임제한배제사유와 관련이 있다.

(5) 안전관련 내용

선박의 선급협회가 어디인지, 선적국의 항만당국의 정기검사를 받았는지, ISM Code와 관련한 증서는 비치되어 있는지 조사하여 적어야 한다.

(6) 금번 항차의 내용

이번 항차를 출항할 때 시작일은 언제이고, 화물의 상태는 어떠했는지, 어떠한 수리 및 보급이 있었는지도 적는다. 해도의 공급, 레이다의 수리 및 선원의 교체는 중요한 사항이다.

2. 사고에 이르는 경위

(1) 출 항

출항시점은 항해의 시작이므로 보고서에 들어가야 한다. GMT에서 몇시간 차이가 나는지(한국시간이므로 GMT +9시간이 된다), 출항시점에 선원은 누구누구가 승선하고 있었는지, 항해장비는 정상적으로 작동되었는지 등 일반적인 내용을 함께 적으면 좋다.

(2) 사고 당직사관의 당직 시작

사고시점의 당직사관을 파악하여 이름을 적어 넣어야 한다. 선박에서의 항해당직은 12시-16시(0시-4시)까지는 2등 항해사, 16시-20시(4시-8시)까지는 1등 항해사, 20시-24시(8시-12시)까지는 3등 항해사의 당직시간이다. 사고시각에 해당하는 당직항해사를 찾아서 이름을 적고 사고에 연루된 동 항해사의 진술을 받아야 한다.

선장이 당직항해사와 같이 선교에 있었는지, 조타수도 있었는지 확인하여 보고서에 넣는다. 통상 선장이 선교에 있으면 선장이 조선을 하기 때문에 선장도 인터뷰의 대상이 된다. 조타수도 사고를 목격하고 경계를 담당하므로 중요한 인터뷰 대상이다.

기관실의 기관장이나 기관당직자는 사고를 목격하지는 못하지만, 선교에서 위급한 상황에서 기관을 사용하거나, 특히 무중에서는 감속의 의무를 다하였는지 중요한 사항이고, 기관의 사용과도 관련되므로 이들도 인터뷰의 대상이 된다.

(3) 상대 선박의 초인

상대선박을 어떤 방위에서 얼마나 떨어진 지점에서 처음 발견하였는지는 중요한 의미를 갖는다. 초인이 너무 늦었다면 그 자체로서 과실이다. 15분전에 발견하면 충분히 상황을 파악하고 피항할 여지가 있지만 5분전에 처음으로 상대방을 발견하였다면 그렇지 못하기 때문에 충돌로 이어질 가능성이 대단히 높다. 경계의무 위반이 될 것이다.

여기서 말하는 초인은 레이다를 이용하지 않고 육안으로 쌍안경을 이용한 발견을 말한다. 육안으로 발견하면 상대선박의 진행방향을 쉽게 알 수 있기 때문이다. 안개가 낀 경우에는 레이다로 초인할 수 밖에 없다.

시계 2마일이 제한시계와 상호시계의 한계치이기 때문에 상대선박을 초인한 거리에 따라서 항법적용이 극명하게 달라지게 된다. 경계를 열심히 하고 있었는데 1.5마일에서야 선박이 보이기 시작하였다면 제한시계가 된다.

초인한 선박이 방위각 몇도에서 보였는지도 중요하다. 본선의 뒷편에서 상대선박이 보였다면 추월항법의 적용 가능성이 있을 것이고, 선수에서 보였다면 정면상태이고 좌우에서 보였다면 횡단상태가 되기 때문이다.

(4) 경 계

처음 상대선박을 발견한 다음 그 선박이 본선 쪽으로 접근하는 선박인지 아니면 멀어지는 선박인지를 당직항해사는 파악하여야 한다. 이러한 결정은 적어도 3분정도의 지속적인 관측이 필요할 것이다.

경계의 수단은 육안(쌍안경), 레이다, 청각등 모든 수단을 동원하여야 한다. 이러한 수단을 이용하였는지 보고서에 적어야 한다. 선교에 있는 문을 열어 두었어야 청각의 경계를 다하는 것이 될 것이다.

당직항해사는 작동되고 있는 레이다에 나타나는 물체를 입력하여 AIS의 신호를 레이다화면에서 읽어내는 조치도 취하여야 한다.

(5) 상대방 물체의 방위변화

통상 상대선박의 방위변화를 확인하는 방법은 선교의 앞 중앙에 설치된 자이로 콤파스에 셰도우 핀(shadow pin)을 꼽고 상대선박을 일치시켜 본선선수와 그 선박의 방위를 비교하여 보는 것이다. 레이다장치를 통하여 상대선박의 방위를 확인하기도 한다.

국제규칙에서 정한 바와 같이 방위변화가 없이 접근하고 있으면 양 선박은 충돌하게 된다. 선원인터뷰에서 가장 중요한 확인사항이다. 왕왕 제대로 교육을 받지 않은 항해사들은 이러한 내용조차 모르고 있는 경우가 있다. 반드시 상대선박의 방위변화가 어떻게 변하였는지 확인하여야 한다. 자이로 콤파스에서 방위변화를 확인하지 못하는 경우에는 레이다에서 상대방의 물체에 방위선을 맞추어두면 동일한 효과를 얻을 수 있다. 방위변화가 없으면 충돌에 이르게 된다.

(6) 충돌 15분전(C-15)

충돌 15분전은 12노트를 기준으로 하였을 때 양선박이 6마일 떨어져있는 거리이다. 15분이 지나면 충돌에 이르게 된다. 대체로 충돌 15분전은 충돌의 위험이 발생하는 시점이다. 항법은 기본적으로 충돌의 위험이 있는 경우에 적용되는 것이기 때문에 충돌 15분전이 언제였는지가 중요한 의미를 가진다.

야간에는 길이 50미터 이상인 선박 마스트 정부등이 보이는 거리가 6마일부터이기 때문에 이를 보았는지도 확인하여야 한다.

(7) 충돌 10분전(C-10)

충돌 10분전은 양 선박이 12노트로 항해하면 4마일 떨어진 거리이다. 정상적인 항해였다면 선박은 상대선박을 3분에 한번씩 두 번 관측하여 상대방의 동작을 파악하게 된다. 자신의 우현에 상대선박이 접근하고 있었다면(야간에는 상대선박의 홍등을 보게 됨) 자신은 피항선이었기 때문에 대각도 우현 변침하여 상대선을 미리 멀리 떨어져야 한다. 이 시점에서 아예 경계를 하지 않거나, 소각도(예컨대 5도)만 변침을 자동으로 하고 잊어버리고 더 이상 경계를 계속하지 않으면 충돌이 발생한다. 이 때의 당직사관의 동작을 조목조목 캐물어서 찾아내어야 한다.

(8) 충돌 5분전(C-5)

충돌 5분전은 12노트로 항해하면 2마일 떨어진 거리이다. 제한시계가 시작되는 거리이기도 하다. 피항선이라면 적극적인 피항조치를 취하여할 마지막 시점이라고 할 수 있다. 대각도(타각을 30도 이상주면서) 우현 변침을 하였는지 확인한다. 소각도로 조금씩 변침하는 것은 항법의 위반이다. 유지선도 동작을 취하여야할 시점이다.

(9) 충돌2-3분전(C-2, C-3)

충돌 2-3분전은 충돌까지의 거리가 1마일 정도 떨어진 지점으로서 충돌을 피하기 위한 마지막 시점이기도 하다. 급박한 충돌의 위험이 존재한다. 피항선은 물론 유지선도 대각도로 우현 변침하여야 한다. 통상 이렇게 하지 못하였기 때문에 충돌이 발생하는 것이다. 소각도 5도 정도 변침하여 충돌이 발생한다.

경계를 하지 않다가 레이다 상에 자신의 우현 선수 방향에 상대선박이 있게 되면 과감하게 대각도 우현 전타하여야 함에도 그렇게 하면 상대선박의 선수쪽으로 가게 되어 충돌할까 두려워 오히려 좌현 변침을 명하게 되면 결국 상대선박과 충돌에 이르게 된다.

(10) 충돌(C)

충돌시점이다. 충돌시 상대방의 어느 부위가 우리 선박의 어느 부위를 접촉하였는지를 정확히 기술한다(소위 angle of blow이다). 선박에서는 충돌시의 시간과 지점을 그 당시에 기록을 하지 못하기 때문에 약간의 오차가 있다. 여러 가지 자료로서 객관적인 시간과 지점을 정하여야 한다.

3. 상대선박의 동작

본선의 선원들은 인간의 본능상 자신에게 유리한 진술을 하려고 한다. 가능하면 거짓없는 진술을 받아서 선박충돌 경위에 대한 재구성(reconstruction)을 하여야 한다. 이를 확인하는 하나의 방법으로서 상대선박의 진술을 확보하여 보는 것이다. 상대선박의 선원들과 인터뷰를 하는 것은 대체로 허용되지 않는다. 해양경찰에서 조사를 받은 기록을 얻는다면 도움이 될 것이다.

이렇게 하여 얻은 상대선박의 진술과 우리측 진술을 비교하여 보아야 한다. 일치한다면 우리측 진술은 더 높은 증거로서의 가치를 가지는 것이다.

4. 객관적인 자료

VTS자료, AIS 자료, VDR 자료, 항만당국과 통화한 내용, 기상청의 시계에 대한 자료는 모두 객관적인 자료로서 높은 가치를 지닌다. 사용하던 해도상의 위치표시도 경계를 제대로 실시한 좋은 증거자료가 된다. 이러한 것에 대한 인터뷰를 마친 다음 이러한 자료들을 구하여 보고서에 넣어주면 좋다.

5. 평 가

이러한 인터뷰의 내용에 따른 사실관계를 적은 다음 조사자가 생각하는 이 사건에 대한 평가를 넣는 것이 좋다. (i) 충돌의 원인은 어디에 있고 (ii) 과실비율은 얼마인데 (iii) 선원진술은 객관적인 자료에 비추어 좋은 증거라는 내용 등을 넣는다.

해양안전심판이 진행되면 원인제공비율이 나오고 이것이 종국적으로 과실비율로 환산될 것이기 때문에 해심에서 열심히 다투고 자료를 제출하여야 한다는 점, 책임제한절차는 어떻게 진행된다는 등의 내용도 추가하여 넣어준다.

6. 충돌그림

말미에는 충돌상황도를 그려 넣어주어서 읽는 사람들이 이해하기 쉽게 한다 (322면 충돌상황도 참조).

IV. 해상변호사 충돌 보고서의 간단한 예시

AA. 사고

1. 본 선

본선(갑 선박) 당직사관이었던 항해사와 선장에 대한 인터뷰 결과와 해경조사기록에 따르면 충돌에 대한 사실관계는 아래와 같다.

(1) 일반

갑 선박은 총톤수 6,000톤[3]으로 한국 국적으로 갑 선주가 직접 운항하는 선박이다.[4] 본 항차에 선박은 화주의 화물 6,000톤을 적재하고 일본으로 향하고 있었다.

(2) 선박

갑 선박은 전장 150미터이고 선폭이 23미터이다. 2003년 한국 미포조선에서 건조되었고, 한국선급(KR)에 가입되어 있으며, 최종검사를 KR로부터 2013년 5월에 받았다.[5]

(3) 선원 및 보급품

선장 갑의 지휘하에 한국선원 20명이 승선 중이었다. 선장은 2010년 8월에 발급된 한국정부의 면허를 소지하고 있고, 당직사관도 면허를 가지고 있다. 승선 전 갑 선주의 해무부장이 선장 및 선원에 대하여 선박운항에 대한 교육을 시켰다. 항해사 3명에 당직타수 3명 그리고 선장이 있으므로 법정인원은 충족된다.[6]

선박에는 해도개정이 되지 않은 해도가 있지만,[7] 선박충돌항법에 대한 교과서도 여러 권 비치되어 있다. 선장은 항해 중에도 항해사에게 선박충돌에 대한 교육을 실시하였다.

레이다는 두 대가 장착되어 있고 한대는 ARPA이다. GPS장치도 있다.

---

3) 선주책임제한액수를 구할 때 필요하다.
4) 손해배상청구에서 피고확정에 필요하다.
5) 운송인의 감항능력중 선체능력에 행사에 필요하다.
6) 운송인의 감항능력주의의무 중 운항능력의 행사에 필요하다.
7) 충돌사고와는 인과관계가 없는 사항일 것이다.

(4) 출항 및 초인

2013년 4월 5일 1800시에 당직타수는 규정항해 등을 점등하였다.

동지나해를 항해하던 야간에 상호 시계 내에서 4월 6일 0200시 갑 선박의 3등 항해사는 을 선박을 우현 10도 6마일에 초인하였다.

(5) 충돌 15분 전(C-15)

3등 항해사는 을 선박을 셰도우 핀(shadow pin)으로 관측한 결과 방위변화가 없음이 확인되었다. 자신이 피항선의 지위에 있음을 알았다. 양 선박은 방위변화 없이 우현 10도를 유지하면서 접근하였다. 3등 항해사는 좀 더 접근하면 회피동작을 취할 생각으로 해도실에서 본선의 위치를 구하였다.

(6) 충돌 5분전(C-5)-충돌(C)

3등 항해사는 소각도로 5도 우현변침하였다. 이것으로 충분한 것으로 생각하고 다시 해도실에 들어가서 위치를 구하고 다시 밖으로 나와 보니 여전히 10도 방위에 상대선이 접근하고 있어서 대각도 우현변침하였으나 충돌에 이르렀다.

2. 상대선

해경조사기록에 따르면 지금까지 알려진 상대 선박에 대한 사실관계는 아래와 같다.

(1) 상대선 을 선박은 파나마 국적의 선박으로 한국의 병 회사가 나용선하여 운항하는 선박이다. 이번 항차는 미국으로 향하고 있었다.

(2) 선박

을 선박은 전장 150미터이고 선폭이 23미터이다. 2003년 한국 미포조선에서 건조되었고, 일본선급에 가입되어 있으며, KR의 최종검사를 2012년 5월에 받았다

(3) 사고경위

을 선박의 항해사는 갑 선박의 존재를 알지 못한채 충돌사고가 발생하였다고 경찰에서 자백하였다.

BB. 의견

1. 과실비율

동 사건은 상호시계에서 발생한 사건으로 횡단항법이 적용된다.

본선은 우현측에 상대선박을 두고 접근하고 있었다. 따라서 해상교통안전법 제73조(국제규칙 제15조)가 적용된다. 그러므로 본선은 피항선이 되고 상대선박은 유지선이 된다. 해양안전심판원의 원인제공 산정기준표에 의하면 기본적으로 횡단관계에서 피항선은 65%의 과실비율을 부담한다. 본선의 소각도 우현 변침이 충돌의 원인이다. 본선이 충돌 5분전 우현변침하였음에도 방위각이 변화없었다는 것은 상대선박이 좌현변침을 하였음을 의미한다. 상대선박은 좌전타를 한 것이 과실이다. 상대선박은 협조동작을 취하더라도 우현변침을 하였어야 한다.

2. 화물의 손상

화물의 손상에 대하여는 항해과실면책이 가능할 것이다. 당직 사관은 유효한 면허를 소지한 자이고, 출항전 해기연수원에서 연수교육을 회사의 비용으로 받았다. 한국법원의 입장은 유효한 면허를 갖는 경우에는 일응 감항성이 있는 것으로 본다. 따라서 본 사안에서 운송인은 감항성에 대한 주의의무를 다한 것으로 되어 항해과실면책주장이 가능할 것으로 본다.

3. 선주책임제한

갑 선박의 선주는 책임을 10억으로 제한할 수 있다. 선주의 책임제한이 허용되지 않는 사유로서 선주의 고의 혹은 무모한 행위가 있어야 하나, 본 사안에서 선주에게 고의 혹은 무모한 행위가 있다고 판단하기는 어려울 것이다. 다른 국가와 마찬가지로 선주의 총체적 책임제한이 부인된 사례는 한국법정에서는 아직 없다.

4. 해양안전심판의 참여

갑 선박의 선주의 책임은 상대선박의 손해액이 20억이고, 본선의 과실이 65%라고 할 때, 한국은 물적손해에 대하여 분할책임원칙을 취하므로 20억 x 0.65=13

억이다. 그러므로 과실비율이 50% 이하로 되지 않는 한 해심의 활동은 중요하지 않다. 따라서 민사의 손해배상처리를 위하여 굳이 해심절차에 변론인을 선임할 필요는 없다고 본다.

(다른 예; 과실비율이 50%이하로 나올 가능성이 있으므로, 해심에 심판변론인을 붙여서 적극적으로 유리한 과실비율을 얻도록 노력하는 것이 좋다.)

제2절 과실비율 산정

I. 의 의

상법은 선박충돌로 인한 물적 손해는 분할책임임을 명시하고 있다(상법 제879조). 따라서 과실비율에 따라서 당사자들의 책임이 결정된다. 인적책임이라도 결국 전액을 배상한 일방은 타방에게 과실비율에 따른 책임을 묻게 되기 때문에 과실비율은 중요한 의미를 갖는다.

우리 나라에서 선박충돌과실비율은 해양안전심판원에서 내리는 원인제공비율에 상당한 영향을 받는다. 해양안전심판은 민사의 과실비율을 산정하는 기관이 아니지만, 행정상의 원인제공비율을 제공하여 주는데 이 원인제공비율은 과실비율과 유사한 개념이기 때문에 민사에서 활용되게 된다. 그러나, 민사법원에서는 이와 달리 독자적인 과실비율을 산정할 권한이 있고 실제로 달리 판단하는 경우도 있다.

II. 과실비율산정에 고려될 요소

1. 비난가능성

영국의 유명한 해사법원의 판사인 브랜든은 과실비율은 비난가능성과 인과적 영향력에 의한다고 하였다.[8] 비난가능성(culpability)은 결국 항법의 위반에서 찾을

8) 자세한 내용은 김인현 해상법연구(삼우사, 2002), 810면 이하를 참고 바람; Henry V. Brandon; "Apportionment of liability in British courts under the Maritime Convention Act of 1911," Tulane Law Review, June 1977. p.1025.

수 있다. 항법은 해상교통법 등에서 정한 선박충돌을 피하기 위한 항해방법을 말한다.

예컨대, 상호시계내에서 횡단항법이 형성된 경우에 아무런 조치를 취하지 않았다고 하자. 국제규칙 제15조(해사안전법 제73조)에 의하여 한 선박은 피항선이 되고 다른 선박은 유지선이 된다. 제17조(해사안전법 제75조)에 의하면 피항선은 적극적으로 유지선을 피하여야 한다. 한편 유지선은 처음에는 침로와 속력을 지키다가 마지막 단계에서는 협조동작을 취하여야 한다. 영국 및 우리나라의 판례와 재결 등을 분석하여 보면, 피항선에게는 대략 65%-70%의 과실비율을 부과하고 유지선에게는 30-35%의 과실비율을 부과시키고 있다. 이것은 유지선이라고 할지라도 일정한 의무를 부담하는 국제규칙 제16조의 규정 때문에 그러하다.[9)]

묘박선과 항행선이 충돌한 경우를 보자. 묘박선과 항행선의 충돌은 선원의 상무가 적용되는 대표적인 사례이다. 묘박선은 닻을 놓고 있기 때문에 피항능력이 없다고 보아야 한다. 항행중인 선박은 일반 동력선으로서 피항능력이 있다. 따라서 충돌사고의 경우에 일반 동력선이 90%-95% 정도의 과실비율을 부담하게 된다. 묘박선도 경계의무와 위험신호를 할 의무 등이 여전히 부과되기 때문에 5%-10% 정도의 과실비율을 부담하게 된다.

실무적으로는 해양안전심판원에서 작성한 충돌원인제공비율 산정표를 활용하게 된다(338면 별표 참조).

기대가능성이 없는 경우는 비난가능성도 없을 것이다. 부두에 정박중인 선박을 지나가던 선박이 부딪친 경우에 정박중인 선박에게 과실점을 찾기는 쉽지 않다. 항로가 설정된 개항에서 반대편의 항로를 잘 항해하던 A선박이 조타기 고장으로 상

9) 아래와 같은 영국해사법원의 판시의 내용은 피항선이 더 많은 과실을 부담하고 유지선이 적은 과실비율을 부담하는 것에 대한 좋은 설명이 된다. The "Mineral Dampier", [2001] 2, Lloyd's Report, p. 420; The reason why Hanjin Madras was very substantially more to blame than Mineral Dampier was that it was the duty of the former to keep out of the way of the latter; she could no doubt have done so by either slowing down or altering course to starboard or both; the apportionment of 80:20 in favour of Mineral Dampier was just. Hanjin Madras was four times more to blame than Mineral Dampier; neither vessel was to blame before vessels came into sight of one another; thereafter Hanjin Madras failed to take action to keep out of the way of Mineral Dampier by making the alteration to starboard she told Mineral Dampier she would make and even then took inadequate action; Mineral Dampier failed to exercise the discretion she was given under the rules and was at fault as a matter of good seamanship, but her fault only arose after the serious failure of the give way vessel and was mitigated by the fact that she was no doubt expecting Hanjin Madras to do what she said she would.

대선 B선박의 진로 앞으로 갑자기 들어온 경우에는 B선박에게 피할 것을 기대할 수 없다. 기대가능성이 없기 때문이다. 따라서 비난 가능성은 없다고 보아야 할 것이다.

비난가능성의 지표는 오랫동안의 판례의 태도와 항법에 규정된 주의의무의 정도를 보고 결정할 수 있다. 위에서 본바와 같이 횡단관계에서 양 선박이 아무런 조치를 취하지 않은 경우에 피항선이 65%, 유지선이 35%의 과실비율을 부담한다. 정박선과 항행중인 선박이 충돌한 경우에는 정박선의 과실비율은 5%, 항행선은 95%정도 부담하게 된다. 이러한 지표를 중앙해양안전심판원에서는 원인제공비율 산정 지침으로 마련하게 되었다(338면 참조).

해양안전심판원에서 내리는 원인제공정도는 행정심판의 입장에서 바라본 선박충돌에 미친 영향의 정도이고 민사법원은 반드시 여기게 구속되지 않고 자유로이 과실비율을 산정한다. 그러나, 실무적으로는 해양안전심판원의 원인제공정도는 중요한 기능을 한다.

2. 인과적 영향력

브랜든 판사는 인과적 영향력(causative potency)을 고려하여야 한다고 주장한다. 인과적 영향력이란 과실있는 항해사들의 행위가 충돌사고에 미친 영향이다. 같은 과실이라도 인과적 영향력은 서로 다르다. 등화를 켜지않은 것은 주의의무위반이지만, 청명한 달밤에 등화를 켜지 않은 것과 그믐밤에 등화를 켜지않은 것은 달라질 것이다. 전자의 경우에는 등화를 켜지 않았어도 그 선박의 존재를 상대선박이 알 수도 있다. 후자의 경우 등화의 존재는 상대방의 존재를 판단하는 데에 절대적인 요소가 될 것이다. 통상 정박선이 항행선과 충돌한 경우에 정박선의 과실비율은 5%-10% 내외이지만 후자의 경우에 그것은 40%-60%까지 올라가기도 한다. 이것은 등화를 켜지않은 것이 사고에 미치는 인과적 영향력이 크기 때문이다.

III. 과실비율산정 순서

1. 제1단계

제1단계에서는 항법을 정한 다음, 항법에 위반된 사실을 추출하여야 한다. 기적을 울리지 않은 것, 무중임에도 속력을 낮추지 않은 것, 피항선임에도 우현전타를 일찍하지 않은 것, 유지선임에도 속력과 침로를 유지하지 않은 것, 경계를 제대로 하지 않은 것 이런 것들이 모두 항법에 위반된 사실이다.

이러한 항법위반사실은 선원인터뷰를 통하여 구할 수 있고, 실무적으로는 해양안전심판원의 재결에서 확정된다.

이 단계에서 무엇보다 중요한 것은 항법의 적용이다. 항법을 제대로 적용하지 못하면 과실비율에서 큰 차이가 난다. 제한시계가 되면 조우하는 모양이 횡단관계일지라도 횡단항법이 적용되는 것이 아니라 제한시계의 항법이 적용된다. 이 경우에는 모든 선박이 감속하고 좌전타를 하지 않아야 하는 것이 올바른 항법이다. 따라서 과실비율이 65% : 35%가 아니라 50% : 50%에서 출발한다. 그러므로 과실비율이 크게 달라진다. 또한 횡단관계에 조우한 경우라고 하여도 피항선의 위치에 있는 선박이 기관이 고장난 선박이라면 우선권을 가지게 된다. 따라서 피항선이 65%의 과실비율을 부담하던 것이 10%내외로 줄어들게 된다. 따라서 주어진 사항이 어느 항법을 적용하게 되는 지를 판단하는 것은 대단히 중요한 일이 된다.

2. 제2단계

항법위반 사실 중에서 선박충돌과 인과관계없는 사항은 버려야 한다.[10] 항해사 등의 항법에 위반된 사실이 충돌사고에 인과관계가 있어야만 그 항해사에게 책임을 물을 수 있다. 따라서 인과관계가 없는 항법위반은 과실비율에 포함시키지 말아야 한다.

그러나, 해양안전심판의 입장에서는 인과관계가 없는 항법위반도 재결에 포함시켜야 할 것이다. 해양안전심판의 목적은 해양사고의 원인을 밝히고 사고의 재발을 막기 위함에 있기 때문에 인과관계가 없는 항법위반도 지적하지 않을 수 없다.

10) Henry V. Brandon, op.cit., p.1028.

예컨대, 무중에 기적을 울리지 않은 것은 항법위반이다. 그러나, 상대선박의 항해사가 레이다를 통하여 상대선박의 존재를 알고 있었다면 기적을 울리지 않은 행위는 선박충돌사고와 인과관계가 없다고 할 수 있다.

출항이 금지된 선박이 있다. 출항 3일 후에 선박충돌사고가 발생하였다. 출항금지 규정을 위반한 것이 선박충돌사고와 인과관계가 있을까? 인과관계가 없기 때문에 그 위반 사실을 과실비율에 포함시켜서는 아니된다.

3. 제3단계

제1단계와 제2단계를 거쳐서 추출된 충돌사고와 인과관계가 있는 항법위반사항을 모은 다음 비난가능성이 어느 정도인지 판단하게 된다.

처음에는 해상교통법에 규정된 항법에서 부과한 주의의무의 정도를 비교한다. 예를 들면 횡단선은 65%, 유지선은 35%, 추월선은 85% 그리고 유지선은 15%의 과실비율을 부담하게 된다. 예컨대, 횡단선과 추월선은 피앙선으로서 적극적인 피항의무가 있다고 국제규칙과 해사안전법에서 말하고 있기 때문에 과실비율이 크다.

각 상황별로 정하여진 기본적인 과실비율에 각 상황에 따른 과실비율을 추가하게 된다. 기적을 울리지 않은 것, 속력을 감속하지 않은 것등을 5%에서 10% 정도 가감하게 된다.

4. 제4단계

인과적 영향력을 추가적으로 고려한다. 보통의 경우에는 별달리 고려할 필요가 없다고 생각된다.

IV. 횡단항법의 경우 사례연습

1. 문 제

파나마 국적의 갑 선박은 000도로 북으로 천천히 항해하고 있었다. 한국 국적의 을 선박은 도선사를 태우기 위하여 북으로 항해하다가 점차로 좌회전하여 충돌

지점으로 향하고 있었다. 충돌은 2012년 4월 5일 17시 정각에 발생하였다. 충돌 15분 전 을 선박의 침로는 330도였고, 충돌 5분전의 침로는 300도 그리고 충돌직전은 280도였다. 양 선박은 아무런 조치도 취하지 않은 채 충돌이 발생하였다. 아래의 경우 양 선박의 과실비율을 산정하라.

(1) 아주 청명한 야간인 경우

(2) 시계가 1마일로 제한된 경우

2. 상호시계의 경우

(1) 항법의 적용

청명한 날씨라고 하였으므로 상호시계의 항법이 적용되는 상황이다. 갑 선박은 을 선박을 자신의 오른쪽에 두고 있었다. 을 선박은 횡단항법의 적용요건을 모두 갖추었다면 횡단항법이 적용되어 갑 선박은 피항선, 을 선박은 유지선이 될 것이다(국제규칙 제15조).

횡단항법의 적용요건으로는 (i) 상호시계에 있을 것 (ii) 충돌의 위험이 있을 것 (iii) 침로가 정침되어 있을 것 (iv) 항행중일 것 등이다. 사안에서 문제가 되는 것은 침로가 정침되었는가에 있다.

을 선박의 침로가 지속적으로 변경된 점은 있지만, 갑 선박이 자신이 피항선의 지위임을 알고 피항할 수 있음에 충분한 정도의 정침성을 을 선박은 가지고 있다. 한국의 서울지방법원도 이를 지지하고 있다(2008.10.24.선고 2007가합15313판결).

따라서 국제규칙 제15조에 따라 횡단항법이 적용되는 것으로 민사법원에서 판단할 것이다. 만약 정침성이 인정되지 않는다면 선원의 상무규정이 적용될 것이다.

피항선의 지위에 있는 갑 선박은 양선박이 모두 상대선의 존재를 알지 못하였으므로 항법적용이 없다고 주장할 수 있다. 그러나, 항법은 객관적으로 적용되어야 할 것이고 국제규칙의 정의규정에도 "육안으로 볼 수 있는" 상태라고 하고 있으므로(제3조 K호) 이러한 주장은 받아들여질 수 없다.

(2) 과실비율의 산정

과실비율의 산정은 비난가능성과 인과적 영향력으로 구성된다. 양 선박은 아무런 조치를 취하지 아니하고 충돌이 발생하였기 때문에 해상교통법에 나와있는 주의의무의 부과규정(항법)에서 나타난 비난가능성으로 판단하면 충분할 것이다.

국제규칙 제16조에 따르면 피항선은 적극적으로 피항하여야 할 의무를 부담한다. 한편, 유지선도 침로와 속력을 유지하다가 최후의 순간에는 협조동작을 취하여야 한다(제17조).

판례에 따르면 피항선은 약 65%-70%의 과실비율을 부담하고 유지선은 35%-30%의 과실비율을 부담한다. 중앙해양안전심판원의 원인제공정도 산정 지침도 이와 유사하다. 판례도 이와 유사하다(서울중앙지법 2008.10.24.선고 2007가합15313 판결).

따라서 과실비율은 피항선의 지위에 있었던 갑이 65%, 유지선의 지위에 있었던 을이 35%를 부담한다고 판단된다.

3. 제한시계의 경우

(1) 항법의 적용

시계가 1마일로 제한되었다고 한다. 학설과 판례에 따르면 2마일 이내가 되면 제한시계가 된다. 따라서 국제규칙 제19조의 제한시계의 항법이 적용된다.

제한시계에서는 양 선박은 모두 타효유지가능속도로 감속하고 좌현변침하지 않아야 할 의무를 부담한다.

(2) 과실비율의 산정

과실비율은 비난가능성과 인과적 영향력에 의한다. 비난가능성은 항법에 규정된 주의의무의 경중에 따른다. 무중에서는 피항선 유지선의 개념이 없고 모든 선박이 주의깊게 항해할 의무를 부담한다. 본 사례에서는 양 선박 모두가 아무런 조치를 취하지 않았다. 국제규칙 제19조에 나타난 규정에 따르면 양 선박은 동일한 의무를 부담하므로 과실비율은 50% : 50%이라고 보아야 할 것이다. 중앙해심의 원인제공산정 정도도 동일하다.

제 6 장

선박의 접촉사고

제1절 의 의

상법상의 충돌은 선박과 선박사이의 충돌이어야 한다. 상대선박이 움직임이 없는 정박중이거나 부두에 계류 중인 경우라도 상법상의 충돌이다. 그러나, 선박이 아닌 물체 예컨대, 부두와 선박이 접촉하는 경우, 선저(船底)에 있는 물체와 선박이 접촉하는 경우는 상법상의 충돌이 아니다.[1)2)] 또한 부유하는 컨테이너 박스 혹은 원목과의 접촉도 충돌은 아니다.

이러한 경우 상법 해상편의 충돌규정이 적용되지 않는다는 점에서 의의가 있다. 따라서 분할책임의 원칙이 적용되지 않고 소멸시효도 2년이 아니다. 민법의 공동불법행위(제760조) 및 불법행위상의 소멸시효제도(민법 제766조)가 적용된다.

그렇지만, 이러한 접촉사고도 상법상 선박의 운항과 관련되는 사고이므로 선박소유자는 상법상 선박소유자책임제한제도(상법 제769조 이하)의 적용은 받게 된다.

제2절 부두와의 접촉

Ⅰ. 의 의

부산항, 인천항, 울산항, 광양항 등에는 컨테이너부두가 있기 때문에 컨테이너부두와 선박이 부딪히는 경우가 왕왕 발생한다. 선박의 진입각도가 너무 커서 컨테이너부두의 갠트리 크레인의 다리를 접촉하게 되면 갠트리 크레인이 손상을 입게 된다. 선박소유자는 크레인의 수리비는 물론 영업손실에 대한 손해배상까지 해 주어야 한다.

1) 동지, 최종현, 541면. 그렇지만, 선체의 일부라고 할 수 있는 닻과 다른 선박과의 접촉도 간접충돌로서 상법상 충돌이 된다.

2) 부산고등법원 2009.11.18.선고 2009나11020판결은 "선박충돌에 관한 규정들은 문언상 항해선 상호간 또는 항해선과 내수항행선 간의 충돌에 적용되나, 간접충돌, 즉 선박과 부두 등의 항만시설이 접촉한 경우에도 유추적용한다"고 판시한 바 있고 대법원(대법원 2010.4.29.선고 2009다99754판결)도 이를 인정하였다. 그러나, 이 판결은 간접충돌의 범위를 너무 확대한 것이다.

Ⅱ. 사 례

2007.12.5. 부산항 신선대부두 제4번 선석에 접안을 시도 중, 컨테이너선 MSC ROMA가 선수부의 우회두 운동이 효과적으로 제어되지 않아서 제4번 선석의 부두하역크레인과 접촉하여 갠트리 크레인 4기가 파손되었다.[3]

2002.7.29. 광양항 컨테이너부두에 입항하던 컨테이너선박 영스타호가 부두와 각도를 너무 크게 하여 진입한 결과 터미널의 갠트리 크레인의 다리를 접촉하여 갠트리 크레인이 기울어지게 되었다. 이로 말미암아 크레인은 작업을 하지 못하여 터미널은 큰 손실을 입었다.[4] 터미널측은 크레인 수리비와 영업손실에 대한 손해배상청구를 선박소유자에게 제기하였다.[5]

Ⅲ. 법률관계

터미널의 갠트리 크레인에 입힌 손해는 선박소유자의 피용자인 선장 혹은 도선사의 과실로 인한 사고이다. 이는 민법상 불법행위책임이다. 터미널측은 선장 혹은 도선사에게 직접 손해배상청구가 가능하다(민법 제750조). 한편, 선박소유자는 선장 혹은 도선사의 사용자로서 책임을 부담한다(민법 제756조). 피해자인 터미널측은 불법행위자인 선장 혹은 도선사나 그들의 사용자인 선박소유자 중 일방에게 손해배상청구가 가능하다. 그러나, 피해자는 통상 선박소유자에게 청구하게 된다.

만약, 터미널 측에서도 과실이 있는 경우(예컨대, 접안할 선박에 접안할 장소로부터 크레인을 안전한 곳으로 이동시키지 않은 경우, 접안하는 선박에게 안전한 진입각도를 알려주지 않은 경우)는 과실상계(민법 제763조, 396조)의 법리에 의하여 손해배상의 액수가 줄어들게 될 것이다.[6]

한편, 접촉사고가 선박충돌은 아닐지라도 상법상의 불법행위이고 선박운항과 관련된 사고로 인한 손해이므로 선박소유자는 선박소유자책임제한제도(상법 제769

3) 자세한 내용은 부해심 제2008-056호(2008.10.21.) 컨테이너선 엠에스시 로마 부두하역크레인 접촉 사건을 참조바람. 선장이 위험이 있음에도 예인선을 사용하지 않은 것도 사고의 원인으로 지적되고 있다.

4) 목해심 제2003-020호(2003.4.2.) 컨테이너선 영스타호 갠트리크레인 접촉사건이다.

5) 유사한 사건으로는 중해심 제1996-024호 컨테이너선 세븐시즈 채리어트 부두 접촉사건; 부해심 제1981-115호 기선 제7도남호 크레인 접촉사건이 있다.

6) 컨테이너 터미널은 제3자에 대하여 책임을 부담하는 경우에 대비하여 "항만하역업자 배상 책임보험"에 가입하고 있다.

조 이하)를 활용하여 자신의 손해배상액을 줄일 수 있다.

Ⅳ. 보험관계

피해를 입은 터미널측에서 손해배상을 청구하는 경우 통상 선박소유자는 처음부터 100% 손해를 인정하지 않기 때문에 소송으로 진행되는 경우도 많다. 이러한 경우를 대비하여 터미널 소유자는 재물보험에 가입하고 있다. 이는 일반 손해보험의 일종이다.[7] 피보험자인 터미널 소유자는 보험자에게 수리비에 대한 보상을 청구하면, 보험자는 피보험자인 터미널 소유자에게 고의 혹은 중과실이 없는 한(상법 제659조), 보험금을 지급하게 된다.

보험금을 지급한 보험자는 터미널 소유자가 선박소유자에 대하여 가지는 손해배상청구권을 대위하여(상법 제682조) 선박소유자에게 구상청구를 하게 된다. 선박소유자가 이를 거부하면 보험자는 선박소유자를 상대로 구상청구소송을 제기한다.

한편, 선박소유자는 터미널 소유자에게는 불법행위책임을 부담하는 것이므로 이러한 손해의 담보를 위하여 책임보험에 가입한다. 터미널 소유자는 선박소유자의 책임보험자에 대하여 상법에서 인정하는 직접청구권(상법 제724조 제2항)을 행사할 수 도 있다.

제3절 선저(船底) 접촉

Ⅰ. 의 의

선박이 안전하게 수면에 떠있으려면 충분히 수심이 확보되어야 한다. 이를 under keel clearance라고 한다. 통상 선저와 해저사이에 1미터 정도는 수심의 여유가 있어야 선박은 안전하게 떠있으면서 항해가 가능하다. 그런데, 그 사이가 제로가 되면 선박의 선저(bottom)은 해저에 닿게 된다.

---

7) 우리나라 컨테이너 터미널이 가입하고 있는 보험은 "재물손해보험"으로서 갠트리 크레인과 같은 상부시설물이나 이동장비의 손해를 부보하고 있다.

선저가 해저에 닿게 되면 선저바닥에 손상이 온다. 특히 암초에 부딪치는 경우에는 선저에 파공이 생겨 화물창에 물이 들어와서 화물이 젖게 되든가, 선박연료유가 누출되기도 한다.

선박소유자는 선저 접촉의 원인을 제공한 자에게 손해배상청구를 하게 된다. 유류오염이 발생하게 되면 선박소유자는 피해자인 어민 등에게 손해배상책임을 부담하게 되는 지위에 놓인다.

Ⅱ. 사 례

동해항에서 출항하던 소양호의 선저가 침선에 접촉하여 손상을 입게 되었다. 이에 소양호의 선박소유자는 동해항을 관리하는 정부를 상대로 손해배상청구를 하자, 법원은 정부의 침선제거의무를 인정하여 국가배상법상 손해배상책임을 국가에게 인정하였다(서울지법 민사 제22부 1996.2.9.판결).

한편, 부산항의 청학동 부두에 접안하여 작업중 수면하의 구조물에 선박이 접촉하여 손상이 발생하였다. 관리자인 부산항만공사는 주의의무를 부담하지 않거나 과실이 없다고 주장하였지만 대법원은 부산항만공사의 주의의무위반을 인정하였다(대법원 2013.10.24.선고 2011다13838판결).[8)]

Ⅲ. 손해배상책임

선박의 선저접촉은 두 가지 사유에 의한다. 이미 위험성이 고지된 경우에 선장이 이를 모르고 항해를 하다가 선저접촉이 발생한 경우에는 손해를 입은 선박소유자는 누구에게 책임을 물을 수 없고, 보험으로 처리하는 방법밖에는 없다. 다른 하나는 예기치 않게 모르고 있는 위험물에 선저접촉을 당하는 경우이다.

후자의 경우 선박소유자는 위험원을 제공한 자에게 손해배상청구를 제기할 수

---

8) 대법원은 "부산항만의 관리운영책임이 있는 피고는 청학안벽과 그 주변 해역 등에 잡화화물을 취급하거나 선박들을 수리하기 위한 선박이 주로 입출항하므로 청학안벽과 그 주변 해역의 해저에 선박에서 화물을 하역 및 적재시 낙하하는 구조물이나 장애물 등이 있는지 항상 탐지 제거하여 청학안벽에 접안하는 선박에 안전사고가 발생하지 않도록 안전을 도모하여야 할 주의의무가 있음에도, 이를 소홀히 하여 해역의 해저에 가라앉아 있던 철제 구조물을 사전에 제거하지 아니한 과실로 이 사건 사고가 발생하였으므로, 피고는 이 사건 사고 해역 관리책임자로서 이 사고로 인하여 원고 회사가 입은 손해를 배상할 책임이 있다"고 판시하였다.

있다. 선박소유자의 손해는 선체수리비, 영업손실, 오염방제비등이 될 것이다. 청구의 원인은 불법행위이다. 청구의 대상은 위의 예에서와 같이 항만을 관리할 의무를 부담하는 항만공사, 해도의 수심을 측량하여 고시할 의무가 있는 수로국 등이다.

선체손상으로 선박연료유가 유출된 경우 선박소유자는 유배법에 따라 무과실의 책임을 먼저 부담하고, 과실있는 자에게 자신의 손해를 구상하게 된다. 선박소유자는 해상기업이므로 선박소유자책임제한이 가능하지만 가해자들은 해상기업이 아니므로 그렇게 할 수 없다.

Ⅳ. 보험관계

선박소유자는 선저접촉사고로 인하여 발생한 손해를 담보하기 위하여 선체보험에 가입하게 된다. 고의 혹은 중과실이 없는 한 선저수리비를 선체보험자로부터 수령하게 된다(상법 제659조). 보험금을 지급한 보험자는 가해자에게 구상청구를 하게 된다(상법 제682조).

유류오염사고가 발생한 경우 피해자들은 선박소유자의 책임보험자인 P&I 클럽에 직접 손해배상청구를 하게 된다.

제4절 예인선과 피예인선 사이의 접촉

Ⅰ. 의 의

예인선과 피예인선(부선, 자력추진력이 없음)이 접촉하는 사고도 있다. 이들 예인선단은 크게 두 가지로 나누어 볼 수 있다. 하나는 고용형이다. 선박이 부두에 접안하는 경우 선박소유자는 접안을 위하여 항만예선을 고용하게 된다. 이러한 경우 지휘는 피예인선에 해당하는 선박의 선장이나 도선사가 하게 된다. 다른 하나는 운송형이다. 이는 예인선이 화물로서 피예인선(부선 혹은 barge)을 끌고 가는 형태이다. 이 경우 지휘는 예인선이 하게 된다.

이렇게 예인선단을 이룬 양 선박이 항해중 서로 부딪쳐 접촉하는 경우도 있다.[9] 예인선과 피예인선 사이의 충돌도 상법상의 충돌인지가 의문이다. 항만예선의 경우는 상법상의 충돌이지만, 운송형의 경우는 피예인선은 화물로 볼 수 있기 때문에 상법상의 충돌이라고 볼 수 없다.[10] 운송형의 경우 예선과 피예인선이 부딪쳐 피예인선이 침몰한 경우에도 예선의 소유자는 화물에 대한 책임을 부담하면 되는 것이지 상법 선박충돌의 규정의 적용을 받는 것은 아니다. 그러므로 제척기간 혹은 소멸시효는 운송인의 책임과 관련된 1년이 되는 것이지 선박충돌과 관련된 2년이 되는 것은 아니다.

Ⅱ. 사 례

2015.5.26. 무동력상태의 덕양 가스호의 시운전을 위하여 예인선 삼양97호가 사용되었다. 삼영97호는 덕양 가스호를 선수에서 끌고 가고 있던 중 기관의 속도를 올렸다. 정박지를 향하여 예인선 삼양97호가 대각도 좌변침 하자 예인선 삼양97호는 전진하던 덕양 가스호의 선수 왼쪽으로 넘어오면서 전복되어 충돌되었다. 사고에 대한 원인제공비율에 대하여 덕양 가스호는 70%, 삼양97호는 30%라고 부산해심은 재결하였다.[11][12]

2003.12.5. 세경1호(선원 6명 승선)가 철제등을 적재한 부선 동방6001호(2,180톤)(선두 2명승선)를 250미터의 예인줄로 연결하여 선미예인하고 항해중 선수에서 충돌의 위험을 느껴 기관을 전속 후진하여 충돌은 피하였다. 그러나 세경1호의 선미와 부선 동방 6001호의 선수가 충돌하였다.[13]

---

9) 예인선단과 다른 항해하는 선박사이의 충돌은 상법상의 충돌로서 상법이 적용되는 점에 의문의 여지가 없다. 동지 이균성, 전게서, 976면.

10) 동지 최종현, 전게서, 541면. 이균성 교수는 운송형은 물론 고용형도 상법상 충돌이 되지 않는다고 한다. 그 이유로 충돌한 선박은 각기 독립한 것이어야 하기 때문이라고 한다. 이균성, 976면.

11) 부산해심 제2016-028호 예인선 삼양97호 전복사건(2016.5.12.).

12) 이 사례는 상법상의 충돌로 분류될 수 있다. 전복후 충돌된 경우라도 예인줄이 잡힌 상태라서 간접충돌로 인정될 수 있을 것이다.

13) 인천해심 제2004-011호 예인선 세경1호 피예인부선 동방 6001호 충돌사건(2004.4.13.).

Ⅲ. 손해배상책임

운송형의 경우 예인선과 피예인선간의 접촉은 상법상 충돌이 아니다. 피예인선인 부선은 화물이라고 보기 때문이다. 피예인선인 부선의 파손이나 침몰에 대하여 부선의 소유자는 운송인에게 채무불이행책임 혹은 불법행위책임을 물을 수 있을 것이다. 예인선의 선박소유자는 운송인으로서 포장당 책임제한이나 항해과실면책을 주장할 수 있다. 예인선의 선박소유자가 부담하는 손해는 선주책임보험(P&I보험)의 부보사항이다. 피예인선에도 과실이 있는 경우는 과실상계의 법리가 적용될 것이다.

고용형 혹은 도급형의 경우 예인선과 피예인선간의 접촉은 상법상 충돌이다. 침몰된 피예인선의 소유자는 예인선 소유자에게 손해배상 청구를 하게 된다. 이 때 적용되는 항법은 국제해상충돌예방 규칙 제2조에서 말하는 선원의 상무이다. 물적 손해는 상법의 충돌규정이 적용되므로 서로의 과실비율의 경중에 따라서 분할책임을 부담하게 된다(상법 제879조 제1항).

Ⅳ. 보험관계

운송형의 경우 피예인선의 소유자는 자신의 적하보험자에게 먼저 보험금을 수령하게 된다. 혹은 보험에 들지 않은 경우에는 예인선의 소유자의 책임보험자에게 직접 손해배상을 청구할 수 있다. 경우에 따라서는 자손자부담원칙(knock for knock) 조건인 경우,[14] 피예인선은 자신의 보험자에게서만 보험금을 받고 예인선 소유자에게는 청구할 수 없는 경우도 있다.[15]

고용형의 경우 예인선과 피예인선의 소유자는 각자에 대하여 각각 과실비율에 따른 손해배상청구를 할 수 있고(상법 제879조), 각 보험자는 그 과실비율에 따른 손해배상의 책임을 부담한다. 통상 선박보험에서 3/4을 부담하고 선주책임보험에서 1/3을 부담한다.

---

14) 예인선과 피예인선 사이에 과실의 유무를 불문하고 각자의 책임 및 비용을 각자가 부담하고 서로에게 구상권 행사를 포기한다는 내용의 원칙을 말한다.

15) 한국해운조합 선주배상책임공제약관 제22조.

부　록

부록 1　상법 해상편 선박충돌규정
부록 2　1910년 선박충돌조약
부록 3　1972년 선박충돌예방규칙
부록 4　해사안전법 해상교통법 규정(신 · 구)
부록 5　개항질서법
부록 6　기타 유선및도선사업법 및 수상레저안전법 항법규정
부록 7　선박충돌사건에서 책임제한절차 개시 신청
부록 8　법원의 책임제한 결정
부록 9　선박충돌에 의한 책임제한절차 – 사정재판에 대한 이의
부록 10　채권가압류 신청
부록 11　선박우선특권을 이용한 임의경매신청
부록 12　선박충돌 보고서 및 선장진술서 (영문)
부록 13　횡단관계에서의 충돌에 대한 법률의견
부록 14　〈논문〉 원인제공비율 산정제도와 사법제도의 비교
부록 15　선박제원표

부록1 상법 해상편 선박충돌규정

제740조(선박의 의의)
이 법에서 선박이란 상행위나 그 밖의 영리를 목적으로 항해에 사용하는 선박을 말한다.

제741조(적용범위)
① 항해용 선박에 대하여는 상행위 기타 영리를 목적으로 하지 아니하더라도 이 편의 규정을 준용한다. 다만, 국유 또는 공유의 선박에 대하여도 선박법 제29조 단서에도 불구하고 항해의 목적 · 성질 등을 고려하여 이 편의 규정을 준용하는 것이 적합하지 아니한 경우로서 대통령령이 정하는 경우에는 그러하지 아니하다.
② 이 편의 규정은 단정 또는 주로 노 또는 상앗대로 운전하는 선박에는 적용하지 아니한다.

제3장 해상위험

제2절 선박충돌

제876조(선박충돌에의 적용법규)
① 항해선 상호간 또는 항해선과 내수항행선간의 충돌이 있는 경우에 선박 또는 선박내에 있는 물건이나 사람에 관하여 생긴 손해의 배상에 대하여는 어떠한 수면에서 충돌한 때라도 이 절의 규정을 적용한다.
② 이 절에서 '선박의 충돌'이라 함은 2척 이상의 선박이 그 운용상 작위 또는 부작위로 선박 상호간에 다른 선박 또는 선박내에 있는 사람 또는 물건에 손해를 생기게 하는 것을 말하며, 직접적인 접촉의 유무를 묻지 아니한다.

제877조(불가항력으로 인한 충돌)
선박의 충돌이 불가항력으로 인하여 발생하거나 충돌의 원인이 명백하지 아니한 때에는 피해자는 충돌로 인한 손해의 배상을 청구하지 못한다.

제878조(일방의 과실로 인한 충돌)
선박의 충돌이 일방의 선원의 과실로 인하여 발생한 때에는 그 일방의 선박소유자는 피해자에 대하여 충돌로 인한 손해를 배상할 책임이 있다.

제879조(쌍방의 과실로 인한 충돌)
① 선박의 충돌이 쌍방의 선원의 과실로 인하여 발생한 때에는 쌍방의 과실의 경중에 따라 각 선박 소유자가 손해배상의 책임을 분담한다. 이 경우 그 과실의 경중을 판정할 수 없는 때에는 손해배상의 책임을 균분하여 부담한다.

② 제1항의 경우에 제3자의 사상에 대한 손해배상은 쌍방의 선박 소유자가 연대하여 그 책임을 진다.

제880조(도선사의 과실로 인한 충돌)

선박의 충돌이 도선사의 과실로 인하여 발생한 경우에도 선박소유자는 제878조 및 제879조를 준용하여 손해를 배상할 책임이 있다.

제881조(선박충돌채권의 소멸)

선박의 충돌로 인하여 생긴 손해배상의 청구권은 그 충돌이 있은 날부터 2년 이내에 재판상 청구가 없으면 소멸한다. 이 경우 제814조 제1항 단서를 준용한다.

부록2 1910년 선박충돌조약

1910 INTERNATIONAL CONVENTION FOR THE UNIFICATION OF CERTAIN RULES OF LAW RELATED TO COLLISION BETWEEN VESSELS AND PROTOCOL OF SIGNATURE

Adopted in Brussels, Belgium on 23 September 1910

His Majesty the King of the United Kingdom of Great Britain and Ireland and of the British Dominions beyond the Seas, Emperor of India; His Majesty the German Emperor, King of Prussia, in the name of the German Empire; the President of the Argentine Republic; His Majesty the Emperor of Austria, King of Bohemia, etc, and Apostolic King of Hungary, for Austria and Hungary; His Majesty the King of the Belgians; the President of the United States of Brazil; the President of the Republic of Chile; the President of the Republic of Cuba; His Majesty the King of Denmark; His Majesty the King of Spain; the President of the United States of America; the President of the French Republic; His Majesty the King of the Hellenes; His Majesty the King of Italy; His Majesty the Emperor of Japan; the President of the United States of Mexico; the President of the Republic of Nicaragua; His Majesty the King of Norway; Her Majesty the Queen of the Netherlands; His Majesty the King of Portugal and the Algarves; His Majesty the King of Roumania; His Majesty the Emperor of All the Russias; His Majesty the King of Sweden; the President of the Republic of Uruguay;

HAVING RECOGNISED the desirability of determining by mutual agreement certain uniform rules of law with respect to collisions, have decided to conclude a Convention to that end, and have appointed as their plenipotentiaries, that is to say:
Who, having been duly authorised to that effect, have agreed as follows:

Article 1

Where a collision occurs between sea going vessels or between sea going vessels and vessels of inland navigation, the compensation due for damages caused to the vessels, or to any things or persons on board thereof, shall be settled in accordance with the following provisions, in whatever waters the collision takes place.

Article 2

If the collision is accidental, if it is caused by force majeure, or if the cause of the collision is left in doubt, the damages are borne by those who have suffered them.
This provision is applicable notwithstanding the fact that the vessels, or any one of them, may be at anchor (or otherwise made fast) at the time of the casualty.

Article 3

If the collision is caused by the fault of one of the vessels, liability to make good the damages attaches to the one which has committed the fault.

Article 4

If two or more vessels are in fault the liability of each vessel is in proportion to the degree of the faults respectively committed. Provided that if, having regard to the circumstances, it is not possible to establish the degree of the respective faults, or if it appears that the faults are equal, the liability is apportioned equally.

The damages caused, either to the vessels or to their cargoes or to the effects or other property of the crews, passengers, or other persons on board, are borne by the vessels in fault in the above proportions, and even to third parties a vessel is not liable for more than such proportion of such damages.

In respect of damages caused by death or personal injuries, the vessels in fault are jointly as well as severally liable to third parties, without prejudice however to the right of the vessel which has paid a larger part than that which, in accordance with the provisions of the first paragraph of this Article, she ought ultimately to bear, to obtain a contribution from the other vessel or vessels in fault.

It is left to the law of each country to determine, as regards such right to obtain contribution, the meaning and effect of any contract or provision of law which limits the liability of the owners of a vessel towards persons on board.

Article 5

The liability imposed by the preceding Articles attaches in cases where the collision is caused by the fault of a pilot, even when the pilot is carried by compulsion of law.

Article 6

The right of action for the recovery of damages resulting from a collision is not conditional upon the entering of a protest or the fulfilment of any other special formality.

All legal presumptions of fault in regard to liability for collision are abolished.

Article 7

Actions for the recovery of damages are barred after an interval of two years from the date of the casualty.

The period within which an action must be instituted for enforcing the right to obtain contribution permitted by paragraph 3 of Article 4, is one year from the date of payment.

The grounds upon which the said periods of limitation may be suspended or interrupted are determined by the law of the court where the case is tried.

The High Contracting Parties reserve to themselves the right to provide, by legislation in their respective countries, that the said periods shall be extended in cases where it has not been possible to arrest the defendant vessel in the territorial waters of the State in which the plaintiff has his domicile or principal place of business.

Article 8

After a collision, the master of each of the vessels in collision is bound, so far as he can do so without serious danger to his vessel, her crew and her passengers, to render assistance to the other vessel, her crew and her passengers.

He is likewise bound so far as possible to make known to the other vessel the name of his vessel and the port to which she belongs, and also the names of the ports from which she comes and to which she is bound.

A breach of the above provisions does not of itself impose any liability on the owner of a vessel.

Article 9

The High Contracting Parties whose legislation does not forbid infringements of the preceding Article bind themselves to take or to propose to their respective legislatures the measures necessary for the prevention of such infringements.

The High Contracting Parties will communicate to one another as soon as possible the laws or regulations which have already been or may be hereafter promulgated in their States for giving effect to the above undertaking.

Article 10

Without prejudice to any Conventions which may hereafter be made, the provisions of this Convention do not affect in any way the law in force in each country with regard to the limitation of shipowners' liability, nor do they affect the legal obligations arising from contracts of carriage or from any other contracts.

Article 11

This Convention does not apply to ships of war or to Government ships appropriated exclusively to a public service.

Article 12

The provisions of this Convention shall be applied as regards all persons interested when all the vessels concerned in any action belong to States of the High Contracting Parties, and in any other cases for which the national laws provide.

Provided always that:

1. As regards persons interested who belong to a non-contracting State, the application of the above provisions may be made by each of the contracting States conditional upon reciprocity.

2. Where all the persons interested belong to the same State as the court trying the

case, the provisions of the national law and not of the Convention are applicable.

Article 13

This Convention extends to the making good of damages which a vessel has caused to another vessel, or to goods or persons on board either vessel, either by the execution or non?execution of a manoeuvre or by the non?observance of the regulations, even if no collision had actually taken place.

Article 14

Any one of the High Contracting Parties shall have the right, three years after this Convention comes into force, to call for a fresh conference with a view to possible amendments therein, and particularly with a view to extend, if possible, the sphere of its application.

Any Power exercising this right must notify its intention to the other Powers, through the Belgian Government, which will make arrangements for convening the conference within six months.

Article 15

States which have not signed the present Convention are allowed to accede thereto at their request. Such accession shall be notified through the diplomatic channel to the Belgian Government, and by the latter to each of the Governments of the other Contracting Parties; it shall become effective one month after the despatch of such notification by the Belgian Government.

Article 16

The present Convention shall be ratified.

After an interval of at most one year from the date on which the Convention is signed, the Belgian Government shall enter into communication with the Governments of the High Contracting Parties which have declared themselves prepared to ratify it, with a view to decide whether it should be put into force.

The ratifications shall, if so decided, be deposited forthwith at Brussels, and the Convention shall come into force a month after such deposit.

The Protocol shall remain open another year in favour of the States represented at the Brussels Conference. After this interval they can only accede to it in conformity with the provisions of Article 15.

Article 17

In the case of one or other of the High Contracting Parties denouncing this Convention, such denunciation shall not take effect until a year after the day on which it has been notified to the Belgian Government, and the Convention shall remain in force as between the other contracting Parties.

Additional Article

Notwithstanding anything in the provisions of Article 16, it is agreed that it shall not be obligatory to give effect to the provisions of Article 5, establishing liability in cases where a collision is caused by the fault of a pilot carried by compulsion of law, until the High Contracting Parties shall have arrived at an agreement on the subject of the limitation of liability of shipowners.

IN WITNESS WHEREOF, the plenipotentiaries of the respective High Contracting Parties have signed this Convention and have affixed thereto their seals.

DONE at Brussels, in a single copy, September 23rd, 1910.

NOTE: The original French text is the only authentic text of this Convention. The substance of the operative provisions of Article 8 is embodied in Article 98 of the United Nations Convention on the Law of the Sea, 1982, but last sub?paragraph of Article 8 (exempting the shipowner from liability for violation) has not been carried into UNCLOS '82.

PROTOCOL OF SIGNATURE OMMITED

NOTE: The Protocol of Signature was concerned exclusively with specific reservations permitted to the signatory State in respect of application of the Convention to their territories and possessions; in fact no reservations of ant sort have accompanied the deposit of instruments of ratification or accession by any State Party. The Convention was not in effect for belligerent State Parties during the state of war in existence from 1939 ? 1945, and returned to full force and effect in 1953.

부록3 1972년 선박충돌예방규칙

Ⅰ.INTERNATIONAL REGULATIONS FOR PREVENTING COLLISIONS AT SEA, 1972(2001.11.29 개정까지 반영함, 2003.11.29발효)

Part A-General

Rule 1 Application.

(a) These Rules shall apply to all vessels upon the high seas and in all waters connected therewith navigable by seagoing vessels.

(b) Nothing in these Rules shall interfere with the operation of special rules made by an appropriate authority for roadsteads, harbours, rivers, lakes or inland waterways connected with the high seas and navigable by seagoing vessels. Such special rules shall conform as closely as possible to these Rules.

(c) Nothing in these Rules shall interfere with the operation of any special rules made by the Government of any state with respect to additional station or signal lights, shapes or whistle signals for ships of war and vessels proceeding under convoy, or with respect to additional station or signal lights or shapes for fishing vessels engaged in fishing as a fleet. These additional station or signal lights, shapes or whistle signals shall, so far as possible, be such that they cannot be mistaken for any light, shapes or signal authorized elsewhere under these Rules.

(d) Traffic separation schemes may be adopted by the Organization for the purpose of these Rules.

(e) Whenever the Government concerned shall have determined that a vessel of special construction or purpose cannot comply fully with the provisions of any of these Rules with respect to the number, position, range or arc of visibility of lights or shapes, as well as to the disposition and characteristics of sound-signalling appliances, such vessel shall comply with such other provisions in regard to the number, position, range or arc of visibility of lights or shapes, as well as to the disposition and characteristics of sound-signalling appliances, as her Government shall have determined to be the closest possible compliance with these Rules in respect to that vessel.

Rule 2 Responsibility

(a) Nothing in these Rules shall exonerate any vessel, or the owner, master or crew thereof, from the consequences of any neglect to comply with these Rules or of the neglect of any precaution which may be required by the ordinary practice of seamen, or by the special circumstances of the case.

(b) In construing and complying with these Rules due regard shall be had to all dangers of navigation and collision and to any special circumstances, including the limitations of the vessels involved, which may make a departure from these Rules necessary to avoid immediate danger.

Rule 3 General Definitions

For the purpose of these Rules, except where the context otherwise requires :

(a) The word 'vessel' includes every description of water craft, including non-displacement craft and seaplanes, used or capable of being used as a means of transportation on water.

(b) The term 'power-driven vessel' means any vessel propelled by machinery.

(c) The term 'sailing vessel' means any vessel under sail provided that propelling machinery, if fitted, is not being used.

(d) The term 'vessel engaged in fishing' means any vessel fishing with nets, lines, trawls or other fishing apparatus which restricted manoeuvrability, but does not include a vessel fishing with trolling lines or other fishing apparatus which do not restrict manoeuvrability.

(e) The word 'seaplane' includes any aircraft designed to manoeuvre on the water.

(f) The term 'vessel not under command' means a vessel which through some exceptional circumstance is unable to manoeuvre as required by these Rules and is therefore unable to keep out of the way of another vessel.

(g) The term 'vessel restricted in her ability to manoeuvre' means a vessel which from the nature of her work is restricted in her ability to manoeuvre as required by these Rules and therefore is unable to keep out of the way of another vessel. The term 'vessel restricted in their ability to manoeuvre' shall include but not be limited to ;

(i) a vessel engaged in laying, servicing or picking up a navigation mark, submarine cable or pipeline;

(ii) a vessel engaged in dredging, surveying or underwater operations;

(iii) a vessel engaged in replenishment or transferring persons, provisions or cargo while underway;

(iv) a vessel engaged in the launching or recovery of aircraft;

(v) a vessel engaged in mine clearance operations;

(vi) a vessel engaged in a towing operation such as severely restricts the towing vessel and her tow in their ability to deviate from their course.

(h) The term 'vessel constrained by her draught' means a power-driven vessel which because of her draught in relation to the available depth and width of navigable water, is severely restricted in her ability to deviate from the course she is following.

(i) The word 'underway' means that a vessel is not at anchor, or made fast to the shore, or aground.
(j) The words 'length' and 'breadth' of a vessel mean her length overall and greatest breadth.
(k) Vessels shall be deemed to be in sight of one another only when one can be observed visually from the other.
(l) The term 'restricted visibility' means any condition in which visibility is restricted by fog, mist, falling snow, heavy rainstorms, sandstorms or any other similar causes.
(m) The term Wing-In-Ground(WIG) craft means a multimodal craft which, in its main operational mode, flies in close proximity to the surface by utilizing surface-effect action.

PART B-STEERING AND SAILING RULES

SECTION I-CONDUCT OF VESSELS IN ANY CONDITION OF VISIBILITY

Rule 4 Application

Rules in this section apply in any condition of visibility.

Rule 5 Look-out

Every vessel shall at all times maintain a proper look-out by sight and hearing as well as by all available means appropriate in the prevailing circumstances and conditions so as to make a full appraisal of the situation and of the risk of collision.

Rule 6 Safe Speed

Every vessel shall at all times proceed at a safe speed so that she can take proper and effective action to avoid collision and be stopped within a distance appropriate to the prevailing circumstances and conditions. In determining a safe speed the following factors shall be among those taken into account:

(a) By all vessels:
  (i) the state of visibility;
  (ii) the traffic density including concentration of fishing vessels or any other vessels;
  (iii) the manoeuvrability of the vessel with special reference to stopping distance and turning ability in the prevailing conditions;
  (iv) at night the presence of background light such as from shore lights or from back scatter of her own lights;
  (v) the state of wind, sea and current, and the proximity of navigational hazards;
(b) Additionally, by vessels with operational radar:
  (i) the characteristics, efficiency and limitations of the radar equipment;

(ii) any constraints imposed by the radar range scale in use;
(iii) the effect on radar detection of the sea state, weather and other sources of interference;
(iv) the possibility that small vessels, ice and other floating objects may not be detected by radar at an adequate range;
(v) the number, location and movement of vessels detected by radar;
(vi) the more exact assessment of the visibility that may be possible when radar is used to determine the range of vessels or other objects in the vicinity.

Rule 7 Risk of Collision

(a) Every vessel shall use all available means appropriate to the prevailing circumstances and conditions to determine if risk of collision exists. If there is any doubt such risk shall be deemed to exist.
(b) Proper use shall be made of radar equipment if fitted and operational, including long-range scanning to obtain early warning of risk of collision and radar plotting or equivalent systematic observation of detected objects.
(c) Assumptions shall not be made on the basis of scanty information, especially scanty radar information.
(d) In determining if risk of collision exists the following considerations shall be among those taken into account:
(i) such risk shall be deemed to exist if the compass bearing of an approaching vessel does not appreciably change;
(ii) such risk may sometimes exist even when an appreciable bearing change is evident, particularly when approaching a very large vessel or a tow or when approaching a vessel at close range.

Rule 8 Action to avoid Collision

(a) Any action taken to avoid collision shall be taken in accordance the Rules of this part and shall, if the circumstances of the case admit, be positive, made in ample time and with due regard to the observance of good seamanship.
(b) Any alteration of course and/or speed to avoid collision shall, if the circumstances of the case admit, be large enough to be readily apparent to another vessel observing visually or by radar; a succession of small alterations of course and/or speed should be avoided.
(c) If there is sufficient sea room, alteration of course alone may be the most effective action to avoid a close-quarters situation provided that it is made in good time, is substantial and does not result in another close-quarters situation.
(d) Action taken to avoid collision with another vessel shall be such as to result in passing at a safe distance. The effectiveness of the action shall be carefully checked

until the other vessel is finally past and clear.

(e) If necessary to avoid collision or allow more to assess the situation, a vessel shall slacken her speed or take all way off by stopping or reversing her means of propulsion.

(f) (i) A vessel which, by any of these rules, is required not to impede the passage or safe passage of another vessel shall, when required by the circumstances of the case, take early action to allow sufficient sea room for the safe passage of the other vessel.

(ii) A vessel required not to impede the passage or safe passage of another vessel is not relieved of this obligation if approaching the other vessel so as to involve risk of collision and shall, when taking action, have full regard to the action which may be required by the rules of this part.

(iii) A vessel the passage of which is not to be impeded remains fully obliged to comply with the rules of this part when the two vessels are approaching one another so as to involve risk of collision.

Rule 9 Narrow Channels

(a) A vessel proceeding along the course of a narrow channel or fairway shall keep as near to the outer limit of the channel or fairway which lies on her starboard side as is safe and practicable.

(b) A vessel of less than 20 metres in length or a sailing vessel shall not impede the passage of a vessel which can safely navigate only within a narrow channel or fairway.

(c) A vessel engaged in fishing shall not impede the passage of any other vessel navigating within a narrow channel or fairway.

(d) A vessel shall not cross a narrow channel or fairway if such crossing impedes the passage of a vessel which can safely navigate only within such channel or fairway. The latter vessel may use the sound signal prescribed in Rule 34(d) if in doubt as to the intention of the crossing vessel.

(e) (i) In a narrow channel or fairway when overtaking can take place only if the vessel to be overtaken has to take action to permit safe passing, the vessel intending to overtake shall indicate her intention by sounding the appropriate signal prescribed in Rule 34(c)(i). The vessel to be overtaken shall, if in agreement, sound the appropriate signal prescribed in Rule 34(c)(ii) and take steps to permit safe passing. If in doubt she may sound the signals prescribed in Rule 34(d).

(ii) This Rule does not relieve the overtaking vessel of her obligation under Rule 13.

(f) A vessel nearing a bend or an area of a narrow channel or fairway where other vessels may be obscured by an intervening obstruction shall navigate with particular alertness and caution and shall sound the appropriate signal prescribed in Rule 34(e).

(g) Any vessel shall, if the circumstances of the case admit, avoid anchoring in a narrow channel.

Rule 10 Traffic Separation Schemes

(a) This Rule applies to traffic separation schemes adopted by the Organization and does not relieve any vessel of her obligation under any other rule.

(b) A vessel using a traffic separation scheme shall:

(i) proceed in the appropriate traffic lane in the general direction of traffic flow for that lane;

(ii) so far as practicable keep clear of a traffic separation line or separation zone;

(iii) normally join or leave a traffic lane at the termination of the lane, but when joining or leaving from either side shall do so at as small angle to the general direction of traffic flow as practicable.

(c) A vessel shall so far as practicable avoid crossing traffic lanes, but if obliged to do so shall cross on a heading as nearly as practicable at right angles to the general direction of traffic flow.

(d) (i) A vessel shall not use an inshore traffic zone when she can safely use the appropriate traffic lane within the adjacent traffic separation scheme. However, vessels of less than 20 meters in length, sailing vessels and vessels engaged in fishing may use the inshore traffic zone.

(ii) Notwithstanding subparagraph (d)(i), a vessel may use an inshore traffic zone when en route to or from a port, offshore installation or structure, pilot station or any other place situated within the inshore traffic zone, or to avoid immediate danger.

(e) A vessel, other than a crossing vessel, or a vessel joining or leaving a lane shall not normally enter a separation zone or cross a separation line except:

(i) in cases of emergency to avoid immediate danger;

(ii) to engage in fishing within a separation zone.

(f) A vessel navigating in areas near the terminations of traffic separation scheme shall do so with particular caution.

(g) A vessel shall so far practicable avoid anchoring in a traffic separation scheme or in areas near its terminations.

(h) A vessel not using a traffic separation scheme shall avoid it by as wide a margin as is practicable.

(i) A vessel engaged in fishing shall not impede the passage of any vessel following a traffic lane.

(j) A vessel less than 20 metres in length or a sailing vessel shall not impede the safe passage of a power-driven vessel following a traffic lane.

(k) A vessel restricted in her ability to manoeuvre when engaged in an operation for the maintenance of safety of navigation in a traffic separation scheme is exempted from complying with this Rule to the extent necessary to carry out the operation.

(l) A vessel restricted in her ability to manoeuvre when engaged in an operation for the laying, servicing or picking up of a submarine cable, within a traffic scheme, is exempted from complying with this Rule to the extent necessary to carry out the operation.

SECTION II-CONDUCT OF VESSELS IN SIGHT OF ONE ANOTHER

Rule 11 Application

Rules in this Section apply to vessels in sight of one another.

Rule 12 Sailing Vessels

(a) When two sailing vessels are approaching one another, so as to involve risk of collision, one of them shall keep out of the way of the other as follows;

(i) when each has the wind on a different side, the vessel which has the wind on the port side shall keep out of the way of the other;

(ii) when both have wind on the same side, the vessel which is to windward shall keep out of the way of the vessel which is to leeward;

(iii) if a vessel with the wind on the port side sees a vessel to windward and cannot determine with certainty whether the other vessel has the wind on the port or on the starboard side, she shall keep out of the way of the other.

(b) For the purposes of this Rule the windward side shall be deemed to be the side opposite to that on which the mainsail is carried or, in the case of a square-rigged vessel, the side opposite to that on which the largest fore-and-aft sail is carried.

Rule 13 Overtaking

(a) Notwithstanding anything contained in the Rules of Part B, Sections I and II any vessel overtaking any other shall keep out of the way of the vessel being overtaken.

(b) A vessel shall be deemed to be overtaking when coming up with another vessel from a direction more than 22.5 degrees abaft her beam, that is, in such a position with reference to the vessel she is overtaking, that at night she would be able to see only the sternlight of that vessel but neither of her sidelights.

(c) When a vessel is in any doubt as to whether she is overtaking another, she shall assume that this is the case and act accordingly.

(d) Any subsequent alteration of the bearing between the two vessels shall not make the overtaking vessel a crossing vessel within the meaning of these Rules or relieve her of the duty of keeping clear of the overtaken vessel until she is finally past and clear.

Rule 14 Head-on Situation

(a) When two power-driven vessels are meeting on reciprocal or nearly reciprocal courses so as to involve risk of collision each shall alter her course to starboard so that each shall pass on the port side of the other.

(b) Such a situation shall be deemed to exist when a vessel sees the other ahead or nearly ahead and by night she could see the masthead lights of the other in a line or nearly in a line and/or both sidelights and by day she observes the corresponding aspect of the other vessel.

(c) When a vessel is in any doubt as to whether such a situation exists she shall assume that it does exist and act accordingly.

Rule 15 Crossing Situation

When two power-driven vessels are crossing so as to involve risk of collision, the vessel which has the other on her own starboard side shall keep out of the way and shall, if the circumstances of the case admit, avoid crossing ahead of the other vessel.

Rule 16 Action by Give-way Vessel

Every vessel which is directed to keep out of the way of another vessel shall, so far as possible, take early and substantial action to keep well clear.

Rule 17 Action by Stand-on Vessel

(a) (i) Where one of two vessels is to keep out of the way the other shall keep her course and speed.

(ii) The latter vessel may however take action to avoid collision by her manoeuvre alone, as soon as it becomes apparent to her that the vessel required to keep out of the way is not taking appropriate action in compliance with these Rules.

(b) When, from any cause, the vessel required to keep her course and speed finds herself so close that collision cannot be avoided by the action of the give-way vessel alone, she shall take such action as will best aid to avoid collision.

(c) A power-driven vessel which takes action in a crossing situation in accordance with sub-paragraph (a)(ii) of the Rules to avoid collision with another power-driven vessel shall, if the circumstances of the case admit, not alter course to port for a vessel on her own port side.

(d) This Rule does not relieve the give-way vessel of her obligation to keep out of the way.

Rule 18 Responsibilities between Vessels

Except where Rules 9, 10 and 13 otherwise require;

(a) A power-driven vessel underway shall keep out of the way of:

(i) a vessel not under command;

(ii) a vessel restricted in her ability to manoeuvre;

(iii) a vessel engaged in fishing;

(iv) a sailing vessel.

(b) A sailing vessel underway shall keep out of the way of:

(i) a vessel not under command;

(ii) a vessel restricted in her ability to manoeuvre;

(iii) a vessel engaged in fishing;

(c) A vessel engaged in fishing when underway shall, so far as possible, keep out of the way of:

(i) a vessel not under command;

(ii) a vessel restricted in her ability to manoeuvre;

(d) (i) Any vessel other than a vessel not under comand or a vessel restricted in her ability to manoeuvre shall, if the circumstances of the case admit, avoid impeding the safe passage of a vessel constrained by her draught, exhibiting the signals in Rule 28.

(ii) A vessel constrained by her draft shall navigate with particular caution having full regard to her special condition.

(e) A seaplane on the water shall, in general, keep well clear of all vessels and avoid impeding their navigation. In circumstances, however, where risk of collision exists, she shall comply with the Rules of this Part.

(f) (i) A WIG craft, when taking off, landing and in flight near the surface, shall keep well clear of all other vessels and avoid impeding their navigation;

(ii) A WIG craft operating on the water surface shall comply with the Rules of this Part as a power-driven vessel.

SECTION III-CONDUCT OF VESSELS IN RESTRICTED VISIBILITY

Rule 19 Conduct of Vessels in Restricted Visibility

(a) This Rule applies to vessels not in sight of one another when navigating in or near an area of restricted visibility.

(b) Every vessel shall proceed at a safe speed adapted to the prevailing circumstances and conditions of restricted visibility. A power-driven vessel shall have engines ready for immediate manoeuvre.

(c) Every vessel shall have due regard to the prevailing circumstances and conditions of restricted visibility when complying with the Rules of Section I of this Part.

(d) A vessel which detects by radar alone the presence of another vessel shall determine if a close-quarters situation is developing and/or risk of collision exists. If so, she shall take avoiding action in ample time, provided that when such action consists of an alteration of course, so far as possible the following shall be avoided:

(i) an alteration of course to port for a vessel forward of the beam, other than for a vessel being overtaken;

(ii) an alteration of course towards a vessel abeam or abaft the beam.

(e) Except where it has been determined that a risk of collision does not exist, every vessel which hears apparently forward of her beam the fog signal of another vessel, or which cannot avoid a close quarters situation with another vessel forward of her beam, shall reduce her speed to the minimum at which she can be kept on her course. She shall if necessary take all her way off and in any event navigate with extreme caution until danger of collision is over.

PART C-LIGHTS AND SHAPES

Rule 20 Application

(a) Rules in this Part shall be complied with in all weathers.

(b) The Rules concerning lights shall be complied with from sunset to sunrise, and during such times no other lights shall be exhibited, except such lights as cannot be mistaken for the lights specified in these Rules or do not impair their visibility or distinctive character, or interfere with the keeping of a proper look-out.

(c) The lights prescribed by these Rules shall, if carried, also be exhibited from sunrise to sunset in restricted visibility and may be exhibited in all other circumstances when it is deemed necessary.

(d) The Rules concerning shapes shall be complied with by day.

(e) The light and shapes specified in these Rules shall comply with the provisions of Annex I to these Regulations.

Rule 21 Definitions

(a) 'Masthead light' means a white light placed over the fore and aft centreline of the vessel showing an unbroken light over an arc of the horizon of 225 degrees and so fixed as to show the light from right ahead to 22.5 degrees abaft the beam on either side of the vessel.

(b) 'Sidelights' means a green light on the starboard side and a red light on the port side each showing an unbroken light over an arc of the horizon of 112.5 degrees and so fixed as to show the light from right ahead to 22.5 degrees abaft the beam on its respective side. In a vessel of less than 20 meters in length the sidelights may be combined in one lantern carried on the fore and aft centerline of the vessel.

(c) 'Sternlight' means a white light placed as nearly as practicable at the stern showing an unbroken light over an arc of the horizon of 135 degrees and so fixed as to show the light 67.5 degrees from right aft on each side of the vessel.

(d) 'Towing light' means a yellow light having the same characteristics as the 'sternlight' defined in paragraph (c) of this Rule.

(e) 'All-round light' means a light showing an unbroken light over an arc of the horizon of 360 degrees.

(f) 'Flashing light' means a light flashing at regular intervals at a frequency of 120 flashes or more per minute.

Rule 22 Visibility of Light

The lights prescribed in these Rules shall have an intensity as specified in Section 8 Annex I to these Regulations so as to be visible at the following minimum ranges:

(a) In vessels of 50 metres or more in length:

- a masthead light, 6 miles;
- a sidelight, 3 miles;
- a sternlight, 3 miles;
- a towing light, 3 miles;
- a white, red, green or yellow all-round light, 3 miles.

(b) In vessels of 12 metres or more in length but less than 50 metres in length:

-a masthead light, 5 miles; except that where the length of the vessel is less than 20 metres, 3 miles;
- a sidelight, 2 miles;
- a sternlight, 2 miles;
- a towing light, 2 miles;
- a white, red, green or yellow all-round light, 2 miles.

(c) In vessels of less than 12 metres in length:

- a masthead light, 2 miles;
- a sidelight, 1 miles;
- a sternlight, 2 miles;
- a towing light, 2 miles;
- a white, red, green or yellow all-round light, 2 miles.

(d) In inconspicuous, partly submerged vessels or objects being towed; a white all-round light, 3 miles.

Rule 23 Power-driven Vessels underway

(a) A power-driven vessel underway shall exhibit:

(i) a masthead light forward;

(ii) a second masthead light abaft of and higher than the forward one; except that a vessel of less than 50 metres in length shall not be obliged to exhibit such light but may do so;

(iii) sidelights;

(iv) a sternlight.

(b) An air-cushion vessel when operating in the non-displacement mode shall, in addition to the lights prescribed in paragraph (a) of this Rule, exhibit an all-round flashing yellow light.

(c) A WIG craft only when taking off, landing and in flight near the surface shall, in addition to the lights prescribed in paragraph (a) of this Rule, exhibit a high-intensity all-round flashing red light.

(d) (i) A power-driven vessel of less than 12 metres in length may in lieu of the lights prescribed in paragraph (a) of this rule exhibit an all-round white light and sidelights:

(ii) a power-driven vessel of less than 7 metres in length whose maximum speed does not exceed 7 knots may in lieu of the lights prescribed in paragraph (a) of this Rule exhibit an all-round white light and shall, if practicable, also exhibit sidelights:

(iii) the masthead light or all-round white light on a power-driven vessel of less than 12 metres in length may be displaced from the fore and aft centreline of the vessel if centreline fitting is not practicable, provided that the sidelights are combined in one lantern which shall be carried on the fore and aft centreline of the vessel or located as nearly as practicable in the same fore and aft line as the masthead light or the all-round white light.

Rule 24 Towing and Pushing

(a) A power-driven vessel when towing shall exhibit:

(i) instead of the light prescribed in Rule 23(a)(i) or (a)(ii), two masthead lights in a vertical line. When the length of the tow, measuring from the stern of the towing vessel to the after end of the tow exceeds 200 metres, three such lights in vertical line:

(ii) sidelights;

(iii) a sternlight;

(iv) a towing light in a vertical line above the sternlight;

(v) when the length of the tow exceeds 200 metres, a diamond shape where it can be seen.

(b) When a pushing vessel and a vessel being pushed ahead are rigidly connected in a composite unit they shall be regarded as a power- driven vessel and exhibit the lights prescribed in Rule 23.

(c) A power-driven vessel when pushing ahead or towing alongside except in the case of a composit unit, shall exhibit:

(i) instead of the light prescribed in Rule 23(a)(i) or (a)(ii), two masthead lights in a vertical line;

(ii) sidelights

(iii) a sternlight.

(d) A power-driven vessel to which paragraphs (a) or (c) of this Rule apply shall also comply with Rule 23(a)(ii)

(e) A vessel or object being towed, other than those mentioned in paragraph (g) of this Rule, shall exhibit;

(i) sidelights;

(ii) a sternlight;

(iii) when the length of the tow exceeds 200 metres, a diamond shape where it can best be seen.

(f) Provided that any number of vessels being towed alongside or pushed in a group shall be lighted as one vessel.

(i) a vessel being pushed ahead, not being part of a composite unit, shall exhibit at the forward end, sidelights;

(ii) a vessel being towed alongside shall exhibit a sternlight and at the forward end, sidelights.

(g) An inconspicuous, partly submerged vessel or object, or combination of such vessels or objects being towed, shall exhibit:

(i) if it is less than 25 metres in breadth, one all-round white ligth at or near the forward end and one at or near the after end except that dracones need not exhibit a light at or near the forward end;

(ii) if it is 25 metres of more in breadth, two additional all-round white lights at or near the extremities of its breadth;

(iii) if it exceeds 100 metres in length additional all-round white lights between the lights prescribed in sub-paragraphs (i) and (ii) so that the distance between the lights shall not exceed 100 metres;

(iv) a diamond shape at or near the after most extremity of the last vessel or object being towed and if the length of the tow exceeds 200 metres an additional diamond shape where it can best be seen and located as far forward as is practicable.

(h) Where from any sufficient cause it is impracticable for a vessel or object being towed to exhibit the lights or shapes prescribed in paragraph (e) or (g) of this Rule, all possible measures shall be taken to light the vessel or object towed ar at least to indicate the presence of such vessel or object.

(i) Where from any sufficient cause it is impracticable for a vessel not normally engaged in towing operations to display the lights prescribed in paragraph (a) or (c) of this Rule, such vessel shall not be required to exhibit those lights when engaged in towing another vessel in distress or otherwise in need of assistance.

All possible measures shall be taken to indicate the nature of the relationship between the towing vessel and the vessel being towed as authorized by Rule 36, in particular by illuminating the towline..

Rule 25 Sailing Vessels underway and Vessels under Oars

(a) A sailing vessel underway shall exhibit:

(i) sidelights;

(ii) a sternlight.

(b) In a sailing vessel of less than 20 metres in length the lights prescribed in paragraph (a) of this Rule may be combined in one lantern carried at or near the top of the mast where it can best be seen.

(c) A sailing vessel underway may, in addition to the lights prescribed in paragraph (a) of this Rule, exhibit at or near the top of the mast, where they can best be seen, two all-round lights in a vertical line, the upper being red and the lower green, but these lights shall not be exhibited in conjunction with the combined lantern permitted by paragraph (b) of this Rule.

(d) (i) A sailing vessel of less than 7 metres in length shall, if practicable, exhibit the lights prescribed in paragraph (a) or (b) of this Rule, but if she does not, she shall have ready at hand an electric torch or lighted lantern showing a white light which shall be exhibited in sufficient time to prevent collision.

(ii) A vessel under oars may exhibit the lights prescribed in this Rule for sailing vessels, but if she does not, she shall have ready at hand an electric torch or lighted lantern showing a white light which shall be exhibited in sufficient time to time to prevent collision.

(e) A vessel proceeding under sail when also being propelled by machinery shall exhibit forward where it can best be seen a conical shape, apex downwards.

Rule 26 Fishing Vessels

(a) A vessel engaged in fishing, whether underway or at anchor, shall exhibit only the lights and shapes prescribed in this Rules.

(b) A vessel when engaged in trawling, by which is meant the dragging through the water of a dredge net or other apparatus used as a fishing appliance, shall exhibit:

(i) two all-round lights in a vertical line, the upper being green and the lower white or a shape consisting of two cones with their apexes together in a vertical line

one above the other;
(ii) a masthead light abaft of and higher than the all-round green light; a vessel of less than 50 meters in length shall not be obliged to exhibit such a light but may do so;
(iii) when making way through the water, in addition to the lights prescribed in this paragraph, sidelights and a sternlight.
(c) A vessel engaged in fishing, other than trawling, shall exhibit:
(i) two all-round lights in a vertical line, the upper being red and the lower white or a shape consisting of two cones with apexes together in a vertical line one above the other;
(ii) when there is outlying gear extending more than 150 meters horizontally from the vessel, an all-round white light or a cone apex upwards in the direction of the gear;
(iii) when making way through the water, in addition to the lights prescribed in this paragraph, sidelights and a sternlight.
(d) The additional signals described in Annex II to these Regulations apply to a vessel engaged in fishing in close proximity to other vesels engaged in fishing.
(e) A vessel when not engaged in fishing shall not exhibit the lights or shapes prescribed in this Rule, but only those prescribed for a vessel of her length.

Rule 27 Vessels not under Command or Restricted in their Ability to Manoeuvre

(a) A vessel not under command shall exhibit:
(i) two all-round red lights in a vertical line where they can best be seen;
(ii) two balls or similar shapes in a vertical line where they can best be seen;
(iii) when making way through the water, in addition to the lights prescribed in this paragraph, sidelights and a sternlight.
(b) A vessel restricted in her ability to manoeuvre, except a vessel engaged in mine clearance operations, shall exhibit:
(i) three all-round lights in a vertical line where they can best be seen. The highest and lowest of these lights shall be red and the middle light shall be white;
(ii) three shapes in a vertical line where they can best be seen; The highest and lowest of these shapes shall be balls and the middle one a diamond;
(iii) when making way through the water, a masthead light or lights, sidelights and a sternlight; in addition to the lights prescribed in sub-paragraph (i);
(iv) when at anchor, in addition to the lights or shapes prescribed in sub-paragraphs (i) and (ii), the light, the lights or shape prescribed in Rule 30.
(c) A power-driven vessel engaged in a towing operation such as severely restricts the towing vessel and her tow in their ability to deviate from their course shall, in addition to the lights or shapes prescribed in Rule 24(a), exhibit the lights or shapes

prescribed in sub-paragraphs(b)(i) and (ii) of this Rule.

(d) A vessel engaged in dredging or underwater operations, when restricted in her ability to manoeuvre, shall exhibit the light and shapes prescribed in sub-paragraph (b)(i), (ii) and (iii) of this Rule and shall in addition, when an obstruction exists, exhibit:
   (i) two all-round red lights or two balls in a vertical line to indicate the side on which the obstruction exists;
   (ii) two all-round green lights or two diamonds in a vertical line to indicate the side on which another vessel may pass;
   (iii) when at anchor, the lights or shapes prescribed in this paragraph instead of the lights or shape prescribed in Rule 30.

(e) Whenever the size of a vessel engaged in diving operations makes it impracticable to exhibit all lights and shapes prescribed in paragraph (d) of this Rule, the following shall be exhibited:
   (i) three all-round lights in a vertical line where they can best be seen, the highest and lowest of these lights shall be red and the middle light shall be white;
   (ii) a rigid replica of the International Code flag "A" not less than 1 metre in height. Measures shall be taken to ensure its all-round visibility.

(f) A vessel engaged in mine clearance operations shall in addition to the lights prescribed for a power-driven vessel in Rule 23 or to the lights or shape prescribed for a vessel at anchor in Rule 30 as appropriate, exhibit three all-round green lights or three balls. One of these lights or shapes shall be exhibited near the foremast head and one at each end of the fore yard.

   These lights or shapes indicate that it is dangerous for another vessel to approach within 1,000 metres of the mine clearance vessel.

(g) Vessels of less 12 metres in length, except those engaged in diving operations, shall not be required to exhibit the lights and shapes prescribed in this Rule.

(h) The signals prescribed in this Rule are not signals of vessels in distress and requiring assistance. Such signals are contained in Annex IV to these Regulations.

Rule 28 Vessels constrained by their Draught

A vessel constrained by her draught may, in addition to the lights prescribed for power-driven vessels in Rule 23, exhibit where they can best be seen three all-round red lights in a vertical line, or a cylinder.

Rule 29 Pilot Vessels

(a) A vessel engaged on pilotage duty shall exhibit:
   (i) at or near the masthead, two all-round lights in a vertical line, the upper being white and the lower red;

(ii) when underway, in addition, sidelights and a sternlight;

(iii) when at anchor, in addition to the lights prescribed in subparagraph (i), the light, lights or shape prescribed in Rule 30 for vessels at anchor.

(b) A pilot vessel when not engaged on pilotage duty shall exhibit the lights or shapes prescribed for a similar vessel of her length.

Rule 30 Anchored Vessels and Vesssels aground

(a) A vessel at anchor shall exhibit where it can best be seen:

(i) in the fore part, an all-round white light or one ball;

(ii) at or near the stern and at a lower level than the light prescribed in sub-paragraph (i), an all-round white light.

(b) A vessel of less than 50 metres in length may exhibit an all-round white light where it can best be seen instead of the lights prescribed in paragraph (a) of this Rule.

(c) A vessel at anchor may, and a vessel of 100 metres and more in length shall, also use the available working or equivalent lights to illuminate her decks.

(d) A vessel aground shall exhibit the light prescribed in paragraph (a) or (b) of this Rule and in addition, where they can best be seen:

(i) two all-round red lights in a vertical line;

(ii) three balls in a vertical line.

(e) A vessel of less than 7 metres in length, when at anchor not in or near a narrow channel, fairway or anchorage, or where other vessels normally navigate, shall not be required to exhibit the lights or shapes prescribed in paragraphs (a), (b) of this Rule.

(f) A vessel of less than 12 metres in length, when aground, shall not be required to exhibit the lights or shapes prescribed in sub-paragraphs (d)(i) and (ii) of this Rule.

Rule 31 Seaplanes

Where it is impracticable for a seaplane or a *WIG craft* to exhibit lights and shapes of the characteristics or in the positions prescribed in the Rules of this Part she shall exhibit lights and shapes as closely similar in characteristics and position as is possible.

PART D-SOUND AND LIGHT SIGNALS

Rule 32 Definitions

(a) The word ‘whistle’ means any sound signalling appliance capable of producing the prescribed blasts and which complies with the specifications in Annex III to these Regulations.

(b) The term ‘short blast’ means a blast of about one second’s duration.

(c) The term ‘prolonged blast’ means a blast of from four to six second’s duration.

Rule 33 Equipment for Sound Signals

(a) A vessel of 12 metres or more in length shall be provided with a whistle, a *vessel of 20 metres or more in length shall be provided with a bell in addition to a whistle*, and a vessel of 100 metres or more in length shall, in addition, be provided with a gong, the tone and sound of which can not be confused with that of the bell. The whistle, bell and gong shall comply with the specifications in Annex III to these Regulations. The bell or gong or both may be replaced by other equipment having the same respective sound characteristics, provided that manual sounding of the same prescribed signals shall always be possible.

(b) A vessel of less than 12 metres in length shall not be obliged to carry the sound signalling appliances prescribed in paragraph (a) of this Rule but if she does not, she shall be provided with some other means of making an efficient sound signal.

Rule 34 Manoeuvring and Warning Signals

(a) When vessels are in sight of one another, a power-driven vessel underway, when manoeuvring as authorized or required by these Rules shall indicate that manoeuvre by the following signals on her whistle:
- one short blast to mean 'I am altering my course to starboard';
- two short blast to mean 'I am altering my course to port';
- three short blast to mean 'I am operating astern propulsion'.

(b) Any vessel may supplement the whistle signals prescribed in paragraph (a) of this Rule by light signals, repeated as appropriate, whilst the manoeuvre is being carried out:

(i) these light signals shall have the following significance:
- one flash to mean 'I am altering my course to starboard';
- two flashes to mean 'I am altering my course to port';
- three flashes to mean 'I am operating astern propulsion';

(ii) the duration of each flash shall be about one second, and the interval between flashes shall be about one second, and the interval betwen successive signals shall be not less than ten seconds;

(iii) the light used for this signals shall, if fitted, be an all-round white light, visible at minimum range of 5 miles and shall comply with the provisions of Annex I to these Regulations.

(c) When in sight of one another in a narrow channel or fairway:

(i) a vessel intending to overtake another shall in compliance with Rule 9(e)(i) indicate her intention by the following signals on her whistle:
- two prolonged blasts followed by one blast to mean 'I intend to overtake you on your starboard side';
- two prolonged blasts followed by two short blasts to mean 'I intend to

overtake you on your port side';

(ii) the vessel about to be overtaken when acting on accordance with Rule 9(e)(i) shall indicate her agreement by the following signal on her whistle;

- one prolonged , one short, one prolonged and one short blast, in that order.

(d) When vessels in sight of one another are approaching each other and from any cause either vessels fails to understand the intentions or action of the other, or is in doubt whether sufficient action is being taken by the other to avoid collision, the vessel in doubt shall immediately indicate such doubt by giving at least five short and rapid blasts on the whistle. Such signal may be supplemented by a light signal of at least five short and rapid flashes.

(e) A vessel nearing a bend or an area of a channel or fairway where other vessels may be obscured by an intervening obstruction shall sound one prolonged blast. Such signal shall be answered with a prolonged blast by any approaching vessel that nay be within hearing around the bend or behind the intervening obstruction.

(f) If whistles are fitted on a vessel at a distance apart of more than 100 metres, one whistle only shall be used for giving manoeuvring and warning signals.

Rule 35 Sound Signals in Restricted Visibility

In or near an area of restricted visibility, whether by day or night, the signals prescribed in this Rule shall be used as follows:

(a) A power-driven vessel making way through the water shall sound at intervals of not more than 2 minutes one prolonged blast.

(b) A power-driven vessel underway but stopped and making no way through the water shall sound at intervals of not more than 2 minutes two prolonged blasts in succession with an interval of about 2 seconds between them.

(c) A vessel not under command, a vessel restricted in her ability to manoeuvre, a vessel constrained by her draught, a sailing vessel, a vessel engaged in fishing and a vessel engaged in towing of pushing another vessel shall, instead of the signals prescribed in paragraphs (a) or (b) of this Rule sound at intervals of not more than 2 minutes three blasts in succession, namely one prolonged followed by two short blasts.

(d) A vessel engaged in fishing, when at anchor, and a vessel restricted in her ability to manoeuvre when carrying out her work at anchor, shall instead of the signals prescribed in paragraph (g) of this Rule sound the signal prescribed in paragraph (c) of this Rule.

(e) A vessel towed or if more than one vessel is towed the last vessel of the tow, if manned, shall at intervals of not more than 2 minutes sound four blasts in succession, namely one prolonged followed by three short blasts. When practicable, this signal shall be made immediately after the signal made by the towing vessel.

(f) When a pushing vessel and a vessel being pushed ahead are rigidly connected in a composite unit they shall be regarded as a power-driven vessel and shall give the signals prescribed in paragraphs (a) or (b) of this Rule.

(g) A vessel at anchor shall at intervals of not more than one minute ring the bell rapidly for about 5 seconds. In a vessel of 100 metres or more in length the bell shall be sounded in the forepart of the vessel and immediately after the ringing of the bell the gong shall be sounded rapidly for about 5 seconds in the after part of the vessel. A vessel at anchor may in addition sound three blasts in succession, namely on short, one prolonged and one short blast, to give warning to her position and of the possibility of collision to an approach- ing vessel.

(h) A vessel aground shall give the bell signal and if required the gong signal prescribed in paragraph (g) of this Rule and shall, in addition, give three separate and distinct strokes on the bell immediately before and after the rapid ringing of the bell. A vessel aground may in addition sound an appropriate whistle signal.

(i) A vessel of less than 12 metres in length but less than 20 metres in length shall not be obliged to give the bell signals prescribed in paragraphs (g) and (h) of this Rule. However, if she does not, she shall make some other efficient sound signal at intervals of not more than 2 minutes.

(j) A vessel of less than 12 metres in length shall not be obliged to give the above mentioned signals but, if she does not, shall make some other efficient sound signal at intervals of not more than 2 minutes

(k) A pilot vessel when engaged on pilotage duty may in addition to the signals prescribed in paragraphs (a), (b) or (g) of this Rule sound an identity signal consisting of four short blasts.

Rule 36 Signals to attract Attention

If necessary to attract the attention of another vessel any vessel may make light or sound signals that cannot be mistaken for any signal authorized elsewhere in these Rules, or may direct the beam of her searchlight in the direction of the danger, in such a way as not to embarrass any vessel.

Any light to attract the attention of another vessel shall be such that it can not be mistaken for any aid to navigation. For the purpose of this Rule the use of high intensity intermittent or revolving lights, such as strove lights, shall be avoided.

Rule 37 Distress Signals

When a vessel is in distress and requires assistance she shall use or exhibit the signals described in Annex IV to these Regulations.

부록4 해사안전법 해상교통법 규정

■ 해상교통안전법<2012년 해사안전법으로 대체됨, 225면 이하 참조>

제정 86.12.31 법률제3909호
일부개정 2002.12.26 법률 제6834호

제1장 총 칙

제1조(목적)

이 법은 선박의 안전운항을 위한 안전관리체제를 확립하고, 해상에서 일어나는 선박항행상의 모든 위험과 장해를 제거함으로써 해상에서의 안전 및 원활한 교통을 확보함을 목적으로 한다. [전문개정 99.2.8]

제2조(정의)

이 법에서 사용하는 용어의 정의는 다음과 같다. 〈개정 97.12.17, 99.2.8〉

1. "선박"이라 함은 수상에서 항행수단으로 사용되거나 사용될 수 있는 선주류(수상에서 이동할 수 있는 수상항공기를 포함한다)를 말한다. 〈개정 2002.12.26.〉

1의2. "해양시설"이라 함은 해양오염방지법 제2조 제10호의 규정에 의한 해양시설을 말한다.

2. "대한민국선박"이라 함은 선박법 제2조 각호의 규정에 의한 선박을 말한다.
3. "동력선"이라 함은 기관을 사용하여 추진하는 선박을 말하되, 돛을 설치한 선박으로서 주로 기관을 사용하여 추진하는 경우에는 동력선으로 본다.
4. "범선"이라 함은 돛을 사용하여 추진하는 선박을 말하되, 기관을 설치한 선박으로서 주로 돛을 사용하여 추진하는 경우에는 범선으로 본다.
5. "어로에 종사하고 있는 선박"이라 함은 그물 · 낚시줄 · 트롤망 기타 조종성능을 제한하는 어구를 사용하여 어로작업을 하고 있는 선박을 말한다.
6. "조종불능선"이라 함은 선박의 조종성능을 제한하는 고장 기타의 사유로 조종이 불가능하게 되어 다른 선박의 진로를 피할 수 없는 선박을 말한다.
7. "조종제한선"이라 함은 다음 각목의 작업 기타 선박의 조종성능을 제한하는 작업에 종사하고 있어 다른 선박의 진로를 피할 수 없는 선박을 말한다.
   가. 항로표지 · 해저전선 또는 해저파이프라인의 부설 · 보수 및 인양작업
   나. 준설 · 측량 또는 수중작업
   다. 항행중 보급, 사람의 이송 또는 화물의 이적

라. 항공기의 발착작업

마. 기뢰제거작업

바. 진로로부터의 이탈능력을 매우 제한받는 예인작업

8. "흘수제약선"이라 함은 가항수역의 수심 및 폭과 선박의 흘수의 관계에 비추어 볼 때 그 진로로부터 벗어날 수 있는 능력이 매우 제한되어 있는 동력선을 말한다. 〈개정 2002.12.26.〉

9. "항행중"이라 함은 선박이 다음 각목의 1에 해당하지 아니하는 상태를 말한다.

가. 정박

나. 육안에의 계류(계선부표 및 정박하고 있는 선박에의 계류를 포함한다)

다. 얹혀있는 상태

10. "길이와 폭"이라 함은 선박의 전장과 최대의 폭을 말한다.

11. "선박이 서로 시계내에 있는"이라 함은 선박에서 다른 선박을 시각으로 볼 수 있는 상태에 있는 것을 말한다.

12. "제한된 시계"라 함은 안개 · 연기 · 눈 · 비 · 모래바람 기타 이와 유사한 사유로 시계가 제한되고 있는 상태를 말한다.

13. "항로지정방식"이라 함은 선박이 통항하는 항로 · 속력 기타 선박운항에 관한 사항을 지정하는 제도를 말한다.

14. "통항분리방식"이라 함은 선박의 충돌을 방지하기 위하여 통항로의 설정 기타 적절한 방법으로 한쪽 방향만으로 항행할 수 있도록 항로를 분리하는 제도를 말한다.

15. "통항로"라 함은 선박의 항행안전을 확보하기 위하여 한쪽 방향만으로 항행할 수 있도록 되어 있는 일정한 범위의 수역을 말한다.

16. "분리선" 또는 "분리대"라 함은 서로 다른 방향으로 진행하는 통항로를 분리하는 선 또는 일정한 폭의 수역을 말한다.

17. "연안통항대"라 함은 통항분리수역의 육지쪽 경계선과 해안사이의 수역을 말한다.

18. "예인선열"이라 함은 선박이 다른 선박을 끌거나 밀어 항행할 때의 선단전체를 말한다.

19. "대수속력"이라 함은 자선 또는 다른 선박의 추진장치의 작용이나 그로 인한 선박의 타력에 의하여 생기는 선박의 물에 대한 속력을 말한다.

20. "마스트등"이라 함은 선수 · 미의 중심선상에 설치되어 225도에 걸치는 수평의 호를 비추되, 그 불빛이 정선수 방향으로부터 각현 정횡으로부터 후방 22.5도까지를 비출 수 있는 백등을 말한다.

21. "현등"이라 함은 정선수 방향으로부터 양현으로 각각 112.5도에 걸치는 수평의 호를 비추는 등화로서 그 불빛이 정선수 방향으로부터 좌현 정횡으로부터 후방 22. 5도까지를 비출 수 있도록 좌현쪽에 설치된 홍등과 그 불빛이 정선수 방향으로부터 우현 정횡으로부터

후방 22.5도까지를 비출 수 있도록 우현쪽에 설치된 녹등을 말한다.

22. “양색등”이라 함은 선수 · 미의 중심선상에 설치된 홍색 및 녹색의 부분으로 된 등화로서 그 홍색 및 녹색의 부분이 각각 현등의 홍등 및 녹등과 동일한 특성을 가진 등화를 말한다.
23. “선미등”이라 함은 135도에 걸치는 수평의 호를 비추는 백등으로서 그 불빛이 정선미 방향으로부터 각현의 67.5도까지를 비출 수 있도록 선미부 가까이에 설치된 등화를 말한다.
24. “삼색등”이라 함은 선수 · 미의 중심선상에 설치된 홍색 · 녹색 및 백색의 부분으로 된 등화로서 그 홍색 · 녹색 및 백색의 부분이 각각 현등의 홍등과 녹등 및 선미등과 동일한 특성을 가진 등화를 말한다.
25. “예선등”이라 함은 선미등과 동일한 특성을 가진 황색등을 말한다.
26. “전주등”이라 함은 360도에 걸치는 수평의 호를 비추는 등화를 말한다. 다만, 섬광등을 제외한다.
27. “섬광등”이라 함은 360도에 걸치는 수평의 호를 비추는 등화로서 일정한 간격으로 매분 120회이상의 섬광을 발하는 등화를 말한다.
28. “기적”이라 함은 이 법이 정하는 바에 따라 단음과 장음을 발할 수 있는 음향신호장치를 말한다.
29. “단음”이라 함은 1초정도 계속되는 고동소리를 말한다.
30. “장음”이라 함은 4초 내지 6초정도 계속되는 고동소리를 말한다.
31. “거대선”이라 함은 길이 200미터 이상의 선박을 말한다.
32. “위험화물운반선”이라 함은 선체구조의 일부로서 형성되는 화물창 또는 선체에 고정된 탱크등에 해양수산부령이 정하는 위험물을 싣고 운반하는 선박을 말한다.
33. “고속여객선”이라 함은 시속 15노트 이상의 속력으로 항행하는 여객선을 말한다.
34. “해상교통관제방식”이라 함은 선박의 안전하고 원활한 통항을 목적으로 해상교통관제시설을 설치하여 항행하는 선박에 대하여 적절한 항행정보를 제공하고 당해 선박이 적법하게 항행하는지의 여부를 감시 · 지도하는 제도를 말한다.
35. “항로”라 함은 다음 각목의 1에 해당하는 수로를 말한다.
    가. 개항질서법 제2조 제7호의 규정에 의한 항로
    나. 제45조의 규정에 의한 교통안전특정해역안의 항로
    다. 제50조의 규정에 의하여 고시된 좁은 수로 등에서의 항로

제3조(적용범위)

① 이 법은 다음 각호의 1에 해당하는 선박 및 해양시설에 대하여 이를 적용한다. 〈개정 97.12.17, 99.2.8〉

1. 대한민국의 영해 또는 내수(해상항행선박이 항행을 계속할 수 없는 하천 · 호소등을 제외한다. 이하 이 항에서 같다)에 있는 선박 또는 해양시설. 다만, 대한민국선박이 아닌

선박에 대하여 제10조 내지 제10조의5의 규정을 적용함에 있어서는 제10조의7의 규정이 정하는 바에 의한다.

2. 대한민국의 영해 및 내수를 제외한 해역에 있는 대한민국선박

② 이 법 또는 이 법에 의한 명령중 선박소유자에 관한 규정은 선박공유의 경우에 선박관리인을 임명한 때에는 이를 선박관리인에게, 선박임대차의 경우에는 이를 선박임차인에게 각각 적용하고 선장에 관한 규정은 선장에 갈음하여 그 직무를 행하는 자에게도 이를 적용한다.

③ 이 법 또는 이 법에 의한 명령중 해양시설의 소유자에 관한 규정은 해양시설임대차의 경우에는 이를 해양시설의 임차인에게 적용한다. 〈신설 97.12.17〉

제4조(다른 법률과의 관계)

개항 및 지정항의 항계안에서 선박의 충돌방지를 위하여 지켜야 할 항법 · 신호 기타 운항에 관하여 개항질서법에 다른 규정이 있는 때에는 그 규정에서 정하는 바에 의한다.

제5조(조약의 적용)

선박의 충돌방지 및 안전관리 등에 관하여 조약에 다른 규정이 있는 때에는 그 규정에서 정하는 바에 의한다. 〈개정 99.2.8〉

제2장 해상안전관리

(생략)

제3장 해상교통관리

제1절 모든 시계상태에 있어서의 선박의 항법

제12조(적용)

이 절의 규정은 모든 시계상태에 있어서 이를 적용한다.

제13조(경계)

선박은 주위의 상황 및 다른 선박과의 충돌의 위험을 충분히 판단할 수 있도록 시각 · 청각 및 당시의 상황에 적합한 이용할 수 있는 모든 수단에 의하여 항상 적절한 경계를 하여야 한다.

제14조(안전한 속력)

① 선박은 다른 선박과의 충돌을 피하기 위하여 적절하고 유효한 동작을 취하거나 당시의 상황에 적합한 거리에서 정선할 수 있도록 항상 안전한 속력으로 항행하여야 한다.

② 제1항의 규정에 의한 안전한 속력에 관하여 필요한 사항은 해양수산부령으로 정한다. 〈개정 97.12.17〉

제15조(충돌의 위험)

① 선박은 다른 선박과 충돌할 위험이 있는지의 여부를 판단하기 위하여 당시의 상황에 적합한 모든 수단을 활용하여야 한다.

② 레이다를 설치하고 있는 선박은 다른 선박과 충돌할 위험성의 유무를 미리 확인하기 위하여 레이다에 의한 장거리 주사와 탐지된 물체에 대한 작도 기타 체계적인 관측을 하여야 한다.

③ 선박은 불충분한 레이다 정보 기타 불충분한 정보에 의하여 다른 선박과 충돌할 위험이 있는지의 여부를 판단하여서는 아니된다.

④ 선박은 접근하여 오는 다른 선박의 나침방위에 명확한 변화가 일어나지 아니한 때에는 충돌의 위험성이 있다고 보아 필요한 조치를 하여야 한다. 접근하여 오는 다른 선박의 나침방위에 명확한 변화가 있을 경우라도 초대형선 또는 예인작업에 종사하고 있는 선박에 접근하거나 다른 선박에 가까운 거리로 접근하는 때에도 또한 같다.

제16조(충돌을 피하기 위한 동작)

① 선박은 다른 선박과의 충돌을 피하기 위한 동작을 취할 경우에는 될 수 있는 대로 충분한 시간적 여유를 두고 적절한 선박의 운용상의 관행에 따라 적극적으로 취하여야 한다.

② 선박은 다른 선박과의 충돌을 피하기 위하여 침로 또는 속력을 변경할 때에는 될 수 있는 대로 그 변경을 다른 선박이 쉽게 알아볼 수 있도록 충분히 크게 하여야 하며, 침로나 속력을 소폭으로 연속적으로 변경하여서는 아니된다.

③ 선박은 넓은 수역에서 침로를 변경하여 충돌을 피하고자 할 때에는 적절한 시기에 큰 각도로 침로를 변경하여야 하며, 그에 따라 다른 선박에 접근하지 아니하도록 하여야 한다.

④ 선박은 다른 선박과의 충돌을 피하기 위한 동작을 취할 때에는 다른 선박과의 사이에 안전한 거리를 두고 통과할 수 있도록 그 동작을 취하여야 한다. 이 경우 그 동작의 효과를 다른 선박이 완전히 통과할 때까지 주의깊게 확인하여야 한다.

⑤ 선박은 다른 선박과의 충돌을 피하거나 상황을 판단하기 위한 시간적 여유를 얻기 위하여 필요한 경우에는 속력을 줄이거나 기관을 정지 또는 후진하여 선박의 진행을 완전히 멈추어야 한다.

⑥ 이 법의 규정에 의하여 다른 선박의 통항 또는 안전한 통항을 방해하여서는 아니되는 선박은 다음 각호의 사항을 준수 및 유의하여야한다.

1. 다른 선박의 안전한 통항을 위한 충분한 여유수역이 확보될 수있도록 조기에 동작을 취할 것
2. 다른 선박에 접근하여 충돌의 위험이 생긴 경우에는 그 책임을 면할 수 없으며, 피항동

작을 취할 때에는 이 장의 규정에서 요구하는 동작에 대하여 충분히 고려할 것. 〈2002.12.26 본항신설〉

⑦ 이 법의 다른 규정에 따라 다른 선박으로부터 통항의 방해를 받지 아니하도록 되어있는 선박은 다른 선박과 서로 접근하여 충돌의 위험이 생긴 경우에 이 장의 규정에 따라야 한다. 〈2002.12.26 본항신설〉

제17조(좁은 수로등)

① 좁은 수로 또는 항로(이하 "좁은 수로등"이라 한다)를 따라 항행하는 선박은 항행의 안전을 고려하여 될 수 있는 대로 좁은 수로등의 오른편 끝쪽으로 항행하여야 한다. 다만, 제18조 제1항의 규정에 의하여 통항분리방식이 적용되는 해역 또는 제50조의 규정에 의하여 해양수산부장관이 특별히 지정한 해역에서는 그러하지 아니하다. 〈개정 97.12.17〉

② 길이 20미터 미만의 선박 또는 범선은 좁은 수로등의 안쪽에서만 안전하게 항행할 수 있는 다른 선박의 통항을 방해하여서는 아니된다.

③ 어로에 종사하고 있는 선박은 좁은 수로등의 안쪽에서 항행하고 있는 다른 선박의 통항을 방해하여서는 아니된다.

④ 선박은 좁은 수로등의 안쪽에서만 안전하게 항행할 수 있는 다른 선박의 통항을 방해하게 되는 경우에는 좁은 수로등을 횡단하여서는 아니된다.

⑤ 제21조 제2항 및 제3항의 규정에 의한 추월선은 좁은 수로등에서 추월당하는 선박이 추월선을 안전하게 통과시키기 위한 동작을 취하지 아니하면 이를 추월할 수 없을 경우에는 기적신호를 하여 추월의 의사를 나타내야 한다. 이 경우 추월당하는 선박은 그 의도에 동의한 때에는 기적신호를 하여 그 의사를 표시하고, 추월선을 안전하게 통과시키기 위한 동작을 취하여야 한다.

⑥ 선박이 좁은 수로등의 굽은 부분 또는 항로상의 장애물로 인하여 다른 선박을 볼 수 없는 수역에 접근하는 경우에는 특히 주의하여 항행하여야 한다.

⑦ 선박은 좁은 수로등에서 정박(정박중인 선박에 계류하는 것을 포함한다)을 하여서는 아니된다. 다만, 해양사고를 피하거나 인명 기타 선박을 구조하기 위하여 부득이하다고 인정되는 경우에는 그러하지 아니하다. 〈개정 99.2.5〉

제18조(통항분리방식)

① 이 조의 규정은 국제해사기구가 채택한 통항분리방식이 적용되는 수역(이하 "통항분리수역"이라 한다)에 대하여 적용한다.

1. 국제해사기구가 채택하여 통항분리방식이 적용되는 수역
2. 해상교통량의 폭주로 충돌사고의 발생의 위험성이 있어 통항분리수역의 적용이 필요한 수역으로서 해양수산부령으로 정하는 수역 〈개정 2002.12.26.〉

② 선박이 통항분리수역을 항행하는 경우에는 다음 각호의 사항을 준수하여야 한다.

1. 통항로안에서는 정하여진 선박의 진행방향으로 항행하여야 한다.
2. 분리선 또는 분리대에서 될 수 있는대로 떨어져서 항행하여야 한다.
3. 통항로의 출입구를 통하여 출입하는 것을 원칙으로 하되, 통항로의 옆쪽으로 출입하는 경우에는 그 통항로에 대하여 정하여진 선박의 진행방향에 대하여 될 수 있는대로 작은 각도로 출입하여야 한다.

③ 선박은 통항로를 횡단하여서는 아니된다. 다만, 부득이한 사유로 그 통항로를 횡단하여야 하는 경우에는 그 통항로와 선수방향이 직각에 가까운 각도로 횡단하여야 한다. 〈개정 2002.12.26.〉

④ 선박은 연안통항대에 인접한 통항분리수역의 통항로를 안전하게 통과할 수 있을 경우에는 연안통항대를 따라 항행하여서는 아니된다. 다만, 다음 각호의 선박은 그러하지 아니하다.
1. 길이 20미터미만의 선박
2. 범선
3. 어로에 종사중인 선박
4. 인접한 항구로 입출항하는 선박
5. 연안통항대 안에 있는 해양시설 또는 도선자의 승하선 장소에 출입하는 선박
6. 급박한 위험을 피하기 위한 선박. 〈개정 2002.12.26.〉.

⑤ 통항로를 횡단하거나 통항로에 출입하는 선박외의 선박은 급박한 위험을 피하거나 분리대 안에서 어로에 종사하는 경우를 제외하고는 분리대에 들어가거나 분리선을 횡단하여서는 아니된다.

⑥ 통항분리수역안에서 어로에 종사하는 선박은 통항로를 따라 항행하는 다른 선박의 항행을 방해하여서는 아니된다. 〈개정 2002.12.26.〉

⑦ 모든 선박은 통항분리수역의 출입구 부근에서는 특히 주의하여 항행하여야 한다.

⑧ 선박은 통항분리수역 및 그 출입구 부근에 정박(정박중인 선박에 계류하는 것을 포함한다)을 하여서는 아니된다. 다만, 해양사고를 피하거나 인명이나 선박을 구조하기 위하여 부득이하다고 인정되는 사유가 있는 경우에는 그러하지 아니하다. 〈개정 99.2.5〉 〈〈시행일 99.8.6〉〉

⑨ 통항분리수역을 이용하지 아니하는 선박은 될 수 있는대로 통항분리수역에서 멀리 떨어져서 항행하여야 한다.

⑩ 길이 20미터미만의 선박 또는 범선은 통항로를 따라 항행하고 있는 다른 선박의 항행을 방해하여서는 아니된다.

⑪ 통항분리수역안에서 해저전선의 부설 · 보수 및 인양을 위한 작업을 행하거나 항행안전을 유지하기 위한 작업을 행하는 중이어서 조종능력이 제한되고 있는 선박은 그 작업을 수행하는데 필요한 범위안에서 제1항 내지 제10항의 규정을 적용하지 아니한다.

제2절 선박이 서로 시계내에 있는 때의 항법

제19조(적용)

이 절의 규정은 서로 시계내에 있는 선박에 적용한다.

제20조(범선)

① 2척의 범선이 서로 접근하여 충돌할 위험이 있는 경우에는 다음 각 호의 규정에 의한 항행방법에 따라 항행하여야 한다.

1. 각 범선이 다른 현에 바람을 받고 있는 경우에는 좌현에 바람을 받고 있는 범선이 다른 범선의 진로를 피하여야 한다.
2. 양 범선이 서로 같은 현에 바람을 받고 있는 경우에는 바람이 불어오는 쪽의 범선이 바람이 불어가는 쪽의 범선의 진로를 피하여야 한다.
3. 좌현에 바람을 받고 있는 범선은 바람이 불어오는 쪽에 다른 범선을 본 경우, 그 범선이 바람을 좌현 또는 우현 어느 쪽에 받고 있는지 확인할 수 없는 때에는 그 범선의 진로를 피하여야 한다.

② 제1항의 규정을 적용함에 있어서 바람이 불어오는 쪽이라 함은 종범선에 있어서는 주범을 펴고 있는 쪽의 반대쪽을 말하고, 횡범선에 있어서는 최대의 종범을 펴고 있는 쪽의 반대쪽을 말하며 바람이 불어가는 쪽이라 함은 바람이 불어오는 쪽의 반대쪽을 말한다.

제21조(추월)

① 추월선은 이 장 제1절 및 제2절의 다른 규정에 불구하고 추월당하고 있는 선박을 완전히 추월하거나 그 선박에서 충분히 멀어질 때까지 그 선박의 진로를 피하여야 한다.〈개정 2002.12.26.〉

② 다른 선박의 정횡으로부터 22.5도를 넘는 후방의 위치(야간에 있어서는 다른 선박의 선미등만을 볼 수 있고 어느 쪽의 현등도 볼 수 없는 위치를 말한다)로부터 그 선박을 앞지르는 선박은 추월선으로 보아 필요한 조치를 취하여야 한다.

③ 선박은 스스로 다른 선박을 추월하고 있는지 여부가 분명하지 아니한 경우에는 추월선이라고 보아 필요한 조치를 취하여야 한다.

④ 추월하는 경우에 2척의 선박사이의 방위에 어떠한 변경이 있더라도 추월하는 선박은 추월이 완전히 끝날 때까지 추월당하는 선박의 진로를 피하여야 한다.

제22조(마주치는 상태)

① 2척의 동력선이 마주치거나 거의 마주치게 되어 충돌의 위험이 있을 때에는 각 동력선은 서로 다른 선박의 좌현쪽을 통과할 수 있도록 침로를 우현쪽으로 변경하여야 한다.

② 선박은 다른 선박을 선수방향에서 볼 수 있는 경우로서 다음 각호의 1에 해당하는 때에는 마주치는 상태에 있다고 보아야 한다.

1. 야간에는 2개의 마스트 등을 일직선상 또는 거의 일직선상에 볼 수 있거나 양현 등을 볼 수 있는 경우
2. 주간에는 양선박의 마스트가 선수 · 미선상에서 일직선이 되거나 거의 일직선이 되는 경우

③ 선박은 마주치는 상태에 있는지의 여부가 분명하지 아니한 경우에는 마주치는 상태에 있다고 보고 필요한 조치를 취하여야 한다.

제23조(횡단하는 상태)
2척의 동력선이 서로 진로를 횡단하는 경우에 충돌의 위험이 있을 때에는 다른 선박을 우현쪽에 두고 있는 선박이 그 다른 선박의 진로를 피하여야 한다. 이 경우 다른 선박의 진로를 피하여야 하는 선박은 부득이한 때를 제외하고는 당해 다른 선박의 선수방향을 횡단하여서는 아니된다.

제24조(피항선의 동작)
이 법의 규정에 의하여 다른 선박의 진로를 피하여야 할 모든 선박(이하 '피항선'이라 한다)은 될 수 있는대로 미리 큰 동작을 취하여 다른 선박으로부터 충분히 떨어져야 한다. 〈개정 2002.12.26.〉

제25조(유지선의 동작)
① 2척의 선박중에서 1척의 선박이 다른 선박의 진로를 피하여야 할 경우에 다른 선박은 그 침로와 속력을 유지하여야 한다.
② 제1항의 규정에 의하여 침로 및 속력을 유지하여야 하는 선박(이하 "유지선"이라 한다)은 피항선이 이 법의 규정에 따른 적절한 조치를 취하고 있지 아니하다고 판단되는 경우에는 제1항의 규정에 불구하고 스스로의 조종만으로 피항선과의 충돌을 피하기 위한 조치를 취할 수 있다. 이 경우 유지선은 부득이하다고 판단되는 때를 제외하고는 자선의 좌현쪽에 있는 선박을 향하여 침로를 좌측으로 변경하여서는 아니된다.
③ 유지선은 피항선과 매우 가까이 접근하여 당해 피항선의 동작만으로는 충돌을 피할 수 없다고 판단되는 경우에는 제1항의 규정에 불구하고 충돌을 피하기 위하여 충분한 협력을 하여야 한다.
④ 제2항 및 제3항의 규정은 피항선에게 진로를 피하여야 할 의무를 면제하는 것은 아니다. 〈개정 2002.12.26.〉

제26조(선박사이의 책무)
① 항행중인 선박은 제17조 · 제18조 및 제21조의 규정에 의한 경우를 제외하고는 이 조에서 정하는 항법에 따라야 한다.
② 항행중인 동력선은 다음 각호의 규정에 의한 선박의 진로를 피하여야 한다.

1. 조종불능선
2. 조종제한선
3. 어로에 종사하고 있는 선박
4. 범선

③ 항행중인 범선은 다음 각호의 규정에 의한 선박의 진로를 피하여야 한다.

1. 조종불능선
2. 조종제한선
3. 어로에 종사하고 있는 선박

④ 어로에 종사하고 있는 항행중인 선박은 될 수 있는대로 다음 각호의 규정에 의한 선박의 진로를 피하여야 한다.

1. 조종불능선
2. 조종제한선

⑤ 조종불능선 또는 조종제한선외의 선박은 부득이하다고 인정되는 경우를 제외하고는 제35조의 규정에 의한 등화 또는 형상물을 표시하고 있는 흘수제약선의 통항을 방해하여서는 아니된다.

⑥ 수상항공기는 될 수 있는대로 모든 선박으로부터 충분히 떨어져서 선박의 통항을 방해하지 아니하도록 하되, 충돌의 위험이 있는 경우에는 이 법이 정하는 바에 의하여야 한다.

제3절 제한된 시계에 있어서의 선박의 항법

제27조(제한된 시계에 있어서의 선박의 항법)

① 이 조의 규정은 시계가 제한된 수역 또는 그 부근을 항행하고 있는 선박이 서로 시계내에 있지 아니한 경우에 적용한다.

② 모든 선박은 시계가 제한된 그 당시의 사정과 조건에 적합한 안전한 속력으로 항행하여야 하며, 동력선은 제한된 시계내에 있는 경우 기관을 즉시 조작할 수 있도록 준비하고 있어야 한다.

③ 선박은 제1절의 규정에 의하여 조치를 취함에 있어서 시계가 제한되어 있는 당시의 상황에 충분히 유의하여 항행하여야 한다.

④ 레이다만으로 다른 선박이 있는 것을 탐지한 선박은 당해 선박과 매우 근접한 상태가 되고 있는지의 여부 또는 당해 선박과의 충돌의 위험이 있는지의 여부를 판단하여야 한다. 이 경우 당해 선박과 매우 근접한 상태가 되고 있거나 당해 선박과 충돌할 위험이 있다고 판단한 경우에는 충분한 시간적 여유를 두고 피항동작을 취하여야 한다.

⑤ 제4항의 규정에 의한 피항동작이 침로의 변경만으로 이루어질 경우에는 될 수 있는대로 다음 각호의 동작은 피하여야 한다.

1. 추월당하고 있는 선박에 대한 경우를 제외하고, 다른 선박이 자선의 정횡으로부터 앞쪽에 있는 경우 좌현쪽으로 침로를 변경하는 행위
2. 자선의 정횡 또는 정횡으로부터 뒷쪽에 있는 선박의 방향으로 침로를 변경하는 행위

⑥ 충돌의 위험성이 없다고 판단한 경우를 제외하고는 자선의 정횡의 앞쪽에 있는 다른 선박의 무중신호를 듣거나 자선의 정횡으로부터 앞쪽에 있는 다른 선박과 매우 근접한 상태가 되는 것을 피할 수 없는 경우 모든 선박은 자선의 침로를 유지함에 필요한 최소의 속력으로 감속하여야 한다. 이 경우 필요하다고 인정할 경우에는 자선의 진행을 완전히 멈추어야 하되, 어떠한 경우에도 충돌의 위험성이 사라질 때까지 주의하여 항행하여야 한다.

제4절 등화 및 형상물

제28조(적용)

① 이 절의 규정은 모든 천후에서 적용한다.

② 선박은 일몰시부터 일출시까지 이 법에서 정하는 등화를 표시하여야 하며, 이 시간내에는 이 법에서 정하는 등화외의 등화를 표시하여서는 아니된다. 다만, 이 법에서 정하는 등화로 오인되지 아니하는 등화와 이 법에서 정하는 등화의 가시도 또는 그 특성의 식별을 방해하지 아니하는 등화 및 적절한 경계를 방해하지 아니하는 등화는 그러하지 아니하다.

③ 이 법에서 정하는 등화를 설치하고 있는 선박은 일출시부터 일몰시까지도 제한된 시계에 있어서는 이를 표시하여야 하며 필요하다고 인정되는 그밖의 경우에도 표시할 수 있다.

④ 선박은 주간에 이 법에서 정하는 형상물을 표시하여야 한다.

제29조(등화 및 형상물의 기준)

이 법에서 규정하는 등화의 가시거리 · 광도등 기술상의 기준과 등화 및 형상물의 구조와 설치할 위치등에 관하여 필요한 사항은 해양수산부장관이 정하여 고시한다. 〈개정 97.12.17〉

제30조(항행중인 동력선)

① 항행중인 동력선은 다음 각호의 등화를 표시하여야 한다.

1. 앞쪽에 마스트등 1개와 그 마스트등보다 뒷쪽의 높은 위치에 마스트등 1개. 다만, 길이 50미터미만의 동력선은 뒷쪽의 마스트등을 표시하지 아니할 수 있다.
2. 현등 1쌍(길이 20미터미만의 선박은 이에 갈음하여 양색등을 표시할 수 있다. 이하 이 절에서 같다)
3. 선미등 1개

② 수면에서 부양한 상태로 항행중인 해양수산부령으로 정하는 선박은 제1항의 규정에 의한 등화에 부가하여 사방을 비출 수 있는 황색의 섬광등 1개를 표시하여야 한다. 〈개정 97.12.17〉

③ 길이 12미터미만의 동력선은 제1항의 규정에 의한 등화에 갈음하여 백색의 전주등 1개와 현등 1쌍을 표시할 수 있다.

④ 길이 7미터미만이고 최대속력이 7노트를 넘지 아니하는 동력선은 제1항 또는 제3항의 규정에 의한 등화에 갈음하여 백색의 전주등 1개만을 표시할 수 있으며, 가능한 경우 현등 1쌍도 표시할 수 있다.

⑤ 길이 12미터미만인 동력선에 있어서 마스트 등 또는 백색의 전주등을 선수 · 미의 중심선상에 표시하는 것이 불가능할 경우에는 그 중심선상으로부터 벗어난 위치에 표시할 수 있다. 이 경우 현등 1쌍은 이를 한개의 등화로 결합하여 선수 · 미의 중심선상 또는 그에 가까운 위치에 표시하되 그 표시가 불가능할 경우에는 될 수 있는대로 마스트 등 또는 백색의 전주 등이 표시된 선으로부터 가까운 위치에 표시하여야 한다.

제31조(항행중인 예인선)

① 동력선이 다른 선박 또는 물체를 끌고 있는 경우에는 다음 각호의 등화 또는 형상물을 표시하여야 한다.

1. 제30조 제1항 제1호의 규정에 의하여 앞쪽에 표시하는 마스트등에 갈음하여 동일수직선상에 마스트등 2개. 다만, 예인선의 선미로부터 끌려가고 있는 선박 또는 물체의 뒷쪽끝까지 측정한 예인선열의 길이가 200미터를 초과할 경우에는 동일 수직선상에 마스트등 3개
2. 현등 1쌍
3. 선미등 1개
4. 선미등의 윗쪽에 수직선상으로 예선등 1개
5. 예인선열의 길이가 200미터를 초과할 때에는 가장 잘 보이는 곳에 마름모꼴의 형상물 1개

② 다른 선박을 밀거나 옆에 붙어서 끌고 있는 동력선은 다음 각호의 등화를 표시하여야 한다.

1. 제30조 제1항 제1호의 규정에 의하여 앞쪽에 표시하는 마스트 등에 갈음하여 동일수직선상으로 마스트 등 2개
2. 현등 1쌍
3. 선미등 1개

③ 끌려가고 있는 선박 또는 물체는 다음 각호의 등화 또는 형상물을 표시하여야 한다.

1. 현등 1쌍
2. 선미등 1개
3. 예인선열의 길이가 200미터를 초과할 경우에는 가장 잘 보이는 곳에 마름모꼴의 형상물 1개

④ 2척이상의 선박이 일단이 되어 밀려가거나 옆에 붙어서 끌려갈 경우에는 이를 1척의 선박

으로 보고 다음 각호의 등화를 표시하여야 한다.

1. 앞쪽으로 밀려가고 있는 선박의 앞쪽끝에 현등 1쌍을 표시하여야 한다.
2. 옆에 붙어서 끌려가고 있는 선박은 선미등 1개와 그의 앞쪽끝에 현등 1쌍을 표시하여야 한다.

⑤ 일부가 물에 잠겨 잘 보이지 아니하는 상태에서 끌려가고 있는 선박이나 물체 또는 끌려가고 있는 선박이나 물체의 혼합체는 제3항의 규정에 불구하고 다음 각호의 등화 또는 형상물을 표시하여야 한다.

1. 폭 25미터 미만인 경우에는 앞쪽끝과 뒷쪽끝 또는 그 부근에 백색의 전주등 각 1개
2. 폭 25미터 이상의 경우에는 제1호의 규정에 의한 등화에 부가하여 그 폭의 양쪽끝 또는 그 부근에 백색의 전주등 각 1개
3. 길이가 100미터를 초과하는 경우에는 제1호 및 제2호의 규정에 의한 등화사이의 거리가 100미터를 넘지 아니하도록 하는 백색전주 등의 부가표시
4. 끌려가고 있는 맨 뒷쪽의 선박 또는 물체의 뒷쪽끝 또는 그 부근에 마름모꼴의 형상물 1개. 이 경우 예인선열의 길이가 200미터를 초과할 때에는 가장 잘 볼 수 있는 앞쪽끝 부분에 마름모꼴의 형상물 1개를 부가하여 표시한다.

⑥ 끌려가고 있는 선박 또는 물체에 제3항 또는 제5항의 규정에 의한 등화 또는 형상물을 표시할 수 없는 경우에는 끌려가고 있는 선박 또는 물체를 조명하거나 그 존재를 나타낼 수 있는 가능한 모든 조치를 취하여야 한다.

⑦ 통상적으로 예인작업에 종사하지 아니하는 선박이 조난중인 선박 또는 구조를 요하는 다른 선박을 끌고 있는 경우로서 제1항 또는 제2항의 규정에 의한 등화를 표시할 수 없을 때에는 이들 등화를 표시하지 아니할 수 있다. 이 경우 끌고 있는 선박과 끌려가고 있는 선박 사이의 관계를 표시하기 위하여 끄는데 사용되는 줄을 탐조등으로 비추는 등 제43조의 규정에 의한 가능한 모든 조치를 취하여야 한다.

⑧ 밀고 있는 선박과 밀려가고 있는 선박이 견고하게 연결되어 하나의 복합체를 이룬 경우에는 이를 1척의 동력선으로 보고 제30조의 규정을 적용한다.

제32조(항행중인 범선등)

① 항행중인 범선은 다음 각호의 등화를 표시하여야 한다.

1. 현등 1쌍
2. 선미등 1개

② 항행중인 길이 20미터 미만의 범선에 있어서는 제1항의 규정에 의한 등화에 갈음하여 마스트의 꼭대기 또는 그 부근의 가장 잘 보이는 곳에 삼색등 1개를 표시할 수 있다.

③ 항행중인 범선은 제1항의 규정에 의한 등화에 부가하여 마스트의 꼭대기 또는 그 부근의 가장 잘 보이는 곳에 전주 등 2개를 수직선상의 상하로 표시할 수 있다. 이 경우에 윗쪽의

등화는 홍색, 아랫쪽의 등화는 녹색이어야 하며 이들 등화는 제2항의 규정에 의한 삼색등과 함께 표시하여서는 아니된다.

④ 길이 7미터 미만의 범선은 될 수 있는 대로 제1항 또는 제2항의 규정에 의한 등화를 표시하여야 한다. 다만, 이를 표시하지 아니할 경우에는 백색의 휴대용전등 또는 점화된 등을 즉시 사용할 수 있도록 준비하여 충돌을 방지하기 위하여 충분한 기간 동안 이를 표시하여야 한다.

⑤ 노도선은 이 조의 규정에 의한 범선의 등화를 표시할 수 있다. 다만, 이를 표시하지 아니하는 경우에는 제4항 단서의 규정에 의하여야 한다.

⑥ 범선이 기관을 동시에 사용하여 진행하고 있는 경우에는 앞쪽의 가장 잘 보이는 곳에 원추형으로 된 형상물 1개를 그 정점이 아래로 향하도록 표시하여야 한다.

제33조(어선)

① 항망 기타의 어구를 수중에서 끄는 트롤망어로에 종사하는 선박은 항행 여부에 관계없이 다음 각호의 등화 또는 형상물을 표시하여야 한다.

1. 수직선상으로 윗쪽에는 녹색, 아랫쪽에는 백색의 전주등 각 1개 또는 수직선상에 2개의 원추를 그 정점에서 상하로 결합한 형상물 1개. 다만, 길이 20미터미만의 선박은 이 형상물에 갈음하여 바구니 1개를 표시할 수 있다.
2. 제1호의 녹색의 전주등보다 뒷쪽의 높은 위치에 마스트등 1개. 다만, 길이 50미터미만의 어로에 종사하는 선박은 이를 표시하지 아니할 수 있다.
3. 대수속력이 있는 경우에는 제1호 및 제2호의 규정에 의한 등화에 부가하여 현등 1쌍과 선미등 1개

② 제1항의 규정에 의한 어로에 종사하는 선박외의 어로에 종사하는 선박은 항행 여부에 관계없이 다음 각호의 등화 또는 형상물을 표시하여야 한다.

1. 수직선상으로 윗쪽에는 홍색, 아랫쪽에는 백색의 전주등 각 1개 또는 수직선상에 2개의 원추를 그 정점에서 상하로 결합한 형상물 1개. 〈개정 2002.12.26. 단서삭제〉
2. 수평거리로 150미터가 넘는 어구를 선박 밖으로 내고 있는 경우에는 어구를 내고 있는 방향으로 백색의 전주등 1개 또는 정점을 위로 한 원추형의 형상물 1개
3. 대수속력이 있는 경우에는 제1호 및 제2호의 규정에 의한 등화에 부가하여 현등 1쌍 및 선미등 1개

③ 트롤망 어로 및 선망어로에 종사하고 있는 선박은 제1항 및 제2항의 규정에 의한 등화외에 해양수산부령으로 정하는 추가신호를 표시할 수 있다. 개정 2002.12.26.〉

④ 어로에 종사하고 있지 아니하는 선박은 이 조의 규정에 의한 등화 또는 형상물을 표시하여서는 아니되며, 그 선박과 동일한 길이의 선박이 표시하여야 할 등화 또는 형상물만을 표시하여야 한다.

제34조(조종불능선 및 조종제한선)

① 조종불능선은 다음 각호의 등화 또는 형상물을 표시하여야 한다.

1. 가장 잘 보이는 곳에 수직선상으로 홍색의 전주등 2개
2. 가장 잘 보이는 곳에 수직선상으로 구형 또는 그와 유사한 형상물 2개
3. 대수속력이 있는 경우에는 제1호 및 제2호의 규정에 의한 등화에 부가하여 현등 1쌍 및 선미등 1개

② 조종제한선은 기뢰제거작업에 종사하고 있는 경우를 제외하고는 다음 각호의 등화 또는 형상물을 표시하여야 한다.

1. 가장 잘 보이는 곳에 수직선상으로 윗쪽과 아랫쪽에는 홍색의 전주등, 중간에는 백색의 전주등 각 1개
2. 가장 잘 보이는 곳에 수직선상으로 윗쪽과 아랫쪽에는 구형, 중간에는 마름모꼴의 형상물 각 1개
3. 대수속력이 있는 경우에는 제1호의 규정에 의한 등화에 부가하여 마스트등 1개, 현등 1쌍 및 선미등 1개
4. 정박중에는 제1호 및 제2호의 규정에 의한 등화 또는 형상물에 부가하여 제37조의 규정에 의한 등화 또는 형상물

③ 동력선이 진로로부터 이탈능력을 매우 제한받는 예인작업에 종사하고 있는 경우에는 제31조 제1항의 규정에 의한 등화 또는 형상물에 부가하여 제2항 제1호 및 제2호의 규정에 의한 등화 또는 형상물을 표시하여야 한다.

④ 준설 또는 수중작업에 종사하고 있는 선박이 조종능력을 제한받고 있는 경우에는 제2항의 규정에 의한 등화 또는 형상물을 표시하여야 하며, 장애물이 있는 경우에는 이에 부가하여 다음 각호의 등화 또는 형상물을 표시하여야 한다.

1. 장애물이 있는 쪽을 가리키는 현에 수직선상으로 홍색의 전주등 2개 또는 구형의 형상물 2개
2. 다른 선박이 통과할 수 있는 쪽을 가리키는 현에 수직선상으로 녹색의 전주등 2개 또는 마름모꼴의 형상물 2개
3. 정박중인 때에는 제37조의 규정에 의한 등화 또는 형상물에 갈음하여 제1호 및 제2호의 규정에 의한 등화 또는 형상물

⑤ 잠수작업에 종사하고 있는 선박은 그의 크기로 인하여 제4항의 규정에 의한 등화 및 형상물을 표시할 수 없는 경우에는 다음 각호의 표시를 하여야 한다.

1. 가장 잘 보이는 곳에 수직선상으로 윗쪽과 아랫쪽에는 홍색의 전주등, 중간에는 백색의 전주등 각 1개
2. 국제해사기구가 정한 국제신호서에 이 기의 모사판을 높이 1미터 이상으로 하여 사방

에서 볼 수 있도록 표시

⑥ 기뢰제거작업에 종사하고 있는 선박은 당해 선박으로부터 1천미터 이내로 접근하면 위험하다는 경고로서 제30조의 규정에 의한 동력선에 관한 등화, 제37조의 규정에 의한 정박하고 있는 선박에 대한 등화 또는 형상물에 부가하여 녹색의 전주등 3개 또는 구형의 형상물 3개를 표시하여야 하며, 이들 등화 또는 형상물 중에서 1개는 앞쪽 마스트의 꼭대기부근에 표시하고, 다른 2개는 앞쪽 마스트의 가름대의 양쪽끝에 1개씩 표시하여야 한다.

⑦ 길이 12미터 미만의 선박은 잠수작업에 종사하고 있는 경우를 제외하고는 이 조의 규정에 의한 등화와 형상물을 표시하지 아니할 수 있다.

제35조(흘수제약선)

흘수제약선은 제30조의 규정에 의한 동력선에 대한 등화에 부가 하여 가장 잘 보이는 곳에 홍색전주등 3개를 수직선상으로 표시하거나 원통형의 형상물 1개를 표시할 수 있다.

제36조(도선선)

① 도선업무에 종사하고 있는 선박은 다음 각호의 등화 또는 형상물을 표시하여야 한다.

1. 마스트의 꼭대기 또는 그 부근에 수직선상으로 윗쪽에는 백색의 전주등, 아랫쪽에는 홍색의 전주등 각 1개
2. 항행중에는 제1호의 규정에 의한 등화에 부가하여 현등 1쌍 및 선미등 1개
3. 정박중에는 제1호의 규정에 의한 등화에 부가하여 제37조의 규정에 의한 정박하고 있는 선박에 관한 등화 또는 형상물

② 도선선이 도선업무에 종사하지 아니할 때에는 그 선박과 동일한 길이의 선박이 표시하여야 할 등화 또는 형상물을 표시하여야 한다.

제37조(정박선 및 얹혀있는 선박)

① 정박하고 있는 선박은 가장 잘 보이는 곳에 다음 각호의 등화 또는 형상물을 표시하여야 한다.

1. 앞쪽에 백색의 전주등 1개 또는 구형의 형상물 1개
2. 선미 또는 그 부근에 제1호의 규정에 의한 등화보다 낮은 위치에 백색의 전주등 1개

② 길이 50미터 미만인 선박은 제1항의 규정에 의한 등화에 갈음하여 가장 잘 보이는 곳에 백색의 전주등 1개를 표시할 수 있다.

③ 정박하고 있는 선박은 갑판을 조명하기 위하여 작업등 또는 이와 유사한 등화를 사용하여야 한다. 다만, 길이 100미터 미만의 선박은 이들 등화를 사용하지 아니할 수 있다.

④ 얹혀있는 선박은 제1항 또는 제2항의 규정에 의한 등화를 표시하여야 하며, 이에 부가하여 가장 잘 보이는 곳에 다음 각호의 등화 또는 형상물을 표시하여야 한다.

1. 수직선상으로 홍색의 전주등 2개

2. 수직선상으로 구형의 형상물 3개

⑤ 길이 7미터 미만의 선박은 좁은 수로등 정박지안 또는 그 부근과 다른 선박이 통상적으로 항행하는 수역이 아닌 장소에 정박하거나 얹혀있는 때에는 제1항 및 제2항의 규정에 의한 등화 또는 형상물을 표시하지 아니할 수 있다.

⑥ 길이 12미터 미만의 선박이 얹혀있는 때에는 제4항의 규정에 의한 등화 또는 형상물을 표시하지 아니할 수 있다.

제38조(수상항공기)

수상항공기는 이 절에서 규정하는 특성을 가진 등화 및 형상물을 표시할 수 없거나, 규정된 위치에 표시할 수 없는 경우 그 특성과 위치에 관하여 될 수 있는 대로 이 절에서 규정하는 것과 유사한 등화 또는 형상물을 표시하여야 한다.

제39조(등화의 설치 및 표시에 관한 특례)

선박의 구조나 그 운항의 성질상 이 절의 규정에 의한 등화를 설치할 수 없거나 그 필요가 없는 선박에 대하여는 해양수산부영이 정하는 바에 의하여 등화의 설치 및 표시에 관한 특례를 정할 수 있다. 〈개정 97.12.17〉

제5절 음향신호 및 발광신호

제40조(음향신호설비)

① 길이 12미터 이상의 선박은 기적 및 호종을 비치하여야 하며, 길이 100미터 이상의 선박은 이에 부가하여 호종과 혼동되지 아니하는 음조와 소리를 가진 징을 비치하여야 한다. 다만, 호종과 징은 각각 이와 동일한 음색을 가지는 이 법의 규정에 의한 신호를 수동으로 행할 수 있는 다른 설비로 대체할 수 있다.

② 길이 12미터 미만의 선박은 제1항의 규정에 의한 음향신호설비를 비치하지 아니할 수 있다. 다만, 이들을 비치하지 아니하는 경우에는 유효한 음향신호를 낼 수 있는 다른 기구를 비치하여야 한다.

③ 선박이 비치하여야 할 기적 · 호종 및 징의 기술상의 기준과 기적의 위치등에 관하여는 해양수산부장관이 정하여 고시한다. 〈개정 97.12.17〉

제41조(조종신호 및 경고신호)

① 항행중인 동력선이 서로의 시계내에 있는 경우에이 법의 규정에 의하여 그 침로를 변경하거나 그 기관을 후진하여 사용할 때에는 다음 각호에 정하는 바에 따라 기적신호를 행하여야 한다.

1. 침로를 오른쪽으로 변경하고 있는 경우 : 단음 1회
2. 침로를 왼쪽으로 변경하고 있는 경우 : 단음 2회

3. 기관을 후진하고 있는 경우 : 단음 3회

② 항행중인 동력선은 다음 각호의 발광신호를 적절히 반복하여 제1항의 규정에 의한 기적신호를 보충할 수 있다.

1. 침로를 오른쪽으로 변경하고 있는 경우 : 섬광 1회
2. 침로를 왼쪽으로 변경하고 있는 경우 : 섬광 2회
3. 기관을 후진하고 있는 경우 : 섬광 3회

③ 제2항의 규정에 의한 섬광의 지속시간 및 섬광과 섬광사이의 간격은 1초 정도로 하되, 반복되는 신호사이의 간격은 10초이상으로 하며, 이 발광신호에 사용되는 등화는 최소한 5해리의 거리에서 볼 수 있는 백색의 전주등이여야 한다.

④ 선박이 좁은 수로등에 있어서 서로 시계내에 있는 경우 제17조 제5항의 규정에 의한 기적신호를 행할 때에는 다음 각호의 규정에 의하여 이를 행하여야 한다.

1. 다른 선박의 우현쪽으로 추월하고자 할 경우에는 장음 2회 및 단음 1회의 순서로 의사를 표시하여야 한다.
2. 다른 선박의 좌현쪽으로 추월하고자 할 경우에는 장음 2회 및 단음 2회의 순서로 의사를 표시하여야 한다.
3. 추월당하는 선박이 다른 선박의 추월에 동의할 경우에는 장음 1회, 단음 1회의 순서로 2회에 걸쳐 동의의사를 표시하여야 한다.

⑤ 서로 시계내에 있는 선박이 접근하고 있을 경우 하나의 선박이 다른 선박의 의도 또는 동작을 이해할 수 없거나 다른 선박이 충돌을 피하기 위하여 충분한 동작을 취하고 있는지의 여부가 분명하지 아니한 때에는 그 사실을 안 선박이 즉시 기적으로 단음을 5회이상 급속히 울려 그 사실을 표시하여야 한다. 이 경우 의문신호는 5회이상의 짧고 급속한 섬광을 발하는 발광신호로써 보충할 수 있다.

⑥ 좁은 수로등의 굽은 부분 또는 장애물로 인하여 다른 선박을 볼 수 없는 수역에 접근하는 선박은 장음 1회의 기적신호를 울려야 한다. 이 경우 그 선박에 접근하고 있는 다른 선박이 굽은 부분의 부근 또는 장애물의 뒷쪽에서 그 기적신호를 들은 때에는 장음 1회의 기적신호를 울려 이에 응답하여야 한다.

⑦ 100미터이상의 거리를 두고 2이상의 기적을 비치하고 있는 선박이 조종신호 및 경고신호를 울릴 때에는 그중 하나만을 사용하여야 한다.

제42조(제한된 시계내에서의 음향신호)

① 시계가 제한된 수역 또는 그 부근에 있는 모든 선박은 주야에 관계없이 다음 각호의 규정에 의한 신호를 하여야 한다.

1. 항행중인 동력선은 대수속력이 있는 경우에는 2분을 넘지 아니하는 간격으로 장음 1회를 울려야 한다.

2. 항행중인 동력선은 정지하여 대수속력이 없는 경우에는 장음간의 간격이 2초정도 연속한 장음 2회를 2분을 넘지 아니하는 간격으로 울려야 한다.
3. 조종불능선, 조종제한선, 흘수제약선, 범선, 어로에 종사하고 있는 선박 또는 다른 선박을 끌고 있거나 밀고 있는 선박은 제1호 및 제2호의 규정에 의한 신호에 갈음하여 2분을 넘지 아니하는 간격으로 연속된 3회의 기적(장음 1회에 이은 단음 2회를 말한다)을 울려야 한다.
4. 끌려가고 있는 선박(2척이상의 선박이 끌려가고 있는 경우에는 제일 뒷쪽의 선박)은 승무원이 있을 경우에는 2분을 넘지 아니하는 간격으로 연속된 4회의 기적(장음 1회에 이어 단음 3회를 말한다)을 울려야 한다. 이 경우 신호는 될 수 있는 대로 끌고 있는 선박이 행하는 신호의 직후에 울려야 한다.
5. 정박하고 있는 선박은 1분을 넘지 아니하는 간격으로 5초정도 급속히 호종을 울려야 한다. 다만, 정박하여 어로에 종사하거나 작업중인 조종제한선은 제3호의 규정에 의한 신호를 울려야 하고, 길이 100미터 이상의 선박에 있어서는 호종을 선박의 앞쪽에서 울려야 하되, 호종을 울린 직후에 뒷쪽에서 징을 5초정도 급속히 울려야 하며, 접근하여 오는 선박에 대하여 자선의 위치와 충돌의 가능성을 경고할 필요가 있을 경우에는 이에 부가하여 연속 3회(단음 1회, 장음 1회, 단음 1회)의 기적을 울릴 수 있다.
6. 얹혀있는 길이 100미터 미만의 선박은 1분을 넘지 아니하는 간격으로 급속히 호종을 5초정도 울림과 동시에 그 직전 및 직후에 호종을 각각 3회 똑똑히 울려야 한다. 이 경우에 그 선박은 이에 부가하여 적절한 기적신호를 행할 수 있다.
7. 얹혀있는 길이 100미터 이상의 선박은 그 앞쪽에서 1분을 넘지 아니하는 간격으로 급속히 호종을 5초정도 울림과 동시에 그 직전 및 직후에 호종을 각각 3회씩 똑똑히 울리고, 뒷쪽에서는 그 호종의 최후의 울림 직후에 급속히 징을 5초정도 울려야 한다. 이 경우에 그 선박은 이에 부가하여 적절한 기적신호를 행할 수 있다.
8. 길이 12미터 미만의 선박은 제1호 내지 제7호의 규정에 의한 신호를 하지 아니할 수 있다. 다만, 그 신호를 행하지 아니하는 경우에는 2분을 넘지 아니하는 간격으로 다른 유효한 음향신호를 하여야 한다.
9. 도선선이 도선업무에 종사하고 있는 경우에는 제1호 · 제2호 또는 제5호의 규정에 의한 신호에 부가하여 단음 4회로 식별신호를 할 수 있다.

② 밀고 있는 선박과 밀려가고 있는 선박이 견고하게 연결되어 하나의 복합체를 이룬 경우에는 이를 1척의 동력선으로 보아 이 조의 규정을 적용한다.

제43조(주의환기신호)

① 모든 선박은 다른 선박의 주의를 환기하기 위하여 필요한 경우에는 이 법에서 정하는 다른 신호로 오인되지 아니하는 발광신호 또는 음향신호를 행하거나 다른 선박에 지장을 주지

아니하는 방법으로 위험이 있는 방향에 탐조등을 비출 수 있다.

② 제1항의 규정에 의한 발광신호 또는 탐조등은 항행보조시설로 오인되지 아니하는 것이어야 하며, 스트로보등 기타 강력한 빛이 점멸하거나 회전하는 등화를 사용하여서는 아니된다.

제44조(조난신호)

① 선박이 조난을 당하여 구원을 요청하는 경우에는 국제해사기구가 정하는 신호를 하여야 한다.

② 선박은 제1항의 규정에 의한 목적외에 동항의 규정에 의한 신호 또는 이와 오인될 위험이 있는 신호를 행하여서는 아니된다.

제6절 교통안전특정해역등의 설정 및 관리

제45조(교통안전특정해역의 설정 및 관리)

① 해양수산부장관은 다음 각호의 1에 해당하는 해역으로서 대형 해양사고가 발생할 우려가 있는 해역(이하 "교통안전특정해역"이라 한다)안에서의 선박의 항행안전을 위하여 해양경찰청장의 의견을 들어 해양수산부령이 정하는 바에 의하여 항로지정방식과 해상교통관제방식을 시행할 수 있다. 〈개정 99.2.5〉

1. 해상교통량이 폭주하는 해역
2. 거대선 · 위험화물운반선 · 고속여객선 등의 통항이 빈번한 해역

② 교통안전특정해역의 범위는 대통령령으로 정한다. [전문개정 97.12.17]

제46조(거대선 등의 운항사항 통보)

① 거대선 · 위험화물운반선 기타 해양수산부령이 정하는 선박이 교통안전특정해역을 항행하고자 할 때에는 당해 선박의 선장 또는 선박소유자는 교통안전특정해역의 통항시각 기타 해양수산부령이 정하는 선박운항에 관한 사항을 해양경찰서장에게 통보하여야 한다.

② 제1항의 규정에 의하여 통보를 받은 해양경찰서장은 선박의 항행안전을 확보하기 위하여 필요하다고 인정할 때에는 선장 또는 선박소유자에게 다음 각호의 사항을 명할 수 있다.

1. 통항시각의 변경
2. 항로의 변경
3. 시계가 제한된 경우에 있어서의 선박의 항행제한
4. 속력의 제한
5. 안내선의 사용
6. 기타 해양수산부령이 정하는 사항 [전문개정 97.12.17]

제47조(어업의 제한 등)

① 교통안전특정해역에서 어로에 종사하는 선박은 그 교통안전특정해역에서 제45조 제1항의

규정에 의한 항로지정방식에 따라 항행하는 다른 선박의 통항에 지장을 주어서는 아니된다. 〈개정 97.12.17〉

② 교통안전특정해역안에서는 어망 기타 선박의 통항에 영향을 주는 어구등을 설치하거나 양식어업을 하여서는 아니된다. 〈개정 97.12.17〉

③ 제45조 제2항의 규정에 의하여 교통안전특정해역으로 되기 전에 당해 해역에서 면허를 받은 어업권을 행사하는 경우에는 당해 어업면허의 유효기간만료일까지 제2항의 규정은 이를 적용하지 아니한다. 〈개정 97.12.17〉

④ 시장 · 군수 · 구청장(자치구의 구청장을 말한다)이 교통안전특정해역에서 어업면허(어업면허의 유효기간의 연장허가를 포함한다)를 하고자 할 때에는 미리 해양경찰청장과 협의하여야 한다. 〈개정 97.12.17〉

제48조(공사 또는 작업)

① 교통안전특정해역에서 항행보조시설의 설치, 해저전선 또는 해저파이프라인의 부설, 준설, 측량 또는 침몰선인양작업 기타 선박의 항행에 지장을 줄 우려가 있는 공사 또는 작업을 하고자 하는 자는 해양경찰청장의 허가를 받아야 한다. 다만, 항로표지법 제3조 제1항 및 제2항의 규정에 의하여 항로표지를 설치하고자 하는 자는 그 사실을 해양경찰청장에게 통보하여야 한다. 〈2002.12.26.단서신설〉

② 해양경찰청장은 제1항의 규정에 의한 허가를 한 경우에는 그 사실을 해양수산부장관에게 보고하여야 하며, 해양수산부장관은 이를 고시하여야 한다. 〈개정 97.12.17〉

③ 해양경찰청장은 제1항의 규정에 의하여 공사 또는 작업의 허가를 받은 자가 다음 각호의 1에 해당할 때에는 그 허가를 취소하거나 공사 또는 작업의 정지를 명할 수 있다. 〈개정 97.12.17〉

1. 허가시에 붙인 조건에 위반한 때
2. 공사 또는 작업의 부진으로 이를 계속할 능력이 없다고 인정될 때
3. 이 법 또는 이 법에 의한 명령에 위반한 때

④ 제1항의 규정에 의하여 허가를 받은 자는 당해 허가기간이 만료되거나 허가가 취소된 때에는 당해 공작물을 제거하고 원상으로 복구하여야 한다.

⑤ 제1항의 규정에 의한 공사 또는 작업의 허가에 관하여 필요한 사항은 해양수산부령으로 정한다. 〈개정 97.12.17〉

제49조 삭제 〈99.2.8〉 [[시행일 99.8.9]]

제49조의2 (유조선 등의 통항제한)

① 다음 각호의 1에 해당하는 선박(이하 "유조선 등" 이라 한다)의 선장 또는 항해당직을 수행하는 항해사는 유조선 등의 안전운항을 확보하고 해양사고로 인한 해양오염을 방지하기

위하여 유조선 등의 통항을 금지한 해역(이하 "유조선통항금지해역"이라 한다)안에서 항행하여서는 아니된다. 〈개정 2002.12.26.〉

1. 경유 또는 중유를 1,500킬로 리터 이상을 화물로 싣고 운반하는 선박 〈개정 2002.12.26.〉
2. 해양오염방지법 제2조 제3호의 규정에 의한 유해액체물질을 1,500톤이상 싣고 운반하는 선박

② 유조선통항금지해역의 범위는 해양수산부령으로 정한다. 〈개정 2002.12.26.〉

③ 유조선등은 다음 각호의 1에 해당하는 경우에 제1항의 규정에 불구하고 유조선통항금지해역 안으로 항행할 수 있다.

1. 기상상황의 악화로 인하여 선박의 안전에 현저한 위험이 발생할 가능성이 있는 경우
2. 인명 또는 선박을 구조하기 위한 경우
3. 응급환자가 발생한 경우
4. 항만을 입출항하는 경우. 이 경우 유조선등은 출입해역의 기상 및 수심 그 밖의 해상상황등 항행여건을 충분히 고려하여 유조선 통항금지해역의 외측해역으로부터 최단거리로 입출항하여야 한다. 〈개정 2002.12.26.〉

④ 유조선등의 선장 또는 선박소유자는 해양수산부장관에게 운항사항을 보고하고 운항항적 등의 기록을 유지하여야 한다. 〈2002.12.26 신설.〉

⑤ 제4항의 규정에 의한 운항사항의 보고 및 운항항적 등의 기록 유지에 관하여 필요한 사항은 대통령령으로 정한다. 〈2002.12.26 신설.〉

제50조(좁은 수로등에서의 항로의 지정등)

해양수산부장관은 교통안전특정해역외의 교통안전특정해역으로서 그 해역의 지형 · 조류 기타 자연적인 조건 등으로 해양사고가 발생할 우려가 있다고 인정되는 경우에는 해양경찰청장의 의견을 들어 그 해역의 범위, 선박의 항로 및 속력등 선박의 항행안전에 필요한 사항을 정하여 고시할 수 있다. 〈개정 97.12.17, 99.2.5〉

제3장의2 해상질서유지

제50조의2 (항로 등의 보전)

① 누구든지 항로상에서 다음 각호의 1에 해당하는 행위를 하여서는 아니된다.

1. 선박의 방치
2. 어망 등 어구의 설치 또는 투기

② 해양경찰서장은 제1항의 규정에 위반한 자에 대하여 방치된 선박의 이동 · 인양 또는 어망 등 어구의 제거를 명할 수 있다.

③ 누구든지 개항질서법 제2조 제1호의 규정에 의한 개항, 동법 제4조의 규정에 의한 지정항, 항만법 제2조의 규정에 의한 항만의 수역 또는 어항법 제2조의 규정에 의한 어항의 수역(이하 "항만등"이라 한다)중에서 대통령령이 정한 수역에서는 해상교통의 안전에 장애가 되는 스킨다이빙 · 스쿠버다이빙 · 윈드서핑 등 대통령령이 정하는 행위를 하여서는 아니된다. 다만, 해상교통의 안전에 지장이 되지 아니하다고 인정되어 해양경찰서장의 허가를 받은 경우와 체육시설의설치 · 이용에관한법률 제21조의 규정에 의하여 등록한 체육시설업과 관련된 해상에서의 행위를 하는 경우에는 그러하지 아니하다. 〈개정 2002.12.26.〉

④ 해양경찰서장은 제3항의 규정에 의하여 허가를 받은 자가 이 법 또는 이 법에 의한 명령이나 처분에 위반한 때에는 그 허가를 취소하거나 시정을 명할 수 있다.

⑤ 제3항의 규정에 의한 허가에 관하여 필요한 사항은 대통령령으로 정한다. 〈본조신설 97.12.17〉

(이하생략)

■ 2012년 개정 해사안전법

제1장 총 칙

제1조(목적)

이 법은 선박의 안전운항을 위한 안전관리체계를 확립하여 선박항행과 관련된 모든 위험과 장해를 제거함으로써 해사안전(海事安全) 증진과 선박의 원활한 교통에 이바지함을 목적으로 한다.

제2조(정의)

이 법에서 사용하는 용어의 뜻은 다음과 같다.

1. "해사안전관리"란 선원 · 선박소유자 등 인적 요인, 선박 · 화물 등 물적 요인, 항행보조시설 · 안전제도 등 환경적 요인을 종합적 · 체계적으로 관리함으로써 선박의 운용과 관련된 모든 일에서 사고가 발생할 위험을 줄이는 활동을 말한다.
2. "선박"이란 물에서 항행수단으로 사용하거나 사용할 수 있는 모든 종류의 배(물 위에서 이동할 수 있는 수상항공기와 수면비행선박을 포함한다)를 말한다.
3. "수상항공기"란 물 위에서 이동할 수 있는 항공기를 말한다.
4. "수면비행선박"이란 표면효과 작용을 이용하여 수면 가까이 비행하는 선박을 말한다.
5. "대한민국선박"이란 「선박법」 제2조 각 호에 따른 선박을 말한다.
6. "위험화물운반선"이란 선체의 한 부분인 화물창(貨物倉)이나 선체에 고정된 탱크 등에 해양수산부령으로 정하는 위험물을 싣고 운반하는 선박을 말한다.
7. "거대선"(巨大船)이란 길이 200미터 이상의 선박을 말한다.
8. "고속여객선"이란 시속 15노트 이상으로 항행하는 여객선을 말한다.
9. "동력선"(動力船)이란 기관을 사용하여 추진(推進)하는 선박을 말한다. 다만, 돛을 설치한 선박이라도 주로 기관을 사용하여 추진하는 경우에는 동력선으로 본다.
10. "범선"(帆船)이란 돛을 사용하여 추진하는 선박을 말한다. 다만, 기관을 설치한 선박이라도 주로 돛을 사용하여 추진하는 경우에는 범선으로 본다.
11. "어로에 종사하고 있는 선박"이란 그물, 낚싯줄, 트롤망, 그 밖에 조종성능을 제한하는 어구(漁具)를 사용하여 어로(漁撈) 작업을 하고 있는 선박을 말한다.
12. "조종불능선"(操縱不能船)이란 선박의 조종성능을 제한하는 고장이나 그 밖의 사유로 조종을 할 수 없게 되어 다른 선박의 진로를 피할 수 없는 선박을 말한다.
13. "조종제한선"(操縱制限船)이란 다음 각 목의 작업과 그 밖에 선박의 조종성능을 제한하는 작업에 종사하고 있어 다른 선박의 진로를 피할 수 없는 선박을 말한다.

가. 항로표지, 해저전선 또는 해저파이프라인의 부설 · 보수 · 인양 작업
나. 준설(浚渫) · 측량 또는 수중 작업
다. 항행 중 보급, 사람 또는 화물의 이송 작업
라. 항공기의 발착(發着)작업
마. 기뢰(機雷)제거작업
바. 진로에서 벗어날 수 있는 능력에 제한을 많이 받는 예인(曳引)작업

14. "흘수제약선"(吃水制約船)이란 가항(可航)수역의 수심 및 폭과 선박의 흘수와의 관계에 비추어 볼 때 그 진로에서 벗어날 수 있는 능력이 매우 제한되어 있는 동력선을 말한다.
15. "해양시설"이란 자원의 탐사 · 개발, 해양과학조사, 선박의 계류(繫留) · 수리 · 하역, 해상주거 · 관광 · 레저 등의 목적으로 해저(海底)에 고착된 교량 · 터널 · 케이블 · 인공섬 · 시설물이거나 해상부유 구조물로서 선박이 아닌 것을 말한다.
16. "해상교통안전진단"이란 해상교통안전에 영향을 미치는 다음 각 목의 사업(이하 "안전진단대상사업"이라 한다)으로 발생할 수 있는 항행안전 위험 요인을 전문적으로 조사 · 측정하고 평가하는 것을 말한다.

가. 수역(水域)의 설정 또는 변경
나. 수역에 설치되는 교량 · 터널 · 케이블 등 시설물의 건설 · 부설 또는 보수
다. 항만 또는 부두의 개발 · 재개발
라. 그 밖에 해상교통안전에 현저한 영향을 미치는 사업으로서 해양수산부령으로 정하는 사업

17. "항행장애물"(航行障碍物)이란 선박으로부터 떨어진 물건, 침몰 · 좌초된 선박 또는 이로부터 유실(遺失)된 물건 등 해양수산부령으로 정하는 것으로서 선박항행에 장애가 되는 물건을 말한다.
18. "통항로"(通航路)란 선박의 항행안전을 확보하기 위하여 한쪽 방향으로만 항행할 수 있도록 되어 있는 일정한 범위의 수역을 말한다.
19. "제한된 시계"란 안개 · 연기 · 눈 · 비 · 모래바람 및 그 밖에 이와 비슷한 사유로 시계(視界)가 제한되어 있는 상태를 말한다.
20. "항로지정제도"란 선박이 통항하는 항로, 속력 및 그 밖에 선박 운항에 관한 사항을 지정하는 제도를 말한다.
21. "선박교통관제"란 선박교통의 안전 및 효율성을 증진하고 해양환경과 해양시설을 보호하기 위하여 선박의 위치를 탐지하고 선박과 통신할 수 있는 설비를 설치 · 운영함으로써 선박의 동정을 관찰하며 선박에 대하여 안전에 관한 정보를 제공하는 것을 말한다.
22. "항행 중"이란 선박이 다음 각 목의 어느 하나에 해당하지 아니하는 상태를 말한다.

가. 정박(碇泊)

나. 항만의 안벽(岸壁) 등 계류시설에 매어 놓은 상태[계선부표(繫船浮標)나 정박하고 있는 선박에 매어 놓은 경우를 포함한다]

다. 얹혀 있는 상태

23. "길이"란 선체에 고정된 돌출물을 포함하여 선수(船首)의 끝단부터 선미(船尾)의 끝단 사이의 최대 수평거리를 말한다.

24. "폭"이란 선박 길이의 횡방향 외판의 외면으로부터 반대쪽 외판의 외면 사이의 최대 수평거리를 말한다.

25. "통항분리제도"란 선박의 충돌을 방지하기 위하여 통항로를 설정하거나 그 밖의 적절한 방법으로 한쪽 방향으로만 항행할 수 있도록 항로를 분리하는 제도를 말한다.

26. "분리선"(分離線) 또는 "분리대"(分離帶)란 서로 다른 방향으로 진행하는 통항로를 나누는 선 또는 일정한 폭의 수역을 말한다.

27. "연안통항대"(沿岸通航帶)란 통항분리수역의 육지 쪽 경계선과 해안 사이의 수역을 말한다.

28. "예인선열"(曳引船列)이란 선박이 다른 선박을 끌거나 밀어 항행할 때의 선단(船團) 전체를 말한다.

29. "대수속력"(對水速力)이란 선박의 물에 대한 속력으로서 자기 선박 또는 다른 선박의 추진장치의 작용이나 그로 인한 선박의 타력(惰力)에 의하여 생기는 것을 말한다.

제3조(적용범위)

① 이 법은 다음 각 호의 어느 하나에 해당하는 선박과 해양시설에 대하여 적용한다.

1. 대한민국의 영해, 내수(해상항행선박이 항행을 계속할 수 없는 하천 · 호수 · 늪 등은 제외한다. 이하 같다)에 있는 선박이나 해양시설. 다만, 대한민국 선박이 아닌 선박(이하 "외국선박"이라 한다) 중 다음 각 목에 해당하는 외국선박에 대하여 제46조 부터 제50조까지의 규정을 적용할 때에는 대통령령으로 정하는 바에 따라 이 법의 일부를 적용한다.

   가. 대한민국의 항(港)과 항 사이만을 항행하는 선박

   나. 국적의 취득을 조건으로 하여 선체용선(船體傭船)으로 차용한 선박

2. 대한민국의 영해 및 내수를 제외한 해역에 있는 대한민국 선박

3. 대한민국의 배타적경제수역에서 항행장애물을 발생시킨 선박

4. 대한민국의 배타적경제수역 또는 대륙붕에 있는 해양시설

② 이 법 또는 이 법에 따른 명령 중 선박소유자에 관한 규정은 선박을 공유하는 경우로서 선박관리인을 임명하였을 때에는 그 선박관리인에게 적용하고, 선박을 임차(賃借)하였을 때에는 그 선박임차인에게 적용하며, 선장에 관한 규정은 선장을 대신하여 그 직무를 수행하는 자에게도 적용한다.

③ 이 법 또는 이 법에 따른 명령 중 해양시설의 소유자에 관한 규정은 해양시설을 임대차한 경우에는 그 임차인에게 적용한다.

제3장 수역 안전관리

(생략)

제2절 교통안전특정해역 등의 설정과 관리

제10조(교통안전특정해역의 설정 등)

① 해양수산부장관은 다음 각 호의 어느 하나에 해당하는 해역으로서 대형 해양사고가 발생할 우려가 있는 해역(이하 "교통안전특정해역"이라 한다)을 설정할 수 있다. [개정 2013.3.23 제11690호(정부조직법)]

1. 해상교통량이 아주 많은 해역
2. 거대선, 위험화물운반선, 고속여객선 등의 통항이 잦은 해역

② 해양수산부장관은 관계 행정기관의 장의 의견을 들어 해양수산부령으로 정하는 바에 따라 교통안전특정해역 안에서의 항로지정제도를 시행할 수 있다. [개정 2013.3.23 제11690호(정부조직법)]

③ 교통안전특정해역의 범위는 대통령령으로 정한다.

해사안전법 시행규칙 제7조(교통안전특정해역에서의 항로지정제도)

① 법 제10조 제2항에 따라 교통안전특정해역에서의 항로지정제도는 다음 각 호의 구분에 따라 운영한다.

1. 교통안전특정해역 지정항로의 범위: 별표 2
2. 교통안전특정해역 지정항로에서의 속력: 별표 3. 다만, 해양사고를 피하거나 인명이나 선박을 구조하기 위하여 부득이한 경우에는 그러하지 아니하다.

[별표 3]

3. 교통안전특정해역 지정항로에서의 항법: 별표 4

[별표 4]

교통안전특정해역 지정항로에서의 항법(제7조 제1항 제3호 관련)

항로명	항 법
인천항 출입항로	1. 선박이 인천항에 입항하고자 하는 경우에는 별표 2에 따른 인천항 출입항로의 입항항로(제1항로, 동수도항로)로 항행하여야 하고, 출항하고자 하는 경우에는 출항항로(제2항로, 서수도항로)로 항행하여야 한다. 2. 제1호에도 불구하고 길이 30미터 미만의 선박 또는 범선은 입항항로 및 출항항로의 바깥해역을 이용하여 출항하거나 입항할 수 있으나, 입항항로 또는 출항항로를 따라 항행하는 다른 선박의 안전한 통항을 방해하여서는 아니 된다. 3. 제2호에 따라 덕적도 서북쪽 해역에서 입항항로 또는 출항항로의 바깥해역을 이용하여 인천항으로 항행하고자 하는 선박은 낮에는 제1대표기 밑에 엔(N)기를 게양하여야 하며, 밤에는 음향신호, 발광신호 또는 무선전화 등을 이용하여 항로를 정상적으로 항행하고 있는 다른 선박이 충분히 식별할 수 있도록 적절한 조치를 취하여야 한다.
부산항 출입항로	1. 선박이 부산항에 입항하고자 하는 경우에는 별표 2에 따른 부산항 출입항로의 입항항로로 항행하여야 하고, 출항하고자 하는 경우에는 출항항로로 항행하여야 한다. 2. 제1호에도 불구하고 길이 20미터 미만의 선박 또는 범선은 부산항 출입항로의 바깥해역을 이용하여 입항하거나 출항할 수 있으나, 입항항로 또는 출항항로를 따라 항행하는 다른 선박의 안전한 통항을 방해하여서는 아니 된다.
광양만 출입항로	1. 선박이 별표 2에 따른 광양만 출입항로를 항행하고자 하는 경우에는 입항선박은 입항항로로 항행하여야 하고, 출항선박은 출항항로로 항행하여야 한다. 2. 제1호에도 불구하고 길이 20미터 미만의 선박 또는 범선은 광양만 출입항로의 바깥해역을 이용하여 입항하거나 출항할 수 있으나, 입항항로 또는 출항항로를 따라 항행하는 다른 선박이 안전한 통항을 방해하여서는 아니 된다. 3. 흘수제약선은 깊은수심항로가 설정된 수역에서는 동 항로를 따라 항행하여야 하고 항로 안에서 마주칠 우려가 있는 경우에는 깊은 수심항로의 오른편으로 항행하여야 한다. 다만, 흘수제약을 받지 아니하는 선박은 급박한 위험을 피하기 위한 경우를 제외하고는 깊은 수심항로를 항행하여서는 아니 된다. 4. 제1호에 따라 항로지정방식에 따라 항행하는 선박이 서로 충돌의 위험

	이 있을 경우에는 흘수제약을 받지 아니하는 선박이 흘수제약선의 진로를 피하여야 한다. 5. 주의해역에서 항행하는 모든 선박은 충돌을 회피하기 위한 최상의 조종 준비상태를 유지하여야 하고, 통상적인 통항흐름에 따라 항행하여야 한다.

※ 비고
위 표에서 정한 항법 외의 사항에 대하여는 법 제68조에 따른 통항분리수역에서의 항법에 따른다. 이 경우, 법 제68조 제4항 및 제10항에 따른 선박에는 길이 30미터 미만의 선박을 포함한다.

② 제1항 제1호에도 불구하고 다음 각 호의 어느 하나에 해당하는 경우에는 별표 2에 따른 지정항로를 이용하지 아니하고 교통안전특정해역을 항행할 수 있다. 이 경우 해당 지정항로를 이용하고 있는 다른 선박의 안전한 통항을 방해하여서는 아니 된다.
1. 해양경비 · 해양오염방제 및 항로표지의 설치 등을 위하여 긴급히 항행할 필요가 있는 경우
2. 해양사고를 피하거나 인명이나 선박을 구조하기 위하여 부득이한 경우
3. 교통안전특정해역과 접속된 항구에 입 · 출항하지 아니하는 경우

제11조(거대선 등의 운항사항 통보)
해양경찰서장은 거대선, 위험화물운반선, 그 밖에 해양수산부령으로 정하는 선박이 교통안전특정해역을 항행하려는 경우 항행안전을 확보하기 위하여 필요하다고 인정하면 선장이나 선박소유자에게 다음 각 호의 사항을 명할 수 있다. [개정 2013.3.23 제11690호(정부조직법)]
1. 통항시각의 변경
2. 항로의 변경
3. 제한된 시계의 경우 선박의 항행 제한
4. 속력의 제한
5. 안내선의 사용
6. 그 밖에 해양수산부령으로 정하는 사항

제12조(어업의 제한 등)
① 교통안전특정해역에서 어로 작업에 종사하는 선박은 항로지정제도에 따라 그 교통안전특정해역을 항행하는 다른 선박의 통항에 지장을 주어서는 아니 된다.
② 교통안전특정해역에서는 어망 또는 그 밖에 선박의 통항에 영향을 주는 어구 등을 설치하거나 양식어업을 하여서는 아니 된다.
③ 교통안전특정해역으로 정하여지기 전에 그 해역에서 면허를 받은 어업권을 행사하는 경우에는 해당 어업면허의 유효기간이 끝나는 날까지 제2항을 적용하지 아니한다.
④ 특별자치도지사 · 시장 · 군수 · 구청장(자치구의 구청장을 말한다)이 교통안전특정해역에

서 어업면허를 허가(어업면허의 유효기간 연장허가를 포함한다)하려는 경우에는 미리 해양경찰청장과 협의하여야 한다.

제13조(공사 또는 작업)

① 교통안전특정해역에서 해저전선이나 해저파이프라인의 부설, 준설, 측량, 침몰선 인양작업 또는 그 밖에 선박의 항행에 지장을 줄 우려가 있는 공사나 작업을 하려는 자는 해양경찰청장의 허가를 받아야 한다. 다만, 관계 법령에 따라 국가가 시행하는 항로표지 설치, 수로 측량 등 해사안전에 관한 업무의 경우에는 그러하지 아니하다.

② 해양경찰청장은 제1항에 따른 허가를 하면 그 사실을 해양수산부장관에게 보고하여야 하며, 해양수산부장관은 이를 고시하여야 한다. [개정 2013.3.23 제11690호(정부조직법)]

③ 해양경찰청장은 제1항에 따라 공사 또는 작업의 허가를 받은 자가 다음 각 호의 어느 하나에 해당하면 그 허가를 취소하거나 6개월의 범위에서 공사나 작업의 전부 또는 일부의 정지를 명할 수 있다. 다만, 제1호 또는 제4호에 해당하는 경우에는 그 허가를 취소하여야 한다.

1. 거짓이나 그 밖의 부정한 방법으로 제1항에 따른 허가를 받은 경우
2. 공사나 작업이 부진하여 이를 계속할 능력이 없다고 인정되는 경우
3. 제1항에 따라 허가를 할 때 붙인 허가조건 또는 허가사항을 위반한 경우
4. 정지명령을 위반하여 정지기간 중에 공사 또는 작업을 계속한 경우

④ 제1항에 따라 허가를 받은 자는 해당 허가기간이 끝나거나 허가가 취소되었을 때에는 해당 구조물을 제거하고 원래 상태로 복구하여야 한다.

⑤ 제1항에 따른 공사나 작업의 허가, 제3항에 따른 행정처분의 세부기준과 절차, 그 밖에 필요한 사항은 해양수산부령으로 정한다. [개정 2013.3.23 제11690호(정부조직법)]

제3절 유조선통항금지해역의 설정 및 관리

제14조(유조선의 통항제한)

① 다음 각 호의 어느 하나에 해당하는 석유 또는 유해액체물질을 운송하는 선박(이하 "유조선"이라 한다)의 선장이나 항해당직을 수행하는 항해사는 유조선의 안전운항을 확보하고 해양사고로 인한 해양오염을 방지하기 위하여 유조선의 통항을 금지한 해역(이하 "유조선통항금지해역"이라 한다)에서 항행하여서는 아니 된다. [개정 2013.3.23 제11690호(정부조직법)]

1. 원유, 중유, 경유 또는 이에 준하는 「석유 및 석유대체연료 사업법」 제2조 제2호 가목에 따른 탄화수소유, 같은 조 제10호에 따른 유사석유제품, 같은 조 제11호에 따른 석유대체연료 중 원유 · 중유 · 경유에 준하는 것으로 해양수산부령으로 정하는 기름 1천

500킬로리터 이상을 화물로 싣고 운반하는 선박
2.「해양환경관리법」 제2조 제7호에 따른 유해액체물질을 1천500톤 이상 싣고 운반하는 선박

② 유조선통항금지해역의 범위는 대통령령으로 정한다.

③ 유조선은 다음 각 호의 어느 하나에 해당하면 제1항에도 불구하고 유조선통항금지해역에서 항행할 수 있다.

1. 기상상황의 악화로 선박의 안전에 현저한 위험이 발생할 우려가 있는 경우
2. 인명이나 선박을 구조하여야 하는 경우
3. 응급환자가 생긴 경우
4. 항만을 입항 · 출항하는 경우. 이 경우 유조선은 출입해역의 기상 및 수심, 그 밖의 해상상황 등 항행여건을 충분히 헤아려 유조선통항금지해역의 바깥쪽 해역에서부터 항구까지의 거리가 가장 가까운 항로를 이용하여 입항 · 출항하여야 한다.

제3절　항해 안전관리

제31조(항로의 지정 등)

① 해양수산부장관은 선박이 통항하는 수역의 지형 · 조류, 그 밖에 자연적 조건 또는 선박 교통량 등으로 해양사고가 일어날 우려가 있다고 인정하면 관계 행정기관의 장의 의견을 들어 그 수역의 범위, 선박의 항로 및 속력 등 선박의 항행안전에 필요한 사항을 해양수산부령으로 정하는 바에 따라 고시할 수 있다. [개정 2013.3.23 제11690호(정부조직법)]

② 해양수산부장관은 태풍 등 악천후를 피하려는 선박이나 해양사고 등으로 자유롭게 조종되지 아니하는 선박을 위한 수역 등을 지정 · 운영할 수 있다. [개정 2013.3.23 제11690호(정부조직법)]

제32조(외국선박의 통항)

① 외국선박은 해양수산부장관의 허가를 받지 아니하고는 대한민국의 내수에서 통항할 수 없다. [개정 2013.3.23 제11690호(정부조직법)]

② 제1항에도 불구하고「영해 및 접속수역법」 제2조 제2항에 따른 직선기선에 따라 내수에 포함된 해역에서는 정박 · 정류(停留) · 계류 또는 배회(徘徊)함이 없이 계속적이고 신속하게 통항할 수 있다. 다만, 다음 각 호의 경우에는 그러하지 아니하다. [개정 2013.3.23 제11690호(정부조직법)]

1. 불가항력이나 조난으로 인하여 필요한 경우
2. 위험하거나 조난상태에 있는 인명 · 선박 · 항공기를 구조하기 위한 경우
3. 그 밖에 대한민국 항만에의 입항 등 해양수산부령으로 정하는 경우

③ 제1항에 따른 허가에 필요한 서류의 제출 등 관련 조치에 관하여 필요한 사항은 해양수산부령으로 정한다. [개정 2013.3.23 제11690호(정부조직법)]

제33조(특정선박에 대한 안전조치)

① 대한민국의 영해 또는 내수를 통항하는 외국선박 중 다음 각 호의 선박(이하 "특정선박"이라 한다)은 「해상에서의 인명안전을 위한 국제협약」 등 관련 국제협약에서 정하는 문서를 휴대하거나 해양수산부령으로 정하는 특별예방조치를 준수하여야 한다. [개정 2013.3.23 제11690호(정부조직법)]

1. 핵추진선박
2. 핵물질 등 위험화물운반선

② 해양수산부장관은 특정선박에 의한 해양오염 방지, 경감 및 통제를 위하여 필요하면 통항로를 지정하는 등 안전조치를 명할 수 있다. [개정 2013.3.23 제11690호(정부조직법)]

제34조(항로 등의 보전)

① 누구든지 항로에서 다음 각 호의 어느 하나에 해당하는 행위를 하여서는 아니 된다.

1. 선박의 방치
2. 어망 등 어구의 설치나 투기

② 해양경찰서장은 제1항을 위반한 자에게 방치된 선박의 이동 · 인양 또는 어망 등 어구의 제거를 명할 수 있다.

③ 누구든지 「항만법」 제2조 제1호에 따른 항만의 수역 또는 「어촌 · 어항법」 제2조 제3호에 따른 어항의 수역 중 대통령령으로 정하는 수역에서는 해상교통의 안전에 장애가 되는 스킨다이빙, 스쿠버다이빙, 윈드서핑 등 대통령령으로 정하는 행위를 하여서는 아니된다. 다만, 해상교통안전에 장애가 되지 아니한다고 인정되어 해양경찰서장의 허가를 받은 경우와 「체육시설의 설치 · 이용에 관한 법률」 제20조에 따라 신고한 체육시설업과 관련된 해상에서 행위를 하는 경우에는 그러하지 아니하다.

④ 해양경찰서장은 제3항에 따라 허가를 받은 사람이 다음 각 호의 어느 하나에 해당하면 그 허가를 취소하거나 해상교통안전에 장애가 되지 아니하도록 시정할 것을 명할 수 있다. 다만, 제3호에 해당하는 경우에는 그 허가를 취소하여야 한다.

1. 항로나 정박지 등 해상교통 여건이 달라진 경우
2. 허가 조건을 위반한 경우
3. 거짓이나 그 밖의 부정한 방법으로 허가를 받은 경우

⑤ 제3항에 따른 허가에 필요한 사항은 대통령령으로 정한다.

제35조(수역등 및 항로의 안전 확보)

① 누구든지 수역등 또는 수역등의 밖으로부터 10킬로미터 이내의 수역에서 선박 등을 이용

하여 수역등이나 항로를 점거하거나 차단하는 행위를 함으로써 선박 통항을 방해하여서는 아니 된다.

② 해양경찰서장은 제1항을 위반하여 선박 통항을 방해한 자 또는 방해할 우려가 있는 자에게 일정한 시간 내에 스스로 해산할 것을 요청하고, 이에 따르지 아니하면 해산을 명할 수 있다.

③ 제2항에 따른 해산명령을 받은 자는 지체 없이 물러가야 한다.

제36조(선박교통관제의 시행 등)

① 해양수산부장관은 선박교통의 안전을 도모하기 위하여 대통령령으로 정하는 바에 따라 선박교통관제를 시행할 수 있다. [개정 2013.3.23 제11690호(정부조직법)]

② 선박교통관제를 시행하는 구역(이하 이 조에서 "관제구역"이라 한다)에 정박하거나 통항하는 선박은 관제사와의 상호 호출응답용 관제통신을 항상 청취하여야 한다.

③ 관제구역별 관제통신의 제원(諸元) 등 관제에 필요한 사항은 해양수산부령으로 정한다. [개정 2013.3.23 제11690호(정부조직법)]

제37조(선박위치정보의 공개 제한 등)

① 항해자료기록장치 등 해양수산부령으로 정하는 전자적 수단으로 선박의 항적(航跡) 등을 기록한 정보(이하 "선박위치정보"라 한다)를 보유한 자는 다음 각 호의 경우를 제외하고는 선박위치정보를 공개하여서는 아니 된다. [개정 2013.3.23 제11690호(정부조직법)]

1. 선박위치정보의 보유권자가 그 보유 목적에 따라 사용하려는 경우
2. 「해양사고의 조사 및 심판에 관한 법률」 제16조에 따른 조사관 등이 해양사고의 원인을 조사하기 위하여 요청하는 경우
3. 「재난 및 안전관리 기본법」 제3조 제7호에 따른 긴급구조기관이 급박한 위험에 처한 선박 또는 승선자를 구조하기 위하여 요청하는 경우
4. 6개월 이상의 기간이 지난 선박위치정보로서 해양수산부령으로 정하는 경우

② 직무상 선박위치정보를 알게 된 선박소유자, 선장 및 해원(海員) 등은 선박위치정보를 누설 · 변조 · 훼손하여서는 아니 된다.

제38조(선박 출항통제)

① 해양수산부장관은 해상에 대하여 기상특보가 발표되거나 제한된 시계 등으로 선박의 안전운항에 지장을 줄 우려가 있다고 판단할 경우에는 선박소유자나 선장에게 선박의 출항통제를 명할 수 있다. [개정 2013.3.23 제11690호(정부조직법)]

② 제1항에 따른 출항통제의 기준 · 방법 및 절차 등에 필요한 사항은 해양수산부령으로 정한다. [개정 2013.3.23 제11690호(정부조직법)]

제39조(순찰)

해양경찰서장은 선박 통항의 안전과 질서를 유지하기 위하여 소속 경찰공무원에게 수역등 · 항로 또는 보호수역을 순찰하게 하여야 한다.

제40조(정선 등)

① 해양경찰서장은 이 법 또는 이 법에 따른 명령을 위반하였거나 위반한 혐의가 있는 사람이 승선하고 있는 선박에 대하여 정선(停船)하거나 회항(回航)할 것을 명할 수 있다.

② 제1항에 따른 정선명령이나 회항명령은 대통령령으로 정하는 방법으로 그 선박에서 항해당직을 수행하고 있는 사람에게 알려야 한다.

제41조(술에 취한 상태에서의 조타기 조작 등 금지)

① 술에 취한 상태에 있는 사람은 운항을 하기 위하여 「선박직원법」 제2조 제1호(총톤수 5톤 미만의 선박을 포함한다) 또는 제2호에 따른 선박의 조타기(操舵機)를 조작하거나 조작할 것을 지시하는 행위 또는 「도선법」 제2조 제1호에 따른 도선(이하 "도선"이라 한다)을 하여서는 아니 된다. [개정 2012.1.17]

② 해양경찰청 소속 경찰공무원은 다음 각 호의 어느 하나에 해당하는 경우에는 운항을 하기 위하여 조타기를 조작하거나 조작할 것을 지시하는 사람(이하 "운항자"라 한다) 또는 제1항에 따른 도선을 하는 사람(이하 "도선사"라 한다)이 술에 취하였는지 측정할 수 있으며, 해당 운항자 또는 도선사는 해양경찰청 소속 경찰공무원의 측정 요구에 따라야 한다.

1. 다른 선박의 안전운항을 해치거나 해칠 우려가 있는 등 해상교통의 안전과 위험방지를 위하여 필요하다고 인정되는 경우
2. 제1항을 위반하여 술에 취한 상태에서 조타기를 조작하거나 조작할 것을 지시하였거나 도선을 하였다고 인정할 만한 충분한 이유가 있는 경우

③ 제2항에 따라 술에 취하였는지를 측정한 결과에 불복하는 사람에 대하여는 해당 운항자 또는 도선사의 동의를 받아 혈액채취 등의 방법으로 다시 측정할 수 있다.

④ 해양경찰서장은 운항자 또는 도선사가 제1항을 위반한 경우에는 그 운항자가 정상적으로 조타기를 조작하거나 조작할 것을 지시할 수 있는 상태가 될 때까지 조타기 조작 또는 조작 지시를 못하게 명령하거나 도선을 하지 못하게 명령하는 등 필요한 조치를 취할 수 있나.

⑤ 제1항에 따른 술에 취한 상태의 기준은 대통령령으로 정한다.

제41조의2 (약물복용 등의 상태에서 조타기 조작 등 금지)

약물(「마약류 관리에 관한 법률」 제2조 제1호에 따른 마약류를 말한다. 이하 같다) · 환각물질(「유해화학물질 관리법」 제43조 제1항에 따른 환각물질을 말한다. 이하 같다)의 영향으로 인하여 정상적으로 다음 각 호의 행위를 하지 못할 우려가 있는 상태에서는 해당 행위를 하여서는 아니 된다.

1. 「선박직원법」 제2조 제1호에 따른 선박(총톤수 5톤 비만의 신박을 포함한다) 또는 같은 조 제2호에 따른 외국선박의 조타기를 조작하거나 조작할 것을 지시하는 행위
2. 「선박직원법」 제2조 제1호에 따른 선박(총톤수 5톤 미만의 선박을 포함한다) 또는 같은 조 제2호에 따른 외국선박의 도선

[본조신설 2012.1.17] [[시행일 2012.4.18]]

제42조(해기사면허의 취소 · 정지 요청)

해양경찰청장은 「선박직원법」 제4조에 따른 해기사면허를 받은 자가 다음 각 호의 어느 하나에 해당하는 경우 해양수산부장관에게 해당 해기사면허를 취소하거나 1년의 범위에서 해기사면허의 효력을 정지할 것을 요청할 수 있다. [개정 2012.1.17, 2013.3.23 제11690호(정부조직법)]

1. 제41조 제1항을 위반하여 술에 취한 상태에서 운항을 하기 위하여 조타기를 조작하거나 그 조작을 지시한 경우
2. 제41조 제2항 제2호를 위반하여 술에 취한 상태에서 조타기를 조작하거나 조작할 것을 지시하였다고 인정할 만한 상당한 이유가 있음에도 불구하고 해양경찰청 소속 경찰공무원의 측정요구에 따르지 아니한 경우
3. 제41조의2를 위반하여 약물 · 환각물질의 영향으로 인하여 정상적으로 조타기를 조작하거나 그 조작을 지시하지 못할 우려가 있는 상태에서 조타기를 조작하거나 그 조작을 지시한 경우

제43조(해양사고가 일어난 경우의 조치)

① 선장이나 선박소유자는 해양사고가 일어나 선박이 위험하게 되거나 다른 선박의 항행안전에 위험을 줄 우려가 있는 경우에는 위험을 방지하기 위하여 신속하게 필요한 조치를 취하고, 해양사고의 발생 사실과 조치 사실을 지체 없이 해양경찰서장이나 지방해양항만청장에게 신고하여야 한다.

② 지방해양항만청장은 제1항에 따른 신고를 받으면 지체 없이 그 사실을 해양경찰서장에게 통보하여야 한다.

③ 해양경찰서장은 선장이나 선박소유자가 제1항에 따른 조치를 취하지 아니하였거나 취한 조치가 적당하지 아니하다고 인정하는 경우에는 그 선박의 선장이나 선박소유자에게 해양사고를 신속하게 수습하고 해상교통의 안전을 확보하기 위하여 필요한 조치를 취할 것을 명할 수 있다.

④ 해양경찰서장은 해양사고가 일어나 선박이 위험하게 되거나 다른 선박의 항행안전에 위험을 줄 우려가 있는 경우 필요하면 구역을 정하여 다른 선박에 대하여 선박의 이동 · 항행제한 또는 조업중지를 명할 수 있다.

제44조(항행보조시설의 설치와 관리)

① 해양수산부장관은 선박의 항행안전에 필요한 항로표지 · 신호 · 조명 · 선박관제에 관련된 시설 등 항행보조시설을 설치하고 관리 · 운영하여야 한다. [개정 2013.3.23 제11690호(정부조직법)]

② 해양경찰청장, 지방자치단체의 장 또는 운항자는 다음 각 호의 수역에 「항로표지법」 제2조 제1항 제1호에 따른 항로표지를 설치할 필요가 있다고 인정하면 해양수산부장관에게 그 설치를 요청할 수 있다. [개정 2013.3.23 제11690호(정부조직법)]

1. 선박교통량이 아주 많은 수역
2. 항행상 위험한 수역

제6장 선박의 항법 등

제1절 모든 시계상태에서의 항법

제62조(적용)

이 절은 모든 시계상태에서 적용한다.

제63조(경계)

선박은 주위의 상황 및 다른 선박과 충돌할 수 있는 위험성을 충분히 파악할 수 있도록 시각 · 청각 및 당시의 상황에 맞게 이용할 수 있는 모든 수단을 이용하여 항상 적절한 경계를 하여야 한다.

제64조(안전한 속력)

① 선박은 다른 선박과의 충돌을 피하기 위하여 적절하고 효과적인 동작을 취하거나 당시의 상황에 알맞은 거리에서 선박을 멈출 수 있도록 항상 안전한 속력으로 항행하여야 한다.

② 제1항에 따른 안전한 속력을 결정할 때에는 다음 각 호(레이더를 사용하고 있지 아니한 선박의 경우에는 제1호부터 제6호까지)의 사항을 고려하여야 한다.

1. 시계의 상태
2. 해상교통량의 밀도
3. 선박의 정지거리 · 선회성능, 그 밖의 조종성능
4. 야간의 경우에는 항해에 지장을 주는 불빛의 유무
5. 바람 · 해면 및 조류의 상태와 항행장애물의 근접상태
6. 선박의 흘수와 수심과의 관계
7. 레이더의 특성 및 성능
8. 해면상태 · 기상, 그 밖의 장애요인이 레이더 탐지에 미치는 영향

9. 레이더로 탐지한 선박의 수 · 위치 및 동항

제65조(충돌 위험)

① 선박은 다른 선박과 충돌할 위험이 있는지를 판단하기 위하여 당시의 상황에 알맞은 모든 수단을 활용하여야 한다.

② 레이더를 설치한 선박은 다른 선박과 충돌할 위험성 유무를 미리 파악하기 위하여 레이더를 이용하여 장거리 주사(走査), 탐지된 물체에 대한 작도(作圖), 그 밖의 체계적인 관측을 하여야 한다.

③ 선박은 불충분한 레이더 정보나 그 밖의 불충분한 정보에 의존하여 다른 선박과의 충돌 위험 여부를 판단하여서는 아니 된다.

④ 선박은 접근하여 오는 다른 선박의 나침방위에 뚜렷한 변화가 일어나지 아니하면 충돌할 위험성이 있다고 보고 필요한 조치를 하여야 한다. 접근하여 오는 다른 선박의 나침방위에 뚜렷한 변화가 있더라도 거대선 또는 예인작업에 종사하고 있는 선박에 접근하거나, 가까이 있는 다른 선박에 접근하는 경우에는 충돌을 방지하기 위하여 필요한 조치를 하여야 한다.

제66조(충돌을 피하기 위한 동작)

① 선박은 제1절부터 제3절까지 및 제6절에 따른 항법에 따라 다른 선박과 충돌을 피하기 위한 동작을 취하되, 이 법에서 정하는 바가 없는 경우에는 될 수 있으면 충분한 시간적 여유를 두고 적극적으로 조치하여 선박을 적절하게 운용하는 관행에 따라야 한다.

② 선박은 다른 선박과 충돌을 피하기 위하여 침로(針路)나 속력을 변경할 때에는 될 수 있으면 다른 선박이 그 변경을 쉽게 알아볼 수 있도록 충분히 크게 변경하여야 하며, 침로나 속력을 소폭으로 연속적으로 변경하여서는 아니 된다.

③ 선박은 넓은 수역에서 충돌을 피하기 위하여 침로를 변경하는 경우에는 적절한 시기에 큰 각도로 침로를 변경하여야 하며, 그에 따라 다른 선박에 접근하지 아니하도록 하여야 한다.

④ 선박은 다른 선박과의 충돌을 피하기 위하여 동작을 취할 때에는 다른 선박과의 사이에 안전한 거리를 두고 통과할 수 있도록 그 동작을 취하여야 한다. 이 경우 그 동작의 효과를 다른 선박이 완전히 통과할 때까지 주의 깊게 확인하여야 한다.

⑤ 선박은 다른 선박과의 충돌을 피하거나 상황을 판단하기 위한 시간적 여유를 얻기 위하여 필요하면 속력을 줄이거나 기관의 작동을 정지하거나 후진하여 선박의 진행을 완전히 멈추어야 한다.

⑥ 이 법에 따라 다른 선박의 통항이나 통항의 안전을 방해하여서는 아니 되는 선박은 다음 각 호의 사항을 준수하고 유의하여야 한다.

1. 다른 선박이 안전하게 지나갈 수 있는 여유 수역이 충분히 확보될 수 있도록 조기에 동작을 취할 것

2. 다른 선박에 접근하여 충돌할 위험이 생긴 경우에는 그 책임을 면할 수 없으며, 피항동작(避航動作)을 취할 때에는 이 장(章)에서 요구하는 동작에 대하여 충분히 고려할 것

⑦ 이 법에 따라 통항할 때에 다른 선박의 방해를 받지 아니하도록 되어 있는 선박은 다른 선박과 서로 접근하여 충돌할 위험이 생긴 경우 이 장의 규정에 따라야 한다.

제67조(좁은 수로등)

① 좁은 수로나 항로(이하 "좁은 수로등"이라 한다)를 따라 항행하는 선박은 항행의 안전을 고려하여 될 수 있으면 좁은 수로등의 오른편 끝 쪽에서 항행하여야 한다. 다만, 제31조 제1항에 따라 해양수산부장관이 특별히 지정한 수역 또는 제68조 제1항에 따라 통항분리제도가 적용되는 수역에서는 좁은 수로등의 오른편 끝 쪽에서 항행하지 아니하여도 된다. [개정 2013.3.23 제11690호(정부조직법)]

② 길이 20미터 미만의 선박이나 범선은 좁은 수로등의 안쪽에서만 안전하게 항행할 수 있는 다른 선박의 통행을 방해하여서는 아니 된다.

③ 어로에 종사하고 있는 선박은 좁은 수로등의 안쪽에서 항행하고 있는 다른 선박의 통항을 방해하여서는 아니 된다.

④ 선박이 좁은 수로등의 안쪽에서만 안전하게 항행할 수 있는 다른 선박의 통항을 방해하게 되는 경우에는 좁은 수로등을 횡단하여서는 아니 된다.

⑤ 제71조 제2항 및 제3항에 따른 추월선(追越船)은 좁은 수로등에서 추월당하는 선박이 추월선을 안전하게 통과시키기 위한 동작을 취하지 아니하면 추월할 수 없는 경우에는 기적신호를 하여 추월하겠다는 의사를 나타내야 한다. 이 경우 추월당하는 선박은 그 의도에 동의하면 기적신호를 하여 그 의사를 표현하고, 추월선을 안전하게 통과시키기 위한 동작을 취하여야 한다.

⑥ 선박이 좁은 수로등의 굽은 부분이나 항로에 있는 장애물 때문에 다른 선박을 볼 수 없는 수역에 접근하는 경우에는 특히 주의하여 항행하여야 한다.

⑦ 선박은 좁은 수로등에서 정박(정박 중인 선박에 매어 있는 것을 포함한다)을 하여서는 아니 된다. 다만, 해양사고를 피하거나 인명이나 그 밖의 선박을 구조하기 위하여 부득이하다고 인정되는 경우에는 그러하지 아니하다.

제68조(통항분리제도)

① 이 조는 다음 각 호의 수역(이하 "통항분리수역"이라 한다)에 대하여 적용한다. [개정 2013.3.23 제11690호(정부조직법)]

1. 국제해사기구가 채택하여 통항분리제도가 적용되는 수역
2. 해상교통량이 아주 많아 충돌사고 발생의 위험성이 있어 통항분리제도를 적용할 필요성이 있는 수역으로서 해양수산부령으로 정하는 수역

② 선박이 통항분리수역을 항행하는 경우에는 다음 각 호의 사항을 준수하여야 한다.

1. 통항로 안에서는 정하여진 진행방향으로 항행할 것
2. 분리선이나 분리대에서 될 수 있으면 떨어져서 항행할 것
3. 통항로의 출입구를 통하여 출입하는 것을 원칙으로 하되, 통항로의 옆쪽으로 출입하는 경우에는 그 통항로에 대하여 정하여진 선박의 진행방향에 대하여 될 수 있으면 작은 각도로 출입할 것

③ 선박은 통항로를 횡단하여서는 아니 된다. 다만, 부득이한 사유로 그 통항로를 횡단하여야 하는 경우에는 그 통항로와 선수방향(船首方向)이 직각에 가까운 각도로 횡단하여야 한다.

④ 선박은 연안통항대에 인접한 통항분리수역의 통항로를 안전하게 통과할 수 있는 경우에는 연안통항대를 따라 항행하여서는 아니 된다. 다만, 다음 각 호의 선박의 경우에는 연안통항대를 따라 항행할 수 있다.

1. 길이 20미터 미만의 선박
2. 범선
3. 어로에 종사하고 있는 선박
4. 인접한 항구로 입항 · 출항하는 선박
5. 연안통항대 안에 있는 해양시설 또는 도선사의 승하선(乘下船) 장소에 출입하는 선박
6. 급박한 위험을 피하기 위한 선박

⑤ 통항로를 횡단하거나 통항로에 출입하는 선박 외의 선박은 급박한 위험을 피하기 위한 경우나 분리대 안에서 어로에 종사하고 있는 경우 외에는 분리대에 들어가거나 분리선을 횡단하여서는 아니 된다.

⑥ 통항분리수역에서 어로에 종사하고 있는 선박은 통항로를 따라 항행하는 다른 선박의 항행을 방해하여서는 아니 된다.

⑦ 모든 선박은 통항분리수역의 출입구 부근에서는 특히 주의하여 항행하여야 한다.

⑧ 선박은 통항분리수역과 그 출입구 부근에 정박(정박하고 있는 선박에 매어 있는 것을 포함한다)하여서는 아니 된다. 다만, 해양사고를 피하거나 인명이나 선박을 구조하기 위하여 부득이하다고 인정되는 사유가 있는 경우에는 그러하지 아니하다.

⑨ 통항분리수역을 이용하지 아니하는 선박은 될 수 있으면 통항분리수역에서 멀리 떨어져서 항행하여야 한다.

⑩ 길이 20미터 미만의 선박이나 범선은 통항로를 따라 항행하고 있는 다른 선박의 항행을 방해하여서는 아니 된다.

⑪ 통항분리수역 안에서 해저전선을 부설 · 보수 및 인양하는 작업을 하거나 항행안전을 유지하기 위한 작업을 하는 중이어서 조종능력이 제한되고 있는 선박은 그 작업을 하는 데에 필요한 범위에서 제1항부터 제10항까지의 규정을 적용하지 아니한다.

제2절 선박이 서로 시계 안에 있는 때의 항법

제69조(적용)

이 절은 선박에서 다른 선박을 눈으로 볼 수 있는 상태에 있는 선박에 적용한다.

제70조(범선)

① 2척의 범선이 서로 접근하여 충돌할 위험이 있는 경우에는 다음 각 호에 따른 항행방법에 따라 항행하여야 한다.

1. 각 범선이 다른 쪽 현(舷)에 바람을 받고 있는 경우에는 좌현(左舷)에 바람을 받고 있는 범선이 다른 범선의 진로를 피하여야 한다.
2. 두 범선이 서로 같은 현에 바람을 받고 있는 경우에는 바람이 불어오는 쪽의 범선이 바람이 불어가는 쪽의 범선의 진로를 피하여야 한다.
3. 좌현에 바람을 받고 있는 범선은 바람이 불어오는 쪽에 있는 다른 범선을 본 경우로서 그 범선이 바람을 좌우 어느 쪽에 받고 있는지 확인할 수 없는 때에는 그 범선의 진로를 피하여야 한다.

② 제1항을 적용할 때에 바람이 불어오는 쪽이란 종범선(縱帆船)에서는 주범(主帆)을 펴고 있는 쪽의 반대쪽을 말하고, 횡범선(橫帆船)에서는 최대의 종범(縱帆)을 펴고 있는 쪽의 반대쪽을 말하며, 바람이 불어가는 쪽이란 바람이 불어오는 쪽의 반대쪽을 말한다.

제71조(추월)

① 추월선은 제1절과 이 절의 다른 규정에도 불구하고 추월당하고 있는 선박을 완전히 추월하거나 그 선박에서 충분히 멀어질 때까지 그 선박의 진로를 피하여야 한다.

② 다른 선박의 양쪽 현의 정횡(正橫)으로부터 22.5도를 넘는 뒤쪽[밤에는 다른 선박의 선미등(船尾燈)만을 볼 수 있고 어느 쪽의 현등(舷燈)도 볼 수 없는 위치를 말한다]에서 그 선박을 앞지르는 선박은 추월선으로 보고 필요한 조치를 취하여야 한다.

③ 선박은 스스로 다른 선박을 추월하고 있는지 분명하지 아니한 경우에는 추월선으로 보고 필요한 조치를 취하여야 한다.

④ 추월하는 경우 2척의 선박 사이의 방위가 어떻게 변경되더라도 추월하는 선박은 추월이 완전히 끝날 때까지 추월당하는 선박의 진로를 피하여야 한나.

제72조(마주치는 상태)

① 2척의 동력선이 마주치거나 거의 마주치게 되어 충돌의 위험이 있을 때에는 각 동력선은 서로 다른 선박의 좌현 쪽을 지나갈 수 있도록 침로를 우현(右舷) 쪽으로 변경하여야 한다.

② 선박은 다른 선박을 선수(船首) 방향에서 볼 수 있는 경우로서 다음 각 호의 어느 하나에 해당하면 마주치는 상태에 있다고 보아야 한다.

1. 밤에는 2개의 마스트등을 일직선으로 또는 거의 일직선으로 볼 수 있거나 양쪽의 현등

을 볼 수 있는 경우
2. 낮에는 2척의 선박의 마스트가 선수에서 선미(船尾)까지 일직선이 되거나 거의 일직선이 되는 경우

③ 선박은 마주치는 상태에 있는지가 분명하지 아니한 경우에는 마주치는 상태에 있다고 보고 필요한 조치를 취하여야 한다.

제73조(횡단하는 상태)

2척의 동력선이 상대의 진로를 횡단하는 경우로서 충돌의 위험이 있을 때에는 다른 선박을 우현 쪽에 두고 있는 선박이 그 다른 선박의 진로를 피하여야 한다. 이 경우 다른 선박의 진로를 피하여야 하는 선박은 부득이한 경우 외에는 그 다른 선박의 선수 방향을 횡단하여서는 아니 된다.

제74조(피항선의 동작)

이 법에 따라 다른 선박의 진로를 피하여야 하는 모든 선박[이하 "피항선"(避航船)이라 한다]은 될 수 있으면 미리 동작을 크게 취하여 다른 선박으로부터 충분히 멀리 떨어져야 한다.

제75조(유지선의 동작)

① 2척의 선박 중 1척의 선박이 다른 선박의 진로를 피하여야 할 경우 다른 선박은 그 침로와 속력을 유지하여야 한다.

② 제1항에 따라 침로와 속력을 유지하여야 하는 선박[이하 "유지선"(維持船)이라 한다]은 피항선이 이 법에 따른 적절한 조치를 취하고 있지 아니하다고 판단하면 제1항에도 불구하고 스스로의 조종만으로 피항선과 충돌하지 아니하도록 조치를 취할 수 있다. 이 경우 유지선은 부득이하다고 판단하는 경우 외에는 자기 선박의 좌현 쪽에 있는 선박을 향하여 침로를 왼쪽으로 변경하여서는 아니 된다.

③ 유지선은 피항선과 매우 가깝게 접근하여 해당 피항선의 동작만으로는 충돌을 피할 수 없다고 판단하는 경우에는 제1항에도 불구하고 충돌을 피하기 위하여 충분한 협력을 하여야 한다.

④ 제2항과 제3항은 피항선에게 진로를 피하여야 할 의무를 면제하는 것은 아니다.

제76조(선박 사이의 책무)

① 항행 중인 선박은 제67조, 제68조 및 제71조에 따른 경우 외에는 이 조에서 정하는 항법에 따라야 한다.

② 항행 중인 동력선은 다음 각 호에 따른 선박의 진로를 피하여야 한다.

1. 조종불능선
2. 조종제한선
3. 어로에 종사하고 있는 선박

4. 범선

③ 항행 중인 범선은 다음 각 호에 따른 선박의 진로를 피하여야 한다.

1. 조종불능선
2. 조종제한선
3. 어로에 종사하고 있는 선박

④ 어로에 종사하고 있는 선박 중 항행 중인 선박은 될 수 있으면 다음 각 호에 따른 선박의 진로를 피하여야 한다.

1. 조종불능선
2. 조종제한선

⑤ 조종불능선이나 조종제한선이 아닌 선박은 부득이하다고 인정하는 경우 외에는 제86조에 따른 등화나 형상물을 표시하고 있는 흘수제약선의 통항을 방해하여서는 아니 된다.

⑥ 수상항공기는 될 수 있으면 모든 선박으로부터 충분히 떨어져서 선박의 통항을 방해하지 아니하도록 하되, 충돌할 위험이 있는 경우에는 이 법에서 정하는 바에 따라야 한다.

⑦ 수면비행선박은 선박의 통항을 방해하지 아니하도록 모든 선박으로부터 충분히 떨어져서 비행(이륙 및 착륙을 포함한다. 이하 같다)하여야 한다. 다만, 수면에서 항행하는 때에는 이 법에서 정하는 동력선의 항법을 따라야 한다.

제3절 제한된 시계에서 선박의 항법

제77조(제한된 시계에서 선박의 항법)

① 이조는 시계가 제한된 수역 또는 그 부근을 항행하고 있는 선박이 서로 시계안에 있지 아니한 경우에 적용한다.

② 모든 선박은 시계가 제한된 그 당시의 사정과 조건에 적합한 안전한 속력으로 항행하여야 하며, 동력선은 제한된 시계 안에 있는 경우 기관을 즉시 조작할 수 있도록 준비하고 있어야 한다.

③ 선박은 제1절에 따라 조치를 취할 때에는 시계가 제한되어 있는 당시의 상황에 충분히 유의하여 항행하여야 한다.

④ 레이디만으로 나른 선박이 있는 것을 탐지한 선박은 해당 선박과 얼마나 가까이 있는지 또는 충돌할 위험이 있는지를 판단하여야 한다. 이 경우 해당 선박과 매우 가까이 있거나 그 선박과 충돌할 위험이 있다고 판단한 경우에는 충분한 시간적 여유를 두고 피항동작을 취하여야 한다.

⑤ 제4항에 따른 피항동작이 침로를 변경하는 것만으로 이루어질 경우에는 될 수 있으면 다음 각 호의 동작은 피하여야 한다.

1. 다른 선박이 자기 선박의 양쪽 현의 정횡 앞쪽에 있는 경우 좌현 쪽으로 침로를 변경하

는 행위(추월당하고 있는 선박에 대한 경우는 제외한다)

2. 자기 선박의 양쪽 현의 정횡 또는 그곳으로부터 뒤쪽에 있는 선박의 방향으로 침로를 변경하는 행위

⑥ 충돌할 위험성이 없다고 판단한 경우 외에는 다음 각 호의 어느 하나에 해당하는 경우 모든 선박은 자기 배의 침로를 유지하는 데에 필요한 최소한으로 속력을 줄여야 한다. 이 경우 필요하다고 인정되면 자기 선박의 진행을 완전히 멈추어야 하며, 어떠한 경우에도 충돌할 위험성이 사라질 때까지 주의하여 항행하여야 한다.

1. 자기 선박의 양쪽 현의 정횡 앞쪽에 있는 다른 선박에서 무중신호(霧中信號)를 듣는 경우

2. 자기 선박의 양쪽 현의 정횡으로부터 앞쪽에 있는 다른 선박과 매우 근접한 것을 피할 수 없는 경우

제4절 등화와 형상물

제78조(적용)

① 이 절은 모든 날씨에서 적용한다.

② 선박은 해지는 시각부터 해뜨는 시각까지 이 법에서 정하는 등화(燈火)를 표시하여야 하며, 이 시간 동안에는 이 법에서 정하는 등화 외의 등화를 표시하여서는 아니 된다. 다만, 다음 각 호의 어느 하나에 해당하는 등화는 표시할 수 있다.

1. 이 법에서 정하는 등화로 오인되지 아니할 등화
2. 이 법에서 정하는 등화의 가시도(可視度)나 그 특성의 식별을 방해하지 아니하는 등화
3. 이 법에서 정하는 등화의 적절한 경계(警戒)를 방해하지 아니하는 등화

③ 이 법에서 정하는 등화를 설치하고 있는 선박은 해뜨는 시각부터 해지는 시각까지도 제한된 시계에서는 등화를 표시하여야 하며, 필요하다고 인정되는 그 밖의 경우에도 등화를 표시할 수 있다.

④ 선박은 낮 동안에는 이 법에서 정하는 형상물을 표시하여야 한다.

제79조(등화의 종류)

선박의 등화는 다음 각 호와 같다.

1. 마스트등: 선수와 선미의 중심선상에 설치되어 225도에 걸치는 수평의 호(弧)를 비추되, 그 불빛이 정선수 방향으로부터 양쪽 현의 정횡으로부터 뒤쪽 22.5도까지 비출 수 있는 흰색 등(燈)

2. 현등(舷燈): 정선수 방향에서 양쪽 현으로 각각 112.5도에 걸치는 수평의 호를 비추는 등화로서 그 불빛이 정선수 방향에서 좌현 정횡으로부터 뒤쪽 22.5도까지 비출 수 있

도록 좌현에 설치된 붉은색 등과 그 불빛이 정선수 방향에서 우현 정횡으로부터 뒤쪽 22.5도까지 비출 수 있도록 우현에 설치된 녹색 등

3. 선미등: 135도에 걸치는 수평의 호를 비추는 흰색 등으로서 그 불빛이 정선미 방향으로부터 양쪽 현의 67.5도까지 비출 수 있도록 선미 부분 가까이에 설치된 등
4. 예선등(曳船燈): 선미등과 같은 특성을 가진 황색 등
5. 전주등(全周燈): 360도에 걸치는 수평의 호를 비추는 등화. 다만, 섬광등(閃光燈)은 제외한다.
6. 섬광등: 360도에 걸치는 수평의 호를 비추는 등화로서 일정한 간격으로 1분에 120회 이상 섬광을 발하는 등
7. 양색등(兩色燈): 선수와 선미의 중심선상에 설치된 붉은색과 녹색의 두 부분으로 된 등화로서 그 붉은색과 녹색 부분이 각각 현등의 붉은색 등 및 녹색 등과 같은 특성을 가진 등
8. 삼색등(三色燈): 선수와 선미의 중심선상에 설치된 붉은색·녹색·흰색으로 구성된 등으로서 그 붉은색·녹색·흰색의 부분이 각각 현등의 붉은색 등과 녹색 등 및 선미등과 같은 특성을 가진 등

제80조(등화 및 형상물의 기준)

이 법에서 규정하는 등화의 가시거리·광도 등 기술적 기준, 등화·형상물의 구조와 설치할 위치 등에 관하여 필요한 사항은 해양수산부장관이 정하여 고시한다. [개정 2013.3.23 제11690호(정부조직법)]

제81조(항행 중인 동력선)

① 항행 중인 동력선은 다음 각 호의 등화를 표시하여야 한다.

1. 앞쪽에 마스트등 1개와 그 마스트등보다 뒤쪽의 높은 위치에 마스트등 1개. 다만, 길이 50미터 미만의 동력선은 뒤쪽의 마스트등을 표시하지 아니할 수 있다.
2. 현등 1쌍(길이 20미터 미만의 선박은 이를 대신하여 양색등을 표시할 수 있다. 이하 이 절에서 같다)
3. 선미등 1개

② 수면에 떠있는 상태로 항행 중인 해양수산부령으로 정하는 선박은 제1항에 따른 등화에 덧붙여 사방을 비출 수 있는 황색의 섬광등 1개를 표시하여야 한다. [개정 2013.3.23 제11690호(정부조직법)]

③ 수면비행선박이 비행하는 경우에는 제1항에 따른 등화에 덧붙여 사방을 비출 수 있는 고광도 홍색 섬광등 1개를 표시하여야 한다.

④ 길이 12미터 미만의 동력선은 제1항에 따른 등화를 대신하여 흰색 전주등 1개와 현등 1쌍을 표시할 수 있다.

⑤ 길이 7미터 미만이고 최대속력이 7노트 미만인 동력선은 제1항이나 제4항에 따른 등화를 대신하여 흰색 전주등 1개만을 표시할 수 있으며, 가능한 경우 현등 1쌍도 표시할 수 있다.
⑥ 길이 12미터 미만인 동력선에서 마스트등이나 흰색 전주등을 선수와 선미의 중심선상에 표시하는 것이 불가능할 경우에는 그 중심선 위에서 벗어난 위치에 표시할 수 있다. 이 경우 현등 1쌍은 이를 1개의 등화(燈火)로 결합하여 선수와 선미의 중심선상 또는 그에 가까운 위치에 표시하되, 그 표시를 할 수 없을 경우에는 될 수 있으면 마스트등이나 흰색 전주등이 표시된 선으로부터 가까운 위치에 표시하여야 한다.

제82조(항행 중인 예인선)
① 동력선이 다른 선박이나 물체를 끌고 있는 경우에는 다음 각 호의 등화나 형상물을 표시하여야 한다.
  1. 제81조 제1항 제1호에 따라 앞쪽에 표시하는 마스트등을 대신하여 같은 수직선 위에 마스트등 2개. 다만, 예인선의 선미로부터 끌려가고 있는 선박이나 물체의 뒤쪽 끝까지 측정한 예인선열의 길이가 200미터를 초과하면 같은 수직선 위에 마스트등 3개를 표시하여야 한다.
  2. 현등 1쌍
  3. 선미등 1개
  4. 선미등의 위쪽에 수직선 위로 예선등 1개
  5. 예인선열의 길이가 200미터를 초과하면 가장 잘 보이는 곳에 마름모꼴의 형상물 1개
② 다른 선박을 밀거나 옆에 붙여서 끌고 있는 동력선은 다음 각 호의 등화를 표시하여야 한다.
  1. 제81조 제1항 제1호에 따라 앞쪽에 표시하는 마스트등을 대신하여 같은 수직선 위로 마스트등 2개
  2. 현등 1쌍
  3. 선미등 1개
③ 끌려가고 있는 선박이나 물체는 다음 각 호의 등화나 형상물을 표시하여야 한다.
  1. 현등 1쌍
  2. 선미등 1개
  3. 예인선열의 길이가 200미터를 초과하면 가장 잘 보이는 곳에 마름모꼴의 형상물 1개
④ 2척 이상의 선박이 한 무리가 되어 밀려가거나 옆에 붙어서 끌려갈 경우에는 이를 1척의 선박으로 보고 다음 각 호의 등화를 표시하여야 한다.
  1. 앞쪽으로 밀려가고 있는 선박의 앞쪽 끝에 현등 1쌍
  2. 옆에 붙어서 끌려가고 있는 선박은 선미등 1개와 그의 앞쪽 끝에 현등 1쌍
⑤ 일부가 물에 잠겨 잘 보이지 아니하는 상태에서 끌려가고 있는 선박이나 물체 또는 끌려가

고 있는 선박이나 물체의 혼합체는 제3항에도 불구하고 다음 각 호의 등화나 형상물을 표시하여야 한다.

1. 폭 25미터 미만이면 앞쪽 끝과 뒤쪽 끝 또는 그 부근에 흰색 전주등 각 1개
2. 폭 25미터 이상이면 제1호에 따른 등화에 덧붙여 그 폭의 양쪽 끝이나 그 부근에 흰색 전주등 각 1개
3. 길이가 100미터를 초과하면 제1호와 제2호에 따른 등화 사이의 거리가 100미터를 넘지 아니하도록 하는 흰색 전주등을 함께 표시
4. 끌려가고 있는 맨 뒤쪽의 선박이나 물체의 뒤쪽 끝 또는 그 부근에 마름모꼴의 형상물 1개. 이 경우 예인선열의 길이가 200미터를 초과할 때에는 가장 잘 볼 수 있는 앞쪽 끝 부분에 마름모꼴의 형상물 1개를 함께 표시한다.

⑥ 끌려가고 있는 선박이나 물체에 제3항 또는 제5항에 따른 등화나 형상물을 표시할 수 없는 경우에는 끌려가고 있는 선박이나 물체를 조명하거나 그 존재를 나타낼 수 있는 가능한 모든 조치를 취하여야 한다.

⑦ 통상적으로 예인작업에 종사하지 아니한 선박이 조난당한 선박이나 구조가 필요한 다른 선박을 끌고 있는 경우로서 제1항이나 제2항에 따른 등화를 표시할 수 없을 때에는 그 등화들을 표시하지 아니할 수 있다. 이 경우 끌고 있는 선박과 끌려가고 있는 선박 사이의 관계를 표시하기 위하여 끄는 데에 사용되는 줄을 탐조등으로 비추는 등 제94조에 따른 가능한 모든 조치를 취하여야 한다.

⑧ 밀고 있는 선박과 밀려가고 있는 선박이 단단하게 연결되어 하나의 복합체를 이룬 경우에는 이를 1척의 동력선으로 보고 제81조를 적용한다.

제83조(항행 중인 범선 등)

① 항행 중인 범선은 다음 각 호의 등화를 표시하여야 한다.

1. 현등 1쌍
2. 선미등 1개

② 항행 중인 길이 20미터 미만의 범선은 제1항에 따른 등화를 대신하여 마스트의 꼭대기나 그 부근의 가장 잘 보이는 곳에 삼색등 1개를 표시할 수 있다.

③ 항행 중인 범선은 제1항에 따른 등화에 덧붙여 마스트의 꼭대기나 그 부근의 가장 잘 보이는 곳에 전주등 2개를 수직선의 위아래에 표시할 수 있다. 이 경우 위쪽의 등화는 붉은색, 아래쪽의 등화는 녹색이어야 하며, 이 등화들은 제2항에 따른 삼색등과 함께 표시하여서는 아니 된다.

④ 길이 7미터 미만의 범선은 될 수 있으면 제1항이나 제2항에 따른 등화를 표시하여야 한다. 다만, 이를 표시하지 아니할 경우에는 흰색 휴대용 전등이나 점화된 등을 즉시 사용할 수 있도록 준비하여 충돌을 방지할 수 있도록 충분한 기간 동안 이를 표시하여야 한다.

⑤ 노도선(櫓櫂船)은 이 조에 따른 범선의 등화를 표시할 수 있다. 다만, 이를 표시하지 아니하는 경우에는 제4항 단서에 따라야 한다.
⑥ 범선이 기관을 동시에 사용하여 진행하고 있는 경우에는 앞쪽의 가장 잘 보이는 곳에 원뿔꼴로 된 형상물 1개를 그 꼭대기가 아래로 향하도록 표시하여야 한다.

제84조(어선)

① 항망(桁網)이나 그 밖의 어구를 수중에서 끄는 트롤망어로에 종사하는 선박은 항행에 관계없이 다음 각 호의 등화나 형상물을 표시하여야 한다.
 1. 수직선 위쪽에는 녹색, 그 아래쪽에는 흰색 전주등 각 1개 또는 수직선 위에 2개의 원뿔을 그 꼭대기에서 위아래로 결합한 형상물 1개
 2. 제1호의 녹색 전주등보다 뒤쪽의 높은 위치에 마스트등 1개. 다만, 어로에 종사하는 길이 50미터 미만의 선박은 이를 표시하지 아니할 수 있다.
 3. 대수속력이 있는 경우에는 제1호와 제2호에 따른 등화에 덧붙여 현등 1쌍과 선미등 1개
② 제1항에 따른 어로에 종사하는 선박 외에 어로에 종사하는 선박은 항행 여부에 관계없이 다음 각 호의 등화나 형상물을 표시하여야 한다.
 1. 수직선 위쪽에는 붉은색, 아래쪽에는 흰색 전주등 각 1개 또는 수직선 위에 두 개의 원뿔을 그 꼭대기에서 위아래로 결합한 형상물 1개
 2. 수평거리로 150미터가 넘는 어구를 선박 밖으로 내고 있는 경우에는 어구를 내고 있는 방향으로 흰색 전주등 1개 또는 꼭대기를 위로 한 원뿔꼴의 형상물 1개
 3. 대수속력이 있는 경우에는 제1호와 제2호에 따른 등화에 덧붙여 현등 1쌍과 선미등 1개
③ 트롤망어로와 선망어로(旋網漁撈)에 종사하고 있는 선박에는 제1항과 제2항에 따른 등화 외에 해양수산부령으로 정하는 추가신호를 표시하여야 한다. [개정 2013.3.23 제11690호(정부조직법)]
④ 어로에 종사하고 있지 아니하는 선박은 이 조에 따른 등화나 형상물을 표시하여서는 아니 되며, 그 선박과 같은 길이의 선박이 표시하여야 할 등화나 형상물만을 표시하여야 한다.

제85조(조종불능선과 조종제한선)

① 조종불능선은 다음 각 호의 등화나 형상물을 표시하여야 한다.
 1. 가장 잘 보이는 곳에 수직으로 붉은색 전주등 2개
 2. 가장 잘 보이는 곳에 수직으로 둥근꼴이나 그와 비슷한 형상물 2개
 3. 대수속력이 있는 경우에는 제1호와 제2호에 따른 등화에 덧붙여 현등 1쌍과 선미등 1개
② 조종제한선은 기뢰제거작업에 종사하고 있는 경우 외에는 다음 각 호의 등화나 형상물을 표시하여야 한다.
 1. 가장 잘 보이는 곳에 수직으로 위쪽과 아래쪽에는 붉은색 전주등, 가운데에는 흰색 전

주등 각 1개

2. 가장 잘 보이는 곳에 수직으로 위쪽과 아래쪽에는 둥근꼴, 가운데에는 마름모꼴의 형상물 각 1개
3. 대수속력이 있는 경우에는 제1호에 따른 등화에 덧붙여 마스트등 1개, 현등 1쌍 및 선미등 1개
4. 정박 중에는 제1호와 제2호에 따른 등화나 형상물에 덧붙여 제88조에 따른 등화나 형상물

③ 동력선이 진로로부터 이탈능력을 매우 제한받는 예인작업에 종사하고 있는 경우에는 제82조 제1항에 따른 등화나 형상물에 덧붙여 제2항 제1호와 제2호에 따른 등화나 형상물을 표시하여야 한다.

④ 준설(浚渫)이나 수중작업에 종사하고 있는 선박이 조종능력을 제한받고 있는 경우에는 제2항에 따른 등화나 형상물을 표시하여야 하며, 장애물이 있는 경우에는 이에 덧붙여 다음 각 호의 등화나 형상물을 표시하여야 한다.

1. 장애물이 있는 쪽을 가리키는 뱃전에 수직으로 붉은색 전주등 2개나 둥근꼴의 형상물 2개
2. 다른 선박이 통과할 수 있는 쪽을 가리키는 뱃전에 수직으로 녹색 전주등 2개나 마름모꼴의 형상물 2개
3. 정박 중인 때에는 제88조에 따른 등화나 형상물을 대신하여 제1호와 제2호에 따른 등화나 형상물

⑤ 잠수작업에 종사하고 있는 선박이 그 크기로 인하여 제4항에 따른 등화와 형상물을 표시할 수 없으면 다음 각 호의 표시를 하여야 한다.

1. 가장 잘 보이는 곳에 수직으로 위쪽과 아래쪽에는 붉은색 전주등, 가운데에는 흰색 전주등 각 1개
2. 국제해사기구가 정한 국제신호서(國際信號書) 에이(A) 기(旗)의 모사판(模寫版)을 1미터 이상의 높이로 하여 사방에서 볼 수 있도록 표시

⑥ 기뢰제거작업에 종사하고 있는 선박은 해당 선박에서 1천미터 이내로 접근하면 위험하다는 경고로서 제81조에 따른 동력선에 관한 등화, 제88조에 따른 정박하고 있는 선박의 등화나 형상물에 덧붙여 녹색의 전주등 3개 또는 둥근꼴의 형상물 3개를 표시하여야 한다. 이 경우 이들 등화나 형상물 중에서 하나는 앞쪽 마스트의 꼭대기 부근에 표시하고, 다른 2개는 앞쪽 마스트의 가름대의 양쪽 끝에 1개씩 표시하여야 한다.

⑦ 길이 12미터 미만의 선박은 잠수작업에 종사하고 있는 경우 외에는 이 조에 따른 등화와 형상물을 표시하지 아니할 수 있다.

제86조(흘수제약선)

흘수제약선은 제81조에 따른 동력선의 등화에 덧붙여 가장 잘 보이는 곳에 붉은색 전주등 3개를 수직으로 표시하거나 원통형의 형상물 1개를 표시할 수 있다.

제87조(도선선)

① 도선업무에 종사하고 있는 선박은 다음 각 호의 등화나 형상물을 표시하여야 한다.

1. 마스트의 꼭대기나 그 부근에 수직선 위쪽에는 흰색 전주등, 아래쪽에는 붉은색 전주등 각 1개
2. 항행 중에는 제1호에 따른 등화에 덧붙여 현등 1쌍과 선미등 1개
3. 정박 중에는 제1호에 따른 등화에 덧붙여 제88조에 따른 정박하고 있는 선박의 등화나 형상물

② 도선선이 도선업무에 종사하지 아니할 때에는 그 선박과 같은 길이의 선박이 표시하여야 할 등화나 형상물을 표시하여야 한다.

제88조(정박선과 얹혀 있는 선박)

① 정박 중인 선박은 가장 잘 보이는 곳에 다음 각 호의 등화나 형상물을 표시하여야 한다.

1. 앞쪽에 흰색의 전주등 1개 또는 둥근꼴의 형상물 1개
2. 선미나 그 부근에 제1호에 따른 등화보다 낮은 위치에 흰색 전주등 1개

② 길이 50미터 미만인 선박은 제1항에 따른 등화를 대신하여 가장 잘 보이는 곳에 흰색 전주등 1개를 표시할 수 있다.

③ 정박 중인 선박은 갑판을 조명하기 위하여 작업등 또는 이와 비슷한 등화를 사용하여야 한다. 다만, 길이 100미터 미만의 선박은 이 등화들을 사용하지 아니할 수 있다.

④ 얹혀 있는 선박은 제1항이나 제2항에 따른 등화를 표시하여야 하며, 이에 덧붙여 가장 잘 보이는 곳에 다음 각 호의 등화나 형상물을 표시하여야 한다.

1. 수직으로 붉은색의 전주등 2개
2. 수직으로 둥근꼴의 형상물 3개

⑤ 길이 7미터 미만의 선박이 좁은 수로등 정박지 안 또는 그 부근과 다른 선박이 통상적으로 항행하는 수역이 아닌 장소에 정박하거나 얹혀 있는 경우에는 제1항과 제2항에 따른 등화나 형상물을 표시하지 아니할 수 있다.

⑥ 길이 12미터 미만의 선박이 얹혀 있는 경우에는 제4항에 따른 등화나 형상물을 표시하지 아니할 수 있다.

제89조(수상항공기 및 수면비행선박)

수상항공기 및 수면비행선박은 이 절에서 규정하는 특성을 가진 등화와 형상물을 표시할 수 없거나 규정된 위치에 표시할 수 없는 경우 그 특성과 위치에 관하여 될 수 있으면 이 절에서

규정하는 것과 비슷한 등화나 형상물을 표시하여야 한다.

제5절 음향신호와 발광신호

제90조(기적의 종류)

"기적"(汽笛)이란 다음 각 호의 구분에 따라 단음(短音)과 장음(長音)을 발할 수 있는 음향신호장치를 말한다.

1. 단음: 1초 정도 계속되는 고동소리
2. 장음: 4초부터 6초까지의 시간 동안 계속되는 고동소리

제91조(음향신호설비)

① 길이 12미터 이상의 선박은 기적 1개를, 길이 20미터 이상의 선박은 기적 1개 및 호종(號鐘) 1개를 갖추어 두어야 하며, 길이 100미터 이상의 선박은 이에 덧붙여 호종과 혼동되지 아니하는 음조와 소리를 가진 징을 갖추어 두어야 한다. 다만, 호종과 징은 각각 그것과 음색이 같고 이 법에서 규정한 신호를 수동으로 행할 수 있는 다른 설비로 대체할 수 있다.

② 길이 12미터 미만의 선박은 제1항에 따른 음향신호설비를 갖추어 두지 아니하여도 된다. 다만, 이들을 갖추어 두지 아니하는 경우에는 유효한 음향신호를 낼 수 있는 다른 기구를 갖추어 두어야 한다.

③ 선박이 갖추어 두어야 할 기적 · 호종 및 징의 기술적 기준과 기적의 위치 등에 관하여는 해양수산부장관이 정하여 고시한다. [개정 2013.3.23 제11690호(정부조직법)]

제92조(조종신호와 경고신호)

① 항행 중인 동력선이 서로 상대의 시계 안에 있는 경우에 이 법의 규정에 따라 그 침로를 변경하거나 그 기관을 후진하여 사용할 때에는 다음 각 호의 구분에 따라 기적신호를 행하여야 한다.

1. 침로를 오른쪽으로 변경하고 있는 경우: 단음 1회
2. 침로를 왼쪽으로 변경하고 있는 경우: 단음 2회
3. 기관을 후진하고 있는 경우: 섬광 3회

② 항행 중인 동력선은 다음 각 호의 구분에 따른 발광신호를 적질히 반복하여 제1항에 따른 기적신호를 보충할 수 있다.

1. 침로를 오른쪽으로 변경하고 있는 경우: 섬광 1회
2. 침로를 왼쪽으로 변경하고 있는 경우: 섬광 2회
3. 기관을 후진하고 있는 경우: 섬광 3회

③ 제2항에 따른 섬광의 지속시간 및 섬광과 섬광 사이의 간격은 1초 정도로 하되, 반복되는 신호 사이의 간격은 10초 이상으로 하며, 이 발광신호에 사용되는 등화는 적어도 5해리의

거리에서 볼 수 있는 흰색 전주등이어야 한다.

④ 선박이 좁은 수로등에서 서로 상대의 시계 안에 있는 경우 제67조 제5항에 따른 기적신호를 할 때에는 다음 각 호에 따라 행하여야 한다.

1. 다른 선박의 우현 쪽으로 추월하려는 경우에는 장음 2회와 단음 1회의 순서로 의사를 표시할 것
2. 다른 선박의 좌현 쪽으로 추월하려는 경우에는 장음 2회와 단음 2회의 순서로 의사를 표시할 것
3. 추월당하는 선박이 다른 선박의 추월에 동의할 경우에는 장음 1회, 단음 1회의 순서로 2회에 걸쳐 동의의사를 표시할 것

⑤ 서로 상대의 시계 안에 있는 선박이 접근하고 있을 경우에는 하나의 선박이 다른 선박의 의도 또는 동작을 이해할 수 없거나 다른 선박이 충돌을 피하기 위하여 충분한 동작을 취하고 있는지 분명하지 아니한 경우에는 그 사실을 안 선박이 즉시 기적으로 단음을 5회 이상 재빨리 울려 그 사실을 표시하여야 한다. 이 경우 의문신호(疑問信號)는 5회 이상의 짧고 빠르게 섬광을 발하는 발광신호로써 보충할 수 있다.

⑥ 좁은 수로등의 굽은 부분이나 장애물 때문에 다른 선박을 볼 수 없는 수역에 접근하는 선박은 장음으로 1회의 기적신호를 울려야 한다. 이 경우 그 선박에 접근하고 있는 다른 선박이 굽은 부분의 부근이나 장애물의 뒤쪽에서 그 기적신호를 들은 경우에는 장음 1회의 기적신호를 울려 이에 응답하여야 한다.

⑦ 100미터 이상 거리를 두고 둘 이상의 기적을 갖추어 두고 있는 선박이 조종신호 및 경고신호를 울릴 때에는 그 중 하나만을 사용하여야 한다.

제93조(제한된 시계 안에서의 음향신호)

① 시계가 제한된 수역이나 그 부근에 있는 모든 선박은 밤낮에 관계없이 다음 각 호에 따른 신호를 하여야 한다.

1. 항행 중인 동력선은 대수속력이 있는 경우에는 2분을 넘지 아니하는 간격으로 장음을 1회 울려야 한다.
2. 항행 중인 동력선은 정지하여 대수속력이 없는 경우에는 장음 사이의 간격을 2초 정도로 연속하여 장음을 2회 울리되, 2분을 넘지 아니하는 간격으로 울려야 한다.
3. 조종불능선, 조종제한선, 흘수제약선, 범선, 어로 작업을 하고 있는 선박 또는 다른 선박을 끌고 있거나 밀고 있는 선박은 제1호와 제2호에 따른 신호를 대신하여 2분을 넘지 아니하는 간격으로 연속하여 3회의 기적(장음 1회에 이어 단음 2회를 말한다)을 울려야 한다.
4. 끌려가고 있는 선박(2척 이상의 선박이 끌려가고 있는 경우에는 제일 뒤쪽의 선박)은 승무원이 있을 경우에는 2분을 넘지 아니하는 간격으로 연속하여 4회의 기적(장음 1회

에 이어 단음 3회를 말한다)을 울릴 것. 이 경우 신호는 될 수 있으면 끌고 있는 선박이 행하는 신호 직후에 울려야 한다.

5. 정박 중인 선박은 1분을 넘지 아니하는 간격으로 5초 정도 재빨리 호종을 울릴 것. 다만, 정박하여 어로 작업을 하고 있거나 작업 중인 조종제한선은 제3호에 따른 신호를 울려야 하고, 길이 100미터 이상의 선박은 호종을 선박의 앞쪽에서 울리되, 호종을 울린 직후에 뒤쪽에서 징을 5초 정도 재빨리 울려야 하며, 접근하여 오는 선박에 대하여 자기 선박의 위치와 충돌의 가능성을 경고할 필요가 있을 경우에는 이에 덧붙여 연속하여 3회(단음 1회, 장음 1회, 단음 1회) 기적을 울릴 수 있다.
6. 얹혀 있는 선박 중 길이 100미터 미만의 선박은 1분을 넘지 아니하는 간격으로 재빨리 호종을 5초 정도 울림과 동시에 그 직전과 직후에 호종을 각각 3회 똑똑히 울릴 것. 이 경우 그 선박은 이에 덧붙여 적절한 기적신호를 울릴 수 있다.
7. 얹혀 있는 선박 중 길이 100미터 이상의 선박은 그 앞쪽에서 1분을 넘지 아니하는 간격으로 재빨리 호종을 5초 정도 울림과 동시에 그 직전과 직후에 호종을 각각 3회씩 똑똑히 울리고, 뒤쪽에서는 그 호종의 마지막 울림 직후에 재빨리 징을 5초 정도 울릴 것. 이 경우 그 선박은 이에 덧붙여 알맞은 기적신호를 할 수 있다.
8. 길이 12미터 미만의 선박은 제1호부터 제7호까지의 규정에 따른 신호를, 길이 12미터 이상 20미터 미만인 선박은 제5호부터 제7호까지의 규정에 따른 신호를 하지 아니할 수 있다. 다만, 그 신호를 하지 아니한 경우에는 2분을 넘지 아니하는 간격으로 다른 유효한 음향신호를 하여야 한다.
9. 도선선이 도선업무를 하고 있는 경우에는 제1호, 제2호 또는 제5호에 따른 신호에 덧붙여 단음 4회로 식별신호를 할 수 있다.

② 밀고 있는 선박과 밀려가고 있는 선박이 단단하게 연결되어 하나의 복합체를 이룬 경우에는 이를 1척의 동력선으로 보고 제1항을 적용한다.

제94조(주의환기신호)

① 모든 선박은 다른 선박의 주의를 환기시키기 위하여 필요하면 이 법에서 정하는 다른 신호로 오인되지 아니하는 발광신호 또는 음향신호를 하거나 다른 선박에 지장을 주지 아니하는 방법으로 위험이 있는 방향에 탐조등을 비출 수 있다.

② 제1항에 따른 발광신호나 탐조등은 항행보조시설로 오인되지 아니하는 것이어야 하며, 스트로보등(燈)이나 그 밖의 강력한 빛이 점멸하거나 회전하는 등화를 사용하여서는 아니 된다.

제95조(조난신호)

① 선박이 조난을 당하여 구원을 요청하는 경우 국제해사기구가 정하는 신호를 하여야 한다.

② 선박은 제1항에 따른 목적 외에 같은 항에 따른 신호 또는 이와 오인될 위험이 있는 신호

를 하여서는 아니 된다.

제6절 특수한 상황에서 선박의 항법 등

제96조(절박한 위험이 있는 특수한 상황)

① 선박, 선장, 선박소유자 또는 해원은 다른 선박과의 충돌 위험 등 절박한 위험이 있는 모든 특수한 상황(관계 선박의 성능의 한계에 따른 사정을 포함한다. 이하 같다)에 합당한 주의를 하여야 한다.

② 제1항에 따른 절박한 위험이 있는 특수한 상황에 처한 경우에는 그 위험을 피하기 위하여 제1절부터 제3절까지에 따른 항법을 따르지 아니할 수 있다.

③ 선박, 선장, 선박소유자 또는 해원은 이 법의 규정을 태만히 이행하거나 특수한 상황에 요구되는 주의를 게을리함으로써 발생한 결과에 대하여는 면책되지 아니한다.

제97조(등화 및 형상물의 설치와 표시에 관한 특례)

선박의 구조나 그 운항의 성질상 이 절에 따른 등화나 형상물을 설치 또는 표시할 수 없거나 표시할 필요가 없는 선박에 대하여는 해양수산부령으로 정하는 바에 따라 등화 및 형상물의 설치와 표시에 관한 특례를 정할 수 있다. [개정 2013.3.23 제11690호(정부조직법)]

부록5 개항질서법(267면 개정 선박입출항법으로 교체됨)

제1조(목적)

이 법은 개항(開港)에서 선박교통의 안전 및 질서 유지에 필요한 사항을 규정함을 목적으로 한다.

제2조(정의)

이 법에서 사용하는 용어의 뜻은 다음과 같다.

1. “개항”이란 대한민국 또는 외국 국적의 선박이 상시 출입할 수 있는 항(港)을 말한다.
2. “우선피항선”(優先避航船)이란 주로 개항의 항계 안에서 운항하는 선박으로서 다른 선박의 진로를 피하여야 하는 다음 각 목의 어느 하나에 해당하는 선박을 말한다.
   가. 부선(艀船)
   나. 단정(端艇)
   다. 주로 노와 삿대로 운전하는 선박
   라. 예선(曳船)
   마. 예인선(曳引船)과 부선[예인선에 결합되어 운항하는 압항부선(押航艀船)은 제외한다]
   바. 「항만운송사업법」 제26조의3 제1항에 따라 항만운송관련사업을 등록한 자가 소유한 선박
   사. 「해양환경관리법」 제70조 제1항에 따라 해양환경관리업을 등록한 자가 소유한 선박(폐기물해양배출업으로 등록한 선박은 제외한다)
   아. 가목부터 사목까지의 규정에 해당하지 아니하는 총톤수 20톤 미만의 선박
3. “정박(碇泊)”이란 선박이 해상에서 닻을 바다 밑에 내려놓고 운항을 정지하는 것을 말한다.
4. “정박지(碇泊地)”란 선박이 정박할 수 있는 장소를 말한다.
5. “정류(停留)”란 선박이 해상에서 일시적으로 운항을 정지하는 것을 말한다.
6. “계류(繫留)”란 선박을 다른 시설에 붙들어 매어 놓는 것을 말한다.
7. “계선(繫船)”이란 선박이 운항을 중지하고 장기간 정박하거나 계류하는 것을 말한다.
8. “항로(航路)”란 선박의 입항 · 출항 통로로 이용하기 위하여 제11조에 따라 지정 · 고시한 수로를 말한다.
9. “위험물”이란 화재 · 폭발 등의 위험이 있거나 인체 또는 해양환경에 해를 끼치는 물질로서 해양수산부령으로 정하는 것을 말한다. 다만, 선박의 항행 또는 인명의 안전을 유지하기 위하여 해당 선박에서 사용하는 위험물은 제외한다.
10. “위험물취급자”란 제7조 제1항 제1호에 따른 위험물운송선박의 선장 및 위험물을 취급하는 자를 말한다.

제3조(개항)
개항과 그 항계는 대통령령으로 정한다.

제4조
삭제

제2장 입항 · 출항 및 정박 [개정 2009.5.27]

제5조(출입 신고)
제3조에 따라 대통령령으로 정한 개항의 항계 안과 「항만법」 제2조 제5호 가목의 수역시설 중 해양수산부장관이 지정 · 고시한 항계 밖의 항로, 정박지 등 수역시설(이하 "개항의항계안등"이라 한다)에 출입하는 선박(다음 각 호의 선박은 제외한다)은 대통령령으로 정하는 바에 따라 해양수산부장관에게 신고하여야 한다. 다만, 전시 · 사변 또는 이에 준하는 국가비상사태이거나 국가안전보장상 필요한 경우에는 대통령령으로 정하는 바에 따라 해양수산부장관의 허가를 받아야 한다.

1. 총톤수 5톤 미만의 선박
2. 해양사고구조에 종사하는 선박
3. 그 밖에 항만운영의 효율성을 위하여 해양수산부령으로 정하는 선박

제6조(정박지 등)
① 개항의항계안등에 정박하는 선박(우선피항선은 제외한다)은 선박의 종류 · 톤수 · 흘수(吃水) 또는 적재물의 종류에 따라 해양수산부장관이 지정 · 고시한 정박구역 또는 정박지에 정박하여야 한다. 다만, 해양사고를 피하기 위한 경우나 그 밖의 부득이한 사유가 있는 경우에는 그러하지 아니하다.
② 우선피항선은 다른 선박의 항행(航行)에 방해가 될 우려가 있는 장소에 정박하거나 정류하여서는 아니 된다.
③ 제1항 단서에 따라 정박구역 또는 정박지가 아닌 곳에 정박한 선박의 선장은 즉시 그 사실을 해양수산부장관에게 신고하여야 한다.

제7조(수리와 계선)
① 개항의항계안등에서 다음 각 호의 선박을 불꽃이나 열이 발생하는 용접 등의 방법으로 수리하려는 자는 해양수산부령으로 정하는 바에 따라 해양수산부장관의 허가를 받아야 한다. 다만, 제2호의 선박의 경우에는 기관실, 연료탱크, 그 밖에 해양수산부령으로 정하는 선박 내 위험구역에서 수리작업을 하는 경우에만 허가를 받는다.

1. 위험물을 저장 · 운송하는 선박과 위험물을 하역한 후에도 인화성 물질 또는 폭발성 가

스가 남아있어 화재 또는 폭발의 위험이 있는 선박(이하 "위험물운송선박"이라 한다)
2. 총톤수 20톤 이상의 선박

② 총톤수 20톤 이상의 선박을 제1항 단서에 따른 위험구역 밖에서 불꽃이나 열이 발생하는 용접 등의 방법으로 수리하려는 자는 해양수산부령으로 정하는 바에 따라 해양수산부장관에게 신고하여야 한다.

③ 총톤수 20톤 이상의 선박을 개항의항계안등에 계선하려는 자는 해양수산부령으로 정하는 바에 따라 해양수산부장관에게 신고하여야 한다.

④ 제1항부터 제3항까지의 규정에 따라 선박을 수리하거나 계선하려는 자는 그 선박을 해양수산부장관이 지정한 장소에 정박 또는 계류하여야 한다.

⑤ 해양수산부장관은 수리 또는 계선 중인 선박의 안전을 위하여 필요하다고 인정하는 경우에는 그 선박의 소유자나 임차인에게 안전 유지에 필요한 수의 선원을 승선(乘船)시킬 것을 명할 수 있다.

제8조

삭제

제9조(이동명령)

① 해양수산부장관은 개항을 효율적으로 운영하기 위하여 필요하다고 인정하는 경우에는 개항의항계안등에 있는 선박에 대하여 항계 안이나 항계 밖의 다른 장소로 이동할 것을 명할 수 있다.

② 해양수산부장관은 전시 · 사변 또는 이에 준하는 국가비상사태이거나 국가안전보장상 필요한 경우에는 개항의항계안등에 있는 선박에 대하여 다른 개항으로 이동할 것을 명할 수 있다.

제10조(정박의 제한 및 방법 등)

① 선박은 개항의항계안등의 다음 각 호의 장소에서는 정박 또는 정류하지 못한다.
1. 부두 · 잔교(棧橋) · 안벽(岸壁) · 계선부표 · 돌핀 및 선거(船渠)의 부근 수역
2. 하천 · 운하, 그 밖의 협소한 수로와 선류장(船留場) 입구의 부근 수역

② 제1항에도 불구하고 다음 각 호의 경우에는 그러하지 아니하다.
1. 선박의 고장으로 선박 조종이 불가능한 경우
2. 선박이 조난 등으로 불가피하게 대피하여야 할 필요가 있는 경우
3. 인명을 구조하거나 급박한 위험이 있는 선박을 구조하는 경우

③ 제1항에 따른 선박의 정박 또는 정류의 제한 이외에 개항별 선박의 정박 또는 정류에 관한 구체적인 제한에 대하여는 해양수산부장관이 정하여 고시할 수 있다.

④ 개항의항계안등에 정박하는 선박은 지체 없이 예비용 닻을 내릴 수 있도록 닻 고정장치를

해제하는 등 선박안전을 위한 조치를 하여야 하며, 동력선은 즉시 운항할 수 있는 기관의 상태를 유지하여야 한다.

⑤ 해양수산부장관은 정박하는 선박의 안전을 위하여 필요하다고 인정하는 경우에는 개항에 정박하는 선박에 대하여 정박 장소 또는 방법의 변경을 명할 수 있다.

제3장 항로 및 항법(航法)

제11조(항로 등)

① 우선피항선 외의 선박은 개항의항계안등에 출입하는 경우 또는 개항의항계안등을 통과하는 경우에는 해양수산부장관이 지정·고시한 항로를 따라 항행하여야 한다. 다만, 해양사고를 피하기 위한 경우나 그 밖의 부득이한 사유가 있는 경우에는 그러하지 아니하다.

② 해양수산부장관은 개항의항계안등에 출입하는 선박의 안전을 확보하기 위하여 특히 필요한 경우에는 항계 밖의 수로를 항로로 지정·고시할 수 있다.

제12조(항로에서의 정박 등 금지)

① 다음 각 호의 어느 하나에 해당하는 경우를 제외하고는 선박을 항로에 정박 또는 정류시키거나 예인되는 선박 또는 부유물체를 항로에 방치하여서는 아니 된다.

1. 해양사고를 피하기 위한 경우
2. 선박의 고장이나 그 밖의 사유로 선박 조종이 불가능한 경우
3. 인명을 구조하거나 급박한 위험이 있는 선박을 구조하는 경우
4. 제33조에 따라 해양수산부장관의 허가를 받은 공사 또는 작업에 종사하는 경우

② 제1항 제1호부터 제3호까지의 규정에 해당하는 사유로 선박을 항로에 정박시키거나 정류시키려는 경우에는 그 사실을 해양수산부장관에게 신고하여야 한다. 이 경우 같은 항 제2호에 해당하는 선박에는 「해사안전법」 제85조에 따른 표시를 하여야 한다.

제13조(항법)

① 모든 선박은 개항의항계안등의 항로에서 다음 각 호의 항법에 따라 항행하여야 한다.

1. 항로 밖에서 항로에 들어오거나 항로에서 항로 밖으로 나가는 선박은 항로를 항행하는 다른 선박의 진로를 피하여 항행하여야 한다.
2. 선박은 항로에서 나란히 항행하지 못한다.
3. 선박이 항로에서 다른 선박과 마주칠 우려가 있는 경우에는 오른쪽으로 항행하여야 한다.
4. 선박은 항로에서 다른 선박을 추월하여서는 아니 된다. 다만, 추월하려는 선박을 눈으로 볼 수 있고 안전하게 추월할 수 있다고 판단되는 경우에는 「해사안전법」 제67조 제5

항 및 같은 법 제71조에 따른 방법으로 추월할 수 있다.

5. 선박은 항로를 항행하는 위험물운송선박[제2조 제2호바목에 따른 선박 중 급유선(給油船)은 제외한다] 또는 「해사안전법」 제2조 제14호에 따른 흘수제약선(吃水制約船)의 진로를 방해하여서는 아니 된다.

② 범선(帆船)은 개항의항계안등에서 항로를 지그재그로 항행하여서는 아니 된다.

③ 해양수산부장관은 선박교통의 안전을 위하여 특히 필요하다고 인정하는 경우에는 제1항에서 규정한 사항 외에 따로 항법 등에 관한 사항을 정하여 고시할 수 있다. 이 경우 선박은 이에 따라 항행하여야 한다.

제14조(대피)

동력선이 입항할 때 개항의 방파제의 입구 또는 입구 부근에서 출항하는 선박과 마주칠 우려가 있는 경우에는 입항하는 동력선이 방파제 밖에서, 출항하는 선박의 진로를 피하여야 한다.

제15조(속력 등의 제한)

① 선박이 개항의항계안등이나 개항의 항계 부근을 항행할 때에는 다른 선박에 위험을 미치지 아니할 정도의 속력으로 항행하여야 한다.

② 범선이 개항의항계안등에서 항행할 때에는 돛을 줄이거나 예인선이 범선을 끌고 가게 하여야 한다.

③ 해양경찰청장은 선박이 고속 항행할 경우 다른 선박에 현저하게 피해를 줄 우려가 있다고 인정되는 개항에 대하여는 해양수산부장관에게 개항의항계안등에서의 선박의 항행 최고속력을 지정할 것을 요청할 수 있다.

④ 해양수산부장관은 제3항에 따라 해양경찰청장으로부터 요청을 받은 경우 특별한 사유가 없으면 개항의항계안등에서의 선박의 항행 최고속력을 지정 · 고시하여야 한다. 이 경우 선박은 고시된 항행 최고속력의 범위에서 항행하여야 한다.

제16조(방파제 · 부두 등 부근의 항행)

선박이 개항의 항계 안에서 방파제, 부두, 해안으로 길게 뻗어 나온 육지 부분, 잔교(棧橋) 등 인공시설물의 튀어나온 부분 또는 정박 중인 선박(이하 이 조에서 "방파제등"이라 한다)을 배의 오른쪽 뱃전에 두고 항행할 때에는 이에 접근하여 항행하고, 방파제등을 배의 왼쪽 뱃전에 두고 항행할 때에는 이와 멀리 떨어져서 항행하여야 한다.

제17조(우선피항선 등의 진로방해 금지 의무)

① 우선피항선은 개항의항계안등이나 개항의 항계 부근에서 다른 선박의 진로를 방해하여서는 아니 된다.

② 제33조 제1항에 따라 공사 등의 허가를 받은 선박과 제34조 제1항에 따라 선박경기 등의 행사의 허가를 받은 선박은 개항의항계안등에서 다른 선박의 진로를 방해하여서는 아니 된다.

제18조(예인선의 항법)
예인선이 개항의항계안등에서 다른 선박을 끌고 항해할 때에는 해양수산부령으로 정하는 방법에 따라야 한다.

제19조(항행 선박 간의 거리)
개항의 항계안 등에서 2척 이상의 선박이 항행할 때에는 서로 충돌을 예방할 수 있는 상당한 거리를 유지하여야 한다.

제4장 위험물

제20조(위험물의 반입)
① 위험물을 개항의항계안등으로 들여오려는 자는 입항 전에 해양수산부령으로 정하는 바에 따라 해양수산부장관에게 신고하여야 한다.
② 해양수산부장관은 제1항에 따른 신고를 받았을 때에는 항만의 안전, 오염 방지 및 저장 능력을 고려하여 해양수산부령으로 정하는 바에 따라 들여올 수 있는 위험물의 종류 및 수량을 제한하거나 안전에 필요한 조치를 할 것을 명할 수 있다.

제21조(위험물운송선박의 정박 등)
위험물운송선박은 해양수산부장관이 지정한 장소 외의 장소에 정박하거나 정류하여서는 아니 된다.

제22조(위험물의 하역)
① 개항의 항계안 등에서 위험물을 하역(荷役)하려는 자는 대통령령으로 정하는 바에 따라 자체안전관리계획을 수립하여 해양수산부장관의 승인을 받아야 한다. 승인받은 사항 중 대통령령으로 정하는 사항을 변경하려는 경우에도 또한 같다.
② 해양수산부장관은 항만의 안전을 위하여 필요하다고 인정할 때에는 제1항에 따른 자체안전관리계획을 변경할 것을 명할 수 있다.
③ 해양수산부장관은 기상 악화 등의 사유로 개항의 항계안 등에서 위험물을 하역하는 것이 부적당하다고 인정하는 경우에는 제1항에 따른 승인을 받은 자에 대하여 해양수산부령으로 정하는 바에 따라 그 하역을 금지 또는 중지하게 하거나 항계 밖의 일정한 장소를 지정하여 하역하게 할 수 있다. ④ 제3항에 따라 항계 밖의 지정된 장소에서 위험물을 하역하는 선박은 개항의항계안등에 있는 선박으로 본다.

제23조(위험물 취급 시의 안전조치 등)
① 개항의 항계안 등에서 위험물취급자는 소화장비를 갖춰 두고 안전관리자를 배치하는 등 해양수산부령으로 정하는 안전에 필요한 조치를 하여야 한다.

② 제1항에 따른 안전관리자의 자격 및 보유기준 등에 대하여는 해양수산부령으로 정한다.
③ 해양수산부장관은 제1항에 따른 안전조치를 하지 아니한 위험물취급자에게 시설 · 인원 · 장비 등의 보강 또는 개선을 명할 수 있다.

제23조의2 (교육기관의 지정 및 취소)
① 해양수산부장관은 제23조 제1항에 따른 안전관리자 중 산적(散積)액체위험물을 취급하는 안전관리자의 교육을 위하여 교육기관을 지정 · 고시할 수 있다.
② 제1항의 교육기관의 지정기준 및 교육내용 등 교육기관 지정 · 운영에 필요한 사항은 해양수산부령으로 정한다.
③ 해양수산부장관은 교육기관의 교육계획 또는 실적 등을 확인 · 점검할 수 있으며, 확인 · 점검 결과 필요한 경우에는 시정을 명할 수 있다.
④ 해양수산부장관은 교육기관이 다음 각 호의 어느 하나에 해당하는 경우에는 그 지정을 취소할 수 있다. 다만, 제1호에 해당하는 경우에는 그 지정을 취소하여야 한다.
1. 거짓이나 그 밖의 부정한 방법으로 교육기관으로 지정을 받은 경우
2. 교육실적을 허위로 보고한 경우
3. 제3항에 따른 시정명령을 이행하지 아니한 경우
4. 교육기관 지정일부터 2년 이상 교육 실적이 없는 경우
5. 해양수산부장관이 교육기관으로서 업무를 수행하기가 어렵다고 인정하는 경우
⑤ 해양수산부장관은 제4항에 따라 지정을 취소하는 경우에는 청문을 하여야 한다.

제5장 수로의 보전

제24조(유해물의 투기 금지 등)
① 누구든지 개항의항계안등이나 개항의 항계 밖 10킬로미터 이내의 수면에 선박의 안전운항을 해칠 우려가 있는 흙 · 돌 · 나무 · 어구(漁具) 등 폐기물을 버려서는 아니 된다.
② 삭제 [1999.2.8]
③ 개항의항계안등이나 개항의 항계 부근에서 석탄 · 돌 · 벽돌 등 흩어지기 쉬운 물건을 하역하는 자는 그 물건이 수면에 떨어지는 것을 방지하기 위하여 대통령령으로 정하는 바에 따라 필요한 조치를 하여야 한다.
④ 해양수산부장관은 제1항을 위반하여 폐기물을 버리거나 제3항을 위반하여 흩어지기 쉬운 물건을 수면에 떨어뜨린 자에게 그 폐기물 또는 물건을 제거할 것을 명할 수 있다.

제25조(해양사고 등이 발생한 경우의 조치)
① 개항의 항계안 등이나 개항의 항계 부근에서 해양사고 · 화재 등의 재난으로 인하여 다른 선박의 항행이나 항만의 안전을 해칠 우려가 있는 조난선(遭難船)의 선장은 즉시 표지를

설치하는 등 다른 선박의 위험을 예방하기 위한 필요한 조치를 하여야 한다.
② 제1항에 따른 조난선의 선장이 제1항에 따른 조치를 할 수 없을 때에는 해양수산부령으로 정하는 바에 따라 해양수산부장관에게 필요한 조치를 요청할 수 있다.
③ 해양수산부장관이 제2항에 따른 조치를 하였을 때에는 그 선박의 소유자 또는 임차인은 그 조치에 들어간 비용을 해양수산부장관에게 내야 한다.
④ 제3항에 따른 비용의 산정 방법 및 납부 절차는 해양수산부령으로 정한다.

제26조(장애물등의 제거)
① 해양수산부장관은 개항의 항계안 등이나 개항의 항계 부근에서 선박의 항행을 방해하거나 항행에 위험을 미칠 우려가 있는 표류물 · 침몰물 등의 물건(이하 이 조 및 제42조에서 "장애물등"이라 한다)을 발견한 경우에는 그 장애물등의 소유자 또는 점유자에게 그 제거를 명할 수 있다.
② 해양수산부장관은 다음 각 호의 어느 하나에 해당하는 경우로서 「행정대집행법」 제3조 제1항과 제2항에 따른 절차에 따르면 그 목적을 달성하기 곤란한 경우에는 그 절차를 거치지 아니하고 장애물등을 제거하는 등 필요한 조치를 취할 수 있다. 이 경우 제거에 들어간 비용은 그 물건의 소유자 또는 점유자의 부담으로 하되, 그 물건의 소유자 또는 점유자를 알 수 없는 경우에는 대통령령으로 정하는 바에 따라 그 물건을 처분하여 비용에 충당한다.
1. 제1항에 따른 명령을 이행하지 아니한 경우
2. 장애물등의 소유자 또는 점유자를 알 수 없는 경우
3. 제5조에 따른 수역시설을 반복적, 상습적으로 불법 점용하는 경우
4. 그 밖에 선박의 항행을 방해하거나 항행에 위험을 미칠 우려가 있어 신속하게 장애물등을 제거하여야 할 필요가 있는 경우
③ 제2항에 따른 대집행은 선박교통의 안전 및 질서유지를 위하여 필요한 최소한도에 그쳐야 한다.
④ 제2항에 따른 대집행으로 제거된 장애물등의 보관 및 처리에 필요한 사항은 대통령령으로 정한다.

제6장 등화 및 신호

제27조(기적 등의 울림 제한)
선박은 개항의 항계 안에서 특별한 사유 없이 기적(汽笛)이나 사이렌을 울려서는 아니 된다.

제28조(해상교통관제 등)
① 선박이 개항의항계안등에 출입하거나 개항의항계안등에서 이동할 때에는 해양수산부령으

로 정하는 해상교통관제(海上交通管制)에 따라야 한다.

② 제2조 제2호라목부터 사목까지에 해당하는 선박, 제33조 제1항에 따라 공사 등의 허가를 받은 선박과 제34조 제1항에 따라 선박경기 등의 행사의 허가를 받은 선박은 해양수산부령으로 정하는 바에 따라 무선설비를 설치하여야 한다.

제29조 및 제30조 삭제

제31조(화재경보)

① 개항의 항계안 등에서, 기적이나 사이렌을 장치한 선박에 화재가 발생한 경우 그 선박은 화재를 알리는 경보(警報)로써 기적이나 사이렌을 장음(4초에서 6초 동안 계속되는 울림을 말한다)으로 5회 울려야 한다.

② 제1항의 경보는 적당한 간격을 두고 반복하여야 한다.

제32조 삭제 [1999.2.8]

제7장 보 칙

제33조(공사 등의 허가)

① 개항의 항계안 등이나 개항의 항계 부근에서 대통령령으로 정하는 공사 또는 작업을 하려는 자는 해양수산부령으로 정하는 바에 따라 해양수산부장관의 허가를 받아야 한다.

② 해양수산부장관이 제1항에 따른 허가를 할 때에는 선박교통의 안전과 화물의 보전 및 항만의 안전을 위하여 필요한 조치를 명할 수 있다.

제34조(선박경기 등의 행사의 허가)

① 개항의항계안등에서 선박경기(競技) 등의 행사를 하려는 자는 해양수산부장관의 허가를 받아야 한다.

② 해양수산부장관은 제1항에 따른 허가를 하였을 때에는 해양경찰청장에게 이를 통보하여야 한다.

제35조 삭제 [1999.2.8]

제36조(부유물체의 허가)

① 개항의항계안등에서 나무 등 선박교통의 안전에 장애가 되는 부유물체(浮遊物體)에 대하여 다음 각 호의 어느 하나에 해당하는 행위를 하려는 자는 해양수산부장관의 허가를 받아야 한다.

1. 부유물체를 선박으로부터 수상에 내려놓으려는 자
2. 물에 떠 있는 부유물체를 선박 등 다른 시설에 붙들어 매거나 운반하려는 자

3. 부유물체를 수상에 띄워놓으려는 자
② 해양수산부장관이 제1항에 따른 허가를 할 때에는 선박교통의 안전을 위하여 필요한 조치를 명할 수 있다.

제37조(어로의 제한)
누구든지 개항의항계안등에서 선박교통에 방해가 될 우려가 있는 장소 또는 제11조 제2항에 따라 해양수산부장관이 지정 · 고시한 항로에서는 어로(漁撈)(어구 등의 설치를 포함한다)를 하여서는 아니 된다.

제38조(등화의 제한)
① 누구든지 개항의 항계안등이나 개항의 항계 부근에서 선박교통에 방해가 될 우려가 있는 강력한 불빛을 사용하여서는 아니 된다.
② 해양수산부장관은 제1항에 따른 불빛을 사용하고 있는 자에게 그 빛을 줄이거나 가리개를 씌우도록 명할 수 있다.

제39조(선박교통의 제한)
① 해양수산부장관은 선박교통의 안전을 위하여 필요하다고 인정되는 경우에는 개항의항계안등에서 항로 또는 구역을 지정하여 선박교통을 제한하거나 금지할 수 있다.
② 제1항에 따라 지정하는 항로 또는 구역과 제한 · 금지 기간은 해양수산부장관이 정하여 공고하여야 한다.

제40조(출항의 중지)
해양수산부장관은 선박이 이 법 또는 이 법에 따른 명령을 위반한 경우에는 그 선박의 출항을 중지시킬 수 있다.

제41조(검사 · 확인 등)
① 해양수산부장관은 제5조, 제6조 제1항 · 제2항, 제7조, 제10조 제1항 · 제3항 · 제4항, 제11조 제1항, 제12조, 제20조, 제21조, 제22조 제1항부터 제3항까지, 제23조, 제26조 제1항, 제28조, 제33조, 제34조 제1항, 제36조, 제37조 중 어느 하나를 위반한 자가 있다고 인정되는 경우에는 그 선박의 소유자 · 선장이나 그 밖의 관계인에게 출석 또는 진술을 하게 하거나 관계 서류의 제출 또는 보고를 요구할 수 있으며, 관계 공무원으로 하여금 그 선박에 출입하여 장부 · 서류 또는 그 밖의 물건을 검사하거나 확인하게 할 수 있다.
② 제1항에 따른 관계 공무원의 자격, 직무 범위 및 그 밖에 필요한 사항은 대통령령으로 정한다.
③ 제1항에 따라 선박에 출입하여 관계 서류 등을 검사 · 확인하는 공무원은 그 권한을 표시하는 증표를 지니고 이를 관계인에게 내보여야 한다.

제42조(개선명령)

해양수산부장관은 제41조 제1항에 따른 검사 또는 확인 결과 개항의 질서 유지를 위하여 필요하다고 인정되는 경우에는 그 선박의 소유자 · 선장이나 그 밖의 관계인에게 다음 각 호의 사항을 명할 수 있다.

1. 시설의 보강 및 대체(代替)
2. 공사 또는 작업의 중지
3. 인원의 보강
4. 장애물등의 제거
5. 선박의 이동
6. 선박 척수의 제한
7. 그 밖에 필요한 사항

제42조의2 (민원사무의 전산처리 등)

이 법에 따른 민원사무의 전산처리 등에 관하여는 「항만법」 제89조를 준용한다.

제43조(수수료)

이 법에 따른 허가를 받으려는 자는 해양수산부령으로 정하는 바에 따라 수수료를 내야 한다.

제43조의2 (권한의 위임 · 위탁)

① 이 법에 따른 해양수산부장관의 권한은 대통령령으로 정하는 바에 따라 그 일부를 지방해양항만청장, 해양경찰청장, 특별시장 · 광역시장 · 도지사 또는 특별자치도지사에게 위임할 수 있다.

② 해양수산부장관의 제5조에 따른 신고의 수리 권한은 대통령령으로 정하는 바에 따라 「항만공사법」에 따른 항만공사에 위탁할 수 있다.

제8장 벌 칙

제44조(벌칙)

다음 각 호의 어느 하나에 해당하는 자는 1년 이하의 징역 또는 1천만원 이하의 벌금에 처한다.

1. 제5조 단서, 제7조 제1항, 제21조 또는 제23조 제1항을 위반한 자
2. 제23조 제3항,제24조 제4항 또는 제40조에 따른 명령이나 처분을 위반한 자

제45조(벌칙)

다음 각 호의 어느 하나에 해당하는 자는 500만원 이하의 벌금에 처한다.

1. 제6조 제1항 본문, 제7조 제4항, 제10조 제1항, 제11조 제1항 본문, 제12조 제1항, 제22조 제1항, 제24조 제3항 또는 제36조 제1항을 위반한 자

2. 제7조 제5항, 제9조 제1항 · 제2항, 제10조 제5항, 제22조 제2항 · 제3항, 제36조 제2항 또는 제39조 제1항에 따른 명령이나 처분을 위반한 자

제46조(벌칙)

다음 각 호의 어느 하나에 해당하는 자는 300만원 이하의 벌금에 처한다.

1. 제5조 본문에 따른 출입 신고를 하지 아니하거나 거짓으로 신고한 자
2. 제13조 제1항 · 제2항, 제24조 제1항, 제33조 제1항, 제34조 제1항 또는 제37조를 위반한 자
3. 제20조 제2항, 제33조 제2항, 제38조 제2항 또는 제42조에 따른 명령이나 처분을 위반한 자

제47조(양벌규정)

법인의 대표자나 법인 또는 개인의 대리인, 사용인, 그 밖의 종업원이 그 법인 또는 개인의 업무에 관하여 제44조부터 제46조까지의 어느 하나에 해당하는 위반행위를 하면 그 행위자를 벌하는 외에 그 법인 또는 개인에게도 해당 조문의 벌금형을 과(科)한다. 다만, 법인 또는 개인이 그 위반행위를 방지하기 위하여 해당 업무에 관하여 상당한 주의와 감독을 게을리하지 아니한 경우에는 그러하지 아니하다.

제48조(과태료)

① 다음 각 호의 어느 하나에 해당하는 자에게는 200만원 이하의 과태료를 부과한다.

1. 제6조 제3항, 제7조 제2항 · 제3항 또는 제20조 제1항에 따른 신고를 하지 아니한 자
2. 제6조 제2항을 위반한 자
3. 제12조 제2항이나 제25조 제1항에 따른 신고 또는 표지의 설치 등 필요한 조치를 하지 아니한 자
4. 제13조 제3항, 제14조, 제15조 제1항 · 제2항 · 제4항, 제16조, 제17조, 제18조, 제19조, 제27조, 제28조 또는 제31조를 위반한 자
5. 제26조 제1항에 따른 장애물등의 제거에 관한 명령을 이행하지 아니한 자
6. 제41조 제1항에 따른 출석 · 진술 또는 보고를 하지 아니하거나 거짓으로 보고를 한 자 또는 관계 공무원의 출입을 거부하거나 방해한 자

② 제1항에 따른 과태료는 대통령령으로 정하는 바에 따라 해양수산부장관이 부과 · 징수한다.

부칙

이 법은 공포후 3월이 경과한 날부터 시행한다.

부록5-1 선박의 입항 및 출항 등에 관한 법률

법률 제13186호 신규제정 2015. 02. 03.

제1장 총 칙

제1조(목적)

이 법은 무역항의 수상구역 등에서 선박의 입항 · 출항에 대한 지원과 선박운항의 안전 및 질서 유지에 필요한 사항을 규정함을 목적으로 한다.

제2조(정의)

이 법에서 사용하는 용어의 뜻은 다음과 같다.

1. "무역항"이란 「항만법」 제2조제2호에 따른 항만을 말한다.
2. "무역항의 수상구역등"이란 무역항의 수상구역과 「항만법」 제2조제5호가목(1)의 수역시설 중 수상구역 밖의 수역시설로서 해양수산부장관이 지정 · 고시한 것을 말한다.
3. "선박"이란 「선박법」 제1조의2제1항에 따른 선박을 말한다.
4. "예선"(曳船)이란 「선박안전법」 제2조제13호에 따른 예인선(曳引船)(이하 "예인선"이라 한다) 중 무역항에 출입하거나 이동하는 선박을 끌어당기거나 밀어서 이안(離岸) · 접안(接岸) · 계류(繫留)를 보조하는 선박을 말한다.
5. "우선피항선"(優先避航船)이란 주로 무역항의 수상구역에서 운항하는 선박으로서 다른 선박의 진로를 피하여야 하는 다음 각 목의 선박을 말한다.
   가. 「선박법」 제1조의2제1항제3호에 따른 부선(艀船)[예인선이 부선을 끌거나 밀고 있는 경우의 예인선 및 부선을 포함하되, 예인선에 결합되어 운항하는 압항부선(押航艀船)은 제외한다]
   나. 주로 노와 삿대로 운전하는 선박
   다. 예선
   라. 「항만운송사업법」 제26조의3제1항에 따라 항만운송관련사업을 등록한 자가 소유한 선박
   마. 「해양환경관리법」 제70조제1항에 따라 해양환경관리업을 등록한 자가 소유한 선박(폐기물해양배출업으로 등록한 선박은 제외한다)
   바. 가목부터 마목까지의 규정에 해당하지 아니하는 총톤수 20톤 미만의 선박
6. "정박"(碇泊)이란 선박이 해상에서 닻을 바다 밑바닥에 내려놓고 운항을 멈추는 것을 말한다.

7. “정박지”(碇泊地)란 선박이 정박할 수 있는 장소를 말한다.
8. “정류”(停留)란 선박이 해상에서 일시적으로 운항을 멈추는 것을 말한다.
9. “계류”란 선박을 다른 시설에 붙들어 매어 놓는 것을 말한다.
10. “계선”(繫船)이란 선박이 운항을 중지하고 정박하거나 계류하는 것을 말한다.
11. “항로”란 선박의 출입 통로로 이용하기 위하여 제10조에 따라 지정 · 고시한 수로를 말한다.
12. “위험물”이란 화재 · 폭발 등의 위험이 있거나 인체 또는 해양환경에 해를 끼치는 물질로서 해양수산부령으로 정하는 것을 말한다. 다만, 선박의 항행 또는 인명의 안전을 유지하기 위하여 해당 선박에서 사용하는 위험물은 제외한다.
13. “위험물취급자”란 제37조제1항제1호에 따른 위험물운송선박의 선장 및 위험물을 취급하는 사람을 말한다.
14. “선박교통관제”란 무역항의 수상구역등에서 선박교통의 안전과 효율성 증진 및 환경 보호를 위하여 선박을 탐지하거나 선박과 통신할 수 있는 설비를 설치 · 운영하고 필요한 조치를 하는 것을 말한다.
15. “선박교통관제사”란 제21조제1항에 따른 자격을 갖추고 선박교통관제를 시행하는 사람을 말한다.

제3조(다른 법률과의 관계)
무역항의 수상구역등에서의 선박 입항 · 출항에 관하여는 다른 법률에 특별한 규정이 있는 경우를 제외하고는 이 법에 따른다.

제2장 입항 · 출항 및 정박

제4조(출입 신고)
① 무역항의 수상구역등에 출입하려는 선박의 선장(이하 이 조에서 “선장”이라 한다)은 대통령령으로 정하는 바에 따라 해양수산부장관에게 신고하여야 한다. 다만, 다음 각 호의 선박은 출입 신고를 하지 아니할 수 있다.
1. 총톤수 5톤 미만의 선박
2. 해양사고구조에 사용되는 선박
3. 「수상레저안전법」 제2조제3호에 따른 수상레저기구 중 국내항 간을 운항하는 모터보트 및 동력요트
4. 그 밖에 공공목적이나 항만 운영의 효율성을 위하여 해양수산부령으로 정하는 선박

② 제1항에도 불구하고 전시 · 사변이나 그에 준하는 국가비상사태 또는 국가안전보장에 필요한 경우에는 선장은 대통령령으로 정하는 바에 따라 해양수산부장관의 허가를 받아야

한다.

제5조(정박지의 사용 등)

① 해양수산부장관은 무역항의 수상구역등에 정박하는 선박의 종류 · 톤수 · 흘수(吃水) 또는 적재물의 종류에 따른 정박구역 또는 정박지를 지정 · 고시할 수 있다.

② 무역항의 수상구역등에 정박하려는 선박(우선피항선은 제외한다)은 제1항에 따른 정박구역 또는 정박지에 정박하여야 한다. 다만, 해양사고를 피하기 위한 경우 등 해양수산부령으로 정하는 사유가 있는 경우에는 그러하지 아니하다.

③ 우선피항선은 다른 선박의 항행에 방해가 될 우려가 있는 장소에 정박하거나 정류하여서는 아니 된다.

④ 제2항 단서에 따라 정박구역 또는 정박지가 아닌 곳에 정박한 선박의 선장은 즉시 그 사실을 해양수산부장관에게 신고하여야 한다.

제6조(정박의 제한 및 방법 등)

① 선박은 무역항의 수상구역등에서 다음 각 호의 장소에는 정박하거나 정류하지 못한다.

1. 부두 · 잔교(棧橋) · 안벽(岸壁) · 계선부표 · 돌핀 및 선거(船渠)의 부근 수역
2. 하천, 운하 및 그 밖의 좁은 수로와 계류장(繫留場) 입구의 부근 수역

② 제1항에도 불구하고 다음 각 호의 경우에는 제1항 각 호의 장소에 정박하거나 정류할 수 있다.

1. 「해양사고의 조사 및 심판에 관한 법률」 제2조제1호에 따른 해양사고를 피하기 위한 경우
2. 선박의 고장이나 그 밖의 사유로 선박을 조종할 수 없는 경우
3. 인명을 구조하거나 급박한 위험이 있는 선박을 구조하는 경우
4. 제41조에 따른 허가를 받은 공사 또는 작업에 사용하는 경우

③ 제1항에 따른 선박의 정박 또는 정류의 제한 외에 무역항별 무역항의 수상구역등에서의 정박 또는 정류 제한에 관한 구체적인 내용은 해양수산부장관이 정하여 고시한다.

④ 무역항의 수상구역등에 정박하는 선박은 지체 없이 예비용 닻을 내릴 수 있도록 닻 고정장치를 해제하고, 동력선은 즉시 운항할 수 있도록 기관의 상태를 유지하는 등 안전에 필요한 조치를 하여야 한다.

⑤ 해양수산부장관은 정박하는 선박의 안전을 위하여 필요하다고 인정하는 경우에는 무역항의 수상구역등에 정박하는 선박에 대하여 정박 장소 또는 방법을 변경할 것을 명할 수 있다.

제7조(선박의 계선 신고 등)

① 총톤수 20톤 이상의 선박을 무역항의 수상구역등에 계선하려는 자는 해양수산부령으로 정하는 바에 따라 해양수산부장관에게 신고하여야 한다.

② 제1항에 따라 선박을 계선하려는 자는 해양수산부장관이 지정한 장소에 그 선박을 계선하여야 한다.
③ 해양수산부장관은 계선 중인 선박의 안전을 위하여 필요하다고 인정하는 경우에는 그 선박의 소유자나 임차인에게 안전 유지에 필요한 인원의 선원을 승선시킬 것을 명할 수 있다.

제8조(선박의 이동명령)
해양수산부장관은 다음 각 호의 경우에는 무역항의 수상구역등에 있는 선박에 대하여 해양수산부장관이 정하는 장소로 이동할 것을 명할 수 있다.
1. 무역항을 효율적으로 운영하기 위하여 필요하다고 판단되는 경우
2. 전시 · 사변이나 그에 준하는 국가비상사태 또는 국가안전보장에 있어서 필요하다고 판단되는 경우

제9조(선박교통의 제한)
① 해양수산부장관은 무역항의 수상구역등에서 선박교통의 안전을 위하여 필요하다고 인정하는 경우에는 항로 또는 구역을 지정하여 선박교통을 제한하거나 금지할 수 있다.
② 해양수산부장관이 제1항에 따라 항로 또는 구역을 지정한 경우에는 항로 또는 구역의 위치, 제한 · 금지 기간을 정하여 공고하여야 한다.

제3장 항로 및 항법

제10조(항로 지정 및 준수)
① 해양수산부장관은 무역항의 수상구역등에서 선박교통의 안전을 위하여 필요한 경우에는 무역항과 무역항의 수상구역 밖의 수로를 항로로 지정 · 고시할 수 있다.
② 우선피항선 외의 선박은 무역항의 수상구역등에 출입하는 경우 또는 무역항의 수상구역등을 통과하는 경우에는 제1항에 따라 지정 · 고시된 항로를 따라 항행하여야 한다. 다만, 해양사고를 피하기 위한 경우 등 해양수산부령으로 정하는 사유가 있는 경우에는 그러하지 아니하다.

제11조(항로에서의 정박 등 금지)
① 선장은 항로에 선박을 정박 또는 정류시키거나 예인되는 선박 또는 부유물을 방치하여서는 아니 된다. 다만, 제6조제2항 각 호의 어느 하나에 해당하는 경우는 그러하지 아니하다.
② 제6조제2항제1호부터 제3호까지의 사유로 선박을 항로에 정박시키거나 정류시키려는 자는 그 사실을 해양수산부장관에게 신고하여야 한다. 이 경우 제2호에 해당하는 선박의 선장은 「해사안전법」 제85조제1항에 따른 조종불능선 표시를 하여야 한다.

제12조(항로에서의 항법) 벌칙규정과태료

① 모든 선박은 항로에서 다음 각 호의 항법에 따라 항행하여야 한다.

1. 항로 밖에서 항로에 들어오거나 항로에서 항로 밖으로 나가는 선박은 항로를 항행하는 다른 선박의 진로를 피하여 항행할 것
2. 항로에서 다른 선박과 나란히 항행하지 아니할 것
3. 항로에서 다른 선박과 마주칠 우려가 있는 경우에는 오른쪽으로 항행할 것
4. 항로에서 다른 선박을 추월하지 아니할 것. 다만, 추월하려는 선박을 눈으로 볼 수 있고 안전하게 추월할 수 있다고 판단되는 경우에는 「해사안전법」 제67조제5항 및 제71조에 따른 방법으로 추월할 것
5. 항로를 항행하는 제37조제1항제1호에 따른 위험물운송선박(제2조제5호라목에 따른 선박 중 급유선은 제외한다) 또는 「해사안전법」 제2조제14호에 따른 흘수제약선(吃水制約船)의 진로를 방해하지 아니할 것
6. 「선박법」 제1조의2제1항제2호에 따른 범선은 항로에서 지그재그(zigzag)로 항행하지 아니할 것

② 해양수산부장관은 선박교통의 안전을 위하여 특히 필요하다고 인정하는 경우에는 제1항에서 규정한 사항 외에 따로 항로에서의 항법 등에 관한 사항을 정하여 고시할 수 있다. 이 경우 선박은 이에 따라 항행하여야 한다.

제13조(방파제 부근에서의 항법)

무역항의 수상구역등에 입항하는 선박이 방파제 입구 등에서 출항하는 선박과 마주칠 우려가 있는 경우에는 방파제 밖에서 출항하는 선박의 진로를 피하여야 한다.

제14조(부두등 부근에서의 항법)

선박이 무역항의 수상구역등에서 해안으로 길게 뻗어 나온 육지 부분, 부두, 방파제 등 인공시설물의 튀어나온 부분 또는 정박 중인 선박(이하 이 조에서 "부두등"이라 한다)을 오른쪽 뱃전에 두고 항행할 때에는 부두등에 접근하여 항행하고, 부두등을 왼쪽 뱃전에 두고 항행할 때에는 멀리 떨어져서 항행하여야 한다.

제15조(예인선 등의 항법)

① 예인선이 무역항의 수상구역등에서 다른 선박을 끌고 항행할 때에는 해양수산부령으로 정하는 방법에 따라야 한다.

② 범선이 무역항의 수상구역등에서 항행할 때에는 돛을 줄이거나 예인선이 범선을 끌고 가게 하여야 한다.

제16조(진로방해의 금지)

① 우선피항선은 무역항의 수상구역등이나 무역항의 수상구역 부근에서 다른 선박의 진로를

방해하여서는 아니 된다.

② 제41조제1항에 따라 공사 등의 허가를 받은 선박과 제42조제1항에 따라 선박경기 등의 행사를 허가받은 선박은 무역항의 수상구역등에서 다른 선박의 진로를 방해하여서는 아니 된다.

제17조(속력 등의 제한)

① 선박이 무역항의 수상구역등이나 무역항의 수상구역 부근을 항행할 때에는 다른 선박에 위험을 주지 아니할 정도의 속력으로 항행하여야 한다.

② 국민안전처장관은 선박이 빠른 속도로 항행하여 다른 선박의 안전 운항에 지장을 초래할 우려가 있다고 인정하는 무역항의 수상구역등에 대하여는 해양수산부장관에게 무역항의 수상구역등에서의 선박 항행 최고속력을 지정할 것을 요청할 수 있다.

③ 해양수산부장관은 제2항에 따른 요청을 받은 경우 특별한 사유가 없으면 무역항의 수상구역등에서 선박 항행 최고속력을 지정 · 고시하여야 한다. 이 경우 선박은 고시된 항행 최고속력의 범위에서 항행하여야 한다.

제18조(항행 선박 간의 거리)

무역항의 수상구역등에서 2척 이상의 선박이 항행할 때에는 서로 충돌을 예방할 수 있는 상당한 거리를 유지하여야 한다.

제4장 선박교통관제

제19조(선박교통관제의 시행)

① 해양수산부장관은 국민안전처장관과 공동으로 무역항의 수상구역등을 포함하는 수역에서 선박교통관제를 시행할 수 있다.

② 제1항에 따른 선박교통관제를 시행할 때에는 국민안전처장관은 해양수산부장관의 의견을 들어 선박교통관제를 시행하는 수역(이하 "선박교통관제구역"이라 한다)을 정하여 고시하여야 한다.

제20조(선박교통관제의 운영 등)

① 선박이 선박교통관제구역을 출입 · 통과하거나 선박교통관제구역에서 이동 · 정박 · 계류할 때에는 선박교통관제에 따라야 한다. 다만, 선박을 안전하게 운항할 수 없는 명백한 사유가 있는 경우에는 선박교통관제를 따르지 아니할 수 있다.

② 선장은 선박교통관제에도 불구하고 그 선박의 안전 운항에 대한 책임을 면제받지 아니한다.

③ 선박교통관제를 시행하기 위한 절차와 적용대상 선박, 선박교통관제 시설관리 등에 필요한 사항은 해양수산부장관의 의견을 들어 총리령으로 정한다.

제21조(선박교통관제사의 자격 및 업무)

① 선박교통관제사는 해양수산부 또는 국민안전처 소속 공무원 중에서 국민안전처장관이 해양수산부장관의 의견을 들어 시행하는 선박교통관제사 교육을 이수하고 평가를 통과한 사람으로 한다.

② 선박교통관제사는 다음 각 호의 업무를 수행한다.

1. 선박교통관제구역에서 운항하는 선박에 대한 관찰확인, 안전 확보에 필요한 정보제공과 조언 및 지시
2. 무역항의 수상구역등에서 항만의 효율적 운영에 필요한 선석 · 정박지 · 도선 · 예선 정보 등 항만운영정보의 제공

③ 제1항에 따른 선박교통관제사의 교육, 평가 등에 필요한 사항은 해양수산부장관의 의견을 들어 총리령으로 정한다.

제22조(선박교통관제 통신)

제20조제3항에 따른 선박교통관제 적용대상 선박이 선박교통관제구역에서 운항하는 경우에는 해양수산부장관의 의견을 들어 총리령으로 정하는 무선설비를 갖추고 해양수산부장관의 의견을 들어 총리령으로 정하는 호출응답용 관제통신을 항상 청취 · 응답하여야 한다.

제5장 예선

제23조(예선의 사용의무)

① 해양수산부장관은 항만시설을 보호하고 선박의 안전을 확보하기 위하여 해양수산부장관이 정하여 고시하는 일정 규모 이상의 선박에 대하여 예선을 사용하도록 하여야 한다.

② 해양수산부장관은 제1항에 따라 예선을 사용하여야 하는 선박이 그 규모에 맞는 예선을 사용하게 하기 위하여 예선의 사용기준(이하 "예선사용기준"이라 한다)을 정하여 고시할 수 있다.

제24조(예선업의 등록 등)

① 무역항에서 예선업무를 하는 사업(이하 "예선업"이라 한다)을 하려는 자는 해양수산부장관에게 등록하여야 한다. 등록한 사항 중 해양수산부령으로 정하는 사항을 변경하려는 경우에도 또한 같다.

② 제1항에 따른 예선업의 등록 또는 변경등록은 무역항별로 하되, 다음 각 호의 기준을 충족하여야 한다.

1. 예선은 자기소유예선[자기 명의의 국적취득조건부 나용선(裸傭船) 또는 자기 소유로 약정된 리스예선을 포함한다]으로서 해양수산부령으로 정하는 무역항별 예선보유기준에 따른 마력[이하 "예항력"(曳航力)이라 한다]과 척수가 적합할 것

2. 예선주진기형은 선(全)방향추진기형일 것
3. 예선에 소화설비 등 해양수산부령으로 정하는 시설을 갖출 것
4. 등록 또는 변경등록 당시 해당 예선의 선령(船齡)이 12년 이하일 것. 다만, 해양수산부장관이 예선 수요가 적어 사업의 수익성이 낮다고 인정하는 무역항에 등록 또는 변경등록하는 선박의 경우와 해양환경관리공단이 「해양환경관리법」 제67조에 따라 해양오염방제에 대비 · 대응하기 위하여 선박을 배치하고자 변경등록하는 경우에는 그러하지 아니하다.

③ 제2항에도 불구하고 다음 각 호의 어느 하나에 해당하는 경우에는 해양수산부령으로 정하는 무역항별 예선보유기준에 따라 2개 이상의 무역항에 대하여 하나의 예선업으로 등록하게 할 수 있다.
1. 1개의 무역항에 출입하는 선박의 수가 적은 경우
2. 2개 이상의 무역항이 인접한 경우

제25조(예선업의 등록 제한)

① 다음 각 호의 어느 하나에 해당하는 자는 예선업의 등록을 할 수 없다.
1. 원유, 제철원료, 액화가스류 또는 발전용 석탄의 화주(貨主)
2. 「해운법」에 따른 외항 정기 화물운송사업자와 외항 부정기 화물운송사업자
3. 조선사업자
4. 제1호부터 제3호까지의 어느 하나에 해당하는 자가 사실상 소유하거나 지배하는 법인(이하 "관계법인"이라 한다) 및 그와 특수한 관계에 있는 자(이하 "특수관계인"이라 한다)

② 관계법인과 특수관계인의 범위 등은 대통령령으로 정한다.

③ 제28조에 따라 예선업의 권리와 의무를 승계한 자의 경우에는 제1항을 준용한다.

제26조(등록의 취소 등)

해양수산부장관은 제24조에 따라 예선업의 등록을 한 자(이하 "예선업자"라 한다)가 다음 각 호의 어느 하나에 해당하는 경우에는 그 등록을 취소하거나 6개월 이내의 기간을 정하여 사업정지를 명할 수 있다. 다만, 제1호부터 제3호까지의 어느 하나에 해당하는 경우에는 그 등록을 취소하여야 한다.
1. 거짓이나 그 밖의 부정한 방법으로 등록 또는 변경등록을 한 경우
2. 제24조제2항에 따른 기준을 충족하지 못하게 된 경우
3. 제25조제1항 각 호의 어느 하나에 해당하게 된 경우
4. 제29조제1항 또는 제2항을 위반하여 정당한 사유 없이 예선의 사용 요청을 거절하거나 예항력 검사를 받지 아니한 경우

제27조(과징금 처분)

① 해양수산부장관은 예선업자가 제26조제4호에 해당하여 사업을 정지시켜야 하는 경우로서 사업을 정지시키면 예선사용기준에 맞게 사용할 예선이 없는 경우에는 사업정지 처분을 대신하여 1천만원 이하의 과징금을 부과할 수 있다.

② 제1항에 따라 과징금을 부과하는 위반행위의 종류 및 위반 정도에 따른 과징금의 금액과 그 밖에 필요한 사항은 대통령령으로 정한다.

③ 해양수산부장관은 예선업자가 제1항에 따른 과징금을 납부하지 아니하면 국세 체납처분의 예에 따라 징수할 수 있다.

제28조(권리와 의무의 승계)

다음 각 호의 어느 하나에 해당하는 자는 예선업자의 권리와 의무를 승계한다.

1. 예선업자가 사망한 경우 그 상속인
2. 예선업자가 사업을 양도한 경우 그 양수인
3. 법인인 예선업자가 다른 법인과 합병한 경우 합병 후 존속하는 법인이나 합병으로 설립되는 법인

제29조(예선업자의 준수사항)

① 예선업자는 다음 각 호의 경우를 제외하고는 예선의 사용 요청을 거절하여서는 아니 된다.

1. 다른 법령에 따라 선박의 운항이 제한된 경우
2. 천재지변이나 그 밖의 불가항력적인 사유로 예선업무를 수행하기가 매우 어려운 경우
3. 제30조에 따른 예선운영협의회에서 정하는 정당한 사유가 있는 경우

② 예선업자는 등록 또는 변경등록한 각 예선이 등록 또는 변경등록 당시의 예항력을 유지할 수 있도록 관리하고, 해양수산부령으로 정하는 바에 따라 예선이 적정한 예항력을 가지고 있는지 확인하기 위하여 해양수산부장관이 실시하는 검사를 받아야 한다.

③ 해양수산부장관은 제2항에 따른 검사방법을 정하여 고시할 수 있다.

제30조(예선운영협의회)

① 해양수산부장관은 예선을 원활하게 운영하기 위하여 예선업을 대표하는 자, 예선 사용자를 대표하는 자 및 해운항만전문가가 참여하는 예선운영협의회를 설치 · 운영하게 할 수 있다.

② 제1항에 따른 예선운영협의회의 기능 · 구성 및 운영 등에 필요한 사항은 대통령령으로 정한다.

③ 해양수산부장관은 예선운영협의회에서 예선운영 등에 대한 협의가 이루어지지 아니할 경우 조정을 하거나 재협의를 요구할 수 있다.

제31조(예선업의 적용 제외)
조선소에서 건조 · 수리 또는 시험 운항할 목적으로 선박 등을 이동시키거나 운항을 보조하기 위하여 보유 · 관리하는 예선에 대하여는 예선업에 관한 이 법의 규정을 적용하지 아니한다.

제6장 위험물의 관리 등

제32조(위험물의 반입)
① 위험물을 무역항의 수상구역등으로 들여오려는 자는 해양수산부령으로 정하는 바에 따라 해양수산부장관에게 신고하여야 한다.
② 해양수산부장관은 제1항에 따른 신고를 받았을 때에는 무역항 및 무역항의 수상구역등의 안전, 오염방지 및 저장능력을 고려하여 해양수산부령으로 정하는 바에 따라 들여올 수 있는 위험물의 종류 및 수량을 제한하거나 안전에 필요한 조치를 할 것을 명할 수 있다.

제33조(위험물운송선박의 정박 등)
제37조제1항제1호에 따른 위험물운송선박은 해양수산부장관이 지정한 장소가 아닌 곳에 정박하거나 정류하여서는 아니 된다.

제34조(위험물의 하역)
① 무역항의 수상구역등에서 위험물을 하역하려는 자는 대통령령으로 정하는 바에 따라 자체 안전관리계획을 수립하여 해양수산부장관의 승인을 받아야 한다. 승인받은 사항 중 대통령령으로 정하는 사항을 변경하려는 경우에도 또한 같다.
② 해양수산부장관은 무역항의 안전을 위하여 필요하다고 인정할 때에는 제1항에 따른 자체 안전관리계획을 변경할 것을 명할 수 있다.
③ 해양수산부장관은 기상 악화 등 불가피한 사유로 무역항의 수상구역등에서 위험물을 하역하는 것이 부적당하다고 인정하는 경우에는 제1항에 따른 승인을 받은 자에 대하여 해양수산부령으로 정하는 바에 따라 그 하역을 금지 또는 중지하게 하거나 무역항의 수상구역등 외의 장소를 지정하여 하역하게 할 수 있다.
④ 무역항의 수상구역등이 아닌 장소로서 해양수산부령으로 정하는 장소에서 위험물을 하역하려는 자는 무역항의 수상구역등에 있는 자로 본다.

제35조(위험물 취급 시의 안전조치 등)
① 무역항의 수상구역등에서 위험물취급자는 다음 각 호에 따른 안전에 필요한 조치를 하여야 한다.
1. 위험물 취급에 관한 안전관리자(이하 "위험물 안전관리자"라 한다)의 확보 및 배치. 다만, 해양수산부령으로 정하는 바에 따라 위험물 안전관리자를 보유한 안전관리 전문업

체로 하여금 안전관리 업무를 대행하게 한 경우에는 그러하지 아니하다.
2. 해양수산부령으로 정하는 위험물 운송선박의 부두 이안 · 접안 시 위험물 안전관리자의 현장 배치
3. 위험물의 특성에 맞는 소화장비의 비치
4. 위험표지 및 출입통제시설의 설치
5. 선박과 육상 간의 통신수단 확보
6. 작업자에 대한 안전교육과 그 밖에 해양수산부령으로 정하는 안전에 필요한 조치

② 위험물 안전관리자의 자격 및 보유기준은 해양수산부령으로 정한다.

③ 해양수산부장관은 제1항에 따른 안전조치를 하지 아니한 위험물취급자에게 시설 · 인원 · 장비 등의 보강 또는 개선을 명할 수 있다.

제36조(교육기관의 지정 및 취소 등)

① 해양수산부장관은 위험물 안전관리자 중 산적액체위험물을 취급하는 위험물 안전관리자의 교육을 위하여 교육기관을 지정 · 고시할 수 있다.

② 제1항의 교육기관의 지정기준 및 교육내용 등 교육기관 지정 · 운영에 필요한 사항은 해양수산부령으로 정한다.

③ 해양수산부장관은 교육기관의 교육계획 또는 실적 등을 확인 · 점검할 수 있으며, 확인 · 점검 결과 필요한 경우에는 시정을 명할 수 있다.

④ 해양수산부장관은 교육기관이 다음 각 호의 어느 하나에 해당하는 경우에는 그 지정을 취소하거나 6개월 이내의 기간을 정하여 업무의 정지를 명할 수 있다. 다만, 제1호의 경우에는 그 지정을 취소하여야 한다.
1. 거짓이나 그 밖의 부정한 방법으로 교육기관 지정을 받은 경우
2. 교육실적을 거짓으로 보고한 경우
3. 제3항에 따른 시정명령을 이행하지 아니한 경우
4. 교육기관으로 지정받은 날부터 2년 이상 교육 실적이 없는 경우
5. 해양수산부장관이 교육기관으로서 업무를 수행하기가 어렵다고 인정하는 경우

제37조(선박수리의 허가 등)

① 선장은 무역항의 수상구역등에서 다음 각 호의 선박을 불꽃이나 열이 발생하는 용접 등의 방법으로 수리하려는 경우 해양수산부령으로 정하는 바에 따라 해양수산부장관의 허가를 받아야 한다. 다만, 제2호의 선박은 기관실, 연료탱크, 그 밖에 해양수산부령으로 정하는 선박 내 위험구역에서 수리작업을 하는 경우에만 허가를 받아야 한다.
1. 위험물을 저장 · 운송하는 선박과 위험물을 하역한 후에도 인화성 물질 또는 폭발성 가스가 남아 있어 화재 또는 폭발의 위험이 있는 선박(이하 "위험물운송선박"이라 한다)
2. 총톤수 20톤 이상의 선박(위험물운송선박은 제외한다)

② 해양수산부장관은 제1항에 따른 허가 신청을 받았을 때에는 신청 내용이 다음 각 호의 어느 하나에 해당하는 경우를 제외하고는 허가하여야 한다.

1. 화재 · 폭발 등을 일으킬 우려가 있는 방식으로 수리하려는 경우
2. 용접공 등 수리작업을 할 사람의 자격이 부적절한 경우
3. 화재 · 폭발 등의 사고 예방에 필요한 조치가 미흡한 것으로 판단되는 경우
4. 선박수리로 인하여 인근의 선박 및 항만시설의 안전에 지장을 초래할 우려가 있다고 판단되는 경우
5. 수리장소 및 수리시기 등이 항만운영에 지장을 줄 우려가 있다고 판단되는 경우
6. 위험물운송선박의 경우 수리하려는 구역에 인화성 물질 또는 폭발성 가스가 없다는 것을 증명하지 못하는 경우

③ 총톤수 20톤 이상의 선박을 제1항 단서에 따른 위험구역 밖에서 불꽃이나 열이 발생하는 용접 등의 방법으로 수리하려는 경우에 그 선박의 선장은 해양수산부령으로 정하는 바에 따라 해양수산부장관에게 신고하여야 한다.

④ 제1항부터 제3항까지에 따라 선박을 수리하려는 자는 그 선박을 해양수산부장관이 지정한 장소에 정박하거나 계류하여야 한다.

⑤ 해양수산부장관은 수리 중인 선박의 안전을 위하여 필요하다고 인정하는 경우에는 그 선박의 소유자나 임차인에게 해양수산부령으로 정하는 바에 따라 안전에 필요한 조치를 할 것을 명할 수 있다.

제7장 수로의 보전

第38조(폐기물의 투기 금지 등)

① 누구든지 무역항의 수상구역등이나 무역항의 수상구역 밖 10킬로미터 이내의 수면에 선박의 안전운항을 해칠 우려가 있는 흙 · 돌 · 나무 · 어구(漁具) 등 폐기물을 버려서는 아니 된다.

② 무역항의 수상구역등이나 무역항의 수상구역 부근에서 석탄 · 돌 · 벽돌 등 흩어지기 쉬운 물건을 하역하는 자는 그 물건이 수면에 떨어지는 것을 방지하기 위하여 대통령령으로 정하는 바에 따라 필요한 조치를 하여야 한다.

③ 해양수산부장관은 제1항을 위반하여 폐기물을 버리거나 제2항을 위반하여 흩어지기 쉬운 물건을 수면에 떨어뜨린 자에게 그 폐기물 또는 물건을 제거할 것을 명할 수 있다.

第39조(해양사고 등이 발생한 경우의 조치)

① 무역항의 수상구역등이나 무역항의 수상구역 부근에서 해양사고 · 화재 등의 재난으로 인하여 다른 선박의 항행이나 무역항의 안전을 해칠 우려가 있는 조난선(遭難船)의 선장은

즉시 「항로표지법」 제2조제1항제1호에 따른 항로표지를 설치하는 등 필요한 조치를 하여야 한다.

② 제1항에 따른 조난선의 선장이 같은 항에 따른 조치를 할 수 없을 때에는 해양수산부령으로 정하는 바에 따라 해양수산부장관에게 필요한 조치를 요청할 수 있다.

③ 해양수산부장관이 제2항에 따른 조치를 하였을 때에는 그 선박의 소유자 또는 임차인은 그 조치에 들어간 비용을 해양수산부장관에게 납부하여야 한다.

④ 해양수산부장관은 선박의 소유자 또는 임차인이 제3항에 따른 조치 비용을 납부하지 아니할 경우 국세 체납처분의 예에 따라 이를 징수할 수 있다.

⑤ 제3항에 따른 비용의 산정방법 및 납부절차는 해양수산부령으로 정한다.

제40조(장애물의 제거)

① 해양수산부장관은 무역항의 수상구역등이나 무역항의 수상구역 부근에서 선박의 항행을 방해하거나 방해할 우려가 있는 물건(이하 "장애물"이라 한다)을 발견한 경우에는 그 장애물의 소유자 또는 점유자에게 제거를 명할 수 있다.

② 해양수산부장관은 장애물의 소유자 또는 점유자가 제1항에 따른 명령을 이행하지 아니하는 경우에는 「행정대집행법」 제3조제1항 및 제2항에 따라 대집행(代執行)을 할 수 있다.

③ 해양수산부장관은 다음 각 호의 어느 하나에 해당하는 경우로서 제2항에 따른 절차에 따르면 그 목적을 달성하기 곤란한 경우에는 그 절차를 거치지 아니하고 장애물을 제거하는 등 필요한 조치를 할 수 있다.

1. 장애물의 소유자 또는 점유자를 알 수 없는 경우
2. 제2조제2호에 따른 수역시설을 반복적, 상습적으로 불법 점용하는 경우
3. 그 밖에 선박의 항행을 방해하거나 방해할 우려가 있어 신속하게 장애물을 제거하여야 할 필요가 있는 경우

④ 제3항에 따라 장애물을 제거하는 데 들어간 비용은 그 물건의 소유자 또는 점유자가 부담하되, 소유자 또는 점유자를 알 수 없는 경우에는 대통령령으로 정하는 바에 따라 그 물건을 처분하여 비용에 충당한다.

⑤ 제3항에 따른 조치는 선박교통의 안전 및 질서유지를 위하여 필요한 최소한도에 그쳐야 한다.

⑥ 해양수산부장관은 제2항 및 제3항에 따라 제거된 장애물을 보관 및 처리하여야 한다. 이 경우 전문지식이 필요하거나 그 밖에 특수한 사정이 있어 직접 처리하기에 적당하지 아니하다고 인정할 때에는 대통령령으로 정하는 바에 따라 「금융회사부실자산 등의 효율적 처리 및 한국자산관리공사의 설립에 관한 법률」에 따라 설립된 한국자산관리공사에게 장애물의 처리를 대행하도록 할 수 있다.

⑦ 해양수산부장관은 제6항에 따라 한국자산관리공사가 장애물의 처리를 대행하는 경우에는

해양수산부령으로 정하는 바에 따라 수수료를 지급할 수 있다.

⑧ 제6항에 따라 한국자산관리공사가 장애물의 처리를 대행하는 경우에 한국자산관리공사의 임직원은 「형법」 제129조부터 제132조까지의 규정에 따른 벌칙을 적용할 때에는 공무원으로 본다.

⑨ 제6항에 따른 장애물의 보관 및 처리, 장애물 처리의 대행에 필요한 사항은 대통령령으로 정한다.

제41조(공사 등의 허가)

① 무역항의 수상구역등이나 무역항의 수상구역 부근에서 대통령령으로 정하는 공사 또는 작업을 하려는 자는 해양수산부령으로 정하는 바에 따라 해양수산부장관의 허가를 받아야 한다.

② 해양수산부장관이 제1항에 따른 허가를 할 때에는 선박교통의 안전과 화물의 보전 및 무역항의 안전에 필요한 조치를 명할 수 있다.

제42조(선박경기 등 행사의 허가)

① 무역항의 수상구역등에서 선박경기 등 대통령령으로 정하는 행사를 하려는 자는 해양수산부령으로 정하는 바에 따라 해양수산부장관의 허가를 받아야 한다.

② 해양수산부장관은 제1항에 따른 허가 신청을 받았을 때에는 다음 각 호의 어느 하나에 해당하는 경우를 제외하고는 허가하여야 한다.

1. 행사로 인하여 선박의 충돌·좌초·침몰 등 안전사고가 생길 우려가 있다고 판단되는 경우
2. 행사의 장소와 시간 등이 항만운영에 지장을 줄 우려가 있는 경우
3. 다른 선박의 출입 등 항행에 방해가 될 우려가 있다고 판단되는 경우
4. 다른 선박이 화물을 싣고 내리거나 보존하는 데에 지장을 줄 우려가 있다고 판단되는 경우

③ 해양수산부장관은 제1항에 따른 허가를 하였을 때에는 국민안전처장관에게 그 사실을 통보하여야 한다.

제43조(부유물에 대한 허가)

① 무역항의 수상구역등에서 목재 등 선박교통의 안전에 장애가 되는 부유물에 대하여 다음 각 호의 어느 하나에 해당하는 행위를 하려는 자는 해양수산부령으로 정하는 바에 따라 해양수산부장관의 허가를 받아야 한다.

1. 부유물을 수상(水上)에 띄워 놓으려는 자
2. 부유물을 선박 등 다른 시설에 붙들어 매거나 운반하려는 자

② 해양수산부장관은 제1항에 따른 허가를 할 때에는 선박교통의 안전에 필요한 조치를 명할

수 있다.

제44조(어로의 제한)
누구든지 무역항의 수상구역등에서 선박교통에 방해가 될 우려가 있는 장소 또는 항로에서는 어로(漁撈)(어구 등의 설치를 포함한다)를 하여서는 아니 된다.

제8장 등화 및 신호

제45조(등화의 제한)
① 누구든지 무역항의 수상구역등이나 무역항의 수상구역 부근에서 선박교통에 방해가 될 우려가 있는 강력한 불빛을 사용하여서는 아니 된다.
② 해양수산부장관은 제1항에 따른 불빛을 사용하고 있는 자에게 그 빛을 줄이거나 가리개를 씌우도록 명할 수 있다.

제46조(기적 등의 제한)
① 선박은 무역항의 수상구역등에서 특별한 사유 없이 기적(汽笛)이나 사이렌을 울려서는 아니 된다.
② 제1항에도 불구하고 무역항의 수상구역등에서 기적이나 사이렌을 갖춘 선박에 화재가 발생한 경우 그 선박은 해양수산부령으로 정하는 바에 따라 화재를 알리는 경보를 울려야 한다.

제9장 보칙

제47조(출항의 중지)
해양수산부장관은 선박이 이 법 또는 이 법에 따른 명령을 위반한 경우에는 그 선박의 출항을 중지시킬 수 있다.

제48조(검사 · 확인 등)
① 해양수산부장관은 다음 각 호의 경우 그 선박의 소유자 · 선장이나 그 밖의 관계인에게 출석 또는 진술을 하게 하거나 관계 서류의 제출 또는 보고를 요구할 수 있으며, 관계 공무원으로 하여금 그 선박이나 사무실 · 사업장, 그 밖에 필요한 장소에 출입하여 장부 · 서류 또는 그 밖의 물건을 검사하거나 확인하게 할 수 있다.
1. 제4조, 제5조제2항 · 제3항, 제6조제1항 · 제4항, 제7조, 제10조제2항, 제11조, 제20조제1항, 제22조, 제23조, 제32조, 제33조, 제34조제1항부터 제3항까지, 제35조, 제37조, 제40조제1항, 제41조, 제42조제1항, 제43조, 제44조 중 어느 하나를 위반한 자가

있다고 인정되는 경우

2. 제24조제1항에 따른 예선업의 등록 사항을 이행하고 있는지 확인할 필요가 있는 경우

② 제1항에 따른 관계 공무원의 자격, 직무 범위 및 그 밖에 필요한 사항은 대통령령으로 정한다.

③ 제1항에 따라 선박에 출입하여 관계 서류 등을 검사 · 확인하는 공무원은 그 권한을 표시하는 증표를 지니고 관계인에게 보여주어야 한다.

제49조(개선명령)

해양수산부장관은 제48조제1항에 따른 검사 또는 확인 결과 무역항의 수상구역등에서 선박의 안전 및 질서 유지를 위하여 필요하다고 인정하는 경우에는 그 선박의 소유자 · 선장이나 그 밖의 관계인에게 다음 각 호의 사항을 명할 수 있다.

1. 시설의 보강 및 대체(代替)
2. 공사 또는 작업의 중지
3. 인원의 보강
4. 장애물의 제거
5. 선박의 이동
6. 선박 척수의 제한
7. 그 밖에 해양수산부령으로 정하는 사항

제50조(항만운영정보시스템의 사용 등)

① 해양수산부장관은 이 법에 따른 입항 · 출항 선박의 정보관리 및 민원사무의 처리 등을 위하여 항만운영정보시스템을 구축 · 운영할 수 있다.

② 해양수산부장관은 제1항에 따른 항만운영정보시스템의 원활한 운영을 위하여 해양수산부령으로 정하는 바에 따라 항만운영정보시스템과 사용자의 전자문서를 중계하는 망사업자(이하 "중계망사업자"라 한다)를 지정할 수 있다.

③ 제2항에 따라 지정을 받은 중계망사업자는 다음 각 호의 사업을 수행한다.

1. 전자문서 중계망시설의 운영과 중개사업
2. 전자문서 중계망시설과 다른 정보시스템 간의 연계사업
3. 선박 입항과 출항 정보관리 및 민원사무 처리 표준화에 관한 사업
4. 그 밖에 선박 입항과 출항 정보관리 및 민원사무의 처리를 위하여 대통령령으로 정하는 사업

④ 해양수산부장관은 제2항에 따라 지정을 받은 중계망사업자가 제1호에 해당하는 경우에는 그 지정을 취소하여야 하며, 제2호에 해당하는 경우에는 그 지정을 취소하거나 6개월 이내의 기간을 정하여 그 사업의 전부 또는 일부의 정지를 명할 수 있다.

1. 거짓이나 그 밖의 부정한 방법으로 지정을 받은 경우

2. 제5항에 따른 해양수산부장관의 지도 · 감독을 위반한 경우

⑤ 해양수산부장관은 제3항에 따른 사업에 관하여 중계망사업자를 지도 · 감독할 수 있다.

제51조(수수료)

다음 각 호의 어느 하나에 해당하는 자는 해양수산부령으로 정하는 바에 따라 수수료를 납부하여야 한다.

1. 제24조제1항에 따른 예선업의 등록을 하려는 자
2. 제41조제1항에 따른 공사 등의 허가를 받으려는 자

제52조(청문)

해양수산부장관은 다음 각 호의 어느 하나에 해당하는 처분을 하려는 경우에는 청문을 하여야 한다.

1. 제26조에 따른 예선업 등록의 취소
2. 제36조제4항에 따른 지정교육기관 지정의 취소
3. 제50조제4항에 따른 중계망사업자 지정의 취소

제53조(권한의 위임 · 위탁)

① 이 법에 따른 해양수산부장관의 권한 또는 국민안전처장관의 권한은 대통령령으로 정하는 바에 따라 그 일부를 지방해양수산청장, 특별시장 · 광역시장 · 도지사 또는 특별자치도지사에게 위임할 수 있다.

② 이 법에 따른 해양수산부장관의 권한은 대통령령으로 정하는 바에 따라 그 일부를 국민안전처장관에게 위탁할 수 있다.

③ 해양수산부장관의 제4조제1항에 따른 신고의 수리 권한은 대통령령으로 정하는 바에 따라 「항만공사법」에 따른 항만공사에 위탁할 수 있다.

제10장 벌 칙

제54조(벌칙)

다음 각 호의 어느 하나에 해당하는 자는 2년 이하의 징역 또는 2천만원 이하의 벌금에 처한다.

1. 거짓이나 그 밖의 부정한 방법으로 제24조제1항에 따른 등록을 한 자
2. 제24조제1항에 따른 등록을 하지 아니하고 예선업을 한 자

제55조(벌칙)

다음 각 호의 어느 하나에 해당하는 자는 1년 이하의 징역 또는 1천만원 이하의 벌금에 처한다.

1. 제4조제2항에 따른 허가를 받지 아니하고 무역항의 수상구역등에 출입하거나 기항지

에 대한 정보를 거짓으로 제출하여 출입허가를 받은 자
2. 제23조제1항을 위반하여 예선을 사용하지 아니한 자
3. 제23조제2항에 따른 예선사용기준에 미치지 못하는 예선을 사용한 자
4. 정당한 사유 없이 제29조제1항을 위반하여 예선의 사용 요청을 거절한 자
5. 제33조에 따른 지정장소 외에 위험물운송선박을 정박하거나 정류한 자
6. 제35조제1항에 따른 안전조치를 하지 아니한 자
7. 제35조제3항에 따른 시설 · 인원 · 장비 등의 보강 또는 개선 명령을 이행하지 아니한 자
8. 제37조제1항에 따른 허가를 받지 아니하고 무역항의 수상구역등에서 선박을 수리한 자
9. 제38조제1항을 위반하여 폐기물을 버린 자
10. 제38조제3항에 따른 폐기물 또는 물건의 제거 명령을 이행하지 아니한 자
11. 제47조에 따른 출항 중지 처분을 위반한 자

제56조(벌칙)

다음 각 호의 어느 하나에 해당하는 자는 500만원 이하의 벌금에 처한다.
1. 제4조제1항에 따른 출입 신고를 하지 아니하거나 거짓이나 그 밖의 부정한 방법으로 신고한 자
2. 제5조제2항 본문에 따른 정박구역 및 정박지가 아닌 곳에 정박한 자
3. 제6조제1항 각 호에 따른 장소에 선박을 정박하거나 정류한 자
4. 제6조제5항에 따른 정박 장소 또는 방법의 변경 명령에 따르지 아니한 자
5. 제7조제3항에 따른 선원의 승선 명령을 이행하지 아니한 선박의 소유자 또는 임차인
6. 제8조에 따른 이동 명령에 따르지 아니한 자
7. 제9조제1항에 따른 항로 또는 구역에서 선박교통의 제한 또는 금지 처분을 따르지 아니한 자
8. 제10조제2항 본문을 위반하여 지정 · 고시한 항로를 따라 항행하지 아니한 자
9. 제11조제1항을 위반하여 항로에 선박을 정박 또는 정류시키거나 예인되는 선박 또는 부유물을 항로에 방치한 자
10. 제32조제2항에 따른 위험물의 종류 및 수량의 제한 또는 안전에 필요한 조치 명령을 이행하지 아니한 자
11. 제34조제1항에 따른 위험물 하역을 위한 자체안전관리계획의 승인을 받지 아니한 자
12. 제34조제2항에 따른 자체안전관리계획의 변경 명령을 이행하지 아니한 자
13. 제34조제3항에 따른 하역의 금지 또는 중지 명령을 위반하거나 지정된 장소가 아닌 곳에서 하역을 한 자

14. 제37조제4항에 따른 지정 장소가 아닌 곳에 선박을 정박하거나 계류한 자
15. 제37조제5항에 따른 안전에 필요한 조치 명령을 이행하지 아니한 선박의 소유자 또는 임차인
16. 제38조제2항을 위반하여 흩어지기 쉬운 물건이 수면에 떨어지는 것을 방지하기 위한 필요한 조치를 하지 아니한 자
17. 제43조제1항에 따른 허가를 받지 아니하고 같은 항 각 호의 행위를 한 자
18. 제43조제2항에 따른 안전에 필요한 조치 명령을 이행하지 아니한 자

제57조(벌칙)
다음 각 호의 어느 하나에 해당하는 자는 300만원 이하의 벌금에 처한다.
1. 제12조제1항에 따른 항법을 위반하여 항행한 자
2. 제41조제1항에 따른 허가를 받지 아니하고 공사 또는 작업을 한 자
3. 제41조제2항에 따른 선박교통의 안전과 화물의 보전 및 무역항의 안전에 필요한 조치 명령을 이행하지 아니한 자
4. 제42조제1항에 따른 허가를 받지 아니하고 선박경기 등의 행사를 한 자
5. 제44조를 위반하여 어로를 한 자
6. 제45조제2항에 따른 명령을 위반하여 불빛을 줄이지 아니하거나 가리개를 씌우지 아니한 자
7. 제49조에 따른 개선명령을 이행하지 아니한 자

제58조(양벌규정)
법인의 대표자나 법인 또는 개인의 대리인, 사용인, 그 밖의 종업원이 그 법인 또는 개인의 업무에 관하여 제54조부터 제57조까지의 어느 하나에 해당하는 위반행위를 하면 그 행위자를 벌하는 외에 그 법인 또는 개인에게도 해당 조문의 벌금형을 과(科)한다. 다만, 법인 또는 개인이 그 위반행위를 방지하기 위하여 해당 업무에 관하여 상당한 주의와 감독을 게을리하지 아니한 경우에는 그러하지 아니하다.

제59조(과태료)
① 다음 각 호의 어느 하나에 해당하는 자에게는 300만원 이하의 과태료를 부과한다.
1. 제11조제2항에 따른 신고 및 표시를 하지 아니한 자
2. 제22조를 위반하여 무선설비를 갖추지 아니하거나 호출응답용 관제통신을 청취 · 응답하지 아니한 자
3. 거짓이나 그 밖의 부정한 방법으로 제24조제1항에 따른 변경등록을 한 자
4. 제24조제1항에 따른 변경등록을 하지 아니하고 예선업을 한 자
② 다음 각 호의 어느 하나에 해당하는 자에게는 200만원 이하의 과태료를 부과한다.

1. 제5조제3항을 위반하여 우선피항선을 정박하거나 정류한 자
2. 제5조제4항에 따른 신고를 하지 아니한 자
3. 제6조제4항에 따른 정박선박의 안전에 필요한 조치를 하지 아니한 자
4. 제7조제1항에 따른 계선 신고를 하지 아니한 자
5. 제7조제2항에 따른 지정장소에 계선하지 아니한 자
6. 제12조제2항에 따른 항법 등에 관한 고시를 위반하여 항행한 자
7. 제13조에 따른 항법을 위반하여 항행한 자
8. 제14조에 따른 항법을 위반하여 항행한 자
9. 제15조제1항을 위반하여 예인선을 항행한 자
10. 제15조제2항을 위반하여 범선을 항행한 자
11. 제16조를 위반하여 다른 선박의 진로를 방해한 자
12. 제17조제1항 및 제3항에 따른 속력 제한을 위반하여 항행한 자
13. 제18조를 위반하여 다른 선박과의 상당한 거리를 유지하지 아니하고 선박을 항행한 자
14. 제20조제1항 본문에 따른 선박교통관제에 따르지 아니한 자
15. 제32조제1항에 따른 위험물의 반입 신고를 하지 아니한 자
16. 제37조제3항에 따른 수리 신고를 하지 아니한 자
17. 제39조제1항에 따른 표지의 설치 등 필요한 조치를 하지 아니한 선장
18. 제40조제1항에 따른 장애물 제거 명령을 이행하지 아니한 자
19. 제45조제1항을 위반하여 강력한 불빛을 사용한 자
20. 제46조제1항을 위반하여 기적이나 사이렌을 울린 자
21. 제46조제2항을 위반하여 화재경보를 울리지 아니한 자
22. 제48조제1항에 따른 출석 · 진술이나 서류제출 · 보고를 하지 아니하거나 거짓으로 서류제출 · 보고한 자 또는 관계 공무원의 출입을 거부하거나 방해한 자

③ 제1항 및 제2항에 따른 과태료는 대통령령으로 정하는 바에 따라 해양수산부장관(제20조 및 제22조를 위반한 자의 경우에는 국민안전처장관을 말한다)이 부과 · 징수한다.

부 칙[2015.2.3 제13186호]

제1조(시행일) 이 법은 공포 후 6개월이 경과한 날부터 시행한다.

제2조(다른 법률의 폐지) 개항질서법은 폐지한다.

제3조(선박의 정박 또는 정류에 관한 적용례) 제6조제2항은 이 법 시행 후 최초로 선박이 같은 조 제1항 각 호의 장소에서 정박하거나 정류하려는 경우부터 적용한다.

제4조(처분 등에 관한 일반적 경과조치) 이 법 시행 당시 종전의 「개항질서법」 및 「항만법」에 따른 행정기관의 행위나 행정기관에 대한 행위는 그에 해당하는 이 법에 따른 행정기관의 행위나 행정기관에 대한 행위로 본다.

제5조(예선업 등록에 관한 경과조치) 이 법 시행 당시 종전의 「항만법」 제32조에 따라 예선업을 등록한 자는 제24조에 따라 예선업을 등록한 자로 본다.

제6조(예선운영협의회에 대한 경과조치) 이 법 시행 당시 종전의 「항만법」 제40조에 따라 설치된 예선운영협의회는 제30조에 따라 설치된 예선운영협의회로 본다.

제7조(벌칙 및 과태료에 관한 경과조치) 이 법 시행 전의 위반행위에 관한 벌칙 또는 과태료를 적용할 때에는 종전의 「개항질서법」 및 「항만법」에 따른다.

제8조(다른 법률의 개정) ① 공유수면 관리 및 매립에 관한 법률 일부를 다음과 같이 개정한다.

제6조제6항제2호가목 중 "「개항질서법」"을 "「선박의 입항 및 출항 등에 관한 법률」"로 한다.

② 사법경찰관리의 직무를 수행할 자와 그 직무범위에 관한 법률 일부를 다음과 같이 개정한다.

제6조제34호사목을 다음과 같이 한다.

사. 「선박의 입항 및 출항 등에 관한 법률」(제38조만 해당한다)

③ 선원법 일부를 다음과 같이 개정한다.

제3조제1항제2호 및 제68조제1항 각 호 외의 부분 중 "「항만법」 제32조"를 각각 "「선박의 입항 및 출항 등에 관한 법률」 제24조"로 한다.

④ 수상레저안전법 일부를 다음과 같이 개정한다.

제19조제1항 단서 중 "「개항질서법」 제5조에 따른 입 · 출항 신고"를 "「선박의 입항 및 출항 등에 관한 법률」 제4조에 따른 출입 신고"로 한다.

⑤ 제주특별자치도 설치 및 국제자유도시 조성을 위한 특별법 일부를 다음과 같이 개정한다.

제144조제1항제7호 본문 중 "제30조부터 제32조까지, 제34조, 제35조, 제38조"를 "제30조, 제31조"로 한다.

제144조제1항에 제14호를 다음과 같이 신설한다.

14. 「선박의 입항 및 출항 등에 관한 법률」 제23조, 제24조, 제26조 및 제27조

제214조의2제3항 중 "제20조, 제32조제2항제4호 단서"를 "제20조"로 한다.

제214조의2제5항 중 "제31조제3항, 제35조제2항, 제40조제2항"을 "제31조제3항"으로 한다.

제214조의2에 제6항 및 제7항을 각각 다음과 같이 신설한다.

⑥ 「선박의 입항 및 출항 등에 관한 법률」 제24조제2항제4호 단서 및 제30조제1항 · 제3항에 따른 해양수산부장관의 권한은 도지사의 권한으로 한다.

⑦ 「선박의 입항 및 출항 등에 관한 법률」 제27조제2항 및 제30조제2항에서 대통령령으로 정하도록 한 사항은 도조례로 정할 수 있다.

제221조제1항 중 "「개항질서법」 제3조의 규정에 따른"을 "「항만법」 제3조제1항제1호에 따른"으로, "개항"을 "무역항"으로 한다.

⑥ 항만법 일부를 다음과 같이 개정한다.

제2조제6호 및 제32조부터 제40조까지를 각각 삭제한다.

제73조제1항 각 호 외의 부분 중 "사업장 · 예선"을 "사업장"으로 하고, 같은 항 제1호마목을 삭제한다.

제86조제2호를 삭제한다.

제97조제5호 중 "제30조제1항에 따른 허가를 받거나 제32조제1항에 따른 등록을 한 자"를 "제30조제1항에 따른 허가를 받은 자"로 하고, 같은 조 제6호를 삭제한다.

제98조제2호 및 제3호를 각각 삭제한다.

⑦ 해사안전법 일부를 다음과 같이 개정한다.

제15조제2항 중 "「개항질서법」"을 "「선박의 입항 및 출항 등에 관한 법률」"로 한다.

⑧ 해양경비법 일부를 다음과 같이 개정한다.

제14조제2항 각 호 외의 부분 본문 중 "「개항질서법」에 따른 개항의항계안등"을 "「선박의 입항 및 출항 등에 관한 법률」에 따른 무역항의 수상구역등"으로 한다.

⑨ 해운법 일부를 다음과 같이 개정한다.

제8조제3호 중 "「개항질서법」"을 "「선박의 입항 및 출항 등에 관한 법률」"로 한다.

제25조제1항제2호 중 "「개항질서법」 제3조에 따른 항계로 동일 항계 내"를 "「항만법」 제2조제4호에 따른 항만구역 중 수상구역으로 동일 수상구역 내"로 한다.

제9조(다른 법령과의 관계) 이 법 시행 당시 다른 법령에서 종전의 「개항질서법」, 「항만법」 또는 그 규정을 인용하고 있는 경우 이 법 가운데 그에 해당하는 규정이 있을 때에는 종전의 「개항질서법」, 「항만법」 또는 그 규정을 갈음하여 이 법 또는 이 법의 해당 규정을 인용한 것으로 본다.

제6절 기타 유선및도선사업법 및 수상레저안전법 항법규정

I. 유선 및 도선사업법

유선및도선사업법 제31조(운항규칙)

① 「해사안전법」을 적용받지 아니하는 유 · 도선의 운항규칙에 관하여 필요한 사항은 대통령령으로 정한다.② 유 · 도선사업자와 선원은 운항규칙을 준수하여야 한다.

시행령 제25조(운항규칙)

법 제31조 제1항에 따른 유 · 도선의 운항규칙은 다음 각 호와 같다.

1. 유 · 도선은 주위의 상황 및 다른 선박(유 · 도선을 포함한다. 이하 같다)과의 충돌의 위험을 충분히 판단할 수 있도록 시각 · 청각 및 당시의 상황에 적합하게 이용할 수 있는 모든 수단에 의하여 항상 적절한 경계를 하여야 한다.
2. 유 · 도선은 다른 선박과의 충돌을 피하기 위하여 적절하고 유효한 동작을 취하거나 당시의 상황에 적합한 거리에서 정선(停船)할 수 있도록 항상 안전한 속력으로 운항하여야 한다.
3. 유 · 도선은 시계(視界)를 제한받는 때나 교량, 유 · 도선장 등의 부근 및 하천 폭이 좁은 구역에서는 속도를 줄여 운항하여야 하며, 특히 추진기관이 설치되지 아니한 제10조에 따른 소형 유 · 도선의 운항에 지장이 없도록 그 운항구역에 접근하지 아니하거나 저속으로 운항하여야 한다.
4. 유 · 도선은 시계가 제한된 구역에서 앞쪽에 다른 선박이 있는 경우 왼쪽으로 진로를 변경해서는 아니 된다.
5. 유 · 도선이 다른 선박과 마주칠 때에는 진로를 오른쪽으로 변경하여야 한다.
6. 유 · 도선이 다른 선박과 같은 방향으로 운항하는 경우에는 근접하거나 경쟁적으로 운항해서는 아니 된다.
7. 유 · 도선이 다른 선박을 추월하려는 경우에는 추월당하는 선박을 완전히 추월하거나 그 선박에서 충분히 멀어질 때까지 그 선박의 진로를 방해해서는 아니 된다.
8. 유 · 도선과 다른 선박이 서로 진로를 횡단하는 경우에 충돌의 위험이 있을 때에는 다른 선박을 오른쪽에 두고 있는 선박이 그 다른 선박의 진로를 피하여야 한다.
9. 제10조에 따른 소형 유 · 도선이 내수면을 횡단할 때에는 다른 대형선박의 진로를 방해해서는 아니 된다.
10. 유 · 도선장 또는 선착장으로 들어오는 유 · 도선은 유 · 도선장 또는 선착장 밖으로 나가는 유 · 도선의 진로를 방해해서는 아니 된다.
11. 유 · 도선은 사업의 면허 또는 신고 시에 정해진 유 · 도선장 또는 선착장 외의 장소에 정

박하거나 승객을 승선 · 하선시켜서는 아니 된다.

12. 야간운항을 하는 유 · 도선은 운항 및 승객의 승선 · 하선에 필요한 불빛을 표시하여야 한다.

13. 선박 길이가 12미터 이상이거나 관할관청이 지정한 유 · 도선은 기적(汽笛) 또는 호종(號鐘) 등 음향신호를 설치하여 다음 각 호의 구분에 따른 방법으로 음향신호를 하여야 한다.
    가. 다른 선박과 서로 시계 내에 있는 경우 오른쪽으로 진로를 변경할 때에는 단음 1회, 왼쪽으로 진로를 변경할 때에는 단음 2회, 후진할 때에는 단음 3회
    나. 다른 선박을 오른쪽으로 추월할 때에는 장음 2회 후 단음 1회, 왼쪽으로 추월할 때에는 장음 2회 후 단음 2회
    다. 다른 선박의 주의를 환기하기 위하여 필요할 때 단음 5회 이상

14. 유 · 도선이 조난을 당하여 구원을 요청하는 경우에는 국제해사기구가 정하는 신호를 하여야 한다.

II. 수상레저안전법

수상레저안전법 시행령(2010.11.2. 개정)

제15조(운항규칙)

법 제18조에 따라 수상레저활동자가 지켜야 하는 운항규칙은 별표 7과 같다.

[별표 7] 수상레저활동자가 지켜야 하는 운항규칙(제15조 관련)

1. 주위의 상황 및 다른 수상레저기구와의 충돌위험을 충분히 판단할 수 있도록 시각 · 청각과 그 밖에 당시의 상황에 적합하게 이용할 수 있는 모든 수단을 이용하여 항상 적절한 경계를 하여야 하며, 등록대상 동력수상레저기구의 경우에는 안전검사증에 지정된 항해구역을 준수하여야 한다.

2. 다이빙대 · 계류장 및 교량으로부터 20미터 이내의 구역이나 해양경찰서장 또는 시장 · 군수 · 구청장(자치구의 구청장을 말하며, 서울특별시 한강의 경우에는 한강 관리에 관한 업무를 관장하는 기관의 장을 말한다. 이하 같다)이 위험발생 요소가 많은 구역이라고 판단하여 고시하는 구역에서는 10놋트 이하의 속력으로 운항하여야 한다. 다만, 안개 등으로 인하여 시정이 0.5km 이내로 제한되는 경우에는 레이더 및 VHF 통신설비를 갖추지 아니한 수상레저기구를 운항 항해서는 아니된다.

3. 태풍 · 풍랑 · 해일 · 호우 · 대설과 관련된 주의보 이상의 기상특보가 발효된 구역에서는 수상레저기구를 운항하여서는 아니 된다. 다만, 다음 각 목의 어느 하나에 해당하는 경우에는 그러하지 아니하다.
    가. 해양경찰서장 또는 시장 · 군수 · 구청장이 해당 구역의 기상 상태를 고려하여 그 운항

을 허용한 경우

나. 기상특보 중 주의보가 발효된 구역에서 파도 또는 바람만을 이용하여 활동이 가능한 수상레저기구를 운항하려고 관할 해양경찰관서에 그 운항신고(수상레저기구의 종류, 운항시간, 운항자의 성명 및 연락처 등)를 한 경우

다. 기상특보 중 경보가 발효된 구역에서 파도 또는 바람만을 이용하여 활동이 가능한 수상레저기구를 운항하려고 관할 해양경찰관서에 그 운항신고(수상레저기구의 종류, 운항시간, 운항자의 성명 및 연락처 등)를 하여 해양경찰서장이 허용한 경우

4. 다른 수상레저기구와 정면으로 충돌할 위험이 있을 때에는 음성신호 · 수신호 등 적당한 방법으로 상대에게 이를 알리고 우현 쪽으로 진로를 피하여야 한다.
5. 다른 수상레저기구의 진로를 횡단하는 경우에 충돌의 위험이 있을 때에는 다른 수상레저기구를 오른쪽에 두고 있는 수상레저기구가 진로를 피하여야 한다.
6. 다른 수상레저기구와 같은 방향으로 운항하는 경우에는 2미터 이내로 근접하여 운항하여서는 아니 된다.
7. 다른 수상레저기구를 추월하려는 경우에는 추월당하는 수상레저기구를 완전 히 추월하거나 그 수상레저기구에서 충분히 멀어질 때까지 그 수상레저기구의 진로를 방해하여서는 아니 된다.
8. 다른 사람 또는 다른 수상레저기구의 안전을 위협하거나 레저기구의 소음기를 임의로 제거하거나 굉음을 발생시켜 놀라게 하는 행위를 하여서는 아니 된다.

부록7 선박충돌사건에서 책임제한절차 개시 신청

신청인 A

서울 마포구

대표이사 김유일

대리인 법무법인

담당변호사

서울 종로구

(Tel: , Fax: , e-mail:)

신 청 취 지

별지 1 기재 선박의 별지 2 기재 사고로부터 발생한 물적 손해에 관한 채권에 대하여 책임제한절차를 개시한다.

라는 재판을 구합니다.

신 청 이 유

1. 당사자

신청인은 해운업에 종사하는 대한민국 법인으로서 200 . . . 당시 별지 1 기재 선박 "B"호("이 사건 선박")의 선주였습니다(소갑제1호증 선박등기부등본). 신청인은 그 후 이 사건 선박을 * 주식회사에게 양도하였으나, 아래에서 말씀드릴 충돌사고와 관련된 기존 채권 및 채무는 *주식회사에게 이전하지 아니하고 신청인이 보유하기로 하였습니다.

2. 충돌사고

(가) 이 사건 선박은 200 . . 17:05경 공선상태로 *항을 출항하여 중국 *로 항행하였습니다. 한편 선박 C호("상대선")는 200 . . . 00:00경 인천항에서 철강 화물을 적재한 다음 상하이(Shanghai)항으로 항해하였습니다.

(나) 이 사건 선박은 200 . . . : 경 선수 우현 약 50도 약 12마일 거리에서 접근중인 상대선을 레이더로 탐지하자 충돌사고의 발생을 방지하기 위하여 전방을 주시하면서 항행을 계속하였습니다. 그러나 양 선박이 가깝게 접근하게 되자 상대선은 좌전타를 하였고, 이로 인해 이 사건 선박은 200 . . . 00:00경 어청도등대로부터 진방위 257도 방향 42마일 해상 북위 35도 58분 04.2초, 동경 125도 07분 09.6초 해상에서 상대선과 충돌하였습

니다("이 사건 충돌사고").

(다) 이러한 충돌사고로 말미암아 이 사건 선박은 구상선수부가 심하게 굴곡되고 정선수 좌우현 외판에 파공이 발생하는 손상을 입었습니다. 한편 상대선은 우현중앙부 외판에 직경 4.5미터 가량의 파공이 생기면서 제2번 선창이 침수되었습니다(소갑제2호증 재결서).

3. 책임제한절차의 개시신청

(가) 선박소유자가 책임제한을 주장할 수 있는지 여부 및 그 책임제한의 범위 등은 국제사법 제60조 제4호에 따라 선적국법에 따라야 합니다. 그런데 이 사건 선박의 선적국은 대한민국이므로 책임제한의 인정여부 및 그 범위와 관련하여서는 대한민국법이 준거법이 됩니다.

한편 상법 제774조 및 제769조에 의하면 선박소유자는 선박에서 또는 선박의 운항에 직접 관련하여 발생한 그 선박 이외의 물건의 멸실 또는 훼손으로 인하여 생긴 손해에 관한 채권 등 이른바 물적 손해에 관하여, 상법 제770조의 규정에 의한 금액의 한도로 책임을 제한할 수 있습니다.

(나) 책임제한을 위한 선박톤수는 국제총톤수에 따라야 하는바(상법 제772조), 이 사건 선박의 국제총톤수는 *톤입니다(소갑제3호증 국제톤수증서). 따라서 상법 제770조 제1항 제3호 나항에 의하여 물적손해로 인한 책임한도액을 계산하면 다음과 같습니다.

167,000SDR + [(* - 500) × 167SDR] = *SDR

(다) 그렇다면 신청인의 이 사건 충돌사고에 관한 책임한도액은 *SDR이라고 하겠습니다.

참고로 신청일에 가까운 200 . . . 현재 위 *SDR은 미화 *달러에 상당하며(1SDR=미화 *달러 적용), 이를 한화로 환산하면 금*원(미화1달러=한화*원 적용)이 됩니다(소갑제4호증의 1 IMF 인터넷 출력자료, 소갑제4호증의 2 환율표).

4. 손해배상의 청구

(가) 신청외 D는 제2번 선창에 적재되어 있던 화물(선하증권번호 : 00000-03)의 적하보험자입니다. D는 200 . . . 대리인을 통하여 이 사건 충돌사고와 관련하여 미화 *달러의 손해를 입었다고 주장하면서 신청인측에 그 지급을 서면으로 청구하였습니다(소갑제5호증의 1 청구서). 한편, D는 그 후 200 . . . 청구금액을 위 미화 *달러에서 미화 *달러로 감축한 바 있습니다(소갑제5호증의 2 청구서).

(나) 신청외 E(중국법인임)은 제2번 선창에 적재되어 있던 화물(선하증권번호 : 000000-05)의 적하보험자입니다. E은 200 . . . 대리인을 통하여 이 사건 충돌사고와 관련하여 중국화 *위안(미화 *달러 상당)의 손해를 입었다고 주장하면서 신청인측에 그 지급을 서면으로 청구하였습니다(소갑제6호증 청구서).

(다) 신청외 F는 2번 선창에 적재되어 있던 화물(선하증권번호 : 00000-07, 00000-08, 00000-09, 00000-12, 00000-16, 0-17)의 적하보험자입니다. F는 2000. . . 대리인을 통해 이

사건 충돌사고와 관련하여 약 미화 *달러의 손해를 입었다고 주장하면서, 위 금액 상당의 보증장을 제공하지 않을 경우 선박이나 선주 재산에 대한 압류 등의 법적 조치를 취할 것임을 경고하였습니다(소갑제7호증 청구서).

(라) 책임을 제한하고자 하는 자는 채권자로부터 책임한도액을 초과하는 청구금액을 명시한 서면에 의한 청구를 받은 날로부터 1년 내에 법원에 책임제한절차의 개시신청을 할 수 있습니다(상법 제776조). 그런데 신청인이 200 . . . 당시 청구금액을 명시한 서면에 의한 청구를 받은 금액은 미화 *달러로서 {D의 청구금액 미화 *달러(200 . . .자로 감축되기 이전의 것)+E의 청구금액 미화 *달러의 합계} 이는 신청인의 책임한도액인 미화 *달러를 상회하므로, 신청인은 책임제한절차개시의 신청을 할 수 있다 할 것입니다.

설령 D가 2000. . . 청구금액을 미화 *달러로 감축하였다 하더라도, 신청인이 2000. . . F로부터 청구받은 금액을 합산하면 신청인은 책임한도액을 초과하는 청구금액을 명시한 서면에 의한 청구를 받은 것이 분명하므로 신청인이 책임제한절차개시의 신청을 할 수 있음에는 의문의 여지가 없습니다.

5. 알고 있는 제한채권자

신청인이 알고 있는 제한채권자의 성명 및 주소는 별지 3 기재와 같습니다.

6. 수익채무자

동일한 사고에 관하여 책임제한을 할 수 있는 신청인 이외의 자를 수익채무자라 합니다[선박소유자등의책임제한절차에관한법률("책임제한절차법") 제9조 제2항 제8호].

이 사건 충돌사고 발생 당시 충돌손해의 3/4에 대해 배상책임을 부담하는 G와 P&I 책임보험자인 H가 이러한 수익채무자에 해당합니다(소갑제8호증 Schedule, 소갑제9호증 보험계약승낙증). 우리 법상 책임보험자도 피보험자인 선박소유자 등의 책임제한의 항변을 원용하여 책임제한을 할 수 있다고 해석되므로(소갑제10호증 사법논집 제25집, '선박소유자 등의 책임제한절차의 실무에 관한 소고', 417쪽 참조), 위 G와 H는 수익채무자에 해당합니다.

위 수익채무자의 성명 및 주소는 별지 4 기재와 같습니다.

7. 관할

책임제한절차법 제2조에 의하면 책임제한사건은 신청인의 보통재판적 소재지 등을 관할하는 지방법원의 관할에 전속하도록 되어 있습니다. 따라서 이 사건은 신청인의 보통재판적 소재지인 서울 마포구를 관할하는 법원인 귀원의 전속관할에 속한다 하겠습니다.

8. 결 론

이러한 사정을 전제로 신청인은 상법 및 선박소유자등의책임제한절차에관한법률에 따라 책임제한절차개시의 결정을 구하고자 이 사건 신청에 이르렀습니다.

한편 신청인은 위 법 제11조 제1항 소정의 책임한도액에 상당하는 금전 등의 공탁과 관련하여, 위 법 제13조 제1항에 따라 G의 공탁보증서 제출로서 현금공탁에 갈음할 수 있기를 희망하오니 이를 허가하여 주시기 바랍니다. G의 공탁이행능력을 소명하기 위한 자료로서 위 회사의 제*기 영업보고서(200 . . .부터 200 . . .까지)를 소갑제11호증으로 제출합니다.

아울러 책임제한절차에 있어서 국내 보험회사인 I이 발행한 보증장으로 공탁보증을 허가한 부산지방법원의 결정문을 참고로 제출합니다(소갑제12호증 결정문).

소 명 자 료

1. 소갑제1호증	선박등기부등본
1. 소갑제2호증	재결서
1. 소갑제3호증	국제톤수증서
1. 소갑제4호증의 1	IMF 인터넷 출력자료
2	환율표
1. 소갑제5호증의 1, 2	각 청구서
1. 소갑제6호증	청구서
1. 소갑제7호증	청구서
1. 소갑제8호증	Schedule
1. 소갑제9호증	보험계약승낙증
1. 소갑제10호증	사법논집 제25집, '선박소유자 등의 책임제한절차의 실무에 관한 소고' (발췌)
1. 소갑제11호증	제84기 영업보고서
1. 소갑제12호증	결정문

첨 부 서 류

1. 위 소명방법	각 1통
1. 법인등기부등본	1통
1. 위임장 및 담당변호사지정서	각 1통

20XX. . .

신청인의 대리인

법무법인
담당변호사

서울지방법원 남부지원　　귀중

별지 1　　　　선박의 표시

선명　　:
종류　　:　기선
선적국　:　대한민국
총톤수　:
순톤수　:
길이　　:
폭　　　:
깊이　　:
건조년도 :

별지 2　　　사고의 내역

별지 3　　　알고 있는 제한채권자

별지 4　　　알고 있는 수익채무자

부록8 법원의 책임제한결정

울산지방법원 2014.4.22, 2014책1 결정)

〈선체용선자가 운항하던 중국국적의 선박이 사고로 인하여 손해를 야기시켰다. 전체 손해액이 책임제한액을 넘어서는 것으로 판단되자 선체용선자는 손해발생지인 한국의 울산지방법원에 책임제한절차개시 신청을 하였다.〉

(1) 주문

1. 별지 기재선박의 별지 2 기재사고로부터 발생한 물적 손해에 관한 채권에 대하여 책임제한절차를 개시한다.
2. 변호사 xxx를 관리인으로 선임한다.
3. 제한채권의 신고기간을 2014.6.9. 14:00까지로 한다.
4. 제한채권의 조사기일을 2014.6.23. 16:00 울산지방법원 113호 법정으로 한다.

(2) 이유

신청인이 제출한 소명자료에 의하면, 신청인이 선체용선자이고 수익채무자가 소유자인 별지 1. 기재선박에 의하여 별지2 기재 사고가 발생함에 따라 생긴 물적 손해에 관한 채권금액이 이 사건의 준거법이 되는 이 사건 선박의 선적국법인 중국 해상법에서 정한 책임한도액 864,225SDR을 초과하고, 이 법원의 공탁보증허가에 의하여 공탁보증인인 C이 위 책임한도액에 상응하는 금전 및 이자(중략)를 가상하여 이 법원의 명에 따른 공탁의무를 이행할 것을 보증하는 공탁보증서를 제출하였으며, 달리 이사건에 있어 신청을 각하하거나 기각하여야 할 사유가 없으므로, 이 사건 책임제한절차를 개시하기 위하여 중국 해상법 제207조, 제210조 제2항에 의한 주문 제1항과 같이 결정하고, 선박소유자등의 책임제한절차등에 관한 법률 제20조에 의하여 주문 제2내지 제4항과 같이 결정한다.

부록9 선박충돌에 이은 책임제한절차-사정재판에 대한 이의

인천지방법원 213.5.24.선고 2011가합17126판결

사건 2011가합 사정재판에 대한 이의

2011가합17133(병합) 사정재판에 대한 이의

원고 겸 피고 A

피고 겸 원고 1. 보험회사들

변론종결 2013.4.16.

판결선고 2013.5.21.

필자주: C호와 P호의 충돌결과 P호는 침몰중이었다. 인천해경이 이를 예인하여 인근도서의 해안가에 좌초시켰다. C호의 선주의 소송대리인들은 책임제한절차개시신청서를 법원에 제출하였다. 선적국인 파나마 법에 의하여 책임제한이 인정되고 선박의 국제총톤수가 7,675톤이었기 때문에 책임제한액은 1,365,225SDR=한화 2,446,575,400원이 되었다. 책임제한의 대상이 되는 채권은 P호 선주의 손해배상채권, P호에 적재된 화물의 적하보험자 또는 화주의 손해배상채권, 피해어민의 손해배상채권등이었다. 이러한 신청에 대하여 법원은 2010.9.15.책임제한개시결정을 하였다. 개시결정의 내용은 아래와 같다. 주문: 별지 기재 1 선박의 별지 기재 2. 사고로부터 발생한 물적 손해에 관한 채권에 대하여 책임제한절차를 개시한다. 관리인으로 xxx 변호사를 정하고, 책임한도액은 1,365,225SDR, 제한채권의 신고기간 및 장소: 2010.11.12. 18:00까지 인천지방법원 민사신청과, 제한채권의 조사기일: 2010.12.6. 11:00 인천지방법원 제414호 법정으로 정하였다. 2011. 8. 26.자로 사정재판을 한 결과에 대하여 C호의 선박소유자와 P호에 선적된 화물의 보험자 및 소유자가 사정재판에 대한 이의소송을 제기하게 되었다.

주 문

1. 인천지방법원 2010책2 선박책임제한 사건에서 위 법원이 2011.8.26.자로 한 사정재판중,

가. 원고 겸 피고(C호의 소유자)의 제한채권액을 0원으로

나. 피고 겸 원고 xx 화재해상보험주식회사의 제한채권액을 97,835,396원으로

다. 피고 겸 원고 주식회사 xx의 제한채권액을 32,709,743원으로

(이하 생략)으로 각 변경하여 사정한다.

2. 원고 겸 피고의 나머지 청구 및 피고 겸 원고들의 나머지 청구들은 모두 기각한다.
3. 소송비용은 이를 5분하여 그중 4는 원고 겸 피고가 나머지는 피고 겸 원고들...이 각 부담한다.

청구취지

1. 2011가합17126호사건(원고 겸 피고들의 피고 겸 원고에 대한 청구)
   가. 인천지방법원 2010책2 선박책임제한절차 사건에 관하여 위 법원이 2011.8.26.자로 한 사정의 재판을 취소한다.
   나. (생략)
2. 2011가합17133호 사건(피고 겸 원고들의 원고 겸 피고에 대한 청구)
   (생략)

이 유

1. 인정사실

다음의 사실은 당사자들 사이에 다툼이 없다.

가. 당사자의 지위

원고 겸 피고는 C호의 소유자이고, 피고 겸 원고 주식회사 xx는 C호와 충돌한 P호에 선적되어있던 화물의 수입자이며, 피고 겸 원고 xx 화재해상보험주식회사는 P호에 선적된 화물의 송화인 내지 수하인과 운송중 위험을 부보하기 위하여 해상화물적하보험계약을 체결한 보험자이고, 피고 김xx는 이 사건 책임제한절차에서 선임된 관리인이다.

나. 이 사건 충돌사고

(생략)

다. 일본에서의 책임제한절차의 경과 및 사정재판

원고 겸 피고(C호의 선박 소유자)는 일본 나고야 지방재판소에 책임제한절차개시신청을 하였고, 위 법원은 2010.8.17. 그 신청을 받아들여 선박소유자등책임제한절차개시결정을 하였으며, P호 선박의 소유자, 원고 겸 피고, 피고 겸 원고들은 각각 제한채권을 신고하였다.

라. 이 사건 책임제한절차의 경과 및 사정재판

1) 원고 겸 피고는 이 사건 사고로 인한 물적 손해의 총채권액이 상법 소정의 책임한도액인 1,365,225SDR을 초과한다는 이유로 인천지방법원에 선박소유자등의 책임제한절차에 관

한 법률(책임제한법)에 따라 책임제한절차 개시신청을 하였고, 이 법원은 2010.9.15. 그 신청을 받아들여 2010책2호로 위 물적 손해에 관하여 책임제한절차 개시결정을 하였다.

2) 원고 겸 피고, 피고 겸 원고들은 위 책임제한절차에 참가하여 제한채권으로 별지 표 '사정금액' 란의 ①항 금액을 각 신고하였고, 그 후 열린 채권조사기일에서 별지 표 '사정금액' 란의 ②항과 같이 각각 이의하였으며, 위 법원은 2011.8.26. 책임제한법 제57조에 따라 C호와 P호의 과실비율을 8.5:1.5로 정하여 별지 표 '사정금액' 란의 ③항과 같이 제한채권을 사정(이 사건 사정재판) 하였다.[1][2]

마. 이 사건 사고로 인한 물적 손해액은 이 사건 사정재판에서 인정된 손해액과 같다.

2. 이 사건의 쟁점

가. 원고 겸 피고의 참가요건 구비여부

이 사건 사정재판에서는 책임제한법 제42조 제3항에 따라 원고 겸 피고의 참가를 허용하되 책임제한법 제42조 제3항 단서에 따라 이 사건 책임제한절차에 참가한 다른 제한채권자들에 관한 대위채권 부분은 사정금액에서 제외하였는 바, 피고 겸 원고들은 원고 겸 피고가 책임제한법 제42조 제3항 또는 제42조 제4항에 정한 참가의 요건을 구비하지 못하였음에도 원고 겸 피고의 제한채권액을 별지와 같이 사정한 이 사건 사정재판은 부당하다고 주장하고, 이에 대하여 원고 겸 피고는 일본에서 진행되고 있는 책임제한절차에서 P호의 소유자에게 책임제한절차를 통해 변제할 계획이므로 책임제한 법 제42조 제3항, 4항에 따라 이 사건 책임제한절차의 참가요건을 구비하였다고 주장한다.[3]

나. 쌍방의 과실비율

원고 겸 피고는 이 사건사고는 P호가 제한된 시계에서 경계의무를 다하지 않고 기존의 진행방향에서 갑자기 좌전타하는 등 항법에 위반되게 항해하여 발생한 것이므로, 이 사건 사고에 관한 C호의 과실비율을 85%로 인정한 사정재판은 그 과실비율 인정에 있어 C호의 과실비율

---

1) 채권자 xx화재보험주식회사는 강관의 화주와 미화 141,999.31.에 대한 적하보험을 체결하였다. 이를 지급하고 신청인에 대한 손해배상청구권을 대위취득하였다. 신고금액은 130,010,984원이었다. 사정금액은 화물멸실로 인한 손해액 127,393,247원(화물가액 미화 141,999.31.×1,228원 사고일인 2010.6.15.자 매매기준율+구조비용 20,608,095원−화물 잔존가). 과실상계 피해자 과실비율 15%. 그러므로 사정금액은 127,393,247×(100−15)/100×(1+175일/365일×5/100)〈이자계산임〉=110,880,115원이 되었다.

2) 채권자 주식회사 xx은 화물의 소유자로서 화물가액이 미화 34,684달러였다. 과실상계 피해자 과실비율 15%가 반영된다. 신고금액은 43,506,445원이었지만, 사정을 하니 사정금액은 42,591,952원×(100−15)/100×(1+175일/365일×5/100)=37,071,043원으로 축소되었다.

3) 인천지방법원에서 개시된 책임제한절차에서 P의 선박소유자는 참가하지 않았고 일본에서 C호를 압류하여 일본에서 C호의 선주가 별도의 책임제한절차신청을 하여 절차 진행중에 있다. 결국 일본에서 C호 선주가 P의 소유자에게 손해배상을 하고 나면 P의 C에 대한 채권을 책임제한에서 제한받아야 된다는 것이다. 우리나라의 절차에 P의 선주가 참가하면 그 금액만큼은 사정이 되고 기금에서 배상을 받게 될 것이다.

을 과다하게 인정한 잘못이 있어 부당하다고 주장하고, 이에 대하여 피고 겸 원고들은 이 사건사고는 C호가 제한된 시계에서 협소하고 위험한 곳을 항해하면서도 속도를 줄이지 않고 경계를 소홀히 한 전적인 과실에 의해 발생한 것이므로, 이 사건 사정재판은 그 과실비율 인정에 있어 S의 과실비율을 과다하게 인정한 잘못이 있어 부당하다고 주장한다.

3. 판 단

가. 원고 겸 피고의 참가요건 구비여부에 관한 판단

1) 책임제한법의 규정(생략)

2) 판단

가) 책임제한법 제42조 제3항에 의한 참가
신청인 또는 수익채무자가 책임제한제도에 참가할 수 있는 경우에 대하여 책임제한법 제42조 제2항에서는 '제한채권을 변제한 경우'로, 같은 조 제4항에서는 '제한채권에 의하여 외국에서 강제집행을 당할 염려가 있음을 소명한 경우'로 특별히 한정하여 규정하고 있으므로, 같은 조 제3항이 신청인 또는 수익채무자에 대하여도 적용된다고 해석한다면 같은 조 제2항과 제4항에서 신청인 또는 수익채무자에 대하여 책임제한절차에 참가할 수 있는 경우를 한정하여 규정하고 있는 것이 무의미해진다고 할 것이다. 따라서 이 조항은 제한채권자에 대한 보험자가 장래에 보험금을 지급하고 보험자 대위를 하는 경우나 제한채권을 변제함으로써 공동면책에 의한 구상권을 주장할 수 있는 보증인, 물상보증인, 공동불법행위자 등을 전제로 한 것으로 해석함이 타당하므로, 결국 원고 겸 피고는 책임제한법 제42조 제3항을 근거로하여 이 사건 책임제한절차에 참가할 수 없다고 봄이 상당하다.

나) 책임제한법 제42조 제4항에 의한 참가
신청인 또는 수익채무자가 이미 책임제한절차에 따라 기금을 조성한 상태에서 '외국에서 강제집행을 당할 염려'가 있는 경우 위 기금의 범위 안에서 부담을 지도록 하겠다는 것이 이 조항의 취지로 보이나, 그렇다고 하더라도 '외국에서 강제집행을 당할 염려'가 있는 경우를 넓게 해석하여 외국에서 책임제한절차가 진행되고 있는 경우까지 포함하는 것으로 해석하는 것은 ① 강제집행절차와 책임제한절차가 법문상 엄연히 구별되는 별개의 개념이므로 문리적 해석에도 반할 뿐만 아니라 ② 책임제한절차에는 강제집행을 당할 염려가 있는 경우에 이를 방지하기 위한 제도적인 장치가 규정되어 있는 등 강제집행절차와 책임제한절차는 그 성질을 달리하는 별개의 절차인 점, 우리나라는 '1976년 책임제한조약'의 체약국이 아니고 상법, 책임제한법 체계하에서는 우리나라와 외국에서 함께 책임제한절차가 개시되어 진행되는 상황이 예정되어 있는 점 등을 고려하면 책임제한절차의 성격 및 현행 책임제한법 체계에도 부합하지 않는 해석이라 할 것이므로, 결국 원고 겸 피고는 책임제한법 제42조 제4항을 근거로 하여 이 사건 책임제한절차에 참가할 수 없다고 봄이 상당하다.

3) 소결
따라서 원고 겸 피고는 이 사건 책임제한절차에서 제한채권을 신고할 수 있는 요건을 갖추지 못하였으므로, 이 사건 사정재판 중 원고의 제한채권을 0원으로 변경함이 타당하다.

나. 쌍방의 과실비율
(중략)

4) 쌍방의 항법위반에 따른 과실비율의 확정
양측 모두 시계가 제한된 상태에서 상대선박을 인지하고도 레이더등을 통한 지속적인 경계를 소홀히 한 점, 무중신호를 게을리 한 점, 거기에 더하여 C호의 경우 시계가 제한된 상태에서 가항수역이 매우 협소한 정박지를 항해하면서 과도한 속력으로 항해한 점등 앞서 본 양 선박의 충돌까지의 항해상황과 법령상의 항법 준수 여부, 그 위반의 정도 및 내용 등을 종합하여 보면, 이 사건 선박충돌사고로 인한 손해배상책임 분담에 있어 양측의 과실비율은 C호 75%, P호 25%로 정함이 상당하다.

다. 제한채권액의 사정
1) 원고 겸 피고의 제한채권액 : 0원
2) 피고 겸 원고들의 제한채권액을 앞서 인정한 과실비율(C 75%)에 따라 다음과 같이 변경한다.
가) 피고 겸 원고 xx 화재해상보험 주식회사: 97,835,396원[4]
나) 피고 겸 원고 주식회사 xx: 32, 709,743원[5]
(중략)

4. 그렇다면 이 사건 책임제한절차에서 인천지방법원이 별지와 같이 사정한 것은 부당하다 할 것이어서 원고 겸 피고, 피고 및 원고들의 제한채권액을 위와 같이 변경하여 사정함이 상당하므로, 원고 겸 피고, 피고 겸 원고들의 이 사건 청구들은 모두 위 인정범위 내에서 이유있어 이를 인용하고, 나머지 청구들은 모두 이유없어 이를 기각하기로 하여 주문과 같이 판결한다.(제한채권의 신고가 있고, 이제 사정에 대한 모든 절차가 종료되면 책임제한기금을 사정에서 인정된 제한 채권자에게 금액의 비율에 따라 균등하게 배분하여 주는 절차를 진행하게 된다.)

---

4) P선박의 과실비율이 15%에서 25%로 증가됨에 따라 110,880,115원은 97,835,396원으로 축소되었다.
5) P선박의 과실비율이 15%에서 25%로 증가됨에 따라 37,071,043원은 32, 709,743원으로 축소되었다.

부록10 채권가압류 신청

채 권 자　XX보험 주식회사

채 무 자　1. ○○○
　　　　　2. △△△ 컴퍼니

제 3채무자　YY보험 주식회사

청구채권 : 채권자의 채무자들에 대한 구상금 청구권 금 X원 및 이에 대한 1997. 2. 24부터 완제일 까지 연 6푼의 비율에 의한 지연손해금

신 청 취 지

1. 채권자의 채무자들에 대한 위 청구채권의 집행을 보전하기 위하여 채무자들의 제3채무자에 대한 별지목록 기재 채권을 가압류 한다.
2. 제3채무자는 채무자들에 대하여 위 가압류된 채권을 지급하여서는 아니된다.
3. 채무자들은 위의 채권의 처분과 영수를 하여서는 아니된다.

라는 재판을 구합니다.

신 청 이 유

1. 당사자

채권자는 해상보험업 등에 종사하는 대한민국 법인으로서 이건 화물에 대한 적하보험을 신청외 **산철(주)(이하 "**산철"이라 함)부터 인수한 보험회사이고 채무자 △△△컴퍼니는 이건 화물을 운반하다가 침몰한 선박 ZZ호(이하 "이건 선박"이라 함)의 등록선수이고(소갑제1호증 임시선박등록증서), 채무자 ○○○은 이건 선박의 실제선주이며 동시에 명의상 선박관리인으로서, KK수산이라는 상호로 이건 선박을 이용하여 어획물 운반에 종사하는 대한민국 법인입니다.(소갑제2호증의 1, 2 각 선체보험증권), 제3 채무자는 해상보험업 등에 종사하는 대한민국 법인으로서 채무자들로부터 이건 선박에 대한 선체보험을 인수한 회사입니다.

이건 선박은 온두라스 국적으로서(소 갑제1호증 임시선박등록증서) 실제 소유자인 채무자 XXX이 선적을 온두라스에 소위 편의치적한 선박입니다.

편의치적은 일국의 선박소유자가 그 나라에 선박을 등록시키면 엄격한 법적, 행정적 규제를 받게 되고, 경우에 따라서 선박의 운항으로 인하여 타인에게 손해를 가한 경우에는 동 선박이 압류, 집행될 수 있는 점을 감안하여, 법적, 행정적 규제가 거의 없다시피한 국가 (예컨대 파나마, 온두라스, 리베리아 및 사이프러스 등)에 가장 회사를 만들어 그 회사의 소유인 것으로 등록시키지만 여전히 선박의 실 소유자가 선박의 처분이나 운항에 대한 전적인 권한을 행사함으로써, 위와 같은 행정적, 법적 규제를 회피하고 나아가 채무면탈의 목적을 도모하기 위하여 이용되는 탈법수단입니다. 이렇게 편의치적된 선박에 대하여 선박의 실제 소유자는 등록부상 통상 관리인으로 되어 있지만, 그러한 기재에도 불구하고 동 선박의 실제 소유자인 것입니다.(첨부 대법원 판결 참조).

따라서 편의치적된 이전 선박의 임시선박등록증서상 등록소유자로 된 채무자 △△△ 컴퍼니와 실제 소유자 ○○○은 사실상 동일한 인격입니다.

2. 선박침몰에 따른 화물멸실과 손해배상청구권의 대위 취득

가. 신청외 **산철은 xxxx. 1. 24 동 신청의 회사가 어획한 냉동 낙지 X상자, 냉동새우 X상자, 냉동 블랙타이거 X상자(이하 "이건 화물"이라 함)에 대하여 인도네시아 자카르타로부터 부산항까지의 운송을 채무자들에게 의뢰하였고, 동일 이건 화물을 이건 선박에 선적하였습니다. (소갑제3호증의 1, 2, 3 각 선하증권)

나. 그런데 이건 선박은 xxxx. 2. 1. 05:20 인도네시아 근해 부근에서 암초에 선저를 접촉시켜 기관실이 침수되고 이에 따라 침몰되었습니다.(소갑제4호증 해난사고보고서) 이때 이건 선박에 적재되어 있던 신청외 **산철 소유의 이건화물도 함께 침몰되어 전부 멸실되었습니다.

다. 한편 채권자는 신청외 **산철과 사이에 이건 화물에 대하여 보험금액을 미화 x달러로 하는 적하보험계약을 체결하였는 바(소갑제5호증의 1, 2, 3 각 적하보험증권), 위 사고로 이건 화물이 전부 멸실되자 xxxx. 2. 24 동 신청외인에게 전손보험금인 x(위 미화 x달러를 한화로 환산한 금액임)을 지급하였고, (소갑제6호증 대위증서), 신청외인이 채무자들에 대하여 갖는 화물멸실에 따른 손해배상청구권을 대위취득하였습니다.

3. 선체보험금 청구권

한편, 채무자들과 제3채무자는 이건 선박에 대하여 보험금액을 미화 x달러(한화 약 x원 상당; 이 금액은 당초의 보험금액 미화 x 달러에 추후 증액된 미화 x 달러를 합산한 것입니다.)로 하여 선체보험금계약을 체결하였습니다.(소갑제 2호증의 1, 2 각 선체보험증권). 이 선체보험증권에서 보는 바와 같이 사실상 서로 동일한 인격인 채무자들 모두를 피보험자로 하였고 제3채무자는 보험사고시 채무자들 중의 어느 하나에게 보험금 전액을 지급할 수 있게 되어 있습니다. 그런데 이건 선박 침몰사고로 인하여 제3채무자는 채무자들에 대하여 보험금으로 위 한화 금 x원을 지급할 채무를 지고 있습니다.

4. 보전의 필요성

채무자 ○○○은 당초부터 채권자의 이건과 같은 손해배상청구를 면탈하기 위하여 이건 선박을 온두라스에 편의치적시켰을 정도로 채권자들의 집행에 대비하고 있었는바, 침몰하여 버린 이건 선박 외에는 달리 재산을 소유하지 아니하고 있고, 채무자 △△△ 컴퍼니 역시 가장회사로서 침몰하여 버린 이건 선박외에는 아무런 재산이 없습니다. 그런데 채무자들은 앞서 본 바와 같은 선체보험에서 제3채무자로부터 위 선체보험금을 현금으로 지급 받을 예정인데, 채무자들이 동 금액을 받게 되면 동 금원을 쉽게 은닉 혹은 소비하여 버릴 수 있어서, 채권자가 채무자들에 대하여 이건에 대하여 본안의 승소판결을 받는다고 하더라도 채권자는 채무자들에 대하여 강제집행을 할 수 없을 우려가 많이 있습니다. 이에 채권자는 채무자들에 대하여 갖는 위 구상금 청구권의 집행보전을 위하여, 제3채무자가 채무자들에 대하여 지급하게 될 위 보험금에 대하여 이 사건 가압류 신청을 하기에 이르렀습니다.

5. 보증보험

채권자는 귀원이 명하는 담보를 제공할 준비가 되어 있는 바, 담보제공의 방법으로는 민사소송법에 의하여 보증보험회사와의 지급위탁계약을 체결한 문서로서 제출하는 방법에 의하여 담보를 제공할 것을 허가하여 주시기 바랍니다.

소 명 방 법

1. 소갑제 1호증	임시선박등록증서
1. 소갑제 2호증의 1내지 2	각 선체보험증권
1. 소갑제 3호증의 1내지 3	각 선하증권
1. 소갑제 4호증	해난사고보고서
1. 소갑제 5호증의 1내지 3	각 적하보험증권
1. 소갑제 6호증	대위증서
1. 소갑제 7호증	검정비 청구서

첨 부 서 류

1. 위 소갑호증	각 1통
1. 법인등기부 등본	2통
1. 위임장	1통

XXX 채권자 대리인

서울지방법원 남부지원 귀중

목 록

채무자들이 제3채무자와 사이에 xxx호에 관하여 xxxx. 11. 29 체결한 선체보험계약 (보험증권번호 OOOO-OOOOOOO 및 OOOO-OOOOOOO)에 기한 제3채무자에 대한 보험금 청구권 x원

부록11 선박우선특권을 이용한 임의경매신청

xxxx. 7 26 Y호와 D호가 충돌하여 Y호가 침몰하면서 Y호에 승선 중이던 선장을 포함한 선원 8명이 사망 또는 실종되었다. 이에 Y호의 선주와 선원들의 유족들은 물적 손해와 인적손해에 대한 손해배상을 구하기 위하여 제101 대양캐리어호를 압류하여 임의경매하려는 계획을 세웠다. 그런데 D호는 사고 후인 xxxx. 11. 25.에 소유자가 채무자인 원선주인 유한회사 xx해운에서 유한회사 zz해운으로 변경되었다. 이와 같은 사안에서 Y호 측에서는 아래와 같은 선박 임의경매 신청을 하였다.

〈선박 임의경매 신청서 요약〉

채권자 : 갑외 17명

채무자 : 유한회사 xx해운, 대표이사 을

소유자 : 유한회사 zz해운

경매할 선박의 표시 : 생략

청구채권 : 선박우선특권있는 별지목록 기재 손해배상채권 금15억원

신청취지 : "채권자의 채무자에 대한 위 청구채권의 변제에 충당하기 위하여 별지목록 기재 선박에 대한 임의경매절차를 개시하고, 채권자를 위하여 이를 압류한다. 소유자는 별지목록 기재선박을 광양항에 정박하여야 한다. 집행관은 별지목록기재 각 선박의 국적증서 및 항해에 필요한 서류를 위 선박의 선장으로부터 수취하여 법원에 제출하여야 한다"라는 재판을 구합니다.

신청이유 :

1. 당사자

채권자들은 Y호의 선주 및 선원들의 유족들이고, 채무자는 D호가 Y호와 충돌하였을 당시의 소유자인 국내유한회사이고, 소유자는 xxxx. 11. 25. 채무자로부터 D호를 매수하여 소유권을 이전받은 현재의 소유자인 유한회사입니다.

2. 선박충돌 사고로 인한 손해배상 청구권의 발생

xxxx. 7. 26. 1845경 전남 완도군 완도읍 메에루암 남동 2마일 해상에서 채권자 갑 소유의 Y호(이하 이 사건 어선)와 채무자 소유였던 모래운반선 D호 (이하 이 사건 운반선)가 충돌하여, 이 사건 어선이 침몰하고 동 어선에 승선 중이던 선장 병을 포함한 선원 8명이 사망 또는 실종되는 사고(이하 이 사건 사고)가 발생하였습니다. 동 사고는 자선 우현전방에서 항해중인 이 사건 어선을 발견한 이 사건 운반선 D호가 피항의무가 있는 피항선(避航船)으로서 마땅히

감속 및 대각도 변침소치를 취하여 피항힐 의무가 있음에도 그러한 피항조치를 취하지 않은 과실로 자선의 선수 우현부위로 이 사건 어선 Y호의 좌현 선미부분을 들이받아 발생한 것입니다. 결국 이 사건 사고는 이 사건 운반선을 조종하던 선장 병의 과실로 인하여 발생한 것으로, 그 사용자인 채무자가 그로 인한 모든 손해를 배상하여야 할 것입니다.

3. 손해의 범위

이 사건 충돌사고로 인하여 채권자들이 입은 손해는 크게, 첫째, 선원의 사망 및 실종으로 인한 손해, 둘째, 선체침몰로 인하여 발생한 재산손해로 구별할 수 있습니다(이하 생략).

가. 선원의 사망, 실종으로 인한 손해

(1) 선장 丙의 사망으로 인한 유족의 손해

(가) 일실소득

생년월일 : 1958년 8월 19일

월 평균소득 2,180,000원

잔여노동월수 228개월(정년 만60세로)

호프만 계수 160.0357

산식 2,180,000×160.0357×2/3=232,585,508원

(나) 위자료

금 40,000,000

(다) 합계

금 272,585,508원

(라) 청구금액

이 사건 충돌사고가 피항선인 이 사건 운반선이 피항 동작을 취하지 않은 과실로 인하여 발생한 것은 사실이지만 선박충돌의 경우 일방과실로 인정되는 예는 많지 않은 점을 감안하여 이 사건 어선을 조선한 망 병의 과실을 10% 정도에 해당하는 것으로 인정하고 과실비율만큼 청구액을 감축하면 청구금액은 금 245,326,957원입니다.

유족들의 상속지분별 청구금액은 다음과 같습니다. 처는 위금액에 3/9를, 자 3인은 각각 위금액에 2/9를 곱한 금액이 상속지분입니다.

(2)기타 생략

나. 선체 침몰로 인하여 발생한 재산손해

이 사건 어선의 침몰로 인하여 어선의 선주 갑이 입은 재산상 손해는 금 513,285,720원입니다. 동 금액에 대하여 앞서와 같이 10%의 과실비율 만큼의 청구를 감축하면 결국 청구금액은 금 461,957,148원입니다.

4. 선박우선특권

우리 상법 제861조(개정 상법 제777조) 제1항 제4호에 의하면 선박의 충돌로 인한 손해에 대한 배상채권은 선박저당권과 질권에 우선하는 선박우선특권이 인정되는 채권입니다. 그러므로 이 사건 사고후인 xxxx. 11. 25. 소유자에게 이 사건 선박을 매도하여 소유자가 변경되었다고 하더라도 선박우선특권에 기하여 이 사건 운반선을 임의경매할 수 있다는 사실에는 변함이 없습니다(채무자와 소유자의 주소가 동일한 것으로 미루어 채무자는 채권자들의 손해배상청구에 기한 강제집행을 면탈하려는 의도하에 소유권을 가장 양도한 것으로 추측되나, 선박우선특권의 특수성 때문에 이러한 시도는 무용한 것이 되었습니다).

5. 결론

이에 채권자들은 위 청구채권을 변제받기 위하여 위 선박우선특권에 터잡아 신청취지 기재와 같은 경매개시결정, 정박명령 및 국적증서 등의 인도명령을 구하는 바입니다.

이에 대하여 광주지방법원 순천지원은 xxxx. 12. 15. 아래와 같이 결정하였다.

사건 99타경 46079 선박임의경매

채권자 : 갑외 17인

채무자 : 유한회사 xx해운 대표이사 Z

소유자 : 유한회사 zz해운

주　문 : 별지 기재 선박에 대하여 경매절차를 개시하고 채권자를 위하여 이를 압류한다. 위 선박은 광양항에 정박하여야 한다. 당원소속 집행관은 위 선박의 선박국적증서 기타 항행에 필요한 문서를 수취하여 이 법원에 제출하여야 한다.

청구금액 : 돈 1,479,983,173원 및 위 돈에 대한 지연이자금

이　유 : 위 채권에 대한 담보권의 실행을 위하여 xxxx. 12. 7 채권자가 한 신청은 이유있으므로 주문과 같이 결정한다.

xxxx. 12. 15

부록12 선박충돌보고서 및 선장 진술서

Re: "M.V. U/C" c/w "M.V. A" off Mokpo, Korea 24.9.1996

AA. Further to our telephone conversation on Sept. 27, 1996, we report to you the present status as follow.

BB. Criminal Investigation by the Marine Police

(1) The marine police investigated the following crew on September 28 and 30, 1996: Master, Chief Office, Q/M, Duty Engineer and Duty Oiler. Among the crew, the master was investigated as an accused while the others were as witnesses.

(2) M.V. u/c(the Vessel) is prohibited to depart from Korea pending investigation by the criminal authorities but his embargo was lifted in the evening of September 29. The vessel is now anchored at the inner harbor of Inchon and is expected to conduct a repair for a cuple of days.

(3) After the investigation, the marine police sought instructions from the public prosecutor. The public prosecutor instructed that the master be detained at the prison. The writ of arrest against the master was issued at 0010 hrs on Sept. 29, 1996. We note that the master of the opponent vessel is also under arrest.

(4) The master is charged for the loss of lives and the opponent vessel due to negligence as well as possibly for the violation of the Marine Pollution Prevention Act. In the latter respect, the owners of the Vessel are also likely to be fined depending on the seriousness of the pollution (see EE. below)

CC. Investigation by the Marine Accident Inquiry Agency(MAIA)

The inspector of the Mokpo District MAIA will visit the marine police and will investigated the case this afternoon. We will attend the investigation.

DD. Circumstances of the Collision

A. Evidence from "U/C".

(1) M.V. U/C(hereinafter the "Vessel") of 10,965 grt registered in Limassol, Cyprus, laden with steel cargo of 12,337.422 M/T left Nakahodka, Russia for Inchon, Korea around 1600 hrs (GMT-11hrs) on September 21, 1996. The Vessel was not equipped

with course recorder, engine telegraph log or ARPA.

(2) The Chief Officer (C/O), Mr. xxx, Filippino, took over the duty form 2/O around 0400 hrs on Sept. 24, 1996. The Vessel navigated around the end of south coast of Korean peninsulae in the calm sea.

(3) Around 0640 hrs on Sept. 24, dense fog of 200M visibility set in. C/O called the Master.

(4) Around 0645 hrs the Master, Captain xxx, 58, Hellenic, came to the bridge. Thereafter, the Master commenced commanding the Vessel, maintained look-out on two radars and sounded long blast (5 seconds) of whistle manually at an interval of about 2 minutes. The Master said he did not hear any fog signal from the other vessel.

(5) Around 0650 hrs, an ordinary sailor, Mr. xxx came to the bridge as an additional look-out. Around 0652 hours, the Master altered course to 351 degree (T&G) from 309 degree.

(6) Around 0715 hrs, dense fog of 100 M visibility set in and the Master ordered E/R to reduce speed to the maneuvering speed (about 10 knots) from the sea speed (about 12 knots).

(7) Around 0720 hrs, C/O obtained ship's position by GPS, entered it on the BA chart 3365 and wrote down as 0720 beside the position. He compared it with radar and found that there was no difference of position.

(8) Around 0730 hrs, C/O and the Master observed a target about 7 miles off 30 degree port from the bow of the Vessel on both radars. C/O found it on 6 mile range scale of port side radar with off-center key turned on while the Master found it on 12 mile range scale of the starboard side radar.

(9) Around 0740 hrs, both the Master and the C/O found that the target became close without bearing change. They assessed that the course of the target was SE and speed, about 10 knots, and that there was a danger of collision. Therefore, the Master altered course to 000 degree from 351 degree, that is, to starboard by 9 degree as a collision avoiding action. The Master stated that he could not make a larger starboard turn because there was a south-bound vessel with CPA of about 1.5 miles on the Vessel' starboard side at the similar distance with that of the target.

(10) Around 0753 hrs, the Master and C/O lost the target at the distance of less than 1 mile on both radar screens. Thus, the Master stopped the engine.

(11) Around 0754 hrs, the Master could see the dim shape of the target (which is pater

found to be "Aldebaran", hereinafter the "Opposing Vessel") on port bow and he immediately shifted engine telegraph to full astern position and ordered hard-a-starboard.

(12) Around 0755 hrs, the Vessel's bow struck on the Opposing Vessel's starboard midship with the angle of 80 degree at the position Lat. 34° 22.6' N, Long. 125° 40.9'E. (12 miles NW from Maenggol Island) The Master shifted engine telegraph to stop engine postion.

(13) About 2 minutes after the collision, the Opposing Vessel disappeared at the sight of the crew on the bridge of the Vessel.

(14) Around 0850 hrs on Sept. 24, 1996, 4 crews of the opposing vessel who were rescued by the Vessel arrived at the vessel. The Mater came to know from the rescued Master of the Opposing Vessel that the name of the Opposing Vessel was M.V. Aldebaran, the name of the Master was Captain Lee Wan Dueg and that 4 crews out of all 8 crews were missing.

B. Evidence from "A" (the "Opposing Vessel")

(1) M.V. A of 1, 189 gft, registered in Belize, laden with manganese of 1,501 M/T and Fuel Oil of 17,439KL and Diesel Oil of 5,026KL left Darlian, PRC for Kwangyang, Korea around 2200 hrs on Sept. 22, xxxx.

(2) The Opposing Vessel's owner is XXX Shipping and the general agent in Korea is YYY in Pusan, Korea. Total 8 crews were on board, who were-

- Captain : xxx, Korean, 46
- Chief Engineer (*) : xxx, Korean, 49
- Chief Officer : xxx, Fil,
- First Engineer (*) : xxx, Fil, 40
- Second Officer (*) : xxx, Fil, 33
- AB : xxx, Fil,
- Oiler (*) : xxx, Fil, 30
- Cook : xxx,

[Note] (*) missing crew

(3) She proceeded at the speed of about 10 knots with the course of about 130 degree under dense fog.

(4) Around 0735 hrs, the Master found the Vessel first 7 miles off on her starboard side radar. There were two persons on the bridge, the Master and Chief Engineer. Because there was no quartermaster, the steering wheel was set at automatic mode. The master sounded fog signal but did not post additional look-out. He did not

reduce the speed either.

(5) The Master found the third target 2.5 miles off about 10 degree on her port bow. He turned the course to 10 degree port twice in order to avoid the third target.

(6) Right before the collision, the Vessel became dim on the radar and the collision occurred about 0755 hrs on Sept. 24, xxxx at 12 miles NW from Maenggol Island.

(7) Two or three minutes after the collision, the Opposing Vessel sank. Four crews including Master, C/O, AB and Cook were rescued by the Vessel and other 4 crews(C/E, 1/E, 2/0 and Oiler) werer missing.

C. Comments

(1) Collision occurred between two power-driven vessels under restricted visibility. Therefore, International Regulations fro Preventing Collision at Sea (COLREG) rule 19 applies to this case.

a. COLREG rule 19(d) stipulated that the alteration of the course to port for a vessel forward of the beam shall be avoided. While the Vessel altered course to starboard to 000 degree from 351 degree15 minutes before the collision and also turned the wheel to hard-a-starboard just before the collision, the Opposing Vessel altered course to port 10 degree twice. In this respect, the Opposing Vessel obviously violated the rule 19(d).

b. COLREG 19(e) stipulates that the vessel shall reduce her speed to the minimum at which she can be kept on her course. While the Vessel reduced the speed from 12 knots to 10 knots, the Opposing Vessel continued proceeding at 10 knots without reducing the speed.

c. The Vessel posted an additional look-out on the port side wing bridge with 2 regular duty member and Master. However, the Opposing Vessel did not post any additional look-out. Moreover, only the Master was on the bridge without a quartermaster. (We understand that the Cheif Engineer was not at the bridge for duty)

d. Both vessels insisted that they have sounded fog signals.

(2) COLREG rule 5 stipulates that every vessel shall maintain a proper look-out by all available means appropriate in the prevailing circumstances and conditions so as to make a full appraisal of the situation and of the risk of collision.

The Vessel made look-out by radars. Both the Master and C/O did not carry out radar plotting systematically. They relied on random information taken by having a casual look at radars. If they had maintained systematic radar plotting by marking target with illuminated pencil, say, every three minutes, they might have known the

Opposing Vessel's movement clearly and taken avoiding action such ass turning to hard-a-starboard and slackening speed earlier. The Master and C/O lost the target around 1 mile off. We would like to point out that if they had adjusted radar range scale and STC properly the clutter or interference could have been suppressed.

We refrain from commenting on the Opposing Vessel until we know more information.

(3) COLREG rule 8(b) stipulates that amy alteration of course to avoid collision shall, if the circumstances of the cse admit, be large enough to be readily apparent to another vessel. COLREG rule 8(c) also stipulates that alteration of course should be made in good time and substantial. The Vessel altered course to 9 degree starboard 15 minutes before the collision. We believe that the Vessel should have turned the wheel to at least 30 degree starboard in order to avoid collision. The Vessel may be blamed for not keeping the rule 8(b)(c). Even if the Master and C/O stated that the third vessel was passing on their starboard side with CPA of 1 or 1.5 miles, we think that the Vessel could pass the Opposing Vessel safely and third vessel if she had turned to hard starboard earlier because there was enough room and time.

(4) The Vessel proceeded at the normal traffic route between two traffic separation schemes as attached chart. The Opposing Vessel tried to cross the normal traffic route. It is obvious that the Vessel does not have any absolute privilege against the Opposing Vessel under the above navigational situation because the relevant area was not contained within the traffic separation schemes. However, we think it is worthwhile to raising the issue in determining the apportionment of liability.

(5) The Vessel's position of collision shows a deviation of 1.7 miles starboard from her intended course line. We think that it can be submitted as a strong evidence of the Vessel's starboard turn before the collision.

D. Conclusion

As we commented above, the port turn of the Opposing Vessel primarily caused the collision and the small alteration of the course of the Vessel also contributied to the collision. We are of the preliminary opinion that the apportionment of liability should be divided in favor of the Vessel, say 60% : 40%.

EE. Oil Pollution and Clean-Up

We understand that 600 liters of oil or oily water (90% bilge) were reported to have been leaked from the Opposing Vessel. It is not determined whether the marine police/public prosecutor will charge for violation of the Marine Pollution Prevention Act. We understand that Hyopsung, instructed by the P&I Club of the Opposing Vessel (Ocean Marine), is conducting investigation. We will try to shift the burden of cleaning up operatons to the Opposing Vessel, if at all possible.

FF. Wreck Removal

We understand that the Opposing Vessel sank at 50 meters deep and would not obstruct safe navigation of vessels. Thus, we do not expect the wreck removal order will be issued.

GG. Details of the Missing Crew

Under Korean law, both vessels are jointly and severally liable for life claims, subject to apportionment later between both shipowners. We will calculated the compensation payable to the Korean C/E as soon as we get information on his wage level. With respect to 3 Philippino crew, the Korean court would calculate the compensation for the missing crew under the employment contract and based on how much the missing crew would have earned in Philippine without the death. In this respect, please contact the lawyers in Philippine to deterimine the compensation payable to 3 missing Filippino crew. For your information, the particula of the Filippino missing crew are as follows:

1st Engneer Age 40
2nd Officer Age 33
Oiler Age 39

We are attempting to find out monthly wages for those crew

We trust the foregoing is helpful for you to understatnd the present status. We will revert to you with the request of L/G from the Opposing Vessel. In the meantime, please feel free to contact us if you have any questions of this matter.

Best regards,

"U/C"
MASTER'S STATEMENT

Captain xxx, Evias, Greece;
Greek Passport No. xxxx; D.O.B.: 20.09.38; states as follows:

1. I first went to sea in 1959 and I obtained my Greek Master's License No.xxxx in July, 1973. I have been sailing as master continously since 1971. I joined xxx Inc. in 1991 and the "The vessel" on 01.11.xx as master. This is my first on board.

2. The ship's basic details and layout are as shown on the List of Particulars and the General Arrangement plan. The main engine is diesel driving a single fixed pitch, right handed propellor. The engine is not fitted with bridge control.

3. The engine manoeuvring details as displayed on the bridge are as follows:

engine order	rpm	speed in knots
dead slow ahead/astern	45	5.5
slow ahead/astern	60	7.3
half ahead/astern	75	9.1
full ahead/astern	95	11.5

The actual manoeuvring speeds are now about one knot less than indicated because of the ship's age and because the ship's propeller is now of shorter pitch as the propeller blades were cropped slightly following damage sustained during a grounding. Normal full sea speed is now 110 rpm, 12knots.

4. The ship's turning circle details are also displayed on the bridge and at full ahead manoeuvring speed in loaded condition the ship can be turned around 90° to port advancing 420 metres and transfering 230 metres in 1.3 minutes; and 90° to starboard advancing 410 metres and transfering 195 metres in 1.3 minutes.

5. The bridge equipment consists of a gyro compass with autopilot but no course recorder; magnetic compass;3 radars, one of which is a Furuno daylight viewing

radar; 2 VHF radios; GPS and satellite and Loran navigators; RDF; echo sounder; and distance log (which is not working). At the front of the wheelhouse there are engine rpm, rudder angle, log speed, and wind speed and direction indicators, as well as a clinometer and a clock. The log speed indicator is not working. We note the ships speed from the GPS navigator.

6. The ship carries British Admiralty charts and publications and the chart in use at the time of collision was British Admiralty chart BA3365 corrected to Admiralty Notices to Mariners No. 1990 of 1996.

7. At the time of the collision there were 27 crew on board and their details are as shown on the crew list for arrival Inchon on 26.09.xx. Myself and the Chief Engineer are Greek and the rest of the crew are Filipino.

8. We sailed from Nakhodka, Russia, on 21.09.xx bound for Inchon, Korea, and Kaohsiung, Taiwan. At the time of sailing we had on board 14839.459 mt of steel products; 365.8 mt of fuel oil and 54 mt of diesel oil bunker and our sailing drafts were 8.06 m forward and 8.93 m aft. Full away on passage was rung at 1600 ship's time (GMT +11 hours) on 21.09.xx.

9. On 24.09.xx I was called by the Chief Officer at about 0640 ship's time (GMT +9 hours) and asked to go to the bridge as the visibility was reduced by fog. At the time I was asleep in my cabin.

10. When I arrived on the bridge at about 0645 the Chief Officer was there with the duty AB, no.14 Mr. xxx. The ship was then steady on a course of 309° G in hand steering with Mr. xxx at the wheel and both steering motors were on. We were proceeding at normal full sea speed, about 110 rpm, or about 12 knots and although the bridge telegraph was still at full ahead the Chief Officer told me he had already called the duty engineer and told him to standby the engine because of th fog.

11. From the chart I saw that we were in the traffic separation scheme off Maenggol Gundo Island in the north bound traffic lane. The Chief Officer was plotting the ship's position every 30 minutes using the GPS. Our charted couse was 309° T and as the gyro is normally 2° + we were carrying -2° set because of the current.

12. The weather was foggy with light N-NW'ly wind, slight sea and low swell. The visibility was then about 200m as I could just see beyond the bow. There was a

strong current.

13. The outer, new port (No.3) radar and the starboard (No.1) radar were both running and the inner port (No.2) radar was on standby. The No.1 & 3 radars were both operating on the 6.0nm range in ship's head up, relative motion mode. I now regularly looked at both radar's but predominantly used the No.1 radar which I frequently switched up to the 12.0 nm range to scan further ahead. The Chief Officer was using The No.3 radar.

14. The GPS navigator was on and the VHF radio was on monitoring channel 16. The navigation lights were on. We leave the navigation lights on at all times at sea. I was manually sounding fog signals when there were targets on the radar in the near vicinity, making one long blast at intervals not exceeding 2 minutes. The ship is fitted with an air horn situated on the after cross-tree on the top of the wheelhouse. At this time there was not much traffic in the area.

15. After checking everything and familiarising myself with the situation I took over the conn from the Chief Officer. Then at 0652 in position 34° 10.3N; 125° 41.0E we altered course to 351° G for 351° T. Shortly thereafter, at about 0655, the OS, No.17, Mr. xxx arrived on the bridge. The Chief Officer had earlier called him to stand lookout when he put the duty AB on the wheel. As far as I can remember the OS stood outside the wheelhouse on the port side. Both bridge doors were open.

16. At 0715 the fog closed in further and the visibility reduced to about 100m as I could now only just make out our foc'sle, so I reduced our speed to manoeuvring full ahead, about 10 knots.

17. I first became aware of the ship which I now know to have been the "M.V. A(Opposing Vessel)" about 0730 when I saw her target on the No.1 radar bearing about 30° on our port bow, range 7.1 to 7.2 nm. At the time I measured her bearing using the cursor but I forget now what her exact bearing was. I measured her range using the variable range marker (VRM).

18. I left the cursor and VRM over her target and as I watched subsequently I saw her target approach closer inside the VRM but still on the cursor indicating she was on a steady bearing and that there was risk of collision. I did not measure her range again using the VRM nor did I plot her approach on the radar reflector plotter. However, based on the movement of her target and my experience of watching

targets generally on the radar, I estimated her course as SE'ly and her speed as about 10 knots.

19. At about 0740 I told the duty AB to alter course around to starboard to North, 360° G. At this time there was another target on the radar on our starboard bow of a south bound ship which was going to pass about 10 to 10.5 nm clear down our starboard side. I can't recall her range and bearing at this time. As she was passing clear and not a threat I was not so interested in her, being more concerned about the "Opposing Vessel" which was on a collision course. Because of her presence however, I felt unable to alter my course more to starboard to avoid collision with the "Opposing Vessel" as to do so would have caused risk of collision with this other, south bound ship.

20. After this alteration of course I switched down to the 6.0 nm range on the No.1 radar and placed the cursor and VRM again over the target of the "Opposing Vessel". I can't recall now her range and bearing at this time but as I watched I saw that her bearing was still not appreciably changing despite my alteration of course.

21. I now tried calling the "Opposing Vessel" on the VHF radio on channel 16 in English. I called her several times but there was no reply. I was now also sounding fog signals on the whistle. I was concerned as I was still constrained from altering my course further to starboard by the south bound ship on my starboard side and the "Opposing Vessel" was now drawing closer. However, I expected she would eventually alter her course to starboard and pass astern of me and from my previous experience I know small ships often do not take action to avoid collision until at close range.

22. At 0753 I lost the target of the "Opposing Vessel" on the radar in the clutter. By this I mean I couldn't clearly discern her target anymore because of the many radar echoes near the centre of the screen from the sea and multiple echoes from the "Opposing Vessel". She was now close less than 1.0 nm away, and I immediately stopped the engine and reduced the radar range scale to try and re-locate her target.

23. Suddenly as I looked up from the radar I saw the shape of the "Opposing Vessel" coming out of the fog, bearing very fine on our port bow, shaping to cross our bow at about 90°, her bow just to starboard. I did not notice whether her navigation lights were on. Immediately I put the engine full astern and ordered the duty AB to put the rudder hard to starboard. This engine order was timed by the Chief Officer

at 0754.

24. Despite my actions our bow collided with the starboard side of the "Opposing Vessel" at 0755 and I immediately put the engine to stop. I estimate our speed on collision to have been about 8 to 9 knots. The engine was going astern on impact as I saw this on the engine rpm indicator, but immediately on collision I stopped the engine. I also noticed that the rudder indicator showed the rudder hard over to starboard but I did not see our heading on collision. I believe we were swinging to starboard on impact but I cannot say for sure as I did not see the compass and could not tell visually because of the fog which meant I had no point of reference.

25. Immediately after the collision I sounded the general alarm and I know the Chief of Third Officer who was now on the bridge immediately noted down the ship's position on collision from the GPS navigator. This position was plotted on the chart as 34° 22.6N; 125° 40.9E.

26. The angle of blow was about 80° to 90° leading forward on the "Opposing Vessel". Our bow struck her starboard side just aft of her midships and for a short time until she sank we remained locked together. I cannot say what her course and speed were on collision. I did not hear her sounding any fog signal or calling on the vhf radio before collision.

27. At 0757, 2 minutes after the collision, I saw the "Opposing Vessel" fall off our bow and just disappear, sinking very quickly. I immediately broadcast a distress message on the VHF radio notifying all ships of the collision and that the other ship had sunk. I told the Radio Officer to broadcast a similar message on 500kHz.

28. I divided the crew into 2 groups: one group prepared and lowered the starboard lifeboat and the other group rigged and lowered to the water the port accommodation ladder, pilot ladder, and lifebouys to rescue the crew of the "Opposing Vessel." This latter group then checked the extent of the collision damage to the "Opposing Vessel."

29. The starboard lifeboat was launched at 0807 manned by the Chief Officer, with the Third Engineer and an AB and Oiler. They rescued 4 of the crew of the "Opposing Vessel" : her Master, Captain xxx; her Chief Officer, xxx; and AB, xxx; and the Cook, xxx
They were not able to find and rescue her other 4 crew: Chief Engineer, xxx; Third

Officer, xxx; First Engineer, xxx; and the Oiler, xxx.

30. At 1030 the Korean Maritime Police Vessel (KMPV) No.305 arrived at the scene with 2 Korean naval vessels, Nos.228 abd 232. KMPV No.305 came alongside at 1125 and then KMPV No.1001 arrived and also came alongside at 1145. The Korean naval vessels left thereafter at 1200. At 1550 KMPV No.305 left and at 1945 KMPV No.1001 left with the 4 survivors from the "Opposing Vessel" and we were then allowed to depart the scene and continue our voyage to Inchon.

31. I can speak and read English and I made this statement in English on board the "The Vessel" at Inchon, Korea, on 26.09.xx

충돌상황도

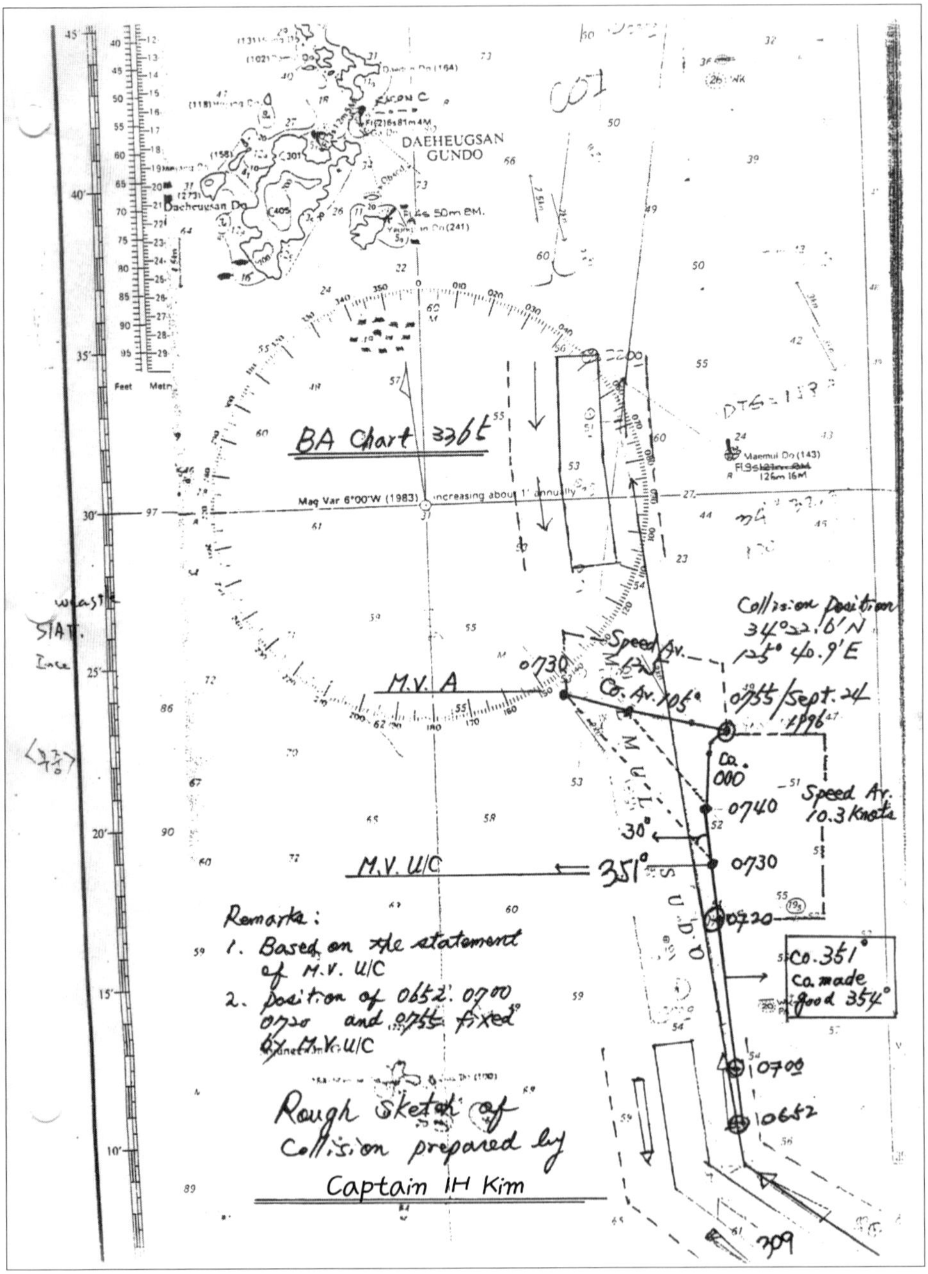
DAEHEUGSAN
GUNDO
Dacheugsan Do
BA Chart 3361
Mag Var 6°00'W (1983) increasing about 1' annually
Maemul Do (143)
Collision position
34°22.6'N
125° 40.9'E
0755/Sept. 24
1996
Speed Av.
Co. Av. 105°
0730
M.V. A
Co.
000
0740
Speed Av.
10.3 Knots
30°
0730
M.V. U/C
351°
0720
Co. 351°
Co. made
good 354°
0700
0652
Remarks:
1. Based on the statement
of M.V. U/C
2. Position of 0652, 0700
0720 and 0755 fixed
by M.V. U/C
Rough sketch of
Collision prepared by
Captain IH Kim

부록13 횡단관계에서의 충돌에 대한 법률의견

(갑은 104도, 을은 028도로 상호시계에서 항해하던 중 2011.12.14. 0624경 충돌사고가 발생하였다〈사실관계는 부해심 제2012-015호를 참고함〉. 원인제공 비율에 대한 필자의 전문가 의견은 아래와 같이 될 것이다.)(291면의 충돌상황도 참조 바람)

I. 횡단관계의 항법이 성립하기 위한 요건

1. 횡단항법 성립요건

횡단항법이 성립하기 위한 요건은 국제해상충돌예방규칙(이하 국제규칙) 제15조에서 구할 수 있습니다.

(1) 시계내에 있어야 합니다.
육안으로 상대선을 인식할 수 있어야 합니다. 통상 2마일 이상이 되면 이러한 요건을 충족합니다. 시계내에 있지 않으면 제한시계의 항법(국제규칙 제19조)이 적용됩니다. 본 사건에서 시계상태는 양호(5마일 이상: 부산해심 재결서 16면)한 것이었고 갑호와 을호 선박 모두 육안으로 상대선을 볼 수 있었기 때문에 이러한 요건은 충족됩니다.

(2) 정침하고 있어야 합니다.
선박이 지속으로 방위가 변하게 되면 횡당관계의 지위를 정하지 못하기 때문에 선박은 어느 정도 일정한 방향을 가지고 있어야 합니다. 본 사건에서 적어도 충돌 5분전까지는 양 선박 모두는 일정한 침로(갑 104도, 을 028도)를 유지하면서 횡단하는 모습으로 접근하고 있었기 때문에 정침의 요건도 충족됩니다.

(3) 충돌의 위험이 있어야 합니다.
국제규칙 제15조는 양 선박이 "충돌의 위험을 안고 접근하는 경우에"라고 함으로써 충돌의 위험이 있어야 횡단항법이 적용됩니다.[1] 선박이 서로 교차하면서 일정한 반경안으로 지나게 될 때 충돌의 위험이 있습니다. 바로 충돌코스로 향하여 교차하지않더라도 일정한 거리안에 있다면 충돌의 위험이 있다고 봅니다. 이것은 해상교통법은 충돌을 예방하기 위한 목적이 있기 때문입니다. 이러한 거리가 얼마인지는 국제규칙이나 국내해상교통법에도 정한 바가 없습

1) 국제규칙 제7조 d항은 접근하는 선박의 컴퍼스 방위가 뚜렷한 변화가 없다면 충돌의 위험이 있는 것으로 간주하여야 한다고 합니다(Such risk shall be deemed to exit if the compass bearing ofan approaching vessel does not appreciably change).

니다. 이는 선박이 항해하는 해역이나 선박의 길이 등에 따라서 달라지는 불확정개념입니다.

① 국내외 학설에 따르면, 횡단이나 정면상태의 경우에는 피항선의 길이의 12배가 그 한계치라고 합니다.[2)]

② 접근하는 양 선박의 길이의 합의 3.5배가 한계치라는 재결이 있습니다.[3)]

③ 사견으로는 충돌의 위험이 있는 한계점은 양 선박이 같은 방향으로 회전을 할 때에 안전하게 지나갈 수 있는 거리가 최소치가 될 것입니다. 즉 서로 교차하는 선박들 사이에서 A선박이 우측으로 변침할 때 B선박도 좌측으로 변침하는 경우에 서로 같은 방향으로 향하여 선회하게 되는 데 이 때 충돌이 일어나지 않는 거리를 찾아야 합니다. 이것은 선회 종거(advance)와 밀접한 관련이 있습니다. 만약 A선박의 선회 종거가 1,000미터 B선박의 선회 종거가 500미터라면 1,500미터가 충돌의 위험이 있는 한계치가 된다는 것입니다. 즉, 정면상태이나 횡단상태의 경우에는 양 선박이 같은 방향으로 선회하였을 때에 충돌없이 지나갈 수 있는 거리이므로 종거의 합(더 크게 잡으면 선회경=최대횡거의 합)과 같다고 할 수 있습니다.

①에 따르면, 피항선인 갑의 전장은 274.67미터이므로 이의 12배는 3,296미터가 됩니다(약 1.78마일). ②에 따르면 갑의 전장은 274.67미터 그리고 을의 전장은 272.04미터입니다. 합은 546.71미터이고 이의 3.5배는 약 1,913.5미터로 약 1.03마일입니다. ③에 따르면 을의 종거는 721미터(타각 35도, 10노트)(부산지방해심 재결서 3면), 갑의 종거는 821미터(타각 35도, 24.5노트)입니다. 이를 합하면 1,542미터가 됩니다(0.83마일). 만약 부산지방해심의 재결자료 21면에 의하면 28.66노트에 우현타각을 10도 준 경우에는 이는 1,829미터가 소요되므로 1,000미터 이상이 늘어나게 됩니다. 위 3가지 견해는 0.83마일-1.78마일까지를 요구하고 있습니다.

부산지방해심의 재결결과에 따르면 서로 접근하는 상태에서 양 선박이 침로와 원속력을 유지하면 최근접거리가 약 0.7마일(1,285미터)(을호의 선교에서 선수까지의 길이 포함됨)이었다고 합니다. 이 거리는 위에서 살펴본 어느 기준에 의하더라도 충돌의 위험이 있는 거리의 범주에 속합니다. 그러므로 본 사건의 경우는 충돌의 위험을 안고서 접근하고 있었기 때문에 횡단항법의 제3의 적용요건을 충족한다고 하겠습니다.

---

2) 김인현, 해상교통법 제3판, 2011, 131면; Cockcraft, A Guide to the Collision Avoidance Rules, 1990,.

3) 이에 대하여 부산지방해심은 일반화물선 우양아이보리호 유조선 제15제일호 충돌사건(부해심 제1999-42호)에서 "안전통항거리는 관련 선박의 성능에 따라 달라지지만, 대체로 자선이 상대선을 지나면서 충돌을 방지하는 데 안전하고 신뢰성있는 거리라 할 것인데, 조종실패로 인하여 서로 마주보고 선회하더라도 충돌을 피할 수 있을 정도가 되어야 하겠지만 실무에 있어서는 상대선에 대한 정보가 없기 때문에 보다 큰 여유간격을 확보하여야 한다. 이 사건의 경우 최대횡거(tactical diameter)는 일반적으로 그 배 길이의 3-4배가 되므로 두 배가 서로 마주보고 선회하여 충돌을 피하는 데는 최소한 우양 아이보리호의 길이와 제15 제일호의 길이를 합한 길이의 약 3.5배가 되는 약 660여 미터가 확보되어야 한다"고 하였습니다.

(4) 횡단하는 모양이어야 합니다

횡단항법이 적용되기 위하여는 양 선박이 서로 한 지점에서 교차하는 모습으로 진행하여야 합니다.

본 사건의 경우에 양 선박은 각각 104도와 029도로 진행하고 있었기 때문에 교차하는 모양을 하고 있었습니다.

II. 각 선박의 동작과 그 평가

1. 전반적인 상황

위에서 살펴본 바와 같이 충돌의 위험을 안고 서로 횡단하는 모양으로 접근하는 두 선박은 횡단항법의 적용을 받게 되었습니다. 갑은 자신의 진행방향으로 보아 오른쪽에 상대선박인 을을 두고 있었기 때문에 피항선(give-way vessel)의 지위에, 을은 유지선의 지위에 있었습니다.

2. 피항선으로서 갑

국제규칙 제15조에 따르면 피항선은 적극적으로 조기에 대각도 변침을 하여 유지선을 피하여야 합니다. 피항선의 지위에 있던 갑은 적극적으로 대각도 변침하여 피항을 하여야 함에도 그러하지 못하였습니다. 더구나 충돌 5분전 유지선인 을로부터 선미로 돌아갈 것을 요구받고서도 피항선으로 적극적인 동작을 취하지 않고 시간을 지체하였고, 대각도 우현 전타는 커녕, 소각도 5도 혹은 좌현전타를 하는 등 소각도 변침을 여러번 함으로써 충돌을 야기한 결정적인 원인을 제공하였습니다.

3. 유지선으로서 을

국제규칙 제16조에 따르면 유지선은 일정한 시점까지는 침로와 속력을 유지하도록 되어있습니다(a항 i호). 그러나, 충돌에 임박하여서는 (i) 협조동작을 취할 수도 있고(a항 ii호) (ii) 반드시 협조동작을 취히여야 하는 의무도 있습니다(b항). 이것은 아무리 유시선이라고 하여도 피항선만의 동작으로 충돌을 피할 수없는 경우에는 충돌을 피하기 위하여 같이 노력하라는 취지입니다. 그러나, 유지선의 이러한 동작은 자칫 피항선에게 조타동작에서 오해를 불러일으킬 수 있기 때문에 제한적이고 명확한 동작을 보여주어야 합니다.

일반적으로 충돌회피동작에 대한 4단계 이론에 따라 유지선은 협조동작을 취하여야 합니다(양 선박이 모두 12노트로 항해하는 경우). ① 1단계: 6마일까지는 1단계로 충돌의 위험이 없어서 어떠한 동작도 양 선박은 취할 수 있습니다. ② 2단계: 6마일에서 4마일거리까지는 2단계로 피항선은 피항동작을 취하여야 하는 의무를 부담하고 유지선은 침로와 속력을 유지하여야하는 의무를 부담합니다. ③ 3단계: 4마일에서 2마일까지는 3단계로서 유지선은 제17조 a항 ii호의 협조동작을 취할 수 있습니다. ④ 4단계: 2마일에서 충돌까지는 4단계로서 유지선은 제17조 b항에서 정한 최선의 협조동작을 취할 의무가 있습니다.[4)]

4. 각 선박의 동작에 대한 평가

(1) 1단계의 의무

제1단계에서는 충돌의 위험이 없기 때문에 각 선박은 피항선과 유지선으로서의 주의의무를 부담하지는 않습니다. 그러나, 경계의무(제5조)와 안전속력의 의무(제6조)등은 부담하게 됩니다. 본 사건에서 갑은 19노트로, 을은 8-9노트로 항해하고 있었습니다. 을은 0558경 레이더 관측을 통하여 좌현 약 30도 방향 약 9마일 거리에서 남하하는 갑을 처음 발견하고 0604경 동 선박을 자동으로 감시하는 물표감시기능을 설정하였습니다.

(2) 2단계의 의무

2단계는 약 충돌이 발생하기 약 15분 전부터입니다. 이 때는 횡단하는 모양으로 충돌의 위험을 안고 접근하고 있기 때문에 횡단항법이 적용됩니다. 따라서 제15조 및 제16조가 적용되고 피항선의 동작은 제8조에 따르게 됩니다. 피항선은 상대선을 확인하고 방위변화가 없는지 살피고(제7조) 피항동작을 취하기 위한 준비를 하여야 합니다. 피항조치가 필요하면 이를 취할 수 있습니다. 을은 0608경 갑이 여수항 교통관제센터를 호출하여 부산항으로 출항한다는 보고를 하는 것을 들었습니다. 을은 충돌 약 5분 10초전인 0618시 50초경에 처음으로 갑과 통화를 시도합니다. “귀선 본선 앞쪽으로 추월해 갈 것인가”하고 묻자, 갑은 “귀선은 지금 앞쪽에 있는 불빛을 훤하게 밝힌 선박입니까” 하고 묻습니다. 갑은 어선을 을로 오해하고 있습니다. 갑은 을의 존재를 알지 못하고 있었습니다. 이것으로 미루어보아 이보다 앞선 제2단계에서 갑은 전혀 경계가 되지 않았음을 알 수 있습니다.

(3) 3단계의 의무

① 피항선인 갑

피항선은 충돌 10분전에서 5분전 사이에는 대각도 변침을 하거나 감속을 하여 피항을 하여야 합니다(국제규칙 제15조, 16조 및 8조). 본 사안에서 갑은 전혀 이러한 동작을 취하지 않았습니다. 한편, 을은 VHF통화를 통하여 갑에게 선미를 통과할 것을 요구하고 있습니다. 이때에도 갑은 19노트의 속력으로 항해하고 있었습니다. 따라서 갑은 제15조의 피항선으로서 대각도 변침하여 피항할 의무, 감속할 의무(제6조)를 위반하였고, **경계의무(제5조)**도 위반하였습니다.

---

4) 김인현, 해상교통법(삼우사, 2011), 177면.

② 유지선인 을

본 사건의 경우, 유지선의 의무는 제3단계에서부터 적용의 가능성이 있습니다. 을의 항해사는 피항선의 접근을 주시하였습니다. 그리고 충돌 약 5분 전에 약 2.2마일 떨어진 지점에서 방위변화가 크지 않고 최소근접거리가 0.7마일임에도 피항선인 갑이 아무런 동작을 취하지 않은 것을 확인하였습니다. 충돌 5분 10초전(06시 18분 50초경) 을은 갑을 VHF로 불러서 처음 통화하여 그 의도를 물었습니다. 이후 06시 19분 37초경 갑이 "본선이 귀선을 추월해 가려고 하는데 괜찮겠습니까"하니 을 항해사는 "지금 CPA가 너무 가까운데 본선 뒤로 해서가면 안되겠습니까? 스턴 사이드로 해서가면 안되겠습니까"라고 응답하였고, 19분 47초경(충돌 약4분 13초전) 갑측에서 "예 알겠습니다"하고 답하였습니다.

이러한 통화내용을 통하여 볼 때 을의 항해사는 CPA가 얼마인지 알 정도로 충분한 경계와 피항선에 대한 감시가 이루어졌음을 알 수 있습니다. 이 통화내용은 피항선의 지위에 있는 갑에 대하여 유지선인 을이 피항선으로서의 피항조치를 하여 달라는 요구입니다.

통상의 경우라면 유지선인 을도 조타동작만으로 우현 변침하여 충돌의 위험을 피하여 줄 수도 있습니다(제17조 a항 ii호). 그러나, 을은 그 대신 통화를 하여 상대선으로 하여금 선미로 통과하도록 요구한 것입니다. 유지선이 부담하는 임의적인 협조동작은 may(할 수 있다)고 되어있기 때문에 아무런 동작을 취하지 않았다고 하더라도 주의의무위반이 있다고 할 수 없는 의무입니다. 설사 의무가 부과되는 것이라고 하여도 을은 통화를 하여 피항선에게 경고를 하고 피항동작을 취할 것을 요구하였기 때문에 이 단계에서는 유지선으로서의 의무를 다 한 것으로 보아야 합니다.

(2) 4단계의 의무

① 피항선인 갑

충돌 5분전에서 충돌에 이르기까지 약 2마일 거리에 있어서 피항선은 더욱 적극적으로 우현전타를 하면서 유지선을 피하여야 합니다(제15조, 16조 및 제8조). 그런데, 본 사안에서 충돌 5분경에 VHF통화를 통하여 유지선인 을의 선미로 지나가겠다고 하였으면서도 (06시 19분 47초) 1분정도 지나서야 우현전타를 시작합니다. 충돌 4-5분전은 아주 급박한 상황임에도 불구하고 이러한 동작 지연은 이해할 수 없는 것으로서 항해사가 상황을 오판하고 있었음을 말합니다. 지연된 동작임에도 불구하고, 06시 20분 44초경부터 시작된 조타동작은 한가합니다. 우현 5도, 우현 10도, 우현 5도, 좌현 5도, 타 중앙, 우현 5도 그리고 우현 10도의 순으로 소각도 변침을 연속적으로 변경하여 약 1분 29초 동안(22분 13초까지) 선수침로가 105도에서 127도까지 선회합니다.[5] 이것은 제16조 및 제8조 b항의 대각도 변침의무에 대한 명백한 위반입니다. 이때 대각도로 한꺼번에 35도로 우현전타를 하였다면 충돌은 발생하지 않았을 것입니다.

5) 충돌시인 06시 24분경 선수침로는 174도가 되었습니다.

충돌 1분 37초전인 06시 22분 23초경 갑의 항해사는 이제야 을과의 충돌의 위험을 발견하고 다시 을을 불러서 우측으로 돌려줄 것을 다급히 요구합니다. 영상자료 등을 통하여 볼 때 갑의 항해사는 이때서야 비로서 을의 존재를 알게 된 것으로 보입니다.

② 유지선인 을

통상적으로 2마일 거리에서부터 유지선에게 4단계의 의무 즉, 적극적인 협조동작을 취할 의무가 부과된다고 합니다. 이 거리는 구체적인 선박의 성능에 따라 달라져야 할 것입니다만, 피항선의 조치만으로 충돌을 피할 수 없을 때 유지선이 충돌을 피하는 것이기 때문에 피항선의 최대횡거가 통상 선박의 길이의 3.5배가 되므로 피항선이 그대로 진입하고 유지선이 최악의 경우에 그 방향으로 전타하는 경우를 고려한다면 위 I.3.(3)②에서 본 바와 같이 양 선박의 길이의 합의 3.5배가 그 한계치라고 할 수 있을 것입니다. 즉, 1마일의 거리에서는 제4단계의 의무가 부과된다고 할 것입니다. 이는 시간적으로는 약 충돌 약 2분에서 3분전의 시간이라고 생각됩니다(만약 2마일 전방 즉 충돌 약 5분전을 제4단계의 의무가 시작된다고 하더라도 을은 상대선박이 선미로 통과하겠다고 하였기 때문에 그 동작을 지켜보아야 할 것이라서 2마일 5분전은 더 줄어들어서 충돌 3분전 정도가 될 것입니다).[6] 따라서 을의 항해사는 통화내용에 따라 갑이 우현 전타하여 자신의 선미로 지나가는 동작을 취하고 있는지 살펴본 다음 적절한 조치가 없다면 충돌 1마일 전방에서는 즉각 대각도 우현 변침을 하여 협조동작을 취할 의무를 부담합니다.

그런데 실제로는 을의 항해사는 충돌 1분 30초전에 우전타를 한 것으로 보입니다. 이것은 부산지방해심에 제출된 항적 리스트에 의하면 06:23:15시(충돌 45초전)에 29도(원침로)가 06:23:25시(충돌 35초전)에 31도로 변경되었고 또 06:23:35(충돌 25초전)에서도 33도로 변경되었기 때문입니다. 선수방위의 변화가 일어난 시각은 충돌시각보다 45초에서 35초 정도가 앞선 시각입니다. 따라서 타효가 나타나는 시각이 대형선이기 때문에 약 60초 정도를 고려하면 약 1분 45초전에 타각을 준 것으로 보입니다(약 06시 22분 15초경).

제4단계의 동작을 취한 시간은 그렇게 늦은 것은 아닙니다. 그러나 1등 항해사가 취하였다고 하는 20도 우현전타 대신에 더 대각도인 30도 혹은 35도로 우현 전타를 하였어야 합니다. 이렇게 중간정도의 조타동작은 선박을 14도만 선회하게 만들었습니다. 선박이 대형선이고 만재상태였기 때문에 선회가 늦다는 점을 고려하여 을의 항해사는 그 보다 더 일찍 혹은 더 대각도로 조타동작을 실시하였어야 합니다. 이 점에서 을의 유지선으로서의 협조동작은 완전하게 이행되지 않았다고 생각됩니다. 그렇지만, 충돌 약 2분전에 선수방위가 14도가 변경되도록 타각을 준 것은 어느 정도의 협조동작은 취하였다고 보아야 합니다.

---

6) 영국 Enif호 충돌사건에서 법원은 충돌 3분전(양 선박의 속력이 모두 12노트) 유지선은 극우전타하던가 아니면 감속하여야 한다고 판시하였습니다. The Enif, [1999] Lloyd's Reports, 643. 제4단계의 유지선의 의무의 시작을 충돌 3분전으로 본 것으로 판단됩니다.

III. 원인제공비율의 산정

해심에서 원인제공비율을 산정하는 방안으로는 두 가지를 생각할 수 있습니다. 첫째는 해심의 충돌원인제공비율 지침서에 따라 원인제공비율을 산정하는 것입니다. 지침서는 양선박이 아무런 동작을 취하지 않은 상태에서의 충돌을 기본으로 하면서 이러한 수치에 각각의 위반사항을 가감하라고 합니다. 둘째는 영국의 해사법원이 취하고 있는 (i) 비난가능성과 (ii) 인과적 영향력을 함께 고려하는 것입니다. 물론 해사법원은 민사법원으로서 해심의 기능과는 다릅니다만, 궁극적으로는 해심의 원인제공정도와 민사의 과실비율은 동일하여야 하기 때문에 민사법원에서 사용하는 방안을 활용할 수 있다고 할 것입니다.

1. 해심지침서에 따른 방법

(1) 횡단항법하에서 기본적으로 부담하는 원인제공정도

횡단항법이 적용되면 우리 중앙해심의 지침서(2007.1.1.)에서 아무런 동작을 양선박이 취하지 아니한 경우 피항선은 65% 유지선은 35%의 비율을 부담한다고 합니다(충돌사고원인제공비율산정지침 별표). 지침서는 다른 항법위반사항이 충돌과 인과관계가 있는 경우에는 이들을 원인제공정도에 가감하도록 하고 있습니다(제3조).[7)]

(2) 충돌의 원인

본 사건은 처음에 충돌의 위험을 안고 횡단하던 두 선박사이에서 피항선이던 갑이 유지선이던 을을 조기에 피하지 않은 잘못이 있습니다.

갑은 (i) 피항선으로서 충돌의 위험을 피하였어야 함에도 충돌 5분전까지도 충돌의 위험을 모른 체로 접근한 잘못이 있습니다. (ii) 충돌 5분전에 경고를 받고도 즉각 대각도 극우전타하지 않고 1분을 허비한 잘못이 있습니다. (iii) 전타동작을 함에 있어서도 대각도 변침을 하지 않고 5도, 10도로 소각도 변침하고 또 중간에는 좌전타를 하여 타효를 상쇄한 큰 잘못이 있습니다(제8조 b항 위반). (iv) 경계를 제대로 하지 않아 유지선을 충돌에 임박하여서까지 확인하지 못한 잘못이 있습니다. (v) 선박의 왕래가 잦은 교통안전특정해역근처임에도 안전속력으로 항해하지 않은 잘못(제6조) 및 피항을 위한 감속을 하지 않은 잘못(제8조 b 및 e항)이 있습니다. 이러한 잘못은 모두 충돌에 이르게 한 원인을 제공한 것으로 충돌과 인과관계가 있습니다.

한편 을은 (i) 유지선의 지위에 있으면서 경계의무를 철저히 이행하였습니다. (ii) 제3단계의 임의적 의무에서 을은 통화를 하여 경고를 주는 의무를 이행하였습니다. (iii) 적극적인 협조동

---

7) 제3조(산정방법) ① 선박충돌사고에서의 원인제공비율을 산정할 때에는 제4조의 원인제공비율기준에 열거된 기본적인 경우를 전제로하여 여기에 다른 항법위반 및 기타의 여러 사항을 고려하여 가감한다. ② 원인제공비율을 가감 산정함에 있어서 고려할 사항은 당해 충돌사고와 인과관계가 있는 것에 한한다.

작을 취하여야 할 제4단계에서 석설한 시간내에 협조동작으로서 우전타 20도를 하였지만 역시 대각도(35도) 우전타를 하지 않은 잘못이 있습니다. 이들은 충돌과 인과관계가 있습니다.

(3) 가감되어야 할 사항들

① 경계

갑의 1항사는 을과 통화할 당시 을의 존재를 알지 못하였다는 정황이 곳곳에서 나타납니다. 처음 통화를 시도하였어도 을의 존재를 오해하고 있습니다. 자신의 앞에 있던 어선을 을로 오해하고 있습니다. 이러한 불량한 경계로 인하여 늦게 을을 발견하였기 때문에 피항 조치가 그렇게 늦게 된 것입니다. 이는 충돌과 인과관계도 있다고 보아야 합니다.

반면 을은 레이다와 육안으로 갑의 존재를 알고 지속적인 관찰을 하였고 결국 충돌 5분전에 무선통화를 하였습니다. VHF 통화시에 상대선의 CPA를 알고 있을 정도입니다. 그리고 충돌 2분전에는 전타동작까지 하였기 때문에 경계의무는 완전하게 이행하였다고 판단됩니다.

따라서, 경계라는 측면에서 갑에게 +5%의 원인제공비율을 추가합니다.

② 충돌 5분전에서 충돌에 이르기까지의 피항동작

충돌 5분전에 갑은 CPA가 좁기 때문에 유지선의 선미로 돌아가라는 경고를 받았습니다. 그럼에도 불구하고 즉각적인 대각도 우현전타를 취하지 않았습니다. 이러한 경고를 받은 피항선이 피항을 지연한 것은 더 높은 비난가능성이 있습니다.

이에 반하여 을은 유지선으로서 침로와 속력을 유지하고 적절한 경고를 하였습니다. 그리고 최종순간에는 우현전타를 하였습니다.

따라서 갑에게 +5%의 원인제공비율을 부과하게 됩니다.

③ 충돌을 피하기 위한 동작으로서의 감속

감속이라는 면에서도 갑은 과속이었기 때문에 비난가능성이 있습니다. 피항선은 감속하여 유지선을 피할 의무가 있습니다(제8조 b항, e항).[8] 갑은 항해중 내내 19.5노트의 속력을 유지함으로써 안전속력의무(제6조)를 위반한 것은 물론이고, 충돌에 임박하여서도 감속조치를 취하지 않았습니다(참고 첨부자료, 333면, 한진마드라스호 충돌사건에서 피항선은 감속의무를 위반하였다고 판시됨). 만약 감속을 하였다면 충돌을 피할 수 있었을 것입니다.

따라서, 갑에게 +5%의 원인제공비율을 추가하게 됩니다.

---

8) 국제규칙 제8조 e항 If necessary to avoid collision or allow more to assess the situation, a vessel shall slacken her speed or take all way off by stopping or reversing her means of propulsion. (충돌을 피하거나 상황판단을 위한 시간적 여유를 가지기 위하여 필요하면 속력을 감속하거나 기관의 작동을 정지하거나 후진하여 선박의 진행을 멈추어야 한다).

(4) 소결론

위를 모두 반영하면 원인제공비율은 갑 80%: 을 20%가 될 것입니다.

2. 비난가능성과 인과적 영향력을 고려하는 방법

영국 해사법원의 브랜든 판사가 활용한 방법으로서 충돌사고를 야기한 행위(항법위반)에 대한 비난가능성의 측면을 분석한 다음 이것들이 충돌사고에 미친 인과적 영향력을 고려하여 줍니다.[9]

(1) 충돌 5분전의 경계의무(제1차 경계)

충돌 5분전까지 갑은 을의 존재를 알지 못하였습니다. 이에 반하여 을은 VHF로 갑과 통화를 하여 항해에 대한 주의를 요구할 정도로 경계가 잘 되었습니다. 따라서 경계의무를 본다면 9:1이라고 볼 수 있을 것입니다.

다음으로 이러한 충돌 5분전의 경계의무의 위반이 사고에 얼마만큼의 인과적 영향력이 있는지 살펴봅니다. 충돌에 이르는 시간적인 여유가 있고 아직 조타동작으로 충돌을 피할 수 있었기 때문에 그 인과적 영향력은 전체에서 20%정도의 비중을 차지할 것으로 보입니다.

따라서 전체 원인제공정도에서 갑은 18%(9×20%), 을은 2%(1×20%)를 부담합니다.

(2) 충돌 5분전에서 충돌에 이르기 까지의 경계의무(제2차 경계)

선교영상자료를 보면 갑은 충돌 5분전 VHF 통화를 하고 2마일 전방에 접근하는 을이 있음에도 태연하게 있다가 충돌직전에 두 번째 통화를 하고서야 허둥지둥하면서 우현전타를 하고자 합니다. 이것은 충돌 5분전의 통화를 하면서도 또 하고나서도 을의 존재를 확인하지 못하고 다른 선박을 을로 오인하고 있었던 때문으로 판단됩니다. 이런 경계불량이 최종순간에 충돌을 피할 수 있었던 기회를 잃게 했습니다. 한편, 을은 충돌 2분전부터는 다시 우현전타를 한 것으로 보입니다. 또한 을은 충돌 5분전에 VHF 통화를 하고 그 뒤에 다시 통화를 하는 등 경계의무를 다한 것으로 판단됩니다.

경계의무에서 을은 거의 완전하게 이를 이행한 반면(충돌 3분경에 철저한 경계에 따른 추가적인 경고등의 조치가 필요하였을 것으로 보입니다만, 경고신호는 인과관계가 없기 때문에 생략합니다), 갑은 불완전하였고 이것이 충돌의 원인을 제공하였습니다. 따라서 경계의무의 이행이라는 측면에서 갑은 8:2 정도로 불리합니다. 경계가 사고에 미친 인과적 영향력은, 충돌에 임박한 시점이었고 경계만 되었더라면 조기에 더 대각도로 변침이 되었을 것이기 때문에 상당한 인과적 영향력이 있다고 생각되고, 그 비율은 40%정도입니다.

---

9) Henry V. Brandon, "Apportionment of Liability in British Courts under Maritime Convention Act of 1911", Tulane Law review, June 1977, p. 1028; 김인현, 선박충돌과 항법연구, 다솜출판사, 2007, 378면.

따라서, 갑은 32%(8×40%)의 원인제공비율을, 을은 8%(2×40%)의 원인제공비율을 부담하게 됩니다.

(3) 피항동작

갑은 피항동작에 있어서도 충돌의 위험을 사전에 피하지 않은 잘못이 있습니다. 충돌이 5분 이내로 좁혀진 가운데에 뒤늦게 갑이 소각도 우현변침을 하고 또 중간에 반대로 좌현변침을 한 것이 충돌사고에 결정적인 영향을 미쳤습니다. 더구나, 충돌 5분전 경고를 받았음에도 즉각적인 대각도 우현 변침을 하지 않은 것은 더 많은 비난 가능성이 있습니다. 반면, 유지선인 을은 충돌 5분전에 경고를 주었고 충돌 2분전에는 우현전타를 하였습니다.[10] 따라서 횡단상태의 피항동작에서의 원인제공비율 65%:35%을 본다면, 피항선은 기본원인제공비율에서 10%를 더 부과받아야 마땅합니다. 그리고 위에서 본바와 같이 갑은 피항선이었음에도 불구하고 충돌의 위험이 있음에도 감속하거나 기관을 정지하지 않았습니다. 따라서 5%의 원인제공비율을 추가하여야 합니다. 결국 80%:20%가 됩니다.

횡단관계에서의 피항동작의 위반이 충돌사고에 미치는 인과적 영향력은 그 직접성과 근접성을 고려할 때 40%가 될 것으로 판단됩니다.

따라서, 갑은 32%(80%×0.4)의 원인제공비율을 을은 8%(20%×0.4)의 원인제공비율을 부담합니다.

(4) 종합

위의 논의를 종합하면 갑은 제1경계에서 18%+제2경계에서 32%+조타동작에서 32%=82%의 원인제공비율을, 을은 제1경계 2%+제2경계에서 8%+조타동작에서 8%=18%의 원인제공비율을 부담합니다. 즉, 갑 82%, 을 18%의 원인제공비율을 부담하여야 합니다.

Ⅳ. 사례를 통한 검증

1. 산코 다이아몬드호 충돌사건

글로브 월드호와 산코 다이아몬드호는 상호시계내에서 횡단하는 모습으로 접근하고 있었습

10) 한진 마드라스호(피항선) 충돌사건에서 유지선이 협조동작이 늦은 것에 대하여 영국항소법원은 피항선인 한진마드라스가 합의를 하여 좌현 대 좌현 통과를 하기 위하여 자신이 우전타를 할 것이며 유지선은 침로와 속력을 지켜달라고 요구하였기 때문에 피항선이 그렇게 행동할 것으로 믿었던 유지선에게 협조동작을 취하지 않았다는 점에 대한 비난은 감쇄되어야 한다는 취지의 판결을 하였습니다(각주 13 밑줄부분 참조). 본 사건에서도 충돌 5분전에 피항선인 H/C가 좌현 대 좌현 통과를 확약한 상태였기 때문에 유지선으로서는 그러한 확약을 신뢰하고 기다릴 수 밖에 없었을 것입니다. 즉, 본 사건은 별개의 확약이 없이 접근하는 경우와는 구별되어야 할 것입니다. 충돌 5분전에 항법에 대한 확약이 있었기 때문에 이를 신뢰한 유지선의 최선의 협조동작의 시작시점은 늦추어져야 합니다.

니다. 미국법원은 피항선인 글로브 월드호는 상대선을 피하지 못한 점, 적절한 경계를 하지 못한 점 그리고 충돌을 피하기 위한 동작을 적절한 시간에 취하지 못한 점을 과실점으로 인정하여 85%의 과실을 인정하였습니다. 이에 반하여 유지선인 산코 다이아몬드에 대하여는 경계신호를 울리지 않은 점과 충돌의 위험이 명백하였음에도 조치를 취하지 않은 점을 이유로 15%의 과실이 인정되었습니다.[11)]

이 사건에서 피항선은 경계불량이 지적되었지만 유지선은 경계불량이 없습니다. 따라서 피항선은 일반적인 과실비율보다 더 많은 과실비율을 부담하게 된 것으로 보입니다(피항선의 경계불량에 20%정도의 과실비율을 부가한 것으로 판단됨).

2. 한진 마드라스호 충돌사건

횡단상태에서 피항선인 한진 마드라스호가 유지선에게 침로와 속력을 유지하라고 제안하고 이를 합의하였습니다. 상호시계내에서 피항선은 충돌 5분전 우현 전타하였지만 충돌사고가 발생하였습니다. 법원은 피항선으로서 한진 마드라스호가 충돌 12분 전에 감속하지 않은 것과 적어도 충돌 9분전에 즉각적이고 대각도의 우전타를 하지 않은 것이 양 선박을 위험상황을 만들었고, 피항선의 3항사가 무선통화를 하여 유지선이 침로와 속력을 유지하도록 한 것은 잘못이라고 하면서 피항선에게 80%의 과실을 부여하였습니다(항소는 기각되어 1심 판결의 결과가 그대로 유지됨).[12)]

이 사건에서 영국 항소법원은 피항선이 80%의 과실(상대선박보다 4배)을 부담하여야 하는 이유에 대하여, 첫째, 피항선으로서 약속을 하고서도 적극적인 우현전타를 하지 않고 또 감속하지 않은 점, 둘째, 유지선은 선원의 상무에 위반한 점은 있지만 이것은 피항선이 의무를 위반한 다음에야 비로서 (소극적으로) 발생한 점, 피항선이 자신이 적극적으로 피하겠다고 하였던 점을 유지선이 신뢰하였기 때문에 최종순간에 적극적인 협조동작을 취하지 못한 점을 고려하여 유지선의 과실은 감하여져야 한다는 취지로 판결하였습니다(이 점은 1심법원의 판결과 항소법원이 유지선에게 유리하게 판시함).[13)][14)]

---

11) 1989 AMC 220.

12) The Hanjin Madras, [2001] 1 Lloyd's Reports, 286.

13) The "Mineral Dampier", [2001] 2, Lloyd's Report, p. 420; The reason why Hanjin Madras was very substantially more to blame than Mineral Dampier was that it was the duty of the former to keep out of the way of the latter; she could no doubt have done so by either slowing down or altering course to starboard or both; the apportionment of 80:20 in favour of Mineral Dampier was just. Hanjin Madras was four times more to blame than Mineral Dampier; neither vessel was to blame before vessels came into sight of one another; thereafter Hanjin Madras failed to take action to keep out of the way of Mineral Dampier by making the alteration to starboard she told Mineral Dampier she would make and even then took inadequate action; Mineral Dampier failed to exercise the discretion she was given under the rules and was at fault as a matter of good seamanship, but her fault only

3. 아이다호 충돌사건

서로 진로를 횡단하는 상태에서 서린호는 피항선, 아이다호는 유지선의 지위에 있었습니다. 법원은, 해상교통안전법 제23조에 따라 서린호측이 피항의무선의 지위에 있었고 이 사고는 적극적인 피항조치를 취하지 아니한 서린호측의 선원들의 과실과 주위를 운항하는 선박의 경계를 소홀히 하여 서린호측을 발견하지 못한 아이다호의 선원들의 과실이 경합하여 발생한 것으로 보이고 각 선원들의 과실비율은 6(서린호):4 정도가 된다고 판시하였습니다.[15] 이 사건에서 유지선인 아이다호측은 경계불량과 협조동작을 취하지 못한 과실이 있었고 40%의 과실비율을 부담한 것으로 보아서는 경계불량에 5-10% 정도의 과실비율이 추가된 것으로 보입니다.

4. 제72 영광호 충돌사건

제101 대양캐리어호(피항선)는 어선 제72 영광호가 우현 35도 2마일 거리로 횡단하여 오고 있는 것을 확인하였으나, 이 어선이 자선의 전방으로 지나쳐 갈 것이라고 가볍게 판단한 나머지 아무런 조치를 취하지 아니한 채 그대로 항해하다가 충돌직전에야 기적을 울리고 좌전타 기관정지하였으나 멈추지 못하고 이 어선은 침몰하였습니다. 영광호는 대양캐리어호를 횡단하여 통과할 수 있을 것으로 생각하고 아무런 조치를 취하지 않고 그대로 진행하였습니다. 서울지방법원(2002.7.5선고 2001가합36981판결)은 영광호는 유지선으로서 급박한 상황에서의 피항협력동작을 취하지 아니한 과실이 있다고 할 수 있으나, 다만 대양캐리어호가 영광호를 피하여야 하는 피항선인 점 이에 반하여 영광호는 그 침로와 속력을 유지하여야만 하는 유지선인 점, 대양캐리어호가 미리 충돌방지를 취할 수 있는 시간적 여유가 있었음에도 아무런 조치를 취하지 않은 점 등을 고려하여 영광호의 과실비율을 10%로 인정하였습니다. 경계의 잘못은 모두 동일한 정도로 보입니다. 피항선은 적극적인 피항동작을 취하지 못하였고 금지된 좌현전타를 하였기 때문에 90%까지 과실이 인정된 것으로 보입니다(잘못된 조타동작에 대하여 30% 이상의 추가과실이 인정된 것으로 판단됨).

5. 소　결

이상의 사례를 통하여 볼 때 경우에 따라서 경계불량, 잘못된 조타동작은 10%-30%까지 과실이 기본 과실(65%:35%)에서 추가됨을 알 수 있습니다. 본 사안에서 피항선에 해당하는 갑의 경계불량과 늦은 조타동작 및 소각도 변침에 대하여 기본원인제공비율에 17%-20% 정도

arose after the serious failure of the give way vessel and was mitigated by the fact that she was no doubt expecting Hanjin Madras to do what she said she would.

14) 한진 마드라스호 충돌 사건에 대한 평석으로는 김인현, 선박충돌과 항법연구(다솜출판사, 2007), 328-336면(해양안전, 2000 여름호)(첨부자료)을 참조하기 바랍니다.

15) 부산지방법원 제5민사부(1998.2.11.선고 97가합7786판결).

의 비율을 더 부가하는 것은(80%–82%) 위 사례들에 비추어 합리적이라고 판단됩니다(부산지방 해양안전심판원은 갑이 70% 을이 30%의 원인제공을 하였다고 재결하였다).

충 돌 상 황 도

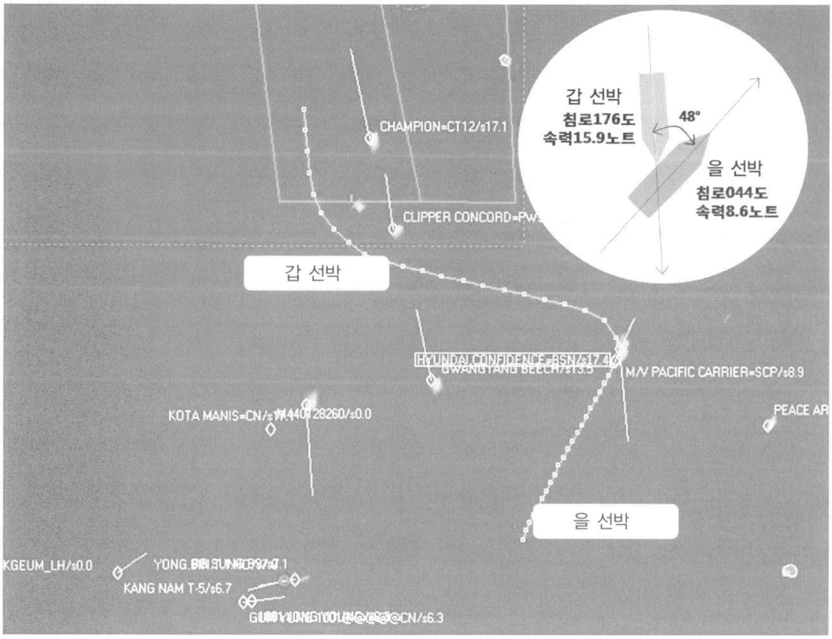

부록14 원인제공비율 산정제도와 사법제도의 비교

I. 해심의 원인제공비율 산정제도

1. 연 혁

해심은 사고의 원인을 분석하고 사고의 재발방지를 목적으로 설립된 국가기관이다. 그런데 원인재결에는 사고의 원인이 어디에 있음을 밝히게 된다. 사고의 主因(주된 원인)은 어디에 있고 사고의 一因(하나의 원인)은 어디에 있다는 식의 재결을 오랫동안 해심은 내렸고, 민사에서는 이러한 원인재결의 기재를 근거로 손해배상을 위한 과실비율을 산정하여왔다.[1]

그런데, 실무에서는 主因과 一因으로 된 형태에 대하여 더 구체적인 수치로 원인제공정도를 나타내주면 손쉽게 민사의 손해배상수치가 정하여 지기 때문에 이를 해심에 요구하게 되었고, 해심은 1999년 해난심판법의 개정시에 이를 반영하게 되었다.

2. 법 규정

1998.12.에 개정된 해양사고의 조사 및 심판에 관한 법률(해심법)(1999.2.5.시행)은 제4조 제2항에서 "심판원은 제1항의 규정에 의한 해양사고의 원인을 규명함에 있어서 해양사고의 발생에 2인 이상이 관련되어 있는 경우에는 각 관련자에 대하여 원인의 제공정도를 밝힐 수 있다"는 규정을 신설하였다. "할 수 있다"고 정하여져 있기 때문에 이 규정은 강제규정이 아니라 선택규정이라고 할 수 있다.

3. 적용범위

원인제공비율을 산정하게 되는 사건은 선박충돌사건이 대표적이지만 이에 국한되지 않을 것이다. 예컨대, 선박침몰사건에서 선박소유자와 선장의 과실이 경합된 경우에 이들의 과실을 각각 분배하는 경우도 있을 것이다.

---

* 2011.11.11. 제26차 해양사고방지세미나에서 "충돌사고 원인제공비율산정제도의 성과와 과제"라는 제목으로 발표한 것이다.

1) 과실비율산정에 대한 논문으로는 김인현, "민사적 시각에서 고찰한 해양안전심판원의 선박충돌과실비율 산정," 해상법 연구(서울: 삼우사, 2003), 786면 이하; "선박충돌에서 과실비율과 해양안전심판원의 관련성에 관한 고찰", 해상법연구 II(서울: 삼우사, 2008), 555면 이하(법조 통권 562호(2003.7), 91면 이하; "정박선관련 항법과 해양안전심판에 대한 취소소송 개선에 대한 소고-대법원 2011.1.13.선고 2009추220판결을 중심으로-", 해사법연구 제23권 제1호(2011.3), 45면 이하 그리고 "선박충돌 과실비율의 의의와 그 산정방안", 한국해법학회지 제33권 제2호(2011.11.), 33면 이하가 있다.

원인제공정도를 밝히는 것은 해심의 재량이다. 해심은 양당사자가 수치를 원하는 경우에 밝힌다는 내규를 정하여 둔 바 있지만, 그렇지 않은 경우에도 중요한 사항인 경우에는 재량으로 원인제공비율을 밝히고 있다. 2008.11.4. 목해심 제2008-039호 어선 제201부길호 일반화물선 광민 126 충돌사건이 그러하다. 목포해심은 "해양사고관련자들의 요청은 없었지만" 원인제공비율을 밝힌다고 한다.[2] 2006.8.23.일반화물선 부산 익스프레스호 일반화물선 장호 그레이스호 충돌사건(부해심 제2006-047호)에서도 동일하다.[3]

4. 선박충돌의 경우

(1) 선박충돌사건에서 원인제공비율 산정 정도

선박충돌에는 반드시 다수의 당사자가 존재하게 된다. 충돌에 개입된 다수의 당사자에 대하여 원인제공정도를 나타내게 된다. 현재 해심에서 정하고 있는 원인제공정도의 대부분은 선박충돌에서 나타난다.

해양안전사례집에 실린 충돌사건 중에서 원인제공비율이 수치로 나타난 것은 아래와 같은 결과가 나왔다. 해가 갈수록 수치로 원인제공비율이 나타난 비율이 높아진다.

2000년도	2002년도	2004년도	2006년도	2008년도	2009년도	2010년도
0	0	54건중 18건	58건중 18건	50건중 29건	61건중 41건	50건중 36건

* 2004년도 18건 중에서 부산해심 17건, 중앙해심 1건

(2) 원인제공정도 산정기준

중앙해심은 각 지방해심이 유사한 사례에서 원인제공정도가 달리 판단되는 것에 대한 우려감 속에서 하나의 산정기준을 마련하고자 시도하였다. 전문가를 포함하여 위원회가 구성되어 원인제공정도 산정기준이 마련되게 되었다.[4]

2007.1.1.부터 시행되는 지침은 아래와 같다.

중앙해양안전심판원 충돌사고 원인 제공 비율 산정 지침

제1조(목적) 이 지침은 해양사고의 조사 및 심판에 관한 법률 제4조 제2항에 의거 충돌사고의 원인 제공 정도를 산정하기 위한 통일적인 기준을 제시하는 것을 목적으로 한다.

2) 중앙해양안전심판원, 해양안전심판사례집(2009), 357면.
3) 해양안전심판사례집(2007), 124면.
4) 외부위원으로 이진홍 변호사, 김인현 교수가 포함되었다.

제2조(적용범위) ① 이 지침은 선박충돌사고에 관하여 해양사고의 발생에 2인 이상이 관련되어 있고 원인의 제공 정도를 밝히는 경우에 적용한다.
② 제4조 원인 제공 비율 기준에 열거된 기본적인 경우에 해당되지 않는다고 판단되는 때에는 이 지침을 적용하지 아니한다.
제3조(산정방법) ① 선박 충돌사고에서의 원인 제공 비율을 산정할 때에는 제4조의 원인 제공 비율 기준에 열거된 기본적인 경우를 전제로 하여 여기에 다른 항법위반 및 기타의 여러 사항을 고려하여 가감한다.
② 원인 제공 비율을 가감 산정함에 있어서 고려할 사항은 당해 충돌사고와 인과관계가 있는 것에 한한다.
제4조(원인 제공 비율 기준) 원인 제공 비율 기준은【별표】와 같다. 부칙: 이 지침은 2007년 1월 1일부터 시행한다.

중앙해심은 일단 기본적인 조건을 제시하고 여기에 부합하는 경우에 원인제공비율이 얼마인지 기준을 정하였다(제2조 제2항). 그 산정방법은 제4조의 원인제공비율 기준에 열거된 기본적인 경우를 전제로 하여 여기에 다른 항법위반 및 기타의 여러 사항을 고려하여 가감하기로 하였다(제3조 제1항). 인과관계가 있는 사항만 원인제공비율을 가감 산정함에 있어서 고려하도록 하였다(제3조 제2항).[5)]

(3) 원인제공비율기준【별표】

구 분	선 박	
	원인제공비율(%)	원인제공비율(%)
1. 모든 시계에서의 항법		
가. 좁은 수로(협수로)		
○ 다른 항로에 진입한 경우	진입선박	항로 항행선박
	85	15
○ 갑작스런 전타를 한 경우	전타 선박	항로 항행선박
	100	0
나. 통항분리수역		
○ 다른 항로에 진입한 경우	진입선박	항로 항행선박
	85	15
○ 갑작스런 전타를 한 경우	전타 선박	항로 항행선박
	100	0

5) 영국해사법원에서 선박충돌사고를 많이 처리한 브랜든 판사는 비난 가능성 혹은 유책성과 인과적 영향력을 과실비율 산정의 중요한 요소로 보았다. H.V. Brandon, "Apportionment of Liability in British Courts under Maritime Convention Act of 1911", Tulane Law Review(June 1977), p. 1028 이하.

다. 개항의 항계내		
○ 항로에 진입한 경우	진입선박	항로 항행선박
	80	20
2. 상호시계 내의 항법		
가. 횡단상태		
○ 양선박 모두 동작을 취하지 않은 경우	피항선	유지선
	65	35
나. 정면상태		
○ 양선박 모두 동작을 취하지 않은 경우	일방	일방
	50	50
다. 추월상태		
○ 양선박 모두 동작을 취하지 않은 경우	추월선	피추월선
	85	15
라. 조종성능의 우열		
○ 일반 동력선과 운전부자유선	일반 동력선	운전부자유선
	90	10
3. 제한시계 내의 항법		
가. 아무런 조치를 취하지 않은 경우	일방	일방
	50	50
4. 선원의 상무		
가. 부두 접안중 선박	항행중인 선박	접안 선박
	100	0
나. 묘박중인 선박	항행중인 선박	묘박선
	95	5

원인제공정도 산정 기준은 아래와 같이 도출된다. 첫째, 주어진 항법상의 상황에서 아무런 조치를 취하지 않은 경우에 각 선박이 부담하게 되는 주의의무의 정도에 초점을 맞추었다.[6] 예컨대, 시계가 양호한 상태에서 아무런 조치를 취하지 않고 충돌사고가 발생한 경우 피항선은 65% 정도의 충돌에 대한 책임을 부담하게 된다. 이것은 국제충돌예방규칙과 해상교통안전법의 규정에 따르면 피항선은 적극적으로 유지선을 피하도록 되어있기 때문이다. 한편, 유지선도 처음에는 침로와 속력을 유지하다가 최종단계에서는 협력동작을 취하도록 되어있기 때문에 35%의 과실을 부담하게 된다.1995년에서 2002년까지 8년 동안의 우리나라 해심심판사례

6) 추월선이나 피추월선의 과실비율이 다루어진 영국의 판례로 Koscierzyna호 사건(영국 항소원 1996.1.26.)이 있다. 이 사건에서 영국 항소원은 추월선에게 85% 피추월선에게 15%의 과실비율을 부과하였다. The Koscierzyna [1996] 2 Lloyd's Reports, 127-128; 자세한 논의는 김인현, 선박충돌과 항법연구(다솜출판사), 148면을 참고바람.

집에 나타난 사례를 분석하면, 횡단관계사건 총 57건 중에서 47건은 피항선이 주인이 되었고 유지선이 일인이 되었다. 나머지 10건은 유지선이 약간유리하거나 동등하게 판정되었다.[7)]

둘째, 이러한 기본상황에 각 선박이 주의의무를 이행하지 않은 사항을 조금씩 가감하여 최종적인 원인제공비율이 나오도록 설계된 것이다.

5. 인과관계의 문제

해심에서 징계를 하는 사건은 수범자인 항해사 도선사 등이 과실이 있는 경우이다. 수범자들이 해양사고의 방지를 위하여 지켜야하는 주의의무를 위반한 경우에 해심 징계의 대상이 된다.

이러한 주의의무위반이 사고에 직접적인 기여를 하지 않은 경우에도 원인제공비율에 반영되어야 할 것인지가 문제된다. 해심은 사고의 방지를 하나의 목적으로 하고 있기 때문에 주의의무를 위반한 경우에 이를 지적하여 사고의 방지를 도모하여야 한다. 원인재결에 주의의무 위반 내용을 기재할 수 있지만, 이것이 사고와 인과관계가 없다면 원인제공비율에 반영되어서는 아니 된다(제3조 제2항). 그럼에도 불구하고 원인제공비율에 반영된 경우도 있다.[8)]

II. 민사법원의 과실비율

1. 의 의

민사는 손해배상을 주목적으로 한다. 근대민법의 3원칙의 하나는 과실책임주의이다. 과실이 있는 부분만큼만 책임을 부담하는 것이다. 각자가 자신이 책임을 부담한 부분에 대하여만 책임을 부담하게 하기 위하여는 과실비율, 즉 손해에 기여한 정도를 산정하여야 한다.

불법행위의 경우에는 원고가 되는 피해자는 (i) 손해의 사실과 손해액 (ii) 가해자의 과실이 있었음 (iii) 그 과실이 자신의 손해에 인과관계가 있었음 (iv) 가해자의 책임능력이 있음을 모두 입증하여야 한다(민법 제750조). 이를 입증하지 못하게 되면 원고는 패소하게 된다.

2. 과실비율의 효용

공동불법행위 이론에 따르면 기여한 자는 연대책임을 부담한다(민법 제760조). 그러나, 양자

7) 김인현 외 2인, "해양안전심판 과실비율 적용사례 조사연구보고서-선박충돌사고를 중심으로-(중앙해양안전심판원, 2002.12.10). 6면.

8) 최근의 심판재결평석회의에서 완도수역의 남북 지정항로를 따른 어선 만선호의 항법위반이 사고에 인과관계가 없었음에도 이를 중앙해심이 반영한 잘못이 있었다는 평석이 나왔다. 이광후, "예인선열과 어선간 충돌사건에 있어서 원인제공의 정도", 제8회 해양안전심판재결평석회의 자료(중해심 제2011-7호, 예인선 재원3호의 피예인부선 재원12001호 · 어선 제809 만선호 충돌사건), 2011.12.09, 61면.

사이는 구상권의 행사를 통하여 결국 과실비율에 따른 책임을 부담하게 된다. 우리 법원은 과실상계제도를 많이 활용한다(민법 396조 및 763조). 원고의 청구에 대하여 원고에도 과실이 있다고 한다면 손해배상의 일부만 인정하게 된다.

과실비율은 원고와 피고간의 손해배상책임을 각자가 기여한 부분만큼으로 한정하게 한다.

과실비율은 선박소유자 책임제한제도로 인하여 무의미한 결과가 되기도 한다. 과실비율이 자신(원고)에게 아무리 유리하여도 상대방(피고)에게 책임제한이 인정되어서 그 자신이 수령하는 손해배상액이 적어지게 되면 과실비율은 의미가 없어지는 것이다. 예컨대, 과실비율이 60%인지 50%인지가 다투어지는 상황하에서 원고가 입은 손해가 10억이라면 원고는 6억 혹은 5억의 손해배상을 받을 수 있다. 그럼에도 피고가 책임제한을 1억으로 할 수 있는 경우라면 과실비율 60% 혹은 50%는 의미가 없게되는 것이다. 어느 경우에나 피고의 책임은 1억으로 제한되기 때문이다.

3. 선박충돌의 경우

선박충돌은 공동불법행위의 한 예이다. 공동불법행위는 연대책임이 원칙이다. 예컨대, 甲과 乙이 丙에게 손해 10억을 끼친 경우라면 丙은 甲과 乙 누구에게나 10억에 대한 손해배상을 청구할 수 있는 것이다. 물론 丙이 甲과 乙 누구에게나 먼저 손해배상을 받고나면 더 이상 타방에게는 청구할 수 없다. 甲과 乙은 구상으로 과실비율에 따른 책임만 부담하게 된다.

그런데, 선박충돌에서는 당사자는 물적 손해에 있어서는 과실비율만큼만 책임을 부담하게 된다(상법 제879조 제1항). 한편, 인적손해는 여전히 연대책임이다(상법 제879조 제2항). 이것은 위의 예에서 丙은 甲과 乙에게 각각 그의 과실비율에 따른 책임만 물을 수 있다는 것이다. 따라서 민법의 경우보다 과실비율이 더 직접적인 의미를 가지게 된다.

III. 양자간의 상관관계

1. 해심의 원인제공정도의 활용도

실무적으로 해심의 원인제공정도는 민사소송으로 가기 이전인 단계에서 양 당사자의 합의에도 활용되고, 민사재판에서도 대부분 인정되고 있다. 해상변호사들은 원인재결에 있는 원인제공비율을 변경하기 위하여 원인재결에 결부된 징계재결의 변경을 구하는 취소소송을 대법원에 제기하게 된다. 대법원은 징계재결을 변경하면서 원인제공정도를 변경하게 된다. 원인제공만 변경하지는 않는다.

이와 같이 해심의 재결이 민사법원의 판결에도 결정적인 영향을 미치기 때문에 중앙해심의 재결에 대하여 대법원에 취소소송을 제기하는 것을 볼 수 있다. 대표적인 사례로는 대법원 2008.10.9선고 2006추 21판결이 있다.

2. 해심의 원인제공정도를 이용한 과실비율 산정 실례

(1) 1999년 해심법 개정전

예인선 서린 201호(총톤수 110톤)가 피예인선인 서린 202호(총톤수 813톤)를 200미터의 예인삭으로 선미예인하여 가던 중이었다. 이들 선박은 자신의 우현(우측)에 일반동력선인 아이다호를 보고 서로 진로를 횡단하는 관계에서 충돌이 발생하였다. 이 관계에서 횡단규정이 적용되면 서린호측이 피항선이 된다. 서린호측은 자신은 조종성능제한선박이므로 아이다호가 피항의무선이라고 주장하였고 아이다호는 이를 부인하였다.

중앙해심(중해심 1997.11.4. 재결 제97-26호)은 "이 충돌사건은 서로 진로를 횡단하는 상태에서 피항선인 서린호측이 상대선의 진로를 피하지 아니한 것으로 인하여 발생한 것이나, 아이다호 측이 경계소홀로 서린 201호의 피예인부선 서린 202호를 발견하지 못함으로써 충돌을 피하기 위한 협력동작은 취하지 아니한 것도 원인이 된다"고 하여 일반항법을 적용하여 예인선단인 서린호측이 피항의무선이라고 보았다.

아이다호측의 소송대리인들은 중앙해심의 재결결과를 법원에 제출하였고 부산지방법원 제5민사부(부산지법 제5민사부 1998.2.1.선고 97가합7786판결)는 "해상교통안전법 제23조에 따라 서린호측이 피항의무선의 지위에 있었고 이 사고는 적극적인 피항조치를 취하지 아니한 서린 201호의 선원들의 과실과 주위를 운항하는 선박의 경계를 소홀히 하여 피예인부선인 서린 202호를 발견하지 못한 아이다호 선원들의 과실이 경합하여 발생한 것으로 보이고 각 선원들의 과실비율은 6:4정도로 봄이 상당하다"고 판시하였다.

위 중앙해심의 재결은 1999년 해심법이 개정되기 전 주인:일인 형식으로 원인제공비율을 판단한 사례이다. 횡단항법이 적용된다면 통상 피항선이 60-70%의 과실비율을 부담하게 된다.

(2) 2007년 원인제공지침 시행 이후

1999년 해심법 개정후 처음으로 수치로 원인제공비율을 나타낸 재결로는 조양2호와 예선 한강5호 충돌사건(인해심 제2000-31호, 2000.6.29. 재결)이 있다.[9]

2007.1.1.부터 시행중인 원인제공정도 산정지침을 따른 경우로는 예인선 통운5호의 피예인부선 통운 3001호 · 어선 성광호 충돌사건(중앙해심 제2009-10호, 2009.4.14재결)이 있다. 예인선 통운 5호(총톤수 74톤)는 부선통운 3001호(1,441톤)를 옆으로 붙여 예인하고 있었다.

9) 이에 대한 평석으로는 김인현, "2000년도 해상위험관련 판례 및 재결소개", 한국해법학회지 제23권 제2호 (2001.11.), 338면을 참고바람.

연안통발어선 성광호(3.86톤)와 위 선박이 충돌하였다. 성광호(215도)는 통운 300호(052도)를 자신의 침로교각 17도를 이루면서 자신의 우현에 두고 있었다. 중앙해심은 횡단항법을 적용하여 피항선의 지위에 있었던 성광호에게 원인제공비율을 70%인정하였다.

위 서린 202호 충돌사건과 비교할 때 통운 5호의 경우에 과실비율(원인제공정도)이 정확한 수치로 나왔기 때문에 손해배상의 산정 관계자들은 그 수치를 그대로 민사의 과실비율로 주장 혹은 인정받을 수 있다. 그러므로, 민사에서 수치로 나타낸 원인제공비율은 그 가치가 더 높아졌다고 할 수 있다.

그렇지 않은 경우에는 주인과 일인 형식의 원인재결 내용을 수치로 환산하는 작업을 하여야 한다. 구체적인 원인재결내용을 참고하여 수치로 정하는 정교한 전문성이 필요하다.[10]

3. 동일한 점 및 상이점

(1) 동일한 점

해양안전심판(해심)에서 해양사고관련자로서 처벌되기 위하여는 해기사에게 고의 혹은 과실이 있어야 한다(해심법 제5조 제2항). 민사에서도 손해배상을 하기 위하여는 가해자의 과실이 있어야 하는 점(민법 제750조 및 제756조)에서 양 제도는 동일하다(그러나, 해심은 해기사의 과실유무를 판단함에 있어서 민사재판의 경우보다 높은 기준을 적용하여 쉽게 과실이 있다는 판단을 내리는 경우도 있다).

재판절차에 있어서 판사에 해당하는 심판관, 검사에 해당하는 조사관 그리고 해양사고 관련자를 변호하는 변호사에 해당하는 심판변론인이 존재한다는 점에서 민사재판 혹은 형사재판과 유사하다. 그리고 지방해심은 1심법원, 중앙해심은 2심법원과 유사한 기능을 하게 된다.

(2) 다른 점

그런데, 해심에서 제공하는 원인제공비율은 민사에서 말하는 과실비율과 반드시 일치되지 않는다는 몇가지 한계를 가지고 있다.

첫째, 해심에서의 원인제공비율산정은 행정상의 목적으로 산정되는 것이다. 과실비율이 아니라 원인제공비율이라는 것이다. 민사의 과실비율이 해심의 원인제공비율과 반드시 동일한 것인지에 관하여는 약간의 의문이 있다.[11]

---

10) 여기에 대한 구체적인 논문으로는 김인현, "선박충돌에서 과실비율과 해양안전심판원의 관련성에 관한 고찰", 법조 통권 562호(2003.7), 91면 이하.

11) 해심이 재결을 내리는 과정은 형사재판의 구조와 매우 유사하다. 심판관은 판사와, 조사관은 검사와, 심판변론인은 변호사와 유사한 기능을 한다. 대심구조를 통하여 정확한 사고의 원인을 판단하게 된다. 해심이나 민사재판에서 과실이 있는 경우에만 징계를 받고 손해배상의 책임을 부담한다(해심법 제4조 및 제5조). 특히, 형사재판에서 유죄가 되기 위하여는 '의심할 바 없는 정도'의 입증이 있어야 하지만 해심에서 징계를 받기 위한 과실의 존재는 이와 같지 않다는 점도 차이점이다.

우선 양자는 목적이 다르다. 해심의 원인제공에는 민사에서 반영되지 않는 부분이 포함될 수 있다. 예컨대, 항법을 위반한 사실이 사고에 인과관계가 없는 경우는 민사에서는 과실비율에서 제외되어야 할 것이다. 그런데, 해심의 목적은 사고의 재발방지에 있기 때문에 항법의 위반은 반드시 해심재결에 반영되어야 하고 이것은 은연중 심판관의 원인제공비율에 반영되는 경향이 있다. 제너럴 카짐올비호 사건(목해심 1998.1.21.재결 제98-6)에서 충돌사건 뒤 선원 7명이 실종된 것은 제너럴호가 45분이나 도주하여 구조가 지체되어 발생한 것이라고 목포지방해심은 판단하였다. 그런데, 부산지방법원에서는 선원들은 충돌후 20분 후에 사망하였다고 하면서 도주행위와 사망과는 인과관계가 없다고 보았다.[12] 충돌이 지나서 20분 후에 사망되었다면, 20분이 지나서 45분 사이에 사고지점에 돌아온다고 하여도 사망은 어차피 발생하였을 것이기 때문에 도망이라는 행위는 사망과 인과관계가 없다는 해석이 된다.

둘째, 항법의 해석에서 민사법원과 해심의 입장이 서로 다른 경우를 들 수 있다. 예컨대, 선원의 상무규정이 적용되면 대체로 양 선박의 원인제공정도는 50:50에서 출발하게 된다. 횡단관계의 규정이 적용되면 피항선이 65%의 원인제공 정도를 부담하게 될 것을 선원의 상무규정이 적용된다고 하면 이제는 50%의 원인제공정도를 부담하게 되는 것이다. 예인선단의 항법상 우선권 부여와 관련하여 중앙해심은 일반동력선으로 간주한다.[13] 그러나, 대법원은 수역이 협소한 협수로등에서는 예인선단은 조정성능이 제한되기 때문에 항법상 우선권을 부여할 수 있다는 입장을 취한다(대법원 2005.9.28.선고 2004추65판결). 따라서, 중앙해심이 이러한 대법원의 입장을 고려하지 않는다면 과실비율이 달라지게 되는 결과가 된다.

셋째, 이러한 다른 점은 해심의 심판관과 법원의 판사의 선발 및 직업적 신분의 차이에서 기인하는 측면도 있다. 현재 해심심판관은 모두 법관신분이 아니고 선장출신이나 행정부 공무원출신이다. 법조인으로서 필수적인 법률적인 전문성이 부족하기 때문에 법률적인 판단이 내포된 항법해석과 적용, 인과관계 유무판단에 아쉬운 점이 심판관에게 있는 것으로 보인다. 물론 사실관계의 정확한 판단에는 심판관이 법원의 판사에 비하여 장점이 있을 것이다.

4. 해심재결과 민사재판에서의 과실비율적용 실례

(1) 동일한 경우

해심에서 정한 원인제공정도가 민사재판에서 동일하게 인정되는 경우도 있지만 서로 달리 과실비율이 산정되는 경우도 있다. 대다수의 충돌사건은 해심에서의 원인제공정도와 민사재판에서의 과실비율이 대체로 유사하게 나타난다.

---

12) 자세한 내용은 김인현, "민사적 시각에서 고찰한 해양안전심판원의 선박충돌과실 비율산정," 한국해법학회지 제22권 제1호(2000.4.), 138-140면을 참고바람.

13) 총톤수 368톤의 예인선 현대108호가 6,070톤의 피예인선을 공선으로 550미터의 예인삭을 이용하여 선미예선을 하고있는 예인선단에 대하여 중앙해심은 일반항법을 적용하였다. 해난심판사례집(1999), 488면.

(i) 한포호 충돌사건(중해심 2002.1.8.; 부산지법 2002.8.14.선고 2001가합10307판결)에서 횡단항법이 적용되어 유지선인 한포호의 과실비율이 40%로 인정되었다.

(ii) 베라호 충돌사건(중해심 1995.1.27. 재결 제95-1호; 서울지법 1997.1 .24. 선고 95가73446판결)에서 중해심은 베라호가 주인(主因), 예인선 서해5호는 일인(一因)이라고 보았고, 법원은 70:30으로 과실비율을 판단하였다.

(iii) 태영썬호 충돌사건(중해심 2000.5.10. 재결 2000-3호; 광주지법 2002.11.15. 선고 2000가합5758판결)에서 선박의 책무규정이 적용되어, 어로에 종사중인 대어호의 진로를 피할 의무를 부담하는 일반 동력선인 태영썬호는 80%의 과실책임을 부담하게 되었다.

(2) 다른 경우

(i) 천일호 충돌사건에서 해심은 사고에 대하여 천일호측에 일인(一因)이 있다고 인정하였지만, 민사법원(서울고등법원 1999.8.17. 선고 98나46145판결)에서는 갑작스런 경비정의 움직임을 예상할 수 없었다는 것을 이유로 천일호의 과실이 없다는 판단이 나왔다.

(ii) 화물선 101태룡호와 유조선 제9남성호 충돌사건에서 중앙해심(중해심 재결 제92-6호)은 주인과 일인으로 재결하였지만, 대법원은 제9남성호의 일방과실로 판단하였다(대법원 판결 92추55, 93추205판결).

(iii) 모닝 익스프레스호와 포스 브레이버리호 충돌사건에서 중앙해심은 횡당항법을 적용하기 위하여는 선박이 정침하고 있어야 하지만 본 사안의 경우에는 정침(定針)하고 있지 않았기 때문에 일반항법을 적용할 수 없고 선원의 상무규정을 적용한다고 하여 원인제공비율을 50:50 정도로 보았다. 그러나, 서울중앙지방법원(2008.10.24. 선고 2007가합1531339판결)은 횡단항법을 적용하여 피항선의 지위에 있던 포스 브레이버리호가 65%, 유지선의 지위에 있던 모닝 익스프레스호가 35%의 과실을 부담한다고 판시하였다.

5. 해심재결의 활용방법

(1) 사실관계

해양사고의 원인판단과 관련하여서는 해심이 민사법원보다 더 전문성을 가진다고 말할 수 있다. 법원은 이렇게 확정된 사실관계는 그대로 수용할 수 있을 것이나.

(2) 과실비율

위에서 확정된 사실관계가 항법에 위반되고 이것이 손해배상을 야기한 경우 해심 심판관은 원인제공정도를 수치로 나타내는 것이다.

해심이 행정목적으로 산정한 원인제공정도를 과연 민사의 과실비율로 그대로 인정할 수 있을 것인가 하는 점에 문제가 있다. 당사자들이 반대하지 않고 합의하여 과실비율을 손해배상의 산정에 그대로 활용하고자 합의하면 법원은 원인제공비율의 수치를 그대로 인정한다. 재판실무에서는 위에서 본 바와 같이 해심의 원인제공정도가 그대로 인정되지 않는 경우도 있다.

6. 보완방안

(1) 해심의 원인제공비율 산정의 불완전성

과실비율의 판단은 사실문제이지만 법률적인 판단이 포함된다. 심판관은 과실, 회피가능성, 인과관계 등 법적인 판단을 하여야 한다. 그럼에도 불구하고 해심의 심판관들은 법관이 아닌 점, 그리고 해양사고관련자들이 법관으로부터 사실관계에 대한 판단을 한 번도 받지 않고 바로 대법원에 취소의 소송을 제기하고 있는 점 등을 고려하면 해심제도자체가 개선되어야 할 부분이 있다.[14)]

(2) 해사법원의 설립과 전문가의 활용

영국과 중국에는 해상사건만을 처리하는 독자적인 법원이 존재한다. 우리나라는 해사법원이 존재하지 않는다. 만약, 해사법원이 운용되어 해기경험을 가진 자들이 판사로 임용된다면 독자적인 과실비율 산정에도 큰 도움이 될 것이다. 비록 해상사건에 전문성을 가진 판사가 없는 경우라고 하더라도 선장 혹은 해심 심판관 출신을 전문심판보좌관으로 임명하여 조력을 받으면 될 것이다.[15)]

우리나라에서도 2010년 말부터 해사특별법원을 설치하고자 하는 운동이 전개되고 있다. 그런데, 부산을 중심으로 일어나고 있는 해사특별법원은 중앙해심의 기능을 대신하는 법원을 말하고 있는 것으로 보인다(CBS 노컷뉴스 2010.12.17.일자). 영국이나 중국에 있는 해사법원은 민사소송을 위한 법원이다. 필자가 제시하는 것도 민사소송을 위한 특별법원이다.

이러한 해사법원이 생긴다고 하여도 사실관계의 확정은 여전히 해심에 의존할 것이다.

(3) 감정제도 활용

민사소송법에 의하면 소송사건에서 담당판사는 감정인을 선임하여 전문적인 내용에 대한 조력을 받을 수 있다.[16)] 선박충돌의 과실비율을 법원이 전문적으로 판단하기는 어렵다. 이러한 경우에 전문성을 가진 학자나 기타 전문가를 활용하여 의견을 듣는 것이 훨씬 효율적일 수 있다. 선박충돌사고에 있어서도 감정제도가 가끔씩 활용되고 있다.[17)] 감정의 결과를 현실적으

---

14) 이와 관련된 논문으로는 김인현, "정박선관련 항법과 해양안전심판에 대한 취소소송 개선에 대한 소고-대법원 2011.1.13.선고 2009추220판결을 중심으로-," 해사법연구 제23권 제1호(2011.3), 이정원, "해양안전심판과 헌법 제27조의 재판청구권," 법조 제651호(2010.12.)이 있다.

15) 영국에서는 Trinity House에 있는 장로선장들이 선박충돌등 사실관계가 중요한 경우에 법원의 판사와 함께 배석하여 소송을 진행하고 의견을 제시한다.

16) 민사소송법 제341조(감정의 촉탁) ① 법원이 필요하다고 인정하는 경우에는 공공기관 · 학교, 그 밖에 상당한 설비가 있는 단체 또는 외국의 공공기관에 감정을 촉탁할 수 있다. 이 경우에는 선서에 관한 규정을 적용하지 아니한다. ② 제1항의 경우에 법원은 필요하다고 인정하면 공공기관 · 학교, 그 밖의 단체 또는 외국 공공기관이 지정한 사람으로 하여금 감정서를 설명하게 할 수 있다.

로 증거로 채용할 수 있는 가는 다른 증거와 마찬가지로 법관의 자유심증에 의한다(민사소송법 제202조).[18]

해심의 원인제공정도가 합의체등 전문가 집단에 의하여 결정된다면 법원은 감정인을 별도로 사용하지 않고 해심의 원인제공정도를 채택할 것이다.

(4) 전문심리위원제도 활용

민사소송법이 개정되면서 대법원은 2007.7.13.부터 전문심리위원제도를 실시하게 되었다(민사소송법 제164조의2 제1항). 전문심리위원은 전문적인 지식을 필요로 하는 소송절차에서 설명 또는 의견을 기재한 서면을 제출하거나 기일에 출석하여 설명이나 의견을 진술할 수 있다. 그러나 재판의 합의에는 참여할 수 없다(민사소송법 제164조의2 제2항). 전문분야중의 하나로 해상사건분야가 있다. 민사소송에서 법원의 재판장은 선박충돌에 대한 전문가를 전문심리위원으로 지정하여 전문심리위원에게 과실비율에 대한 설명이나 의견을 들을 수 있다. 전문심리위원의 의견이나 설명은 감정인의 감정결과와 달리 증거자료가 되는 것도 선서를 해야하는 것도 아니다.[19] 그러나 현장에서의 설명을 통하여 재판장에게 더 큰 영향을 줄 수 있다.

Ⅳ. 보완방법

1. 목　표

해심에서는 해심이 산정한 원인제공비율이 가능한 많이 민사소송에서 받아들여지는 것을 목표로 하여야 할 것이다. 사실관계는 대부분이 그대로 수용될 것이다. 이러한 목표는 해심에서 산정하는 원인제공비율을 민사의 과실비율에 가능한 접근시키는 조치들을 취함으로써 가능할 것이다.

2. 형식적인 면- 조직

(1) 고등법원에서의 법률심 도입

일본의 해심제도와 달리 우리나라는 고등법원에서 법관에 의한 법률심을 받지 않는다. 만약, 중앙해심에서 정한 원인제공정도에 불복하게 되어 고등법원에서 원인재결을 통하여 원인제공정도가 다시 한번 판단된다면 이는 법관에 의한 판단이기 때문에 한층 권위를 더 가지게 될 것이다.

---

17) 필자도 이러한 제도에 따라 창원지법 진주지원에서 2011.3월 경 선박충돌에 대한 감정인으로 선정되어 감정보고서를 제출한 적이 있다.

18) 이시윤, 신민사소송법(박영사, 2011), 466면.

19) 이시윤, 상게서, 464면. 필자도 세 차례에 걸쳐 전문심리위원으로서 의견을 제시하였다.

그러나, 이것은 해심의 기능을 약화시키기 때문에 해심에서는 지지할 제도는 아니라고 생각된다.

(2) 법조인의 영입

끊임없이 제기된 해심제도의 문제점은 법조인이 아닌 선장출신 혹은 해사행정 관료출신들이 법률적인 판단을 완벽히 수행할 수 있는가에 있다. 무릇 소송은 사실심과 법률심으로 구성되는데, 해양사고에 관한 취소소송이 지방해심→중앙해심→대법원에서 행하여지고 있고 대법원은 법률심만 담당하기 때문에 해양사고 관련자가 한번도 법관에 의한 사실판단을 받지 못한다는 것에 비판은 집중되어 있다. 일본과 같이 고등법원에서 행정소송의 취소소송 1심을 관할하게 된다면 이러한 비난은 피할 수도 있지만 반드시 그렇게 하여야 하는지도 의문이다.

이러한 비난을 피하기 위한 방안으로는 법조인을 채용하여 심판부에서 활용하는 것이다. 이미 해심은 1명의 변호사를 채용하여 활용한 경험이 있다. 현재 로스쿨 제도 하에서 해기사출신 5명이 변호사 자격을 취득할 것으로 예상되기 때문에 이러한 인력을 활용하는 방안도 검토할 필요가 있다.

3. 실제적인 내용

(1) 심판관의 교육

법조인의 영입이 어렵다면, 심판관의 교육을 통하여 법적소양을 쌓게 함으로써 전문성을 높이는 것이다. 현재 초임으로 심판관으로서 발령을 받는 심판관도 특별한 법률적인 소양을 위한 교육은 받지 않고 있다. 이러한 교육은 심판업무에서 전문성을 높일 뿐만 아니라 해양사고 관련자들에게 재결된 원인제공비율에 대한 신뢰도와 권위를 높이는 기능을 하게 된다.

해심이 심판관과 조사관에 대한 교육을 하지 않고 있는 것은 아니다. 해심은 단기적인 1박 2일의 교육을 여러 차례 실시하고 있다. 그러나 처음 심판관 보직을 받게 되면 이러한 단기간의 교육에 추가하여 1개월 이상의 장기적이고 체계적인 교육을 거친 다음 심판관의 직무를 수행하여야 한다고 본다. 이렇게 함으로써 법적 판단이 필요하다고 많은 사람들이 생각하는 원인제공비율의 직무를 더 객관적으로 전문적으로 행할 수 있기 때문이다.

해양사고의 원인제공비율을 산정하기 위하여는 우선 사실관계의 파악, 입증자료의 채택, 인과관계유무, COLREG 및 해상교통안전법(개정되는 해사안전법), 개항질서법의 해석과 적용, 우리나라 해심의 재결과 법원의 판례분석 그리고 취소소송 등에 대한 내용을 알아야 할 것이다. 나아가 정기용선 계약, 나용선 계약의 의미도 알아야 할 필요도 있다(정기용선자의 선박운항상 책임이 문제된 재결로는 중해심 제2007-12호가 있다). 또한 예인선단의 경우 항해상 권리의무관계도 알아야 한다.[20]

이러한 내용을 본다면, 해심 심판관 혹은 조사관이 되기 위하여는 (i) COLREG, 해상교통법, 개항질서법 등 항법 (ii) 해상법 및 해상보험법 (iii) 민사 및 형사소송법의 일부 (iv) 민법의 불법행위 (v) 행정법의 일부 등을 알아야 한다.

과 목	교육 시간	총 시간
해상교통법등 항법	7 × 3시간	21시간
해상법	7 × 3시간	21시간
민사소송 일부	4 × 3시간	12시간
형사소송 일부	4 × 3시간	12시간
행정법	4 × 3시간	12시간
해사공법등 국제조약	2 × 3시간	6시간
		84시간(3주간)
해심자체교육(재결서작성)	자체교육	(1주간)

발표자의 생각으로는 하루 6시간의 강의를 받는다면, 법률에 대한 소양교육으로도 14일(3주간)이 소요될 것으로 생각한다.

기타 해심자체의 행정적인 교육과 해심재결서 작성 등에 1주간의 교육이 추가적으로 필요하다고 보면 임용되기 전에 1개월 교육은 반드시 받은 다음 심판에 임하여야 할 것이다.

(2) 원인제공비율 산정위원회의 설치

원인제공비율의 제공은 원래 해심의 고유한 업무는 아니다. 원인제공비율을 더욱 정교하게 하여 민사의 과실비율의 활용도를 높이고자 한다면, 해상변호사 및 해상법교수 등 관련 전문가들이 포함된 산정위원회를 해심내부에 설치하는 것이다.

해심은 원인재결에서는 수치로 표시된 원인제공비율을 나타내지 않는다. 담당 심판관들 포함하여(중앙해심의 경우 3인) 외부전문가 2인이 함께 재결을 기초로하여 원인제공비율을 별도로 산정하는 것이다.

(3) 제3의 기구에 일임하는 방안

해심은 원인제공비율의 제공은 하지 않고, 완전히 독립된 기구(예컨대, 심판변론인협회)에서 해심재결을 받은 사건에 대하여 원인제공비율을 별도로 제공하는 것이다. 심판관 경력이 있

20) 최근의 대법원 2010.1.28.선고 2008다65686판결에서 피예인선인 바지선의 소유자도 불법행위책임을 부담하였는 바, 안개가 자욱이 낀 상태에서도 바지선에서 기적을 울리지 않고 또 등화를 켜지 않은 것이 사고의 일부 원인이 된다고 지적한 것은 잘못이라고 생각된다. 안개가 낀 상태에서 등화는 사고와 인과관계가 없기 때문이다. 만약 해심이 재결을 거쳤다면 이러한 오류는 없었을 것으로 생각한다.

는 심판변론인 1인과 법조인 혹은 법학교수 2인이 원인제공비율을 정하게 된다.

(4) 전문가의 활용

해심의 심판관이 모든 사안에 대하여 자력으로 답을 구할 수는 없다. 논쟁이 있는 항법의 적용은 물론이고 해상법, 해상보험의 문제에 대하여는 해양사고당사자들의 심판변론인의 주장이나 자체의 조사만에 의존할 것이 아니다. 이러한 경우에는 민사법원이 행하는 감정 혹은 전문심리인 제도를 도입하여 활용해야 할 것이다. 예컨대, 원인제공비율을 산정하여야 하는 문제에 대하여 해상법 교수에게 의견을 구하여 그의 의견을 참고하면 도움이 될 것이다. 감정제도를 이용하여 전문가로부터 감정서를 받아 증거로 채택하는 것이다. 또 이해하기 어려운 구체적인 사안은 전문가를 심판정에 불러서 의견을 물어보는 것이다.

이렇게 하면 당사자들은 해심의 재결에 대하여 더 신뢰를 하게 될 것이고, 대법원에 가서 파기환송되는 일을 막을 수 있을 것이다.[21)]

21) 원인제공비율 산정 사례는 아니지만, 해심의 재결이 대법원에서 파기 환송되었다. 대법원 2008.8.21.선고 2007추80판결에서 정기용선자에게 선박의 운항에 대한 책임을 중앙해심이 물어서 시정권고를 내리자(중앙해심 2007.8.2. 재결 중해심 제2007-12호)(태광호 사건), 대법원은 중앙해심의 권고재결이 잘못되었다고 하여 파기환송을 하였다. 이에 대한 자세한 논의는 김인현, "2008년 해상법등 중요판례 소개", 한국해법학회지 제31권 제2호(2009.11.), 399면 이하를 참고 바람.

부록15 선박제원표

SHIP'S PARTICULARS

HULL NUMBER	S-539
SHIP'S NAME	HEUNG-A ASIA
CALL LETTER	3 F K Y 8
OFFICIAL NUMBER	25583-98-B
IMO NUMBER	9162435
DATE OF KEEL LAID	19TH NOV. 1997
DATE OF DELIVERY	11TH MAY 1998
PORT OF REGISTRY	PANAMA
OWNER'S NAME	RED SEA PARTNERS LIMITED
OPERATORS	HEUNG-A SHIPPING CO.,LTD.
OPERATOR'S ADRESS	HEUNG-A BLDG. 57,MOONJUNG-DONG,SONGPA-GU, SEOUL, 138-826, KOREA TEL 82-2-3449-3000, FAX 82-2-3449-3185
BUILDER'S NAME	IMABARI SHIPBUILDING CO., LTD.
LENGTH O. A.	161.85 M
LENGTH B. P.	150.00 M
BREADTH (MLD)	25.60 M
DEPTH (MLD)	12.90 M
DRAFT, DESIGN (MLD.)	9.438M
DRAFT, SUMMER (EXT.)	9.065M (FREEBOARD-3.878M)
DISPLACEMENT	23,618 TON
LIGHTSHIP WEIGHT	5,418 TON
DEADWEIGHT	18,197 TON
GROSS TONNAGE	13,199 TON
NET TONNAGE	7,391 TON
MAIN ENGINE TYPE	MITSUI-MAN B & W 7S50MC
MAIN ENGINE MCR	9,988KW 13,580PS X 127RPM
MAIN ENGINE NCR	8,988KW 12,220PS X 123RPM
CLASSIFICATION & NUMBER	KR 9859425
HEIGHT	40.60M
BOW THRUSTER	640KW
NUMBER OF CREW	19P (INCLUDING MASTER)

판례 색인

사항 색인

ㄱ

ㄴ

ㄷ

ㅇ

ㅈ

ㅊ

ㄱ

저자 약력

■ **金 仁 顯**(captainihkim@Korea.ac.kr)

한국해양대학교 항해학과 34기(1982년 졸업)
고려대학교 법학사 · 석사 · 박사
미국 University of Texas at Austin LLM
일본 산코기센 항해사 및 선장
김&장 법률사무소 해상팀 선장(해사자문역)
법무법인 세경 선박충돌비상임 고문
국립목포해양대학교 및 부산대학교 법과대학 교수
싱가폴 국립대학(National University of Singapore) 방문교수
현) 고려대 법과대학/법학전문대학원 교수(상법)
　선장면허 소지(2018년까지 유효), 해양안전심판원 심판변론인
　상사중재원 중재인
　한국해법학회 회장, CMI 기획위원

》》저서

해상교통법(삼우사, 제4판, 2013)
선박충돌과 항법연구(다솜출판사, 2007)
해상법(법문사, 제4판, 2015)
해상법연구(삼우사, 2003)
해상법연구Ⅱ(삼우사, 2008)
해상법연구Ⅲ(법문사, 2015)
Transport Law in South Korea(Kluwer, 2nd Ed. 2013)

船舶衝突法 – 충돌예방과 손해배상 – [제2판]

2013년 9월 30일 초 판 발행
2016년 9월 12일 제2판 발행

저 자 金 仁 顯
발행인 裵 孝 善
발행처 도서출판 法 文 社

주 소 10881 경기도 파주시 회동길 37-29
등 록 1957. 12. 12 / 제2-76호 (윤)
TEL 031) 955-6500~6 FAX 031) 955-6525
e-mail (영업): bms@bobmunsa.co.kr
(편집): edit66@bobmunsa.co.kr
홈페이지 http://www.bobmunsa.co.kr
조 판 광 암 문 화 사

정가 27,000원 ISBN 978-89-18-09057-3

등 화 및 형 상 물

<조문은 1972년 국제규칙임>

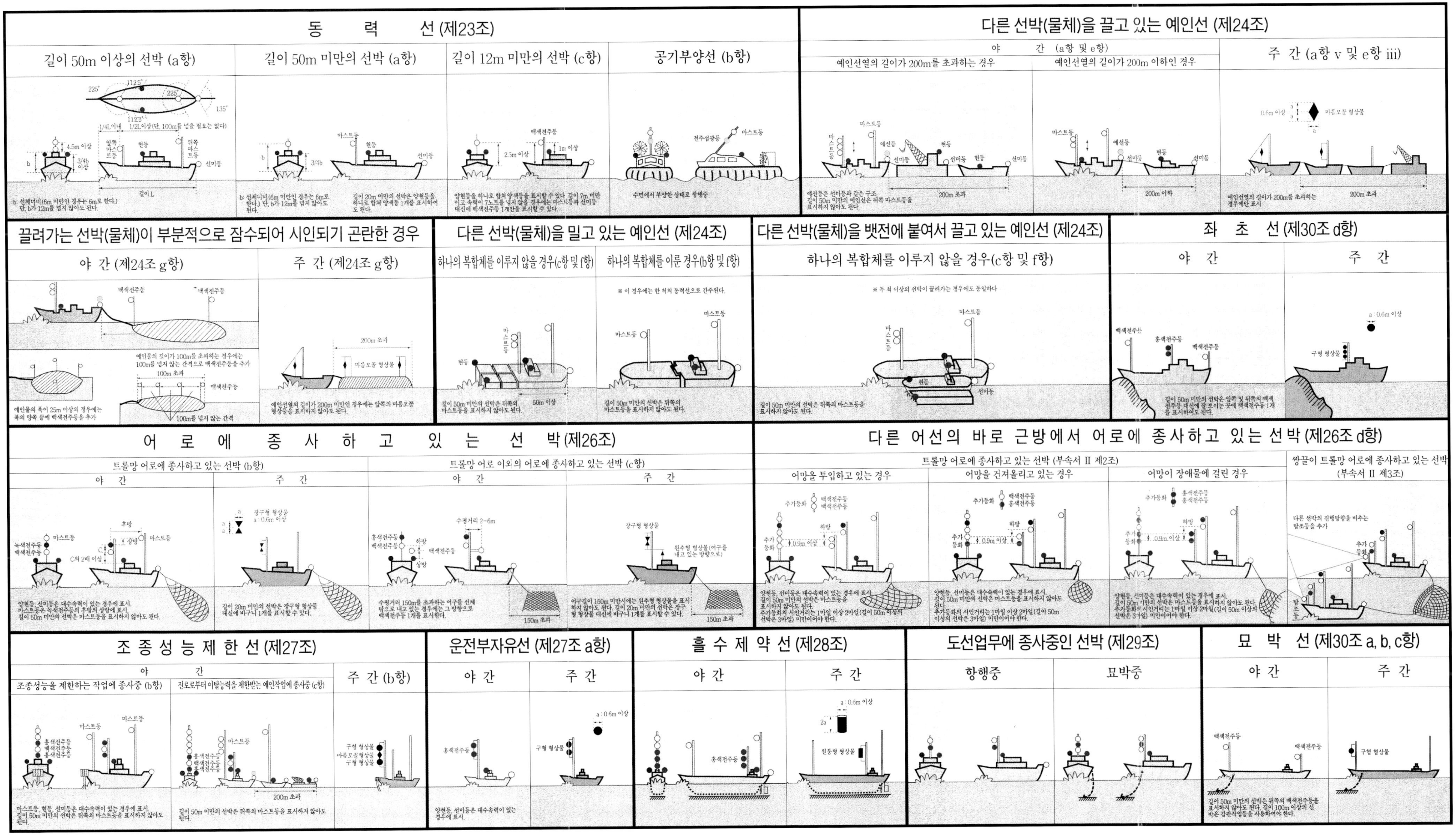